河南省高校哲学社会科学优秀著作资助项目
二/十/大/专/项

唐前盐业文化史研究

刘育霞 著

河南大学出版社
HENAN UNIVERSITY PRESS
·郑州·

图书在版编目(CIP)数据

唐前盐业文化史研究／刘育霞著．-- 郑州：河南大学出版社，2024.11
　　ISBN 978-7-5649-5609-7

Ⅰ．①唐… Ⅱ．①刘… Ⅲ．①盐业史-文化史-研究-中国-古代 Ⅳ．①F426.82

中国国家版本馆 CIP 数据核字（2023）第 172732 号

唐前盐业文化史研究
TANG QIAN YANYE WENHUA SHI YANJIU

责任编辑　马　博　时二凤
责任校对　何　新　韩如玉
封面设计　史　岩

出　版	河南大学出版社
	地址：郑州市郑东新区商务外环中华大厦2401号　邮编：450046
	电话：0371-22860116（南方出版中心）　0371-86059701（营销部）
	网址：hupress.henu.edu.cn
排　版	郑州市今日文教印制有限公司
印　刷	广东虎彩云印刷有限公司
版　次	2024年11月第1版　　印　次　2024年11月第1次印刷
开　本	710 mm×1010 mm　1/16　　印　张　21.75
字　数	412千字　　　　　　　　定　价　76.00元

版权所有·侵权必究

（本书如有印装质量问题，请与河南大学出版社营销部联系调换。）

前　言

盐,是人类文明的长廊,是华夏文化的缩影,更是神话传说的宝库。流连其中,每个人都品尝到人间滋味。对盐业文化史脉进行考稽钩沉,微而察之,立足一饭一蔬;广而观之,惠及百业民生。至于响应国家号召,承担时代命题,弘扬优秀传统文化,增强全民文化自信,更是毋庸赘言的了。基于这样的考虑,本书安排篇章结构如下。

第一章:盐宗史话。搜集大量文献资料,讨论了"盐宗"夙沙氏生活的时代和活动的区域。梳理了文献史料中"夙沙""宿沙""夙沙氏""宿沙卫"等令人困惑和易于混淆的概念,大致勾勒了上古时期渤海湾地区海盐资源的开发与生产。

第二章:解池鹽盐。通过梳理"黄帝大战蚩尤"的相关文献,呈现了蚩尤"叛贼""反臣""战神""兵主"等多方面的形象,进而考察了"解州盐池"与"蚩尤血"之间的传奇关联,并对"蚩尤"文学母题及相关作品予以检讨。

第三章:舜歌南风。从教化功能入手,考察了上古至今,世人对《南风歌》的诠释与接受。同时,挖掘了《南风歌》由"教化之乐"到"池盐之歌"的历史转化及其纵深的文化原因。以舜帝为中心神祇,考察了解州盐神庙的历史概貌。

第四章:巴盐传奇。从廪君与盐水女神的故事传说入手,梳理了上古巴盐之于巴人、巴国的战略意义,讨论了"巴盐"及相关词汇的文化学渊源,结合川地的图腾崇拜与民间祭祀,考察了当地的盐业历史与盐神供奉。

第五章:武丁梦说。傅说并未直接与盐及盐业发生关联,却被后世反复颂赞提及。兹为先秦盐文化名人中最为特殊者。本章从《尚书·说命》开始,直至论及世界范围的傅姓宗亲祭祖大典,全面关注了这位盐业"代言人"。

第六章:举于鱼盐。现存文献资料的极度匮乏,使得本章写作举步维艰。搜集整理材料中,偶有发现,但相关文章论证乏力。本章结合史证,审慎考辨,对胶鬲——这位"第一盐商""第二盐宗"之"举于鱼盐"进行了重新梳理。

第七章:盐政之祖。本章从太公望分封齐地写起,探讨了齐国盐业资源的先天优势和早期开发,爬梳了《管子》中的齐盐概貌,考察了管仲盐政思想的具体内容,着重探讨了"官山海"的意义、价值,以及对于后世的影响。

第八章:五羖大夫。同为先秦时期的盐业文化名人,百里奚特殊之处又不同于其他诸位。他自鬻为奴、饭牛、干谒等系列故事更具传奇色彩。同时,百里奚其人又是考察春秋战国盐业全貌的极佳视点。本章关注重点即在于此。

第九章:第一盐商。本章从司马迁《史记·货殖列传》中关于猗顿的一句话、二十二个字,展开深度挖掘,详细梳理了这位鲁国穷士、晋地巨富的"致富经",着重探讨了猗顿与河东池盐贸易、运输之间的密切关联。

第十章:识齐水脉。生平资料的匮乏,是学界对蜀守李冰展开纵深研究的瓶颈,而神话传说、民间祭祀、风俗资料的丰富,又间接弥补了相关文献的不足。本章尽量扬长避短,试图对"蜀守冰,穿盐井"予以全面观照。

第十一章:淮盐兴盛。本章翻检相关典籍,结合当代学者研究成果,厘清了西汉吴王刘濞辖下"东阳郡、鄣郡、吴郡三郡五十三城"涵盖的重要盐场区域,并结合史料指出,刘濞曾组织开凿运河、制造船只,对淮盐的生产、运输、储藏和销售,都作出了较大贡献。同太史公司马迁一样,扬州人民没有因为刘濞晚年叛乱而全盘否定他的历史贡献,而是将其与夫差一同供奉祭祀于"吴王庙"。

第十二章:盐铁官营。汉武帝元狩四年(公元前 119 年),御史大夫张汤"承上指",请求"笼天下盐铁"。武帝起用盐铁大商出身的桑弘羊、孔仅、东郭咸阳等人,开始推行盐铁专卖。本章结合文献梳理了汉武帝实施盐铁专卖的社会原因,以及具体到生产、管理、销售各个环节的实施和法规。关于盐铁官营、均输平准等系列政策的影响与评价,先贤学者们已做过较为广泛和深入的讨论,本章简摘不赘。

第十三章:盐铁会议。《盐铁论》在中国历史上的地位与影响,先贤多有定论。这部因盐铁会议而诞生的政论专著,除了具有丰富的政治、经济、军事、外交、历史、社会、伦理、文化、文献、文学等价值以外，在中国盐业史上亦有着独一无二的地位和影响。本章从西汉盐铁会议背景、会议主持者桑弘羊、会议讨论内容、历史影响、《盐铁论》文本等诸多方面，展开详细梳理和讨论。

第十四章：陵井传说。位于四川省仁寿县境内的陵井，相传为五斗米道创立者张道陵所开。自汉至清千余年间，作为川地最著名、最具代表性的大口盐井之一，陵井产盐数量之多，上缴盐税之巨，举足轻重。作为陵井守护神，天师张道陵世代尊享馨香供奉。本章结合文献史料、神仙传说、民间祭祀等讨论了张道陵与陵井之间的渊源，并讨论了陵井盐神队伍的壮大和陵井易名。

第十五章：十二玉女。十二玉女作为井神、盐神的传说，往往与天师张道陵开凿陵井的故事"结伴"出现。本章首先简单梳理了"玉女"其神，紧接着仔细翻检诸如《元和郡县图志》《方舆胜览》《蜀中广记》《读史方舆纪要》《通典》《文献通考》《太平御览》等史籍文献，考察了十二玉女与陵井传说的渊源。此外，陵州一些地名亦可佐证十二玉女传说影响巨大，历史久远，趣味盎然。

第十六、十七章：解池战神。关羽是中国历史上最著名的武将之一，被后世尊奉为"武圣""关公""武财神"以及多个行业的保护神。其民间祭祀约始于公元六世纪的南朝陈至隋。朝廷正式追封其为王、公、帝、圣，则与北宋年间解州盐池的一桩奇事有关。本章梳理了关羽从历史英雄到解池战神，一步步神化的进程。要之，包括六朝"猛将"、隋唐"鬼神"、两宋"真君"、金元"战神"、明清"帝君"等。

第十八章：神奇之盐。东晋葛洪在炮制丹药过程中，探索出诸多关于盐的功用及用法、用量，将其保存。这部分文字，较好地填补了盐业史医疗文献的空白。本章以《抱朴子内篇》和《肘后备急方》为例，管窥了盐之于修道养生、疗疾治病的功用。本章另有附录部分，摘取了陶弘景《本草经集注》中的盐文献。从本质上来看，这些都是在讲盐参与生命的保养。

第十九章：盐史文献。作为一部重要地理学专著，郦道元的《水经注》被誉为"中国六世纪山水画卷"。书中保存了大量公元六世纪及前朝与盐业相关的史料文献。学人有所留意，但并未给予重视。本章结合具体文本、援引文献、时代背景、民俗风貌等，系统考察了《水经注》所存关于盐的文献与典籍、产地与分布、种类与特征、盐官设置，以及神话传说等，期待能丰富盐业史和盐文化史的研究。

第二十章:盐业文学。自上古至秦代,再由公元前 202 年刘邦称帝建汉,至公元 589 年杨坚南下灭陈,前后数千年间,文坛诞生了一批又一批的文豪巨匠,与盐业相关的美篇佳作亦灿若星辰。该时期有影响力的文人几乎都创作过与盐相关的作品。本章拣择先秦至六朝时期,包括扬雄《河东赋》、傅玄《白杨行》、郭璞《盐池赋》、谢道韫《咏雪》、鲍照《芜城赋》等在内的盐文化佳作,以期对唐前盐业文学一隅略作管窥。

  盐业,是一个神奇的国度。站在盐业数千年历史洪流的高岸,一种溯洄从之、溯游从之寻真问道的志念油然而生。尽管,天地蜉蝣;尽管,沧海一粟。"斜阳万里孤鸟没,但见碧海磨青铜。新诗绮语亦安用,相与变灭随东风。"——如是我闻。"路漫漫其修远兮,吾将上下而求索。"——如是我心。

目 录

第一章 盐宗史话 ·· 1
 一、夙沙氏活动范围 ·· 2
 二、夙沙氏其人其事 ·· 4
 三、夙沙卫、宿沙卫与夙沙氏 ································ 7
 四、夙沙氏"煮海为盐"与中国古代盐业文明 ················ 10

第二章 解池鹽盐 ·· 14
 一、蚩尤：叛臣与战神 ······································ 14
 二、"蚩尤血"与解池传说 ···································· 21
 三、神话母题与神灵祭祀 ···································· 26

第三章 舜歌南风 ·· 35
 一、虞舜与《南风歌》 ······································ 35
 二、《南风歌》与"盐南风" ·································· 40
 三、虞舜与"盐神"崇拜 ······································ 47

第四章 巴盐传奇 ·· 56
 一、廪君与盐水女神的传说 ·································· 56
 二、廪君传说与民间崇拜 ···································· 62

三、巴盐文化与巴盐民俗 ··· 67

第五章　武丁梦说 ··· 74
一、傅说其人 ··· 74
二、圣人傅说 ··· 80
三、傅说的民间祭祀 ··· 89

第六章　举于鱼盐 ··· 96
一、胶鬲与"举于鱼盐" ··· 96
二、胶鬲与间谍传说 ··· 102
三、被神化的"盐宗"胶鬲 ·· 109

第七章　盐政之祖 ··· 111
一、太公望与齐国盐业 ··· 111
二、管仲其人与相齐奇策 ·· 113
三、《管子》与齐国盐业 ·· 116
四、管仲与盐政之祖 ··· 125

第八章　五羖大夫 ··· 131
一、百里奚其人 ·· 131
二、"五羖大夫"百里奚 ·· 136
三、"另类盐宗"百里奚 ·· 145

第九章　第一盐商 ··· 150
一、猗顿其人 ··· 150
二、盐商猗顿 ··· 154
三、盐宗猗顿 ··· 162

第十章　识齐水脉 ··· 167
一、李冰的籍贯身世 ··· 167
二、李冰与川蜀井盐 ··· 171

三、李冰神化与盐神崇拜 ……………………… 176

第十一章　淮盐兴盛 ……………………………… 187
　一、"三郡五十三城"盐场 ……………………… 188
　二、淮盐的运输与贸易 ………………………… 195
　三、被尊祀的吴王 ……………………………… 200

第十二章　盐铁官营 ……………………………… 204
　一、武帝以前与汉承秦制 ……………………… 204
　二、汉武帝与盐铁官营 ………………………… 208
　三、盐铁官营历史影响与评价 ………………… 214

第十三章　盐铁会议 ……………………………… 217
　一、盐铁会议历史背景 ………………………… 217
　二、盐铁会议论辩双方、主要内容 …………… 220
　三、盐铁会议的产物和影响 …………………… 223

第十四章　陵井传说 ……………………………… 231
　一、陵井开凿者 ………………………………… 231
　二、陵井文献梳理 ……………………………… 235
　三、陵井盐神情状 ……………………………… 239

第十五章　十二玉女 ……………………………… 245
　一、玉女其神 …………………………………… 245
　二、十二玉女与陵井传说 ……………………… 252

第十六章　解池战神（上） ……………………… 258
　一、时代英雄 …………………………………… 258
　二、乱世猛将 …………………………………… 264
　三、神化转换 …………………………………… 267

第十七章　解池战神(下) …… 273
一、解池盐神 …… 273
二、战神关羽 …… 276
三、关圣帝君 …… 278
四、小结 …… 284

第十八章　神奇之盐 …… 286
一、葛洪其人 …… 286
二、葛洪著作与盐文献 …… 289

第十九章　盐史文献 …… 306
一、郦道元其人 …… 306
二、《水经注》其书 …… 309
三、《水经注》与盐史文献 …… 310

第二十章　盐业文学 …… 321
一、西汉扬雄《河东赋》 …… 321
二、魏晋傅玄《白杨行》 …… 325
三、两晋郭璞《盐池赋》 …… 329
四、东晋谢道韫《咏雪》 …… 331
五、南朝鲍照《芜城赋》 …… 333

后记 …… 336

第一章　盐宗史话

中华文明上下五千年,中国盐业历史亦源远流长。所谓盐业"三宗",指盐工之宗夙沙,盐商之宗胶鬲,盐官之宗管仲。而研究的视角深入系统庞大的盐业内部,既有海盐、池盐、井盐、矿盐等种类的不同,又有盐官、盐商、盐户等分工的差异。不同盐产区所祀神祇各不相同。因此,夙沙氏、虞舜、廪君、胶鬲、管仲、猗顿、李冰等,纷纷成为不同盐区供奉的"盐宗""盐神"。此外,与盐业有所关联的各路神仙、传说人物或是历史人物,诸如山神、风神、池神、太阳神、盐水女神、开井娘娘、十二玉女,以及张道陵、关羽、张飞、葛洪等,也都被纳入盐业供奉系统当中。在这个数目众多、各具神通的仙圣体系内部,"煮海为盐"的夙沙氏,具有发轫之功,当属不祧之祖。

在先秦著作《左传》《世本》《吕氏春秋》中,皆有关于夙沙氏的文字记录。然而,这些文字彼此之间相互龃龉、模棱两可,致使读者难辨真伪。截至目前,先贤时彦已做了不少相关的文献梳理和考证工作,如王明德、张春华所撰《盐宗"宿沙氏"考》①,李乃胜、胡建廷、马玉鑫等所撰《试论"盐圣"夙沙氏的历史地位和作用》②,李明璇《夙沙氏相关问题考辨》③等,内容丰富,结论有力。然而,时代的久远、史料的驳杂,为我们进一步深入讨论夙沙氏,留下了广阔的空间。

---

① 王明德、张春华:《盐宗"宿沙氏"考》,《管子学刊》2013年第2期。
② 李乃胜、胡建廷、马玉鑫等:《试论"盐圣"夙沙氏的历史地位和作用》,《太平洋学报》2013年第3期。
③ 李明璇:《夙沙氏相关问题考辨》,《盐业史研究》2018年第1期。

一、夙沙氏活动范围

夙沙氏(约公元前2700年—约公元前2600年),又称宿沙氏、质沙氏、宿沙瞿子等。"夙沙"又作"宿沙","夙"与"宿"通用。《说文解字·盐部》释曰"古者夙沙初作鬻海盐",段玉裁注曰:"夙,大徐作'宿',古宿夙通用。"①又,《说文解字·夕部》释曰"夙,早敬也。……持事虽夕不休,早敬者也",段玉裁注"早敬也"曰"《召南》毛传曰:'夙,早也。'……《大雅》:'载震载夙。'毛云:'夙,早也。'笺云:'夙之言肃也。'惟夙有敬意,故郑云尔";关于"持事虽夕不休",段玉裁注曰"谓日暮人倦,斋庄正齐而不敢懈惰,是乃完今日之早敬,基明日之早敬也。抑夕者,夜之通称"。② 由上述可知,"夙"字本义为勤勉持事,夜以继日,无暇休息。

一般认为,夙沙氏既指炎帝时期的一个先民部落,又指该先民部落的首领。(也有学者认为,夙沙氏是黄帝重臣之一。)关于夙沙氏部落活动的区域,有"山西运城说""江苏盐城说""山东胶州说""山东烟台说""山东寿光说"等多种观点。其中,以"山东寿光说"影响最大。

"山西运城说"。在先秦重要史籍《世本》中,存有"夙沙氏煮海为盐"的记录。对此,汉末魏国大儒宋衷注曰:"夙沙氏炎帝之诸侯,今安邑东南十里有盐宗庙。"③北宋文学家、地理学家乐史所著的《太平寰宇记》中亦载曰:"(安邑县)盐宗庙,在县东南十里。按吕忱云:'宿沙氏煮海,谓之盐宗,尊之也。以其滋润生人,可得置祠。'"④今山西境内有两处"安邑",一处位于夏县西北,战国初为魏国都,相传夏禹曾在此建都。另一处在运城东北,隋代改为安邑县置,民国后移至运城,境内有盐池,是历代著名的盐产区。有学者据此认为,"夙沙其地当在今山西南部运城盐池附近。看来这是运城附近一个以盐业为生的族

---

① 许慎:《说文解字注》,段玉裁注,许惟贤整理,凤凰出版社,2007,第1018页。
② 许慎:《说文解字注》,段玉裁注,许惟贤整理,凤凰出版社,2007,第553页。
③ 《世本八种》,宋衷注,秦嘉谟等辑,中华书局,2008,王谟辑本第37页。
④ 转引自高有鹏:《中国民间文学发展史》(第四卷),线装书局,2015,第1276页。

群"①。李明璇在其《夙沙氏相关问题考辨》②一文中指出:首先,古人并未将"海"理解为靠近大陆且比"洋"小的水域,而是将"海"理解为"天池",自然形成的大池即为"海"。而山西运城"解池"之"池"恰正符合此意。其次,今山西运城夏县,即古之"安邑县",仍存有盐宗庙,表明夙沙氏应该确曾在此煮盐。最后,对地名进行语音分析发现,"盐帝"与"炎帝","浊卤"与"涿鹿",彼此之间存在着一定的内在关联。以上皆可证明:今之山西运城,即上古夙沙氏煮海为盐之地。李明璇此说,代表了学界部分学者的观点。

"江苏盐城说"。周玉奇在其《盐城民俗》③中写道,夙沙氏是淮夷部落的首领,发明了海水取盐法,将石头置入海水之中浸泡,再将浸泡过的石头在火上烤炙,烤出食盐的粉末。因为夙沙氏发明了人工制盐,后人尊其为"盐宗",并修筑了盐宗庙来祭祀他。周书结合大量盐城民俗,以证此说。

"山东胶州说"。吕世忠在其《先秦时期山东的盐业》④一文中指出,宿沙氏是居住在胶东地区的一个部族或酋长,宿沙瞿子是发现煮盐方法的代表人物。宿沙国在今胶州,即青岛胶州,后为炎帝所灭,其后人以国为氏。今青岛市政府将城阳区红岛街道"盐宗宿沙氏煮海成盐"民间工艺纳入第三批青岛市非遗名录,显示出当地政府对上古传说和文化遗产的重视。遗憾的是,支撑该观点的史料文献和相关遗迹都较为缺乏。

"山东烟台说"。辛岳洲先后撰文《夙沙国煮盐在昌阳——今海文市》⑤和《再论夙沙国,煮盐在昌阳》⑥。文章指出,昌阳县(今山东省烟台市海阳市)即古夙沙国地,共有新石器时代遗址十七处,遗址集聚在三个乡镇内,密度罕见。又,清代宣统年间纂修的《山东省通志》记载,昔自论东国利源,厥帷盐铁,汉盐官二十八而山东居其七,其中,烟台又占其五。《山东省盐业志·烟台盐区》亦记载,早在炎帝时代,即有夙沙部落在这一代煮海为盐。辛岳洲的文章结合古城遗址、史料文献、自然资源等多个方面,力证夙沙国在此煮盐。

---

① 刘毓庆主编《华夏文明之根探源:晋东南神话、历史传说与民俗综合考察》,学苑出版社,2008,第8页。
② 李明璇:《夙沙氏相关问题考辨》,《盐业史研究》2018年第1期。
③ 周玉奇主编《盐城民俗》,南京大学出版社,2004。
④ 吕世忠:《先秦时期山东的盐业》,《盐业史研究》1998年第3期。
⑤ 辛岳洲:《夙沙国煮盐在昌阳——今海文市》,《中国盐业》2009年第8期。
⑥ 辛岳洲:《再论夙沙国,煮盐在昌阳》,《中国盐业》2017年第16期。

"山东寿光说"。郭正忠最早撰文指出,夙沙氏是一个长期居住在山东半岛上的古老部落。① 吉成名撰文亦称,春秋以前,夙沙氏就生活在今山东半岛西北部的莱州湾。② 在寿光一带长期流传着关于夙沙氏的民间传说:有一次,夙沙在外面煮鱼吃,他提着陶釜从海里打了水放在火上煮。突然,一头野猪从眼前飞奔而过,夙沙追猎野猪回来,釜里的水已经熬干,釜底留下了一层白花花的细末,他第一次尝到了又咸又鲜的滋味,这美味就是盐。夙沙尝试着再用陶釜煮海水,得到更多的盐,从此煮海就成了他和他的部落新的营生。③

2008年以来,随着寿光市羊口镇双王城盐业遗址群的出土和发现,一些考古学家得出了更加有力的结论。如景以恩结合地名读音异化现象指出,寿光盐业遗址"双王城"应读为"沙王城",是宿沙氏部落首领之王城。④ 王明德、张春华所撰《盐宗"宿沙氏"考》⑤指出,山东寿光滨海地区,既有丰富的盐业资源,便于大规模海盐生产,又有方便的水陆交通,便于同周围开展贸易联络,还有历史遗迹和考古资料可证。除此之外,夙沙氏后世子孙繁衍生息,自成一脉,在文献中亦有反映。以上这些,都可以充分证明,山东寿光滨海地区是夙沙氏煮海为盐的发生地。文物众多,遗迹犹存,论据充分,论证翔实,此说最为学界认可。⑥

二、夙沙氏其人其事

学界的争论显示出"夙沙氏"这一话题蕴含的巨大价值。想要寻找答案、接近真相,就必须充分重视出土文物和文献史料。大约成书于战国末年的重要史籍《世本》记载说黄帝时,诸侯有夙沙氏,始以海水煮乳,煎成盐。其色有青、黄、白、黑、紫五样。盐之作,自此始。这是关于夙沙氏煮海为盐最早的文

---

① 郭正忠主编《中国盐业史(古代编)》,人民出版社,1997,第20页。
② 吉成名:《先秦时期的食盐产地》,《盐业史研究》2008年第1期。
③ 王仁湘:《夙沙部落的踪迹——关于山东寿光商周制盐遗迹的思考》,《中国文物报》2010年4月16日第7版。
④ 景以恩:《寿光盐业遗址与宿沙氏之国》,《管子学刊》2009年第2期。
⑤ 王明德、张春华:《盐宗"宿沙氏"考》,《管子学刊》2013年第2期。
⑥ 其他又如李慧竹、王青:《山东北部海盐业起源的历史与考古学探索》,《管子学刊》2007年第2期;李乃胜、胡建延、马玉鑫等:《试论"盐圣"夙沙氏的历史地位和作用》,《太平洋学报》2013年第3期;马继云:《盐宗的传说及其崇拜》,《盐业史研究》2014年第2期,等等,诸多学者皆持此观点。

字记录。现代学者亦称:"世界盐业,莫先中国,中国盐业,发源最古。在昔神农时代,夙沙初作,煮海为盐,号称盐宗,此海盐所由起,煎盐之法,盖始于此。"①就这一结论而言,考察先秦典籍,许多文献可为佐证。

先秦诸子散文《文子》载曰:

> 昔者,夏商之臣反仇桀纣而臣汤武,宿沙之民自攻其君归神农氏。故曰:人之所畏,不可不畏也。②

编年史书《竹书纪年》载曰:

> 时诸侯夙沙氏叛,不用帝命,其臣箕文谏而被杀,炎帝益修厥德,夙沙氏之民自攻其君而来归。其地于是南至交趾,北至幽都,东至旸谷,西至三危,莫不服从其化。③

战国末年,吕不韦(公元前292年—公元前235年)组织门客编撰的《吕氏春秋·离俗览·用民》载曰:

> 夙沙之民,自攻其君,而归神农。密须之民,自缚其主,而与文王。汤、武非徒能用其民也,又能用非己之民。能用非己之民,国虽小,卒虽少,功名犹可立。古昔多由布衣定一世者矣,皆能用非其有也。用非其有之心,不可察之本。三代之道无二,以信为管。④

上述几段话,内容有相似之处。《文子》讲的是,夏商两朝的臣民,反对残暴无德的夏桀、商纣王,而臣服了商汤、周武王;同样的道理,夙沙部落之民,攻打自己的首领夙沙氏,随后又臣服了神农氏。所以说,人人都畏惧远离的事物,不可不警惕远离。《竹书纪年》指出,夙沙氏不服从炎帝之命,还杀死了臣子箕文,炎帝征服夙沙氏之后,实际统治的区域空前广阔(交趾,今越南;幽都,今山西雁门以北;旸谷,神话中日出之地;三危,上古指川、滇、甘、藏等地)。《吕氏春秋》论及古密须国民众捆绑国君、投靠文王之事,旨在论说,如商汤、周武这般贤明的君王,他们深得民心,不仅能召令本国百姓,还能召令他国百姓,

---

① 转引自曾凡英主编《盐文化研究论丛(第四辑)》,巴蜀书社,2010,第185页。
② 王利器:《文子疏义》,中华书局,2000,第436-437页。
③ 万里、刘范弟、周小喜辑校《炎帝历史文献选编》,湖南大学出版社,2012,第187页。
④ 吕不韦:《吕氏春秋校释》,陈奇猷校释,上海古籍出版社,2002,第1280页。

能凭借"诚信"深得民心者,即使自己国家弱小,士卒寡少,仍然能建立起巨大的功业。

东汉高诱(生卒年不详)曾为《吕氏春秋》作注,注曰:"夙沙,大庭氏之末世也。"①关于大庭氏,《左传·昭公十八年》有云:"宋、卫、陈、郑皆火。梓慎登大庭氏之库以望之……"②唐代孔颖达疏曰:"大庭氏,古天子之国名也。先儒旧说皆云,炎帝号神农氏,一曰大庭氏。"③孔颖达认为,大庭氏一则指古国名,二则指先民领袖炎帝之称谓。再进一步结合《庄子·胠箧》来看:"子独不知至德之世乎?昔者容成氏、大庭氏、伯皇氏、中央氏、栗陆氏、骊畜氏、轩辕氏、赫胥氏、尊卢氏、祝融氏、伏牺氏、神农氏,当是时也,民结绳而用之,甘其食,美其服,乐其俗,安其居,邻国相望,鸡狗之音相闻,民至老死而不相往来。若此之时,则至治已。"④庄子所列举者,皆为上古先民部落首领,他们或有发明,或有建树。在上古时代,先民们通过结绳来记事,食物只求果腹,衣服只求御寒,他们欲望不多,生活安适惬意。相邻之国,彼此之间听到鸡鸣狗吠,却老死不相往来。在庄子看来,这种理想的至世,正得益于这些部落首领的至德垂范、无为而治。由上述诸多文字皆可推断,夙沙氏,既指存在于神农氏时代的先民部落,亦指该部落首领。

上述文献虽然解决了一些问题,但同时也包含了一些新问题。夙沙氏"不用帝命"当作何解?"夙沙之民,自攻其君"又作何解?阅读北宋刘恕《资治通鉴外纪》和南宋郑樵《通志》,这些问题可以得到进一步了解。

(神农氏)本起烈山,称烈山氏,一曰连山氏、伊耆氏、大庭氏、魁隗氏。都鲁,以火纪官。其俗朴重,端悫不忿争而财足。无制令而人从,咸厉而不杀,法省而不烦。列鄽(廛)于国,日中为市,以聚货帛,国实民富而教化成。削桐为琴,绳丝为弦,以通神明之德,合天人之和。诸侯夙沙氏叛不用命,箕文谏而杀之。神农退而修德,夙沙之民自攻其君而来归。其地南至交阯,北至幽都,东至旸谷,西至三危,莫不听从。⑤(《资治通鉴外纪》)

---

① 吕不韦:《吕氏春秋校释》,陈奇猷校释,上海古籍出版社,2001,第1284页。
② 杨伯峻编著《春秋左传注》(下),中华书局,2018,第1214页。
③ 李学勤主编《十三经注疏·春秋左传正义》(下),北京大学出版社,1999,第1372页。
④ 郭庆藩:《庄子集释》,王孝鱼点校,中华书局,2013,第326页。
⑤ 万里、刘范弟、周小喜辑校《炎帝历史文献选编》,湖南大学出版社,2012,第72页。

民不粒食,未知耕稼,于是因天时,相地宜,始作耒耜,教民艺五谷,故谓之神农。……作都于陈,后徙鲁。……其俗朴重端悫,不忿争而财足,无制令而民从,威厉而不杀,法省而不烦。列廛于国,日中为市。始作五弦,削桐为琴,纠丝为弦,以通天地之德,以合神人之和。……夙沙氏为诸侯,不用命,箕文谏而杀之,神农退而修德,夙沙之民自攻其君而来归。①(《通志》)

较之先秦,《资治通鉴外纪》和《通志》中的描述更加详细生动。先是指出了神农部落民风淳厚,怀素抱朴,与人无争。部落首领神农氏德才兼备,他制作农具、种植粮食、颁布法令、聚设集市、礼乐教化、造福生民。又说神农氏曾定都于陈,即今河南省周口市淮阳区,后迁至鲁地,并"列鄽(廛)于国,日中为市"。接着写夙沙氏作为齐鲁土著,擅长制作海盐。当夙沙氏部落首领下令,禁止本部落同神农氏部落进行盐、粮交换时,夙沙部落的箕文,力谏应开放本部落同其他部落之间的物品交换。箕文的意见未被部落首领采纳,反而被杀死。最后,夙沙氏部落首领触犯众怒,被本部落民众推翻,夙沙部落归附了"退而修德"的神农氏。对于上古先民来说,制盐技术难得,食盐稀缺珍贵。夙沙氏想要阻止部落之间贸易交换,当有其自身的考虑,并不难理解。这里实际上已经涉及上古食盐的生产、交换和贸易等一系列问题。然而,毕竟年代太过久远,当时交换、贸易的具体情况如何,不尽可知,只能做上述大致推测。

三、夙沙卫、宿沙卫与夙沙氏

在《左传》中,鲁襄公二年(公元前 571 年)、十七年(公元前 556 年)、十八年(公元前 555 年)、十九年(公元前 554 年)等条目下,记载了关于"夙沙卫"的一系列事迹。

二年春,郑师侵宋,楚令也。齐侯伐莱,莱人使正舆子赂夙沙卫以索马牛,皆百匹,齐师乃还。君子是以知齐灵公之为"灵"也。②

齐人获臧坚,齐侯使夙沙卫唁之,且曰"无死"。坚稽首曰:"拜命之

---

① 万里、刘范弟、周小喜辑校《炎帝历史文献选编》,湖南大学出版社,2012,第 93 页。
② 杨伯峻编著《春秋左传注》(下),中华书局,2018,第 790 页。

辱。抑君赐不终,姑又使其刑臣礼于士。"以杙抉其伤而死。①

冬十月,会于鲁济,寻溴梁之言,同伐齐。齐侯御诸平阴,堑防门而守之,广里。夙沙卫曰:"不能战,莫如守险。"弗听。诸侯之士门焉,齐人多死。②

(齐侯)使高厚傅牙,以为大子,夙沙卫为少傅。……齐灵公卒。庄公即位。执公子牙于句渎之丘。以夙沙卫易己,卫奔高唐以叛。③

齐庆封围高唐,弗克。冬十一月,齐侯围之。见卫在城上,号之,乃下。问守备焉,以无备告。揖之,乃登。闻师将傅,食高唐人。殖绰、工偻会夜缒纳师,醢卫于军。④

《左传》中的这些文字,以"旁枝侧出"的笔法,塑造了一个多面立体的"夙沙卫"形象。

第一则意为,鲁襄公二年春天,郑国受楚国唆使攻打宋国。齐灵公进攻莱国,莱国人派正舆子把精选的牛、马各百匹赠送给灵公身边的夙沙卫,齐军于是退兵而还。这就是齐灵公谥号为"灵"("灵"作为谥号,含有荒唐胡闹、胡作非为之意)的缘故。这则材料显示,夙沙卫在两国交战之际,收受贿赂,中饱私囊,以权谋私。

第二则意为,齐人俘获了臧坚,齐灵公派夙沙卫前往慰问,并且对他说,"作为俘虏,你不要一心求死"。臧坚叩头致谢并回复说:"拜谢齐君,齐君虽赐我不死,却又故意派一个宦官来羞辱我。"于是,臧坚用木桩自刺身亡。这则材料显示,夙沙卫身份低微,是一个虽然受宠却地位卑微的宦官。

明代诗人陈第曾作《感古》感慨这段往事,诗曰:

> 鲁有臧坚,矫矫男子。
> 战获齐侯,唁使无死。
> 其谁实来,夙沙卫氏。
> 事近刑臣,义烈所耻。

---

① 杨伯峻编著《春秋左传注》(下),中华书局,2018,第888页。
② 杨伯峻编著《春秋左传注》(下),中华书局,2018,第893-894页。
③ 杨伯峻编著《春秋左传注》(下),中华书局,2018,第904页。
④ 杨伯峻编著《春秋左传注》(下),中华书局,2018,第906页。

> 君命祗辱,曷礼于士。
> 抉伤而亡,懦者兴起。
> 安得若人,砥此颓靡。

第三则意为,这年冬季十月,鲁襄公与诸侯王公会晤,重温溴梁之盟,相约联手攻齐。齐灵公挖壕据守以备抵御。夙沙卫进谏齐灵公说:"正面迎战,如果没有必胜的信心,不如扼守险要,退转为守。"灵公不听,诸侯军队攻入城门,齐军战死无数。这则材料显示,夙沙卫具有一定的智慧与远见。

第四则意为,齐灵公册立牙为太子,并分别任命高厚、夙沙卫做太子牙的大傅和少傅,予以辅佐。齐灵公驾崩后,齐庄公将太子牙拘禁于句渎之丘,并肃清政敌,派人诛杀夙沙卫。夙沙卫逃出都城,回到封地高唐,被迫成为叛逆国君之人。

第五则意为,齐庄公劝降夙沙卫,夙沙卫拒绝投降。夙沙卫的臣仆殖绰、工偻会等人,半夜里缒绳出逃,投降庄公,并为庄公众人打开城门。夙沙卫寡不敌众被杀,并被施以醢刑(醢刑,又作菹醢,古代酷刑之一,将尸体剁成肉酱,相传为商纣王所创)。最后这两则材料具有紧密的连贯性,显示出夙沙卫政治地位一度炙手可热,参与并影响到朝廷政权的更迭。

此外,《左传》"襄公二年"条曾注曰:"夙沙卫屡见于襄十七、十八、十九年《传》,曾为齐之少傅,盖齐灵公一时之幸臣。"[①]综合以上全部材料来看,无论是夙沙卫说服齐侯退师,还是力谏齐侯固守,都显示出其本人所具有的权谋与胆识。但其因卷入齐灵公的太子之争与政权更替,受围败北,不得善终,最后被施以醢刑。

宿沙卫与夙沙卫、宿沙氏与夙沙氏之间是何关系?《说文解字注》提供了便于理解的答案。东汉许慎《说文解字》写道:"盐,从卤,监声。古者宿沙初作煮海盐。凡盐之属皆从盐。"[②]文及注如下:

> 卤也。天生曰卤,人生曰盐。十字各本作"咸也"二字,今正。盐之味咸,盐不训为咸。《玄应书》三引《说文》"天生曰卤,人生曰盐",当在此处。上冠以"卤也"二字,则浑言、析言者备矣。《周礼》:"盐人,掌盐之政

---

① 杨伯峻编著《春秋左传注》(下),中华书局,2018,第790页。
② 许慎:《说文解字注》,段玉裁注,许惟贤整理,凤凰出版社,2007,第1018页。

令。"有出盐直用不涷治者,有涷治者。从卤,监声。余廉切,古音在八部。古者夙沙初作鬻海盐。夙,大徐作"宿",古宿夙通用。《左传》有夙沙卫,《吕览》注曰:"夙沙,大庭氏之末世。"《困学纪闻》引鲁连子曰:"古善渔者,宿沙瞿子。"又曰:"宿沙瞿子善煮盐。"许所说盖出《世本·作篇》,所谓"人生曰盐"也。凡盐之属皆从盐。①

段玉裁这段注文清晰解释了三个问题。首先,上古文献中,"宿"与"夙"通用,这解释了先秦文献中"夙沙氏"与"宿沙氏"、"夙沙卫"与"宿沙卫"不同写法的问题。其次,"夙沙,大庭氏之末世",意即夙沙卫是夙沙氏的后裔。最后,夙沙氏后世子孙同他们的祖先一样,也大都擅长煮海为盐。

四、夙沙氏"煮海为盐"与中国古代盐业文明

殷商时代的金文中,尚未出现"盐"字,而"卤"字出现较多,且"卤"与"西"为同一字。有学者指出,"古代地处黄河下游,河东盐池已被认为西方,所以西与卤为同一字"②。殷商的政治中心,在今河南中部以东和山东境内,较而言之,河东地区及关陇地区皆被视作西方。文献显示,"天生曰卤",即自然晒成的盐,产于西方;"人生曰盐",即人工制成的盐,产于东方。可以推测,殷商时代,海盐的数量并不多,故而珍贵异常。

"盐"字首次出现,是在《周礼》中。《周礼·天官冢宰》记载曰:"盐人掌盐之政令,以共百事之盐。祭祀共其苦盐、散盐。宾客共其形盐、散盐。王之膳羞共饴盐。后及世子亦如之。凡齐事,煮盬以待戒令。"③这段文字是说,周代已设置有专门负责王室用盐及诸事用盐的专职人员:盐人。盐人负责祭祀时供给苦盐、散盐,款待宾客时供给形盐、散盐,为君王烹制膳食时供给饴盐,王后、王孙标准与君王等同。调和其他食物之前,需先备制好各种盐,候命以待。《隋书·食货志》进一步解释道:"掌盐掌四盐之政令。一曰散盐,煮海以成之;二曰盬盐,引池以化之;三曰形盐,物地以出之;四曰饴盐,于戎以取之。"④

---

① 许慎:《说文解字注》,段玉裁注,许惟贤整理,凤凰出版社,2007,第1018页。
② 唐兰:《西周青铜器铭文分代史征》,上海古籍出版社,2016,第384页。
③ 《周礼》(上),徐正英、常佩雨译注,中华书局,2014,第128页。
④ 魏徵、令狐德棻:《隋书》(第三册),中华书局,1973,第679页。

苦盐,指的是大颗粒盐;散盐,指的是细粉状盐;形盐,制成虎形、专供祭祀用的盐;饴盐,带有甜味的戎盐。不同类别、形状的食盐,供不同身份地位的人享用,这说明周朝的制盐业有所进步,盐的种类、形状已经较为丰富。

上述文字还透露出一个非常重要的信息,即早在三千年前的周代,盐,已经被作为珍贵的贡品进献给王室;并且,已经出现了专门执掌食盐的"盐官"。《尚书·禹贡》载:"海岱惟青州。嵎夷既略,潍、淄其道。厥土白坟,海滨广斥。厥田惟上下,厥赋中上。厥贡盐、绨,海物惟错。岱畎丝、枲、铅、松、怪石。莱夷作牧,厥篚、檿丝。浮于汶,达于济。"①这段文字十分古奥,意思是说:渤海和泰山之间是青州。嵎夷治理好以后,潍水和淄水也已疏通。那里土地灰白,海边是广大的盐碱地。进贡的物品是盐和细葛布,海产品多种多样。还有丝、麻、锡、松和奇石。莱、夷一带可以放牧。进贡的物品是筐装的蚕丝。进贡的船只沿汶水到达济水。截至目前,关于《尚书·禹贡》这部古著的成书年代和作者,学界尚未达成一致(一般认为,该书约成书于公元前五世纪),但至少可以推断,早在比春秋战国更为久远的时代,珍贵的海盐,已经作为贡品存在。如燕生东梳理山东盐业史籍文献指出,《禹贡》所载青州"海滨广斥""厥贡盐绨",说明海盐是古青州沿海的特产,曾作为贡品献给中央王朝。同时,燕生东还对殷墟时期至西周早期渤海南岸地区盐业生产情况进行了系统研究,并对该地区盐业聚落群分布特点、制盐工艺流程以及盐业生产组织、生产规模等问题进行了翔实分析。②

关于夙沙氏"煮海为盐"的具体方法与过程,先秦文献中并无明确记载。直到唐昭宗(公元888年—公元904年在位)时,曾任广州司马的刘恂撰著《岭表录异》,其中《野煎盐》最早记录下海盐的制作过程。文曰:

> 广南煮海,其无限,商人纳榷,计价极微数,内有恩州场石桥场,俯迩沧溟,去府最远。商人于所司给一百榷课,止销杂货三二千。及往本场

---

① 《尚书》,王世舜、王翠叶译注,中华书局,2012,第61页。
② 关于"青州海盐作为贡品"的问题可参见曾仰丰:《中国盐政史》,商务印书馆,1936;田秋野、周维亮:《中华盐业史》,台湾商务印书馆,1979;郭正忠:《中国盐业史(古代编)》,人民出版社,1997;洪贤兴、郭红:《海洋盐文化》,中国大地出版社,2007;黄天华:《原始财政研究》,上海财经大学出版社,2010;方辉:《商周时期鲁北地区海盐业的考古学研究》,《考古》2004年第4期;燕生东:《山东地区早期盐业的文献叙述》,《中原文物》2009年第2期;燕生东:《商周时期渤海南岸地区的盐业》,文物出版社,2013,等。

盐,并无官者给遣,商人但将人力收聚咸沙,掘地为坑,坑口稀布竹木铺蓬
篁于其上,堆沙,潮来投沙,咸卤淋在坑内。伺候潮退,以火炬照之,气冲
火灭,则取卤汁用,竹盘煎之,顷刻而就。竹盘者,以篾细织竹镬,表里以
牡蛎灰泥之。自收海水煎盐,谓之野煎。易得如此也。①

距离刘恂大约六百年后,明代科学家宋应星在《天工开物·作咸》中用更
加通俗易懂的文字阐释了上述方法:

> 凡海水自具咸质。海滨地高者名潮墩,下者名草荡,地皆产盐。同一
> 海卤传神,而取法则异。
>
> 一法高堰地,潮波不没者,地可种盐。种户各有区画经界,不相侵越。
> 度诘朝无雨则今日广布稻麦稿灰及芦茅灰于许于地上,压使平匀。明晨
> 露气冲腾,则其下盐茅勃发,日中晴霁,灰、盐一并扫起淋煎。
>
> 一法潮波浅被地,不用灰压。俟潮一过,明日天晴,半日晒出盐霜,疾
> 趋扫起煎炼。
>
> 一法逼海潮深地,先掘深坑,横架竹木,上铺席苇,又铺沙于苇席之
> 上。候潮灭顶冲过,卤气由沙渗下坑中,撤去沙、苇,以灯烛之,卤气冲灯
> 即灭,取卤水煎炼。总之功在晴霁,若淫雨连旬,则谓之盐荒。②

在这段文字中,宋应星将海盐的制作方法大致分成三种。方法一,在海潮
不能浸漫的高岸取盐,盐民们各有盐田,互不侵占。将寸余厚的稻秆、麦秆灰
或是芦苇、茅草灰,均匀撒于地面,并压制密实。次日天晴,灰下会迅速结满盐
茅,过午即可收集,并淋洗煎炼。方法二,在潮水清浅之地,不用撒灰,只等潮
落,次日天晴,过午即可收集盐霜,加以煎炼。方法三,在能被海潮淹没的低洼
处,挖掘深坑,放置竹架或木棒,上置苇席,苇席上铺沙子。海水中卤气卤水聚
集入坑,便可取卤煎炼。海盐制作与天气状况密切相关,如阴雨连绵,则海盐
难出,此即为"盐荒"。整个"煮海为盐"的过程中,如果海水盐卤浓度不够,就
只能制成少量或者不能制成海盐。正如《北堂书钞》引《鲁连子》所载:"宿沙
瞿子善煮盐,使煮滔沙,虽十宿沙,不能得。"③

---

① 刘恂:《岭表录异校补》,商璧、潘博校补,广西民族出版社,1988,第205页。
② 潘吉星:《天工开物校注及研究》,巴蜀书社,1989,第267-269页。
③ 《文白对照》诸子文粹编写组编译《诸子文粹》,北方文艺出版社,1994,第684页。

在漫长的历史长河中,以夙沙氏为源头的中国古代盐业文明,随着人类文明的脚步一同前进。"煮海为盐"的过程,是技术进步的过程、财富聚集的过程,也是人类文明沉淀演进的过程。

前文有述,至迟在汉代,已有祭祀夙沙氏的盐宗庙出现。迄今为止,全国范围内保存有不少供奉夙沙氏的庙宇和会馆,较为著名的如山西运城盐宗庙、江苏泰州盐宗庙、江苏扬州盐宗庙等。2012年,在韩国丽水世博会上,山东省将"孔子的人海和谐发展""管子的海洋生态发展""夙沙氏与海洋化工"并举为三件"省宝",向全世界推介。[①]

近年来,随着"2008年度全国十大考古新发现"之一——山东寿光双王城盐业遗址群的发现,致力于盐业史研究的学者们,围绕夙沙氏取得了更加丰硕的成果。"盐宗"夙沙氏及其"煮海为盐"这个古老的话题,在当下仍然具有丰富而崭新的意义,吸引着无数学者去探索和发现。

---

① 崔滨:《韩国丽水世博昨天开幕 山东"省宝"很靓》,《齐鲁晚报》2012年8月4日,https://www.dzwww.com/shandong/sdnews/201208/t20120804_7308907.htm。

第二章 解池盬盐

明代宋应星在其科学巨著《天工开物》中写道:"凡池盐宇内有二,一出宁夏,供食边镇;一出山西解池,供晋豫诸郡县。解池界安邑、猗氏、临晋之间,其池外有城堞,周遭禁御。池水深聚处,其色绿沉。土人种盐者池傍耕地为畦陇,引清水入所耕畦中,忌浊水,参入即淤沉盐脉。凡引水种盐,春间即为之,久则水成赤色。待夏秋之交,南风大起,则一宵结成,名曰颗盐,即古志所谓大盐也。"①解州盐池是中国最大的池盐产地。池盐,又名颗盐、大盐。春天引水种盐,夏秋之间,南风大起,一夜盐成。如果说,凡提及海盐,必提及夙沙氏,那么,凡提及池盐,则蚩尤必被提及。蚩尤之血化为解州盐池,故事传说源远流长,不仅仅在解州当地妇孺皆知,即便置于整个民俗学和文化史当中,也具有值得浓墨重彩予以书写的特殊价值。

一、蚩尤:叛臣与战神

《孔子三朝记》载曰:"黄帝杀之(蚩尤)于中冀,蚩尤肢解,身首异处,而且血化为卤,则解州盐池也。因其尸解,故名其地为解。"②上古时代,黄帝大战蚩尤,蚩尤败北被杀,身首异处。蚩尤身死尸解,尸解之地即以"解"命名;其血液化为卤水,后成为盐池。这段散见于不少典籍中的文字,讲述了蚩尤与解州

---

① 潘吉星:《天工开物校注及研究》,巴蜀书社,1989,第272页。
② 转引自柴继光:《运城盐池与河东文化》,《盐业史研究》1990年第1期。

盐池之间密切相关的一段传奇。要了解这段传奇，需要先厘清两个问题："蚩尤"其人和"黄帝战蚩尤"其事。

关于"蚩尤"，《说文解字》释曰：蚩，虫也；尤，又作"由"，意为"农"，部落名。蚩尤，既指上古时期的一个农耕部落，又指该部落首领。《尚书·吕刑》记载："王曰：'若古有训，蚩尤惟始作乱，延及于平民，罔不寇贼，鸱义奸宄，夺攘矫虔。苗民弗用灵，制以刑，惟作五虐之刑曰法，杀戮无辜。爰始淫为劓、刵、椓、黥，越兹丽刑，并制，罔差有辞。……'"①（劓、刵、椓、黥，皆为古代酷刑。劓，割掉鼻子；刵，割掉耳朵；椓，腐刑、宫刑；黥，在脸上刺字或记号，并涂色。）这则材料是目前所见先秦史料中，关于蚩尤其人其事最早的文字记录。对此，西汉孔安国释曰"九黎之君号曰蚩尤"②；同时，他还将蚩尤与三苗联系起来，"三苗之君习蚩尤之恶"③。宋代陈经（生卒年不详）《尚书详解》用明白晓畅的文字解释了上述文献中包含的信息：

> 蚩尤，九黎之君也，即与黄帝战于阪泉者也。上古之时风气未开，淳朴未散，民知耕食凿饮而已，安知所谓乱。惟蚩尤创为不义之事，民皆从而化之，于是为乱之始，所以延及乎民，无不习于蚩尤之恶。为寇以盗民财者；为贼以害人事者；以鸱为义，如鸱枭搏击者；为恶于内，为恶于外，而为奸为宄者；夺攘以劫掠人者；矫虔以诈取，而至于虔刘杀戮者。凡此数者，皆是平民始初为恶，出自蚩尤。④

上古时代，民风淳朴，先民只知耕种劳作、炊爨饮食，并不知何谓作乱。蚩尤性格叛逆，狂放不羁，喜好战乱。这样的行径在先民之中产生了恶劣影响。一些人效仿蚩尤胡作非为、烧杀抢掠、强取豪夺、作奸犯科，成了犯上作乱、无恶不作的贼寇。起先，先民为了让人们遵守法令而制定了一系列刑罚；后来，刑罚逐渐演变成滥用酷刑，甚至连无罪之人也都惨遭杀戮。过分使用酷刑，不听取受刑人的申诉。因此，有人认为，蚩尤是万恶之源，酷刑因他而定，杀戮也因他而始。

---

① 孙星衍：《尚书今古文注疏》，陈抗、盛冬铃点校，中华书局，1986，第519-522页。
② 李学勤主编《十三经注疏·尚书正义》，北京大学出版社，1999，第535页。
③ 李学勤主编《十三经注疏·尚书正义》，北京大学出版社，1999，第535页。
④ 陈经：《尚书详解》，商务印书馆，1939，第512-513页。

西汉司马迁(公元前145年—卒年不详)的《史记·五帝本纪》亦是了解蚩尤较为详细的资料。太史公这样写道:

> 轩辕之时,神农氏世衰。诸侯相侵伐,暴虐百姓,而神农氏弗能征。于是轩辕乃习用干戈,以征不享,诸侯咸来宾从。而蚩尤最为暴,莫能伐。炎帝欲侵陵诸侯,诸侯咸归轩辕。轩辕乃修德振兵,治五气,艺五种,抚万民,度四方,教熊罴貔貅䝙虎,以与炎帝战于阪泉之野。三战,然后得其志。蚩尤作乱,不用帝命。于是黄帝乃征师诸侯,与蚩尤战于涿鹿之野,遂禽杀蚩尤。而诸侯咸尊轩辕为天子,代神农氏,是为黄帝。天下有不顺者,黄帝从而征之,平者去之。①

关于这段文字,南朝宋裴骃《史记集解》引应劭曰"蚩尤,古天子",又转引《孔子三朝记》曰:"蚩尤,庶人之贪者。"②唐代张守节撰《史记正义》引《龙鱼河图》载曰:"黄帝摄政,有蚩尤兄弟八十一人,并兽身人语,铜头铁额,食沙石子,造立兵仗刀戟大弩,威震天下,诛杀无道,不慈仁。万民欲令黄帝行天子事。黄帝以仁义不能禁止蚩尤,乃仰天而叹。天遣玄女下授黄帝兵信神符,制伏蚩尤。帝因使之主兵,以制八方。蚩尤没后,天下复扰乱,黄帝遂画蚩尤形象以威天下,天下咸谓蚩尤不死,八方万邦皆为弭服。"③黄帝执政时,有蚩尤兄弟八十一人。他们兽身人语、铜头铁额,以沙石为食。蚩尤发明制造了刀、戟、弩等各种兵器,凭借武力,威震天下。蚩尤酷爱杀人,残暴无道。黄帝仁慈,其勇猛武力虽不敌蚩尤,却深得百姓拥护爱戴。于是,天帝派玄女下界,授予黄帝兵权神符,以助其制伏蚩尤,平定天下。后来,天下复又动乱,黄帝命人画了蚩尤画像,天下皆称蚩尤不死,从而八方咸服。蚩尤遂被誉为"战神""兵主"。正是借助于这些文献,蚩尤的形象更加立体鲜活。

关于"黄帝战蚩尤",《尚书》《礼记》《墨子》《列子》《吕氏春秋》《世本》《左传》《国语》《战国策》《淮南子》《史记》等诸多典籍皆有记载。大致说法有三种:第一种,蚩尤作兵攻打黄帝,兵败后被杀;第二种,蚩尤与炎帝战,炎帝败后求诸黄帝,炎、黄联手杀蚩尤于中冀;第三种,黄帝与炎帝战,黄帝胜,又与蚩

---

① 司马迁:《史记》(一),中华书局,2011,第3页。
② 转引自黄金龙、亢西民编著《黄帝神话传说》,北岳文艺出版社,2021,第71页。
③ 转引自黄金龙、亢西民编著《黄帝神话传说》,北岳文艺出版社,2021,第71页。

尤战,复又胜。

一般认为,神农氏衰败之后,上古部落之间角逐纷争、互相残杀。黄帝轩辕氏于乱世之中脱颖而出,习兵练武,征讨不享,诸侯归从。黄帝与炎帝战于阪泉,炎帝兵败降服。蚩尤本就凶猛,无人能敌,后发动叛乱,不服从黄帝号令。黄帝征调大军,与蚩尤战于涿鹿,擒获蚩尤,并将其杀死。这个故事,在《山海经》中的记载十分奇幻缥缈,风伯、雨师、龙王、天女纷纷加入其中,以兹助力。如《山海经·大荒北经》载曰:

> 有系昆之山者,有共工之台,射者不敢北乡。有人衣青衣,名曰黄帝女魃。蚩尤作兵伐黄帝,黄帝乃令应龙攻之冀州之野。应龙畜水,蚩尤请风伯雨师,纵大风雨。黄帝乃下天女曰魃,雨止,遂杀蚩尤。①

关于黄帝与蚩尤之间的这场大战,有风伯、雨师助阵蚩尤,有应龙、女魃助阵黄帝。蚩尤一方能铸造兵器,黄帝一方有应龙蓄水。蚩尤一方能呼风唤雨、散布迷雾,黄帝一方则旱神烘烤、烈日当空。最后,蚩尤终不敌黄帝,兵败被杀。在《山海经》这部富含神话传说的先秦地理学著作当中,蚩尤同风伯、雨师、龙王、天女并列,是作为神话人物出现的。

北魏郦道元的《水经注》虽为地理学专著,却收录保存有不少神话故事。关于"黄帝战蚩尤"的战场,《水经注》这样写道:

> 又东过涿鹿县北,涿水出涿鹿山,世谓之张公泉,东北流迳涿鹿县故城南,王莽所谓抪陆也。黄帝与蚩尤战于涿鹿之野,留其民于涿鹿之阿。即于是也。其水又东北与阪泉合,水导源县之东泉。《魏土地记》曰:下洛城东南六十里有涿鹿城,城东一里有阪泉,泉上有黄帝祠。《晋太康地理记》曰:阪泉亦地名也。泉水东北流与蚩尤泉会,水出蚩尤城,城无东面。《魏土地记》称,涿鹿城东南六里有蚩尤城。泉水渊而不流,霖雨并则流注阪泉,乱流东北入涿水。②

关于黄帝战蚩尤之"涿鹿"战场的具体位置,古往今来,争论不休。不完全统计,有河北省涿州市、河北省张家口市涿鹿县、江苏省徐州市、山西省运城市

---

① 《山海经》,方韬译注,中华书局,2011,第334-335页。
② 郦道元:《水经注校证》,陈桥驿校证,中华书局,2013,第309-310页。

盐湖区、河南省焦作市修武县、陕西省渭南市华州区、山东省泰安市东平县、山东省菏泽市巨野县等等诸多说法。其中，较多文献史料显示，"涿鹿"或为古之彭城，今之徐州。如《世本》载曰："黄帝都涿鹿。涿鹿在鼓（彭）城南。"①《史记正义》引《舆地志》曰："涿鹿本名彭城，黄帝初都，迁有熊也。"②《汉书·刑法志》载曰："郑氏曰：涿鹿在彭城南。"③今人学者吕思勉在《吕思勉读史札记》中写道："阪泉、涿鹿，盖当如《世本》说，谓在彭城为是。"④又，吕思勉在其《先秦史》中考证涿鹿当属今之江苏省铜山县："《战国·魏策》云'黄帝战于涿鹿之野，而西戎之兵不起；禹攻三苗，而东夷之兵不至'；此为涿鹿在东方之明证。《集解》又引《皇览》，谓蚩尤冢在寿张，其肩髀冢在巨野，亦距彭城不远也。"⑤

同样，关于"阪泉"，也有山西省运城市盐湖区、山西省太原市曲阳县、北京市延庆区、河北省张家口市涿鹿县、河北省张家口市怀来县等诸种说法。《水经注》记载显示，茂都淀为"陂（阪）水之异名也。淀水西南出，谓之巨野沟"⑥。"阪水""阪泉""阪山"系同地异名。《路史·后纪卷四》称蚩尤为"阪泉氏"。⑦《逸周书·史记解》载曰："昔阪泉氏用兵无已，诛战不休……徙居至于独鹿，诸侯叛之，阪泉以亡。"⑧有不少学者据此认为，"涿鹿""阪泉"实际上指的是同一地区。如张志斌指出："我国五千年文明史上著名的黄炎、黄蚩'阪泉之战''涿鹿之战'的焦点是争夺人们赖以生存的食盐，是发生在同一地的争战。'阪泉''涿鹿'是对同一地域的不同说法，其地就在今山西运城市西南盐池一带。"⑨张其昀、柴继光、马重阳等，也都认为涿鹿之战是黄帝与蚩尤之间为争夺盐池而爆发。⑩ 一方是华夏之祖，一方是上古战神，这场决定生死成

---

① 《世本》，周渭卿点校，齐鲁书社，2010，第56页。
② 司马迁：《史记》（一），中华书局，2011，第2页。
③ 班固：《汉书》（第四册），中华书局，1964，第1082页。
④ 吕思勉：《吕思勉读史札记》，上海古籍出版社，1982，第41页。
⑤ 吕思勉：《先秦史》，上海古籍出版社，2005，第57页。
⑥ 郦道元：《水经注校证》，陈桥驿校证，中华书局，2013，第560页。
⑦ 周明：《路史笺注》（上），巴蜀书社，2021，第194页。
⑧ 皇甫谧：《逸周书》，贾二强校点，辽宁教育出版社，1997，第67页。
⑨ 张志斌：《中冀·阪泉·涿鹿考辨》，《运城高等专科学校学报》2000年第5期。
⑩ 参见柴继光：《黄帝蚩尤之战原因的臆测》，《盐业史研究》1991年第2期；马重阳：《从"涿鹿"、"浊鹿"再到"浊卤"——关于"炎黄大战蚩尤"的文史追踪》，《山西师大学报（社会科学版）》2012年第3期。

败、兴衰荣辱,乃至中华民族格局走向的著名战事,千古之下,遗响犹存。

宋代学者关于这场战事的研究更为详审。北宋刘恕《资治通鉴外纪》"黄帝篇"和南宋罗泌《路史·后纪卷四·蚩尤传》,便为其中杰作。

> 蚩尤作乱,不用命,轩辕征师与蚩尤战于涿鹿之野,蚩尤为大雾,军士昏迷,轩辕作指南车以示四方,遂禽蚩尤,戮于中冀,名其地曰"绝辔之野"。诸侯咸尊轩辕,代神农氏为天子,是为黄帝。①

> 阪泉氏蚩尤,姜姓,炎帝之裔也,兄弟八十人。蚩尤疏首虎卷,八肱八趾,好兵而喜乱。骧党崇仇,憝欲亡厌,惟作五虐之刑,延于平民。罔不寇贼,鸱义奸宄,敓攘矫虔,发葛卢、雍狐之金,启九冶,作兵刑剑拨,剑拨作而岁之诸侯相兼者二十一。帝榆罔立,诸侯携贰,胥伐虐弱。乃分正二卿,命蚩尤宇于小颢以临西方,司百工,德不能驭。蚩尤产乱,出羊水,登九淖,以伐空桑,逐帝而居于浊鹿。兴封禅,号炎帝。乃驱罔两,兴云雾,祈风雨,以肆志于诸侯。顿戟一怒,并吞亡亲。九隅亡遗,文亡所立,智士寒心。参卢于是与诸侯委命于有熊氏。有熊氏于是暨力牧、神皇厉兵称旅,顺杀气以振兵,法文昌而命将,熊、罴、貔、貅以为前行,雕、鹖、雁、鹳以为旗帜。士既成矣,逮蚩尤逆,筮之巫咸……②

观上述两篇"黄帝战蚩尤",语言质朴,叙述平实。在这里,蚩尤褪去了神话人物的奇幻色彩,显得真实可感。虽然其相貌依然奇特,甚至是丑陋,"疏首虎卷,八肱八趾";其性格依然好乱,甚至是残虐,"憝欲亡厌""敓攘矫虔"。而上述两段文字的共同之处在于,通过详述黄帝的备战,侧面突出了蚩尤的骁勇威猛。

上古原始先民之间的战争,大多是不同部落集团之间,围绕争夺土地、水源、猎物等物质资源而起,实在难分何谓公平,何谓正义。成则为王,败则为寇。胜利者书写的历史,往往把失败者塑造成彻头彻尾的恶魔。败给了黄帝的蚩尤便是这样。昔日典籍中的"战神"被逐渐妖魔化,在时间的流逝中,失去了他本来的面目。翻检爬梳典籍,依然有蛛丝马迹可证蚩尤并非绝对十恶不赦。

---

① 刘恕:《资治通鉴外纪》,商务印书馆,1936,第9页。
② 周明:《路史笺注》(上),巴蜀书社,2022,第194页。

> 昔者黄帝得蚩尤而明于天道,得大常而察于地利,得奢龙而辨于东方,得祝融而辨于南方,得大封而辨于西方,得后土而辨于北方。黄帝得六相而天地治,神明至。蚩尤明乎天道,故使为当时;大常察乎地利,故使为廪者;奢龙辨乎东方,故使为土师;祝融辨乎南方,故使为司徒;大封辨于西方,故使为司马;后土辨乎北方,故使为李。是故春者土师也,夏者司徒也,秋者司马也,冬者李也。①

这段话意思是说,昔日黄帝得蚩尤为相,而明察天道;得大常为相,而明察地利;得苍龙为相,而明察东方;得祝融为相,而明察南方;得大封为相,而明察西方;得后土为相,而明察北方。此"六相"者,各司其职,而宇内大治。蚩尤通晓天道,黄帝以其"掌时";大常通晓地利,黄帝以其"掌廪";苍龙明察东方,黄帝以其为"土师";祝融明察南方,黄帝以其为"司徒";大封明察西方,黄帝以其为"司马";后土明察北方,黄帝以其为"李"官。春官、夏官、秋官、冬官及其具体职务,便是由此而来。

> (黄帝)修教十年,而葛卢之山发而出水,金从之,蚩尤受而制之,以为剑铠矛戟,是岁相兼者诸侯九。雍狐之山发而出水,金从之,蚩尤受而制之,以为雍狐之戟芮戈,是岁相兼者诸侯十二。②

这段意思是说,黄帝执掌天下、教化百姓,许多年后,葛卢山山洪暴发,所出金属矿石被蚩尤管控。蚩尤制造了剑、铠、矛、戟等兵器,兴兵与众多诸侯国作战。雍狐山山洪过后,所出金属矿石,也被蚩尤管控。蚩尤制造了戟、戈等兵器,兴兵又与众多诸侯国作战。

上述两段文字,分别见于《管子》"五行篇"和"地数篇"。前者称赞蚩尤通晓天道,黄帝以其掌时,以其为肱骨良佐。后者写蚩尤勇猛善战,长于炼制兵器,造出剑、铠、矛、戟、戈等兵器。这些兵器在战争中,发挥了巨大作用。而在蚩尤造制兵器以前,人们主要靠伐林削木来防战和参战。

马王堆帛书《黄帝十大经·正乱》载曰:

> 黄帝身遇蚩尤,因而擒之。剥其□革以为干侯,使人射之,多中者赏。

---

① 《管子》(下),李山、轩新丽译注,中华书局,2019,第677-678页。
② 《管子》(下),李山、轩新丽译注,中华书局,2019,第998-999页。

髤其发而建之天,名曰蚩尤之旌。充其胃以为鞠,使人执之,多中者赏。腐其骨肉,投之苦醢,使天下噍之。①

此段文字大意是说,黄帝擒获了蚩尤,将其杀死。剥其皮,制成靶子,让人们射箭,射中多者,可得赏赐;削其发,制成旗帜,称之为"蚩尤旗";掏空其五脏,制成蹴鞠,供人玩乐,踢中多者,可得赏赐;剁碎其骨肉,制成肉菜酱,供天下人分食。这段文字触目惊心、骇人听闻。紧接着这段文字之后,还有一段黄帝颁布的"毋乏""毋留""毋乱""毋绝"的禁令,激烈严厉,颠覆了后世印象中那个"垂衣裳而天下治"的黄帝形象。

以上是简摘部分文献中"黄帝战蚩尤"的传说,透过这些文字,我们了解了蚩尤的大致形象。残酷暴虐,抑或是骁勇善战;咎由自取、死得其所,抑或是苍凉悲怆、令人唏嘘。年代的久远,时代的特殊,使得这些故事和人物具有复杂神秘的色彩、深邃丰富的内涵。总而言之,传奇性与话题性,使得蚩尤与解州盐池之间具有了得天独厚的密切关联。

二、"蚩尤血"与解池传说

古往今来,无数文人学者试图将蚩尤的故事以各种天马行空的想象付诸笔端。这里,集中考察蚩尤与解池相关的传说。遍搜文献,所得如下:

《孔子三朝记》载曰:

> 黄帝杀之(蚩尤)于中冀,蚩尤肢解,身首异处,而且血化为卤,则解州盐池也。因其尸解,故名其地为解。②

《孔子三朝记》收录于《大戴礼记》中,记录的是孔子与鲁哀公的对话,年代久远,资料珍贵,向来为学界重视。黄帝在"中冀"杀掉蚩尤,蚩尤身死尸解,血化为卤水,成了后来的解州盐池。因为蚩尤尸解于此,故而此处名为"解(州)"。这段文字本身并不难理解,但"中冀"的具体位置,一度为学界争论。

一种观点认为,"中冀"概指上古时期天子所辖四渎之域、中原之土。文献

---

① 《黄帝四经今注今译——马王堆汉墓出土帛书》,陈鼓应注译,商务印书馆,2007,第258页。
② 转引自柴继光:《运城盐池与河东文化》,《盐业史研究》1990年第1期,第59页。

依据主要来自如下：西汉刘安《淮南子·地形训》载曰："正中冀州曰中土。"①东汉高诱注曰："冀，九州中，谓今四海之内。"②《山海经·大荒北经》："黄帝乃令应龙攻之冀州之野。"③东晋郭璞注曰"冀州，中土也"④，故曰中冀。西晋皇甫谧《帝王世纪》载曰："戮蚩尤于中冀，名其地曰绝辔之野。"⑤明末清初顾炎武《日知录》曰："古之天子，常居冀州，后人因之，遂以冀州为中国之号。"⑥另外一种观点认为，"中冀"当指今之中原、华北大部分地区。如刘盼遂《冀州即中原说》认为，冀州即中原、中夏⑦。马培棠《冀州考原》认为，冀为"中间一区的农耕文化，自称为诸夏，居地为冀州"⑧。王青《中国神话研究》认为，中冀大多在今山东西部，更具体地说，是在今山东东平、汶上与巨野⑨。冀州，或当指古"九州"之一。《尔雅》释"九州"曰："两河间曰冀州。河南曰豫州。河西曰雍州。汉南曰荆州。江南曰扬州。济、河间曰兖州。济东曰徐州。燕曰幽州。齐曰营州。"⑩大禹建立夏朝，设九州，建都安邑（今山西省运城市夏县），古冀州包含今山西全省、河北西北部、河南北部，以及辽宁西部等广大区域。

又，东晋王嘉《拾遗记·高辛》载曰：

> 昔黄帝除蚩尤及四方群凶，并诸妖魅，填川满谷，积血成渊，聚骨如岳。数年中，血凝如石，骨白如灰，膏流成泉。故南方有肥泉之水，有白垩之山，望之峨峨，如霜雪矣。又有丹丘，千年一烧，黄河千年一清，至圣之君，以为大瑞。丹丘之野多鬼血，化为丹石，则码碯也。不可斫削雕琢，乃可铸以为器也。⑪

黄帝除掉了蚩尤，以及四方群凶、八方妖魅。他们尸首遍野，填满山谷，堆积成丘，血流成河，积聚成渊。数年之内，血液凝结如同石头，骨骸发白如灰，

---

① 《淮南子》（上），陈广忠校注，中华书局，2012，第194页。
② 刘文典：《淮南鸿烈集解》，殷光熹点校，安徽大学出版社，1998，第206页。
③ 《山海经》，方韬译注，中华书局，2011，第334-335页。
④ 郭郛：《山海经注证》，中国社会科学出版社，2004，第877页。
⑤ 皇甫谧：《帝王世纪》，宋翔凤、钱宝塘辑，辽宁教育出版社，1997，第4页。
⑥ 顾炎武：《日知录集释》，黄汝成集释，栾保群、吕宗力校点，花山文艺出版社，1990，第61页。
⑦ 刘盼遂：《冀州即中原说》，《国学丛编》1931年第2期。
⑧ 转引自张京华：《燕赵文化》，辽宁教育出版社，1995，第196页。
⑨ 王青：《中国神话研究》，中华书局，2010，第133-136页。
⑩ 《尔雅》，管锡华译注，中华书局，2014，第417-419页。
⑪ 王嘉：《拾遗记》，王兴芬译注，中华书局，2019，第36-38页。

尸液注流如泉。南方肥沃之泉、白垩之山,皆由此而来。《拾遗记》是一部志怪小说集,专门收录神异鬼怪故事传说,内容多荒诞不经。在这段文字中,蚩尤和恶魔、妖魅并列,是黄帝的敌对方。二元对立的人物关系,表明了作者鲜明的爱憎立场。这也代表了后世相当一部分文学作品的褒贬态度:颂赞黄帝,贬斥蚩尤。

又,北宋沈括《梦溪笔谈·辨证》曰:

> 解州盐泽,方百二十里。久雨,四山之水悉注其中,未尝溢;大旱未尝涸。卤色正赤,在版泉之下,俚俗谓之"蚩尤血"。唯中间有一泉,乃是甘泉,得此水然后可以聚人。其北有尧梢水,一谓之巫咸河。大卤之水,不得甘泉和之,不能成盐。唯巫咸水入则盐不复结,故人谓之"无咸河",为盐泽之患,筑大堤以防之,甚于备寇盗。原其理,盖巫咸乃浊水,入卤中,则淤淀卤脉,盐遂不成,非有他异也。①

如果说前面王嘉《拾遗记》属于文学家的浪漫主义想象,那么沈括《梦溪笔谈》则代表了科学家的现实主义哲思。这段文字录在"辨证篇"中,写解州盐池方圆有一百二十多里,大雨时,周围山上的水都会注入其中,但盐池从未发生满溢之事;大旱时,也从未见盐池干涸枯竭。盐池之中,卤水红色,流于版泉之下,当地俗语称此为"蚩尤血"。紧接着,沈括写道,盐池中央有一泉眼,涌出的淡水可使卤水结晶成盐。此外,盐池北还有一条尧梢河,又名巫咸河。巫咸河水一旦注入盐池,卤水便不能结晶,所以,人们又戏称它为"无咸河"。当地人修筑大堤以防巫咸河水注入盐池,如同防备大敌。推究其原因,大概是因为巫咸河水污浊,会堵塞卤水,形成淤泥沉淀。

又,南宋罗泌《路史·蚩尤传》曰:

> ……(蚩尤)好兵而喜乱。……逐帝而居于浊鹿。……(黄帝)传战执尤于中冀而殊之,爰谓之解。……其血化为卤,今之解池是也。方百二十里,面色正赤,故俗呼解池为"蚩尤血"。②

南宋罗泌的《路史》是一部记述各种神话传说的杂史大成之作,内容涉及

---

① 沈括:《梦溪笔谈》,诸雨辰译注,中华书局,2016,第50-51页。
② 罗泌:《路史》后纪卷四,明万历三十九年(公元1611年)刻本,第18-20页。

历史、地理、风俗、民情等等。罗泌笔下,蚩尤骁勇善战,性格叛逆,不听黄帝号令,黄帝将其擒杀,蚩尤血化为卤,后成解池,方圆百二十里,池水殷红如血,因此,解池又被称为"蚩尤血"。《路史》中的内容,大致情节与前代相去不远。

又,清代蒋兆奎(公元1729年—公元1802年)《河东盐法备览》曰:

> 轩辕氏诛蚩尤于涿鹿之野,血入池化卤,万世之人食其血焉。今池南有蚩尤城,相传是其葬处。①

与南宋罗泌《路史》中的文字内容相近,不需详述。值得注意的是,这两则材料中出现了地名:"浊鹿"和"涿鹿"。《归藏》记载,"黄帝与炎帝争斗涿鹿之野"②。《括地志》记载,"浊泽出解县东北平地,即浊水也。浊、涿音近,故称涿泽"③。《解县志》记载,今解州镇原为解梁,即是古称之涿鹿。史学界不少名家亦指出,黄帝大战蚩尤的中冀、涿鹿,蚩尤身死尸解的阪泉、解池,实际上都在河东盐池附近,即今天的山西运城盐湖区解州镇。

上述文献传奇地解释了"解池"的由来:蚩尤身死尸解,血化为卤。而翻阅大量文献发现,早在久远的上古时代,"解池"即获大名于世,被称为"盐贩之泽"。如《山海经·北山经》载曰:"又南三百里,曰景山,南望盐贩之泽。"④东晋郭璞注曰:"即解县盐池也。"⑤战国末年吕不韦组织门客编撰的《吕氏春秋·本味》中载曰:"和之美者……大夏之盐……"⑥解池,古属冀州,紧邻夏禹都城安邑,故河东池盐又有"夏盐"之称。东汉许慎《说文解字》释"鹽"曰:"鹽,河东盐池也。袤五十一里,广七里,周百十六里。"⑦故而,解池又称"鹽池""河东盐池"。东汉班固《汉书·地理志下》载曰:"河东土地平易,有盐铁之饶,本唐尧所居。"⑧《解州全志·本州·古迹》载曰"三门未凿,地皆水,号渤澥。渤澥,海别枝也,众水所归",又,"解,始名渤澥,后去水为解"。⑨ 山西当

---

① 蒋兆奎主编《河东盐法备览》卷一,清乾隆五十五年(公元1790年)刻本,第19页。
② 涿鹿县地方志编纂委员会编《涿鹿县志 1989-2009》,河北人民出版社,2014,第110页。
③ 转引自谭佳主编《神话中国》,生活·读书·新知三联书店,2019,第406页。
④ 《山海经》,方韬译注,中华书局,2011,第93页。
⑤ 郭郛:《山海经注证》,中国社会科学院出版社,2004,第298页。
⑥ 吕不韦:《吕氏春秋校释》,陈奇猷校释,上海古籍出版社,2002,第746页。
⑦ 许慎:《说文解字注》,段玉裁注,许惟贤整理,凤凰出版社,2007,第1018页。
⑧ 班固:《汉书》,中华书局,2007,第308页。
⑨ 转引自周庆义:《"中国"在上古就指的是河东》,《文史研究》1989年第2、3期合刊。

地方言读"解"为"hài"。"渤獬"即是古之北海。

若要再深究解州盐池的源头,则不止于上文所述。北魏郦道元《水经注·涑水》记载:"涑水西南迳监盐县故城,城南有盐池,上承盐水。水出东南薄山,西北流迳巫咸山北。"①巫咸山者,《山海经》有详细记载。《山海经·海外西经》曰:"巫咸国在女丑北,右手操青蛇,左手操赤蛇。在登葆山,群巫所从上下也。"②《山海经·大荒西经》曰:"大荒之中,有山,名曰丰沮玉门,日月所入。有灵山,巫咸、巫即、巫盼、巫彭、巫姑、巫真、巫礼、巫抵、巫谢、巫罗十巫,从此升降,百药爰在。"③东晋郭璞注曰:"言群巫上下灵山,采药往来也。盖神巫所游,故山得其名矣。谷口岭上,有巫咸祠。其水又迳安邑故城南,又西流注于盐池……今池水东西七十里,南北十七里,紫色澄渟,潭而不流。水出石盐,自然印成,朝取夕复,终无减损。惟山水暴至,雨潦潢潦奔洩,则盐池用耗。故公私共堨水径,防其淫滥,谓之盐水,亦谓之为堨水。"④又,"盐水出夏县南中条山,一名白沙河,又名姚暹渠,又名巫咸河。董佑诚曰:今盐水自夏县南,迳安邑、解州之北。至虞乡北入五姓湖。水入盐池则盐不成,故障之不复入池"⑤。将上述材料彼此进行勾连可以发现,河东池盐与川蜀巴盐之间,一衣带水,血脉相连。

从当代地质学角度来解释,似乎不难理解。解池属于"盐湖链"上的一部分。"盐湖链"由若干次湖盆地组成,从东北至西南依次为:苦池滩、汤里滩、鸭子池、解池、北门滩、女盐泽(今硝池)和六个小池(今不存)。其中,解池和女盐泽最大。它们彼此之间,有土梁阻隔,因名"解梁",又作"解粱"。从南侧中条山上俯瞰盐池全貌,女盐泽形状似人之头颅,解池形状长似人之躯干。这也是民间传说蚩尤肢解于此、蚩尤血化盐池的缘由之一。富饶的解池,是宇宙的精华、造物的恩宠,是一颗闪耀的晋地明珠。

---

① 郦道元:《水经注校证》,陈桥驿校证,中华书局,2013,第161页。
② 《山海经》,方韬译注,中华书局,2011,第233页。
③ 《山海经》,方韬译注,中华书局,2011,第315页。
④ 郦道元:《水经注》,陈桥驿注释,浙江古籍出版社,2001,第102-103页。
⑤ 郦道元:《水经注校证》,陈桥驿校证,中华书局,2013,第161页。

三、神话母题与神灵祭祀

"母题",是近几十年来文化学和文学领域常常谈论的概念。就神话学来说,指的是构成神话作品的基本元素。这些元素在传统中独立存在,不断复制,它们的数量是有限的,但通过不同排列组合,可以转换出无数作品,并能融入其他文学体裁和文化形态之中。母题表现了人类命运共同体的集体意识,并成为一个社会群体的文化标识。神话学领域所谓的"母题"概念,具有独立性、传承性和普同性等基本特征。① 从这个意义上来说,"蚩尤血"具备了神话母题的性质。

东晋郭璞曾作《盐池赋》:

> 水润下以作咸,莫斯盐之最灵;傍峻岳以发源,池茫尔而海渟;嗟玄液之潜洞,羌莫知其所生。状委蛇其若汉,流漫漫以潾潾,吁啬啬以粲粲,色皓然而雪朗,扬赤波之焕烂,光旴旴以晃晃,隆阳映而不焦,洪浒沃而不长。磊崔嶵磞,锷剡棋方;玉润膏津,雪白凌冈;粲如散玺,焕若布璋。烂然汉明,晃尔霞赤;望之绛承,即之雪积;翠涂内映,赪液外冪;动而愈生,损而滋益。若乃煎海铄泉,或冻或漉,所赡不过一乡,所营不过钟斛;饴戎见珍于西邻,火井擅奇乎巴濮。岂若兹池之所产,带神邑之名岳,吸灵润于河汾,总膏液乎浍涑。②

郭璞,河东闻喜(今山西省运城市闻喜县)人,两晋之际著名的文学家、博物学家,也是风水学的鼻祖。这篇赋以"盐池"命名,是中国文学史上第一篇专门颂赞盐池的赋作。"水润下以作咸"句,语出《尚书·洪范》:"水曰润下,火曰炎上,木曰曲直,金曰从革,土爰稼穑。润下作咸,炎上作苦,曲直作酸,从革作辛,稼穑作甘。"③开篇一系列联绵词的使用和排比句的堆叠,无不紧扣一个"灵"字展开颂赞,极写解州盐池钟灵毓秀。"傍峻岳以发源"数句,概述盐池之"灵"。地下卤水,莫知其源,然取之不尽,用之不竭。阳光照耀下,盐池生成

---

① 陈建宪:《论比较神话学的"母题"概念》,《华中师范大学学报》2000 年第 1 期。
② 郭璞:《郭弘农集校注》,聂恩亥校注,山西人民出版社,1991,第 33 页。
③ 《尚书》,王世舜、王翠叶译注,中华书局,2012,第 146 页。

池盐,只在瞬间便成。紧接着,用极具画面感的语言,描摹池盐之洁白无瑕,如雪似玉。"状委蛇其若汉"数句,采用整齐的对偶句式,写盐池概貌。远观其外形,蜿曲如同银河,水面广阔浩大。近察其卤水,无比明亮,极其皎洁,光彩照人。而无论是烈日照耀,还是大雨滂沱,盐池既不枯竭,亦并不漫溢。"磊崔嵂碓"数句,写盐田整齐排列、遍布山岗、光彩照人,令人目眩神迷。"煎海铄泉"数句,写池盐与海盐、戎盐、井盐相比,优势突出。最后,结合神话传说、历史渊源和地理典故,通过和西北戎盐、巴蜀井盐、滨海海盐的对比,重新落脚到池盐的"性灵"特质。全篇华丽铺排,极力颂咏,暗用黄帝大战蚩尤、蚩尤兵败被杀、蚩尤化血为卤的一系列故事。

唐代诗人颂赞解州盐池与"蚩尤血"的诗作又如:

咏史诗·涿鹿

[唐]胡曾

涿鹿茫茫白草秋,轩辕曾此破蚩尤。

丹霞遥映祠前水,疑是成川血尚流。

宋代王禹偁《盐池诗》(并序),是颂赞盐池的专篇佳作:

盐池之大,古无题者。有唐都长安,河中为近辅,池实属焉。古人奇士游者多矣。还都建郡已来,亦在千里之内。凡所临莅,率皆儒臣,未有一词以纪胜概。天实惠我,使之补亡。淳化四年(公元993年)孟夏月,禹偁自商洛移于解梁,会宗人太常博士王侗且领池事,游览之际,愤然成章,章三十六句。虽不虞于前辈,岂敢诬于后生?人或继之,实自予始。诗曰:

极望似江沱,漫漫起素波。两池泉不竭,千古利还多。场吏输年额,畦夫奉月课。收时车并载,种处地先磨。碎颗珠凌乱,乾声玉切瑳。岸平开雪苑,渠渗斥银河。众鹄齐翔舞,群羊自寝讹。本源皆泻卤,异号亦咸醝。沫讶浮鸥鹭,津堪渍蚌螺。煮劳轻渤澥,煎苦笑牂牁。雨打重归水,庵盛更覆蓑。盐风吹作片,烈日晒成垛。海味知难及,蕃青的不过。惠人餐罔阙,均口赋无颇。涿鹿城虽近,蚩尤血若何?有时红烂漫,是处白嵯峨。润下终资国,灵长任蠡哦。江梅须待我,金鼎始能和。

在诗序中,王禹偁称河东盐池历史久远,但素来无专门诗作。上天眷顾,诗人幸运地创作了这首《盐池诗》，言语之间，颇为自矜。全诗开篇写盐池一眼望去，银波素浪，无边无垠。盐池卤水不涸不竭，千百年来，无论是对于历朝历代的官府来说，还是对于盐户盐工个人而言，都产生了难以胜数的利益。紧接着写种盐、收盐的情况，"碎颗珠凌乱，乾声玉切瑳"极写池盐的质感和晶莹。再往下，诗人写了制盐的过程，既需要自然天光，也需要南风大作，这与滨海煮海为盐的制作过程并不相同。最后，诗人用两个典故结束全篇，一是黄帝大战蚩尤，蚩尤血作解池，如今盐池卤水殷红；二是傅说被商高宗武丁发现，举于版筑之间，故有"盐梅和鼎"形容君明相贤。宋人作诗素来喜欢以文字入诗、以才学入诗、以议论入诗，王禹偁这首《盐池诗》便是典型的"宋诗"，全诗雕琢言辞，援引典故，倍显才情。宋代以后，类似王禹偁《盐池诗》这样的作品渐渐多了起来，尤其是明清两代。这些作品颂赞河东盐池时，往往会援引"蚩尤血"的典故，代代相传，也使得这个故事更加炫目。

元代佚名杂剧《关云长大破蚩尤》，想象力天马行空，将"解池与蚩尤血"的人物形象和故事情节演绎得狂狷邪魅。《关云长大破蚩尤》又称《破蚩尤》，讲的是北宋寇准巡查山西，发现解州盐池枯竭，周边寸草不生，百姓苦不堪言。调查得知，原来是蚩尤作祟，几千年前蚩尤兵败被杀，尸骨撒于盐池，魂魄千年不散。朝廷请关云长前去降妖。神威义勇武安王关云长力战蚩尤，将其擒获，解州盐池遂恢复原貌。这部杂剧中，蚩尤被塑造成嫉妒、阴暗的幽灵形象；作为他对立面的，不再是黄帝，而是另外一位威震华夏的武圣：关羽。降至明清，"关公战蚩尤"成为传奇小说中惹人瞩目、受人追捧的流行题材。而"解州池盐"在"关公战蚩尤"故事中，依然充当重要的引子与线索。时至今日，山西运城仍有与该杂剧相关的传奇故事流传。

除了文学作品，一些民间风俗和祭祀活动等，也都纷纷显示出"蚩尤血"与解州盐池的密切关联。早在汉代，蚩尤已作为神灵得到祭祀供奉。

司马迁《史记·封禅书》载曰：

> 于是始皇遂东游海上，行礼祠名山大川及八神，求仙人羡门之属。八神将自古而有之，或曰太公以来作之。齐所以为齐，以天齐也。其祀绝莫知起时。八神：一曰天主，祠天齐。天齐渊水，居临菑南郊山下者。二曰地主，祠泰山梁父。盖天好阴，祠之必于高山之下，小山之上，命曰"畤"；

地贵阳,祭之必于泽中圜丘云。三曰兵主,祠蚩尤。蚩尤在东平陆监乡,齐之西境也。四曰阴主,祠三山。五曰阳主,祠之罘。六曰月主,祠之莱山。皆在齐北,并勃海。七曰日主,祠成山。成山斗入海,最居齐东北隅,以迎日出云。八曰四时主,祠琅邪。琅邪在齐东方,盖岁之所始。皆各用一牢具祠,而巫祝所损益,珪币杂异焉。①

秦始皇礼祠"蚩尤神",一方面是以白帝少皞后裔自居,一方面则是效仿黄帝"画蚩尤像以威慑天下"之意,并将蚩尤与天主、地主、兵主、阴主、阳主、日主、月主、四时主并举,足见其地位显赫。

又,司马迁《史记·高祖本纪》载曰:

> 于是刘季数让。众莫敢为,乃立季为沛公。祠黄帝,祭蚩尤于沛庭,而衅鼓旗,帜皆赤。②

汉高祖刘邦揭竿而起时,曾祭祀黄帝和蚩尤,祈求上天庇佑、战神庇佑。刘邦称帝以后,专程在长安为"战神"蚩尤筑祠,祭祀供奉。汉宣帝刘询也祀蚩尤于寿良。(详见东汉班固《汉书·郊祀志》)这意味着,蚩尤不仅享受民间百姓祭拜,还位列于官方神谱体系之中。

又,纂辑于三国时期的著名经传《皇览》载曰:

> 蚩尤冢,在东郡寿张县阚乡城中,高七丈,民常十月祀之,有赤气出如匹绛帛,民名为蚩尤旗。③

山东地区称蚩尤为"蚩尤神",并有十月祭祀的民俗。每当此时,常有"赤气出",如同红色布匹,当地百姓称之为"蚩尤旗"。关于"蚩尤旗"的传说,亦是渊源有自。东汉班固《汉书·五行志》:"(武帝建元六年)八月,长星出于东方,长终天,三十日去。占曰:'是为蚩尤旗,见则王者征伐四方。'其后兵诛四夷,连数十年。"④唐代李筌《太白阴经·占云气》:"云气一道,上白下黄,白色如布匹长数丈;或上黄下白,如旗状长二三丈;或长气纯如赤而委曲一道如布

---

① 司马迁:《史记》(二),中华书局,2011,第1269-1270页。
② 司马迁:《史记》(一),中华书局,2011,第297页。
③ 孙冯翼辑《皇览》,商务印书馆,1937,第3页。
④ 班固:《汉书》,中华书局,2007,第276页。

匹,皆谓之蚩尤旗,见,兵大起。"①宋代张君房《云笈七签·轩辕本纪》:"帝令画蚩尤之形于旗上,以厌邪魅,名蚩尤旗。"②可见,无论是官修正史中,还是道经杂说内,"蚩尤旗"均被视为异气、异象、异星,与兵家战事密切相联。神话学家袁珂指出,蚩尤既贤且能,足见齐国人传述的有关蚩尤的神话,是把他当作英雄看待的。齐祀蚩尤,以为兵主,确实是事出有因,未可小视。这种由官方祭祀和民间祭祀共同构成的蚩尤祭祀在秦汉以来得到了充分的发展,在汉以后的历史典籍中,对蚩尤祭祀的记载逐渐销声匿迹。但是民间对蚩尤的信仰却并未由此消失,而是逐渐融入到了民众的日常生活中,传承至今。③

又,南朝任昉《述异记》曰:

> 今冀州有蚩尤川,即涿鹿之野。汉武时,太原有蚩尤神昼见,龟足蛇首,首疫,其俗遂为立祠。④

任昉是齐梁时期才华横溢的文学家、方志学家和藏书家,其《述异记》也是一部记录各种神话传奇的志怪小说。这则材料的独特之处在于,不仅提及黄帝与蚩尤战于涿鹿,还提到,蚩尤死后成神,并于白日现于太原。蚩尤神"龟足蛇首",因其司掌疾病,故当地人为其建造祠庙,供奉祭祀。这也是较早的关于蚩尤享受民间祭祀的文字记载。

唐代李筌《太白阴经·祭文类总序》载曰:"古者,天子望于山川,遍于群神;诸侯祭其封内兴云出雨之山川神祇。出师皆祭,并所过名山大川,福及生人……蚩尤氏造五兵,制旗鼓,师出亦祭之。"⑤《祭蚩尤文》曰:

> 维某年,岁次某甲,某月朔某日,某将军某,谨以牲牢之奠,祭尔炎帝之后蚩尤之神,曰:"太古之初,风尚敦素,拓石为弩,弦木为弧。今乃烁金为兵,割革为甲,树旗帜,建鼓鼙,为戈矛,为戟盾。圣人御宇,奄有寰海;四征不庭,服强畏威,伐叛诛暴;制五兵之利,为万国之资。皇帝子育群生,义征不德。戎狄凶狡,蚁聚要荒。今六师戒严,恭行天罚,神之不昧,

---

① 李筌:《太白阴经全解》,张文才、王陇译注,岳麓书社,2002,第464页。
② 李一氓:《道藏》(第22册),文物出版社,1988,第679页。
③ 袁珂:《袁珂神话论集》,四川大学出版社,1996,第172页。
④ 任昉:《述异记》,中华书局,1991,第2页。
⑤ 李筌:《太白阴经全解》,张文才、王陇译注,岳麓书社,2002,第360页。

景福来臻,使鼍鼓增气,熊旌佐威;邑无坚城,野无横阵;如飞霜而卷木,如拔山而压卵,火烈风扫,戎夏大同。允我一人之德,由尔五兵之功。"①

《宋史·礼志》载曰:"(太平兴国五年十一月)太宗征河东,出京前一日,遣右赞善大夫潘慎修出郊,用少牢一祭蚩尤、祃牙。"②后世天子出师祭祀"兵主"蚩尤,遂成了约定俗成的礼制。

河东池神庙的兴建也与蚩尤传说存在一定关联。唐代宗大历十二年(公元777年)秋,天降暴雨,数日不歇,池盐生产受损,后来天光放晴,"红盐自生,盈掬倾筐,或茧或栗,形攒伏虎,色澈丹砂,灵贶休征,古之未有"③。河东租庸盐铁史崔陲认为"池生瑞盐",将此上报户部侍郎韩滉,韩滉认为"神赐瑞盐"是大吉兆,请求代宗李豫封赐池盐神以表嘉赏。于是,当年十月,代宗李豫诏赐盐池神为"宝应灵庆公"。翻阅唐代文学、史学作品,关于这件事情的详细记录,有张濯《唐宝应灵庆池神庙记》、崔敖《大唐河东盐池灵庆公神祠碑》等。简摘前者来看:

> 天有五星,辰居其一;地有五材,水为之首。既作咸以正味,亦凝质而成盐。则横目之人,生齿之岁,罔不资焉,而后食矣。盐之为用大矣哉!宝应灵庆池者,《山海经》所谓盐贩之泽也,俗称官号,皆曰"盐池",供华夏二十余州,宅黄河千里之曲。北抱原势,南负山阴,涵濡泓澄,浸渍焉卤。外无寸草,内绝纤鳞,水或紫赤,盐皆洁白,有自来矣!顷大历丁巳,秋雨成灾,凡厥井疆,漫为涂潦。今京东和籴使兼知河东租庸盐铁侍御史清河崔公陲,时以监察权领是邦,忧国恤人,吁天有祷。乃征畚锸,集役徒,修堤防,导溪润,积溜鸿涌,白波如山,西迤北泄,散于没女。监斯池町畦不没,庐室获全,系公是赖矣。粤翌日,亦既开霁,红盐自生,盈掬倾筐,或茧或栗,形攒伏虎,色澈丹砂,灵贶休征,古未之有。公乃献状于户部侍郎韩公滉,韩公伏奏于代宗,代宗俾谏议大夫蒋镇覆之,则编于史册,荐于郊庙矣。与夫白麟、赤雁之应,野蚕、秬谷之祥,何以异乎?冬十月,诏赐池名曰"宝应灵庆",兼置祠焉。盖国家祈丰财,旌瑞贶也。其明年,因厥

---

① 李筌:《太白阴经全解》,张文才、王陇译注,岳麓书社,2002,第371-372页。
② 脱脱等:《宋史》(第九册),中华书局,1977,第2829页。
③ 董诰等编《全唐文》(4),孙映逵等点校,山西教育出版社,2002,第2697页。

农隙,创兹神寝,卜津涯六十里之半,当安解二大邑之间。救陕陕,揉橐橐,工惟力竞,役若子来。俄结构以时起,俨涂墍而斯毕。然后审象设,焕丹青,睹容穆如,甲士赑屃,则聪明正直之有凭也。夫其洞户南豁,沧波渺然,树以修槐,罗以香草,则风凉会舞之有所也。又来岁己未夏五月九日,天子降中贵人以牲牢祀之。制祝光临,衣冠列位,秩齐四渎,礼视三公,亦为盛矣。其后西自关辅,东逾靖滘,南驰陕服,北走绛台,马屯云,车流水,乞灵报德,可胜纪乎?《易》曰:"圣人以神道设教而天下服。"此之谓也。遂迁公殿中侍御史。京东和籴使遽于斯任,岂惟执宪简,颁盐政?必将秉造化应鼎之和羹,人皆望焉,神所劳矣。濯客自东鄙,观艺而来,美精诚之动天,多筑护之尽力,辄采闻见,题于乐石,庶丕绩不朽,与池始终。时建中二年(公元781年)秋八月记。①

作者从"盐之为用大矣哉"起笔,以妇孺皆知的、最简单的道理开篇。接着点明河东盐池所在的地理位置和具体影响。然后,转而陈述事情的始末,先写"秋雨成灾""漫为涂潦",再写"灵贶休征,古未之有",用欲扬先抑的手法,强调了盐池漫生红盐实乃天降祥瑞之兆。接着,文章自然转入皇帝敕诏"宝应灵庆池""宝应灵庆公",以及修筑盐池神庙的环节。文章以《易》文收尾,将对盐池神和皇帝功德的颂赞提升到哲学高度。

明洪武初年(公元1368年),太祖朱元璋正号池神为"盐池之神",盐风神为"中条风洞之神"。嘉靖和万历年间,朝廷出资对池神庙进行了大规模的重修与增补,形成了正殿供奉盐池神,左殿供奉山神,右殿供奉风神的格局。随后,盐神庙又增加了日神庙、雨神庙、土地祠、关帝庙,以及纪念虞舜的歌薰楼。"太阳庙即日神庙,在池神庙东,明万历御史汪以时、运使林相国建,何东序有记。雨神庙在日神庙左,明万历三十八年(公元1610年)御史杨师程建。……土地祠在池神庙西庑,明万历三十八年御史杨师程建,崇祯时御史杨绳武重修,国朝顺治八年(公元1651年),御史赵如瑾又修。"②至此,河东盐神庙被扩建成为祭祀盐业神以及相关神祇的建筑群。

除上述以外,山西多地流传着一种人戴牛角、互相抵牾的游戏,这种被视

---

① 董诰等编《全唐文》(4),孙映逵等点校,山西教育出版社,2002,第2697页。
② 蒋兆奎编辑《河东盐法备览》卷一,清乾隆五十五年(公元1790年)刻本,第11-12页。

为摔跤活动起源的古老游戏,据说源于"蚩尤戏"。任昉《述异记》中这样写道:

> 蚩尤能作云雾。涿鹿今在冀州,有蚩尤神,俗云:人身牛蹄,四目六手。今冀州人掘地,得髑髅如铜铁者,即蚩尤之骨也。今有蚩尤齿,长二寸,坚不可碎。秦汉间说:蚩尤氏耳鬓如剑戟,头有角,与轩辕斗,以角抵人,人不能向。今冀州有乐名蚩尤戏,其民两两三三,头戴牛角而相抵。汉造角抵戏,盖其遗制也。太原村落间,祭蚩尤神,不用牛头。①

这里提到"蚩尤神""蚩尤骨""蚩尤齿""蚩尤戏"等,皆可证明,蚩尤的故事传说在晋地流传之广,影响之大。作家、学者余秋雨便在《蚩尤的后代》中写道:

> 蚩尤终于战败,被擒被杀,景象也非常壮观。而且,这种壮观的景象也占据了辽阔的空间。
>
> 据《山海经·大荒南经》及郑玄注,蚩尤被黄帝擒获后戴上了木质刑具桎梏(锁脚的部分叫桎,锁手的部分叫梏),从今天河北北部的涿鹿县,押解到今天山西西南部的运城地区。这条路很长,要穿过河北省的一部分,山西省的大部分,将近两千华里。蚩尤的手足,都被桎梏磨烂了,桎梏上渗透了血迹。
>
> 为什么长途押解?为了示众,为了让各地异心归附。
>
> 终点是现在运城县南方、中条山北麓的一个地方,那儿是处决蚩尤的刑场……②

不仅如此,广阔的中原大地上,还有不少以蚩尤命名的地区,如冀州涿鹿的"蚩尤城""蚩尤川""蚩尤泉",山东东平的"蚩尤墓""蚩尤旗",江苏、陕西、山西等地的"蚩尤祠"等,显示出蚩尤在民间始终被视为神灵,享受祭祀供奉的事实。

综合以上资料不难看出,围绕着蚩尤与解池盐盐在内的一系列故事传说,从政治、经济、宗教、风物、民俗等角度,广泛而又纵深地记录了华夏文明数千

---

① 任昉:《述异记》,中华书局,1991,第1—2页。
② 余秋雨:《摩挲大地》,作家出版社,2008,第270页。

年的历史进程,是中华民族重要的历史传承、文化积淀和载体证明,具有难以估量的价值和意义。

最后,附运城学者景定成诗作一首,作为全篇收尾。

安邑盐池咏

景定成

又闻古蚩尤,祀禜轩辕逼。

妖梦示村氓,池水涸一夕。

卤畦变沙滩,商民方念嗋。

宋帝祈天庭,关公奉符敕。

雷霆震醝海,空中战伐毕。

魔鬼遭阴谴,转瞬旧池溢。

神话传皂叶,真伪谁能识。

第三章　舜歌南风

"天有时,地有气,材有美,工有巧;合此四者,然后可以为良。材美工巧,然而不良,则不时、不得地气也。"①用《周礼·冬官考工记》中的这段话来观照河东池盐,则池盐制成时的"南风"便是自然造化的"天之时"。每年夏秋之际来来往往的南风里,流传着古往今来盐池的故事和人们的赞歌。

一、虞舜与《南风歌》

虞舜,上古华夏部落首领,五帝之一,华夏文明的奠基者。在《史记》的首篇《五帝本纪》中,司马迁用浑厚苍凉的笔触将舜帝的传奇一生娓娓道来。

> 舜,冀州之人也。舜耕历山,渔雷泽,陶河滨,作什器于寿丘,就时于负夏。舜父瞽叟顽,母嚚,弟象傲,皆欲杀舜。舜顺适不失子道,兄弟孝慈。欲杀,不可得;即求,尝在侧。……舜耕历山,历山之人皆让畔;渔雷泽,雷泽上人皆让居;陶河滨,河滨器皆不苦窳。一年而所居成聚,二年成邑,三年成都。……天下明德皆自虞帝始。舜年二十以孝闻,年三十尧举之,年五十摄行天子事,年五十八尧崩,年六十一代尧践帝位。践帝位三十九年,南巡狩,崩于苍梧之野。葬于江南九疑,是为零陵。②

出身平民的虞舜,在历山耕过田,在雷泽打过鱼,在黄河岸边制作过陶器,

---

① 《周礼》(下),徐正英、常佩雨译注,中华书局,2014,第864页。
② 司马迁:《史记》(一),中华书局,2011,第30-40页。

在寿丘制作各种器什,在负夏行过商。他在历山耕作时,历山人能互相推让地界;他在雷泽捕鱼时,雷泽人能推让有利位置;他在黄河岸边制作陶器,那里不再生产残次品。虞舜孝顺父母,友爱兄弟,和睦邻里,以德报怨,深明大义。他用了一年的功夫,使居住地成为村落;两年之后,村落变成小镇;三年之后,小镇变成都市。虞舜二十岁时因为孝顺而闻名,三十岁被尧举用,五十岁代理天子政务,六十一岁接替尧登临天子之位,共在位三十九年。虞舜巡视南方时,逝世于苍梧,葬于九疑山。太史公司马迁直言,"天下明德皆自虞帝始"。虞舜开启了华夏民族"明德"的优秀文化传统。

翻检史料,上古乃至后世的典籍中,关于虞舜的各种文献汗牛充栋。然其与盐文化史之间的相关文字记录,却十分有限。其中最为密切者,当属《南风歌》。歌曰:

> 南风之薰兮,可以解吾民之愠兮。
> 南风之时兮,可以阜吾民之财兮。

这是一首语言简洁质朴、一唱三叹的歌谣,先秦不少典籍皆有收录。事实上,该诗仅为其一,《南风歌》还有其二,诗曰:"反彼三山兮商岳嵯峨,天降五老兮迎我来歌。有黄龙兮自出于河,负书图兮委蛇。罗沙案图观谶兮闵天嗟嗟,击石拊韶兮沦幽洞微,鸟兽跄跄兮凤凰来仪,凯风自南兮喟其增叹。"①两首诗歌内容、风格截然不同。《南风歌》其一写好风知时、民富物丰,其二写思古抚今、良多喟叹。先秦众多典籍只取其一,不录其二。通常认为,兹为虞舜巡视河东盐池时,目之所及,见百姓采盐,操琴咏唱之歌。这首看似简单的歌谣,为我们了解五帝时代的盐业文明提供了一个窗口。

南风,又称薰风,温和之风,指养护生育之气。南风吹来,加速了池盐的析出,增加了池盐的产量,使盐民增产丰收,无忧无虑,故而有"南风之薰兮,可以解吾民之愠兮"。至于下句"南风之时兮,可以阜吾民之财兮",意思是说,食盐产量增加,人们就能选择以盐易物,在不同物品的交换贸易中,各取所需,增加财富。翻阅先秦史料,有文献可证此说。

《尚书·益稷》载曰:"懋迁有无化居。"②这里,懋,通"贸",易财也。化

---

① 曹胜高、岳洋峰辑注《汉乐府全集汇校汇注汇评》,崇文书局,2018,第146页。
② 《尚书》,王世舜、王翠叶译注,中华书局,2012,第40页。

居,徙居,迁移居积之货物。西汉孔安国释曰:"勉劝天下,徙之有无,鱼盐徙山,林木徙川泽,交易其所居积。"①也就是说,鼓励倡导百姓交换贸易,互通有无,调剂余缺。唐代孔颖达正义云:"近水者居鱼盐,近山者居林木也。'勉劝天下徙有之无'者,谓徙我所有,往彼无乡;取彼所有,以济我之所无。'鱼盐徙山,林木徙川泽,交易其所宜居积',言此'迁'者,谓将物去,不得空取彼物也。王肃云:'易居者不得空去,当满而去,当满而来也。'"②舜、禹时代,曾号召百姓互相交换特产,以通有无。河东池盐丰收,便可"鱼盐徙山",拿食盐同其他山林货物交换,最终达到"阜吾民之财"。

当然,要想更加透彻地了解这首只有二十六个字的《南风歌》,还要借助大量的历史文献。《尸子》《韩非子》《越绝书》《孔子家语》《礼记》《史记》《新语》《淮南子》《风俗通》《韩诗外传》等典籍中,对《南风歌》均有记录。

尧养无告,禹爱辜人,汤武及禽兽,此先王之所以安危而怀远也。圣人于大私之中也,为无私;其于大好恶之中也,为无好恶。舜曰:"南风之薰兮,可以解吾民之愠兮。"舜不歌禽兽而歌民。③

昔者舜鼓五弦、歌《南风》之诗而天下治。④

昔舜治天下也,弹五弦之琴,歌《南风》之诗,寂若无治国之意,漠若无忧天下之心,然而天下大治。⑤

舜为天子,弹五弦之琴,歌《南风》之诗,而天下治。⑥

昔者舜作五弦之琴以歌《南风》……⑦

韩非在《韩非子·外储说左上》中说道:"昔者舜鼓五弦、歌《南风》之诗而天下治。"⑧韩非认为,舜帝施仁于民,施惠于民,教化于民,故而天下大治。三国魏人王肃在《孔子家语·辩乐解》中说道:"南风,育养民之诗也。"⑨韩非、王

---

① 李学勤主编《十三经注疏·尚书正义》,北京大学出版社,1999,第113页。
② 李学勤主编《十三经注疏·尚书正义》,北京大学出版社,1999,第115页。
③ 尸佼:《尸子》,王朝纪校译,载《文白对照二十二子》(3),安徽文艺出版社,1996,第43页。
④ 《韩非子》,高华平、王齐洲、张三夕译注,中华书局,2010,第392页。
⑤ 王利器:《新语校注》,中华书局,1986,第59页。
⑥ 《淮南子》(下),陈广忠校注,中华书局,2012,1196页。
⑦ 《礼记》(下),胡平生、张萌译注,中华书局,2017,第728页。
⑧ 《韩非子》,高华平、王齐洲、张三夕译注,中华书局,2010,第392页。
⑨ 万里、刘范弟辑校《舜帝历史文献选编》,湖南大学出版社,2011,第156页。

肃是从舜帝教化民众的角度释义《南风歌》。也有学者从舜帝孝道思想出发阐释该诗,如南朝宋裴骃(生卒年不详)集解《史记》引郑玄曰:"《南风》,长养之风也,言父母之长养已也。"①唐代张守节正义曰:"《南风》是孝子之诗也。南风养万物而孝子歌之,言得父母生长,如万物得南风也。舜有孝行,故以五弦之琴歌《南风》诗,以教理天下之孝也。"②虽然具体阐释有所不同,但整体上都以儒家仁义孝悌为核心,强调《南风歌》的教化内涵和教化功用。其中,又以《史记·乐书》《孔子家语·辩乐解》较为详细,简摘如下:

> 昔者舜作五弦之琴,以歌《南风》;夔始制乐,以赏诸侯。故天子之为乐也,以赏诸侯之有德者也。德盛而教尊,五谷时孰,然后赏之以乐。故其治民劳者,其舞行级远;其治民佚者,其舞行级短。故观其舞而知其德,闻其谥而知其行。……凡音由于人心,天之与人有以相通,如景之象形,响之应声。故为善者天报之以福,为恶者天与之以殃,其自然者也。故舜弹五弦之琴,歌《南风》之诗而天下治;纣为朝歌北鄙之音,身死国亡。舜之道何弘也?纣之道何隘也?夫《南风》之诗者生长之音也,舜乐好之,乐与天地同意,得万国之欢心,故天下治也。夫朝歌者不时也,北者败也,鄙者陋也,纣乐好之,与万国殊心,诸侯不附,百姓不亲,天下畔之,故身死国亡。③

> 昔者舜弹五弦之琴,造《南风》之诗,其诗曰:"南风之薰兮,可以解吾民之愠兮;南风之时兮,可以阜吾民之财兮。"唯修此化,故其兴也勃焉,德如泉流,至于今,王公大人述而弗忘。殷纣好为北鄙之声,其废也忽焉,至于今,王公大人举以为诫。夫舜起布衣,积德含和而终以帝;纣为天子,荒淫暴乱而终以亡。非各所修之致乎?由今也匹夫之徒,曾无意于先王之制,而习亡国之声,岂能保其六七尺之体哉?④

舜作五弦琴弹奏《南风歌》,夔制乐曲以赏赐诸侯。天子制乐,用以赏赐德行高尚的诸侯。那些有德行、重教化的诸侯们,被赐以雅乐。使百姓劳困者,

---

① 司马迁:《史记》(二),中华书局,2011,第1129页。
② 司马迁:《史记》(二),中华书局,2011,第1129页。
③ 司马迁:《史记》(二),中华书局,2011,第1128页。
④ 万里、刘范弟辑校《舜帝历史文献选编》,湖南大学出版社,2011,第423页。

天子赐予的乐舞稀疏；使人民安乐者，天子赐予的乐舞壮大。观诸侯们被赏赐的乐舞，可知他们的德行。正如听闻一个人的谥号，能判断其生前行事一样。……乐音由心生，天与人之间，存在某种感应，正如影与物相像，响与声相应。所以，行善之人，必得福报；作恶之人，必遭祸殃。这是再自然不过的道理。舜奏五弦、歌《南风》，天下得以治理。纣唱朝歌鄙俗之曲，落得身死国亡。虞舜何以被视为伟大，帝辛何以被视为狭隘呢？观其音乐，可知大概。《南风歌》是教化百姓、孕育化生的音乐，顺应天地，因此，百姓归附，天下得治。朝歌北鄙之音，属不时之歌、鄙俗之曲，有悖民心，因此，天下背弃，身死国亡。

上古时代，音乐与德行之间关系密切。通过查阅乐舞和谥号，可以推测诸侯生前的行为与德操。就像当初虞舜制五弦琴唱《南风歌》、夔创制乐曲赏赐诸侯一样，天子创制音乐，用以嘉奖有德之人。有德行、重教化、风调雨顺、五谷丰登，然后才有音乐的赏赐。上述典籍所解虞舜《南风歌》，异曲同工，都是强调其所具有的以乐颂德、以德化人的礼乐教化功能。在漫长的几千年里，世人大都从教化百姓、孝及父母等角度，看待这首《南风歌》。

当然，关于《南风歌》究竟是否为舜帝所作，历来众说纷纭。有学者认为，《南风歌》呈现出战国时代的楚歌风貌，反映了春秋后期发展成熟的楚歌与战国后期产生的楚辞之间一脉相承的关系。故而，无论在内容上，还是在形式上，都不可能是虞舜所作，而只可能是战国前期的南方楚地民歌。① 更多学者则认为，舜帝所代表的仁义谦和、勤于民事、明哲贤能、推德怀远、安邦定国等等圣王典范和盛德伟业，作为中华民族文化史上真实的存在，确然起到鼓舞人心的凝聚作用，具有不可替代的核心价值，完全可以将这首广泛见诸先秦典籍、影响力杳远深厚的《南风歌》视为舜帝文化内涵的重要组成。甚而，也有学者指出，这首《南风歌》可以溯源到世界上最早关于季风的文字记载，更将人类对季风的认识和记载提前到公元前二十三至前二十二世纪中国古文明的尧舜时代，是中华民族对世界科学的巨大贡献。这却又是涉及大气科学、地球流体力学等其他学科领域的高深问题了。②

---

① 蔡靖泉：《舜歌〈南风〉与舜化南国》，《零陵师范高等专业学校学报》2001 年第 1 期。
② 曾庆存：《帝舜〈南风〉歌考》，《气候与环境研究》2005 年第 3 期。

二、《南风歌》与"盐南风"

考察《南风歌》与河东盐池之间的关系,会有许多有趣的历史收获。在生产力尚不发达的古代社会,池盐的生产过程要借助大自然适时、适度的风力。盐池之南中条山上,有盐风洞,"每仲夏风应候而至……其声隆隆,俗谓之盐南风,《盐法志》盐花得此一夕而成"①。舜帝所咏之南风,即为盐南风。早在数千年以前,人们就能发现池盐生产与自然风力之间的密切关联,如此智慧实在令人惊叹。

唐代以后,随着生产力的进步,尤其是随着解州池盐影响力的扩大,关于《南风歌》有了越来越多的解读。北宋文坛领袖欧阳修《集古录》中有《唐盐宗神祠记》一文,文章写道:

> 右《盐宗神祠记》,钱义方撰。近时有尚书郎张席,自言家寓解州,为余言安邑、解县两池盐事,云夏月盐南风来,池面紫色,须臾凝结如雪,土人谓之"漫生盐"。而两池岁役畦夫数百种盐,公私耗弊,而州县吏缘以为奸利,弃"漫生盐"不取,诬其苦不可食。席博学,能言汉、唐事尤详,为余复言前世盐皆自生。开元中,姜师度为河中尹,而盐池涸,始置盐屯,故唐格自开元后遂有畦夫营种之课。席因上书论盐漫生之利,官遂罢畦夫,而公私皆以为然。而议者或害其事,乃云"漫生盐"味苦不可食,或云暂结复销,不可畜,听者方惑其事。余因读义方所记,乃云若阴阳调和,鬼神驱造,不劳人而擅其利,与夫凿泉煮海,不相为谋。由是知唐世盐非营种,为决可信。义方大历时为榷盐使,余家集录古文,不独为传记正讹缪,亦可为朝廷决疑议也。②

夏季时,南风刮来,盐池表面呈紫红色,须臾之间,池盐即成,洁白如雪,当地人称之为"漫生盐"。土人,即当地人。解州盐池附近神秘的"盐南风"对于池盐的形成至关重要。然而,欧阳文忠公的这篇文章,别有重点。畦夫,又作畦丁、畦户,宋代奉命垦畦制盐的成年男子。《宋史·食货志》记载:"垦地为

---

① 《解州全志》卷二,清乾隆二十九年(公元1764年)刻本,第3页。
② 欧阳修:《集古录》卷八,中国国家数字图书馆馆藏清抄本,第4—6页。

畦,引池水沃之,谓之种盐,水耗则盐成。籍民户为畦夫,官廪给之,复其家。"①唐代开元以后,安邑、解县二盐池便招纳一定数目的成年男子,入籍为畦夫,可抵免其他徭役。尚书郎张席上书指出,解州盐池,每年夏月,南风刮过,池盐自生,当地人谓之"漫生盐",本就无需畦夫种盐。他建议取消畦夫课利。一些反对张席提议的官员则认为,"漫生盐"味苦不可食,或者声称"漫生盐"暂结复销,不易保存。所以,文章旨在就"畦夫制"为决策者谏言。

河东池盐不需人工煮晒,自然天成,且取之不尽、用之不竭。有太多的诗文可证,晋人王廙(276-322年)《洛都赋》盛赞:"河东盐池,玉洁冰鲜,不劳煮泼,成之自然。"②东晋郭璞《盐池赋》称其"动而愈生,损而滋益"③。宋代沈括在《梦溪笔谈·杂志》中写道:

> 解州盐泽之南,秋夏间多大风,谓之"盐南风"。其势发屋拔木,几欲动地。然东与南皆不过中条,西不过席张铺,北不过鸣条,纵广止于数十里之间。解盐不得此风不冰,盖大卤之气相感,莫知其然也。④

山西解州盐池南部,夏秋之间风多,当地人称之为"盐南风"。大风来时,其势凶猛,地动山摇,但此风只在中条山、席张铺、鸣条岗附近的区域流动,纵横不过数十里。正是借助于这样的南风,解州池盐得以制成。谁又知道其中缘故呢?在科技并不发达的古代,即便是沈括这样博通天文地理的科学家,也没能解释"南风"为何只在解州盐池附近来回激荡,为何只在池盐形成那段时间才有。

无独有偶,明代宋应星在《天工开物》这部百科全书式的巨著中也写道:

> 解池界安邑、猗氏、临晋之间,其池外有城堞,周遭禁御。池水深聚处,其色绿沉。土人种盐者池傍耕地为畦陇,引清水入所耕畦中,忌浊水,参入即淤沉盐脉。凡引水种盐,春间即为之,久则水成赤色。待夏秋之交,南风大起,则一宵结成,名曰颗盐,即古志所谓大盐也。以海水煎者细碎,而此成粒颗,故得大名。其盐凝结之后,扫起即成食味。种盐之人,积

---

① 脱脱等:《宋史》(第十三册),中华书局,1977,第4413页。
② 虞世南:《北堂书钞》,天津古籍出版社,1988,第656页。
③ 郭璞:《郭弘农集校注》,聂恩亥校注,山西人民出版社,1991,第33页。
④ 沈括:《梦溪笔谈》,诸雨辰译注,中华书局,2016,第519页。

扫一石交官,得钱数十文而已。其海丰、深州引海水入池晒成者,凝结之时扫食不加人力,与解盐同。但成盐时日,与不借南风则大异也。①

与沈括专注着眼于描述"南风"不同,宋应星从"池盐"制作过程入手,详细叙述了解州盐池的周遭环境、种盐过程、池水颜色、池水变化、注意事项,以及池盐的特质、税收、与海盐的比较,等等。宋应星将关于解州池盐的众多知识汇聚在不足三百字的段落里。为了保护盐池,解池四周筑有城墙,加以防御。盐池水深处,呈深绿色。盐民在盐池旁耕作畦垄,将清水引入其中。如果浊水注入,则会造成淤积堵塞。每年春始引水制盐,季节太晚,卤水则成深红色。夏秋之际,南风劲吹,一夜之间盐成。此盐名为"颗盐""大盐",与细碎的海盐不同。盐工每收集一石池盐,交于官府,得钱数十文。其与海丰、深州(海丰,今河北省沧州市盐山县;深州,今河北省衡水市深州市)所产海盐相比,制作方法并不相同。至于"南风"在制盐过程中的作用,作者看似并未作特别强调,末尾一句"但成盐时日,与不借南风则大异也",实则肯定了"南风"之于池盐的关键意义。

除此之外,北宋王得臣《麈史》载曰:"今解梁盛夏以池水入畦,谓之'种盐',不得南风则盐不成,俗谓之'盐'风。"②北宋方勺《泊宅编》载曰:"安邑池盐,以浊河曲折,故因终南山南风以成。"③又,明代李时珍引《图经本草》曰:"大盐生河东池泽,粗于末盐,即今解盐也。解州安邑两池取盐,于池旁耕地,沃以池水,每得南风急,则宿夕成盐满畦,彼人谓之种盐,最为精好。"④诸如此类等等,都探讨了"南风"与"解池成盐"之间的密切关联。

明万历十九年(公元 1591 年),巡盐检察蒋春芳巡视河东,修复盐池庙,重修"歌薰楼",并撰《新建歌薰楼记》。其文曰:

> 有虞氏弹五弦之琴,歌南风之诗。迄今洋洋盈耳,相传以为南风起,盐始生,虞廷之歌,盖歌此也。三代以还,骚人墨士,摛辞染翰,日习而不知。余奉敕重修池神祠,既讫工矣,祠前有一瓦棚,与祠直卑陋芜圮,殊为

---

① 潘吉星:《天工开物校注及研究》,巴蜀书社,1989,第 272 页。
② 上海古籍出版社编《宋元笔记小说大观》(二),上海古籍出版社,2001,第 1370 页。
③ 姚继荣、姚忆雪:《唐宋历史笔记论丛》,民族出版社,2016,第 443 页。
④ 李时珍:《本草纲目 金陵本 5》,中国医药科技出版社,2016,第 1080 页。

不称。即命所司撤之,构楼三间,基沿其故制,更其新,民不告劳,财不滥费,越月而工成。八窗玲珑,殊可人意。且条山揖于前,神祠抱于后,甘泉呈于左,淡泉从于右,而此楼耸峙,于中以之眺视,上下琼瑶,万顷浮云飞雾迭相来往,令人飘飘然有凭虚之想,忽尔清风徐来,入我襟袖。曰:"噫嘻,此南风也,胡为乎来哉!"意者其产盐之征乎,人亦有言风来自东,蠢蠢其蒙,曷以起吾民之疲癃。风来自西,景物凄凄,只以重吾民之惨凄。风来自北,群动休息,孰能苏吾民之困极。维彼南风,吹扇大空,资生盐笑,国课攸克,诚足尚已。爰为题其额曰:歌薰楼。盖取解愠阜财之章,载歌载咏于此也。①

文章将舜帝、《南风歌》、"盐南风"并举而颂。正如作者在篇末所抒之感慨:"夫是楼岂徒快耳目悦心志穷骋望恣游观已哉!睹南风则思发生,睹盐池则思捞采,睹料台则思转运,睹神祠则思祈报。触目警心,抚今思昔,民生国计,种种关情,是楼不为无助,况发于吟咏,播于节奏,宁不与虞廷之响相为应答也耶!观风者其慎诸。"②

清初学者、地理学家顾祖禹在《读史方舆纪要》中写道:

中池北百步许,有淡泉一区,味甚甘洌,俗谓盐得此水方成也。……池底淤泥,滋生盐根,形如水晶,夏月骄阳熏蒸,南风动荡,上结盐板,光洁坚厚,可胜行立。板上水约三寸,翻腾浪花,落板即成颗粒,古谓之漫生盐,今谓之斗粒盐。更时霖小雨,则色愈鲜明,故曰颗盐,宜及时捞采,若遇大雨,盐复解散。秋冬地冷池枯,不能生盐,间或有之,硝碙相杂,味亦不正。③

顾祖禹从水质、光照、风力和雨水等因素,解释了池盐的形成。这段文字十分有趣,解释了何谓"漫生盐"即"斗粒盐",何以又叫"颗盐",池盐结而复销缘为何故,秋冬是否可以成盐,与正常池盐有何不同。读这段文字,读者不禁有身临其境之感,亦会由衷感慨自然造物的鬼斧神工。

---

① 张培莲主编《三晋石刻大全·盐湖区卷》,刘泽民主编,李玉明执行总主编,三晋出版社,2010,第560页。
② 张培莲主编《三晋石刻大全·盐湖区卷》,刘泽民主编,李玉明执行总主编,三晋出版社,2010,第560页。
③ 顾祖禹:《读史方舆纪要3》,团结出版社,2022,第1671-1672页。

以今日科学发达的程度而言,"南风"之于"池盐"的作用和意义,并不难理解。夏秋之际,阳光暴晒卤水,盐池上方产生卤水蒸气。此时如果没有风,或者风力不够大,卤水蒸气便飘浮于盐畦之上,形成隔离层,不利于卤水的继续蒸发。浩然薰风自南而来,驱走卤水蒸气,加速盐池蒸发,最终促使池盐生成。

前文所引诸多文献,表述视角有所不同,但并不影响人们对于"南风"意义的充分理解。只是,这里的"盐南风"是否与前文的《南风歌》有直接关联呢?仔细爬梳大量史料,至少有三点可以证明,两者之间有密切相关。

首先,解州"盬盐"生产由来已久。汉代许慎《说文解字》释"盬"曰:"盬,河东盐池也。袤五十一里,广七里,周百十六里。"①晋地河东、解州盐池,自古便是全国最大、最重要的池盐产地。

河东盐池地下蕴藏资源极其丰富,文献史料亦多有载。乔兆坤曾撰文《运城盐池的十种古称谓探源》,援引《周礼》《山海经》《左传》《战国策》《竹书纪年》《墨子》《穆天子传》《说文解字》《甲骨文合集》《史记》《太平寰宇记》《水经注》《梦溪笔谈》《河东盐法备览》等几十种文献典籍,考证指出河东盐池的古称谓包括"盬""卤""浊卤(涿鹿)""咸鹾""渤海(渤澥)""盐贩之泽""服泽(蒲泽)""中冀之渊""杨纡""冀"等十余种。②

上古以降,讴歌颂赞河东盐池和池盐生产的文学佳作便不绝如缕。东晋郭璞《盐池赋》、唐代柳宗元《晋问》等等,精彩纷呈,不再赘述。

其次,帝王巡盐亦是传统。在生产力低下的原始社会和封建社会,盐与百姓生活、国家财富休戚相关,掌握了盐池,便意味着掌握了财富。盐池作为兵家必争之地,历代天子都极为重视。整个人类文明史,如果离开了盐的参与,恐怕是难以想象的。唐尧将都城建在平阳,虞舜迁移都城至蒲坂,大禹定都安邑,这些地方无不临近河东盐池。《安邑县志》以千钧笔力盛赞此地:"面临神稷,背负中条,虞坂峙南,鸣条踞北,远则大河环卫,近则二水交荥。俯瞰龙潭,万顷琼瑶夺目;仰瞻云岭,千峰翠锦如屏。地不爱宝,池献其祥,国赋斯充,民财以阜,是三藩之都会,实两海之咽喉。"③

---

① 许慎:《说文解字注》,段玉裁注,许惟贤整理,凤凰出版社,2007,第1018页。
② 乔兆坤东:《运城盐池的十种古称谓探源》(上、下),《运城日报》2011年9月2日、8日第3版。
③ 《解州安邑县运城志》卷一,清乾隆二十九年(公元1764年)刻本,第2页。

《左传》鲁成公六年(公元前585年)载:"晋人谋去故绛,诸大夫皆曰:'必居郇、瑕氏之地,沃饶而近盐,国利君乐,不可失也。'"①"绛邑",位于今山西省翼城县西北,晋献公元年(公元前676年)建成,晋景公十五年(公元前585年)迁都新田(今山西省侯马市)。此后,晋人称新田为"绛",旧都为"故绛"。"郇、瑕氏之地",位于新田南,距离盐池亦不远。《穆天子传》中记载了周穆王东巡河东盐池之事:"天子西绝钘隥,乃逐西南。戊子,至于盬。"②周穆王视河东为富庶之乡,视盐池为天赐宝库,亲临观赏,为黎民讴颂。这些都表明,盬盐池关乎国富民强,战略意义重大。从上述意义来讲,虞舜巡盐而作《南风歌》,不是没有这种可能。

最后,虞舜与河东关系密切。关于虞舜的出生地,说法众多,有山东诸城说、山西运城说、河南濮阳说、浙江余姚说等多种说法。如徐旭生《尧·舜·禹》(上)认为:"山西南部的运城、平陆、解州、虞乡、永济一带,实为有虞氏之故土。"③郝仰宁《舜帝故里考》④《虞舜之墟在永济——舜帝历史文化遗迹考略》⑤两篇文章通过对一系列与舜有关的遗迹的考证认为,舜的出生地在今山西省永济市。张培莲《舜帝祖籍考证》⑥论证舜是山西运城人。

关于虞舜的归葬地,较为一致的说法有湖南永州九疑山和山西运城鸣条岗两种。如:侯崇义《苍梧零陵考略》⑦。叶予青《舜南巡狩考证》称:"舜葬苍梧在鸣条,而非南方之苍梧。"⑧柳方来《虞舜活动地望考略》⑨。柴继光《虞舜在河东之解读》指出:"虞舜之安息地在河东,即今运城市盐湖区鸣条岗上之曲

---

① 杨伯峻编著《春秋左传注》(下),中华书局,2018,第709页。
② 郭璞:《山海经·穆天子传》,张耘点校,岳麓书社,2007,第243页。
③ 《文史》(第三十九辑),中华书局,1994,第8页。
④ 郝仰宁:《舜帝故里考》,《沧桑》1994年第5期。
⑤ 郝仰宁:《虞舜之墟在永济——舜帝历史文化遗迹考略》,《山西师大学报(社会科学版)》1996年第2期。
⑥ 张培莲:《舜帝祖籍考证》,载中国先秦史学会、中共运城市盐湖区委宣传部编《虞舜文化研究集》,山西古籍出版社,2005,第70-74页。
⑦ 侯崇义:《苍梧零陵考略》,《晋中师范高等专科学校学报》1986年第1期。
⑧ 叶予青:《舜南巡狩考证》,载中国先秦史学会、中共运城市盐湖区委宣传部编《虞舜文化研究集》,山西古籍出版社,2005,第464页。
⑨ 柳方来:《虞舜活动地望考略》,载中国先秦史学会、中共运城市盐湖区委宣传部编《虞舜文化研究集》,山西古籍出版社,2005,第128-137页。

马村为其葬处,永世安息之地。"①上述各位学者的说法基本一致,即认为舜的归葬地在山西运城鸣条岗。

至于虞舜的都城,以蒲坂最为称著。魏晋皇甫谧《帝王世纪》记载:"舜所都也,或言蒲阪。"②《晋地理志》《太康地道记》等史料亦显示,虞舜将都城定在安邑鸣条岗、蒲坂,此二地皆在今解州盐池附近。顾炎武《历代宅京记》载曰:"舜都蒲坂,今山西平阳府蒲州。"③史念海《中国古都和文化》载曰:"至于舜都,则以蒲坂于义为长。"④蒲坂,位于今山西省永济市西十几公里蒲州镇南。蒲坂原名蒲县,秦始皇东巡,见有长坂,故改称蒲坂,后世又名河东。蒲坂附近有丰富的矿产资源,《山海经·中山经》曰:"又东三十五里,曰湊山,其上多赤铜,其阴多铁""橿谷之山,其中多赤铜"。⑤ 又,《山海经·北山经》曰:"又南三百里,曰景山,南望盐贩之泽……"⑥郭璞注曰:"即解县盐池也。"⑦又,《梦溪笔谈》载曰:"解州盐泽,方百二十里。久雨,四山之水悉注其中,未尝溢,大旱未尝涸。卤色正赤,在版泉之下,俚俗谓之'蚩尤血'。"⑧除具备得天独厚的丰富物藏之外,蒲坂地理位置优越,亦为兵家必争:"黄河北来,太华南倚,总水陆之形胜,郁河关之气色。"⑨虞舜以此为都城,苦心经营,成效卓著:"一年而所居成聚,二年成邑,三年成都。"⑩

上述史料和研究文章均表明,虽然舜帝一生活动范围极广,但其生、养、丧、葬皆与河东密切相关。盐池先天资源丰沃,是诸侯必争之地,有帝王巡视的传统,当地有"南风起,盐始生"的俚语民谚。综合以上因素,不难理解何以《南风歌》由最初的"教化之乐"渐渐被解读为"盐池之歌"了。

---

① 柴继光:《虞舜在河东之解读》,载中国先秦史学会、中共运城市盐湖区委宣传部编《虞舜文化研究集》,山西古籍出版社,2005,第117页。
② 转引自马世之:《马世之学术文集》,大象出版社,2017,第50页。
③ 转引自马世之:《马世之学术文集》,大象出版社,2017,第50页。
④ 转引自马世之:《马世之学术文集》,大象出版社,2017,第50页。
⑤ 《山海经》,方韬译注,中华书局,2011,第134页。
⑥ 《山海经》,方韬译注,中华书局,2011,第93页。
⑦ 郭郛:《山海经注证》,中国社会科学院出版社,2004,第298页。
⑧ 沈括:《梦溪笔谈》,诸雨辰译注,中华书局,2016,第50-51页。
⑨ 转引自马世之:《马世之学术文集》,大象出版社,2017,第51页。
⑩ 司马迁:《史记》(一),中华书局,2011,第31页。

三、虞舜与"盐神"崇拜

在《南风歌》由"教化之乐"向"盐池之歌"转化的过程中,虞舜渐渐被视作盐池守护神而受到百姓的供奉祭祀。

回到先秦重要史籍《世本》关于"夙沙氏煮海为盐"的记录。宋衷注曰:"夙沙氏炎帝之诸侯,今安邑东南十里有盐宗庙。"①北宋乐史所著《太平寰宇记》亦载曰:"(安邑县)盐宗庙,在县东南十里。按吕忱云:'宿沙氏煮海,谓之盐宗,尊之也。以其滋润生人,可得置祠。'"②安邑县即今山西省运城市夏县,山西运城祭祀夙沙氏的盐宗庙,汉代即有。

唐代宗时,赐盐池名为"宝应灵庆池",赐池神为"宝应灵庆公",并在盐池内的卧云岗上修筑了池神庙。自此以后,池神庙受到历代朝廷的诏赐封谥。(参见"第二章 解池鹾盐")池神庙守护在盐池湖畔,亦矗立于历史长河中,千年之下,经受着风雨的雕蚀和岁月的洗礼。自唐以来,历代朝廷多次出资重新修缮,并撰文刻石予以纪念,如唐代有崔敖《河东盐池灵庆公神祠颂碑序》、刘宇《河东盐池灵庆公神祠碑阴记》、张濯《宝应灵庆池神庙记》;元代有成宗大德三年(公元 1299 年)《敕封广记惠康王碑》《敕封永济资宝王碑》、王纬《重修池神庙碑》、李庭《解盐司新接池神庙碑》;明代有马理《河东运司重修盐池神庙记》、何东序《新建盐池太阳祠记》,明神宗万历十九年(公元 1591 年)巡盐御史蒋春芳作有《敕修盐池神庙碑记》;清顺治八年(公元 1651 年),巡盐御史赵如瑾作有《重修池神庙碑记》;等等。

世人对盐池神灵的颂赞,还反映在历代文人诸多文辞优美、感情诚挚的诗文佳作中。如唐代张正元、李夷亮、李叔、吴仲舒等均作有《南风之熏赋》,杨乃作有《舜歌南风赋》,蒋防有《舜琴歌南风赋》等。简摘其中精彩片段来看:

南风之熏赋
[唐]吴仲舒

歌南风之黛兮,肇自前烈。美凯风以时兮,流乎俊哲。澹澹荡荡,生

---

① 《世本八种》,宋衷注,秦嘉谟等辑,中华书局,2008,王谟辑本第 37 页。
② 转引自高有鹏:《中国民间文学发展史》(第四卷),线装书局,2015,第 1276 页。

乎无间；馥馥微微，播于有截。故功成作乐，而上下昭著；治定制礼，而君臣有别。吾亦乘日月之至明，致中和之令节。言而履之，万国称庆；动而法之，千寮胥悦。此所谓规模帝舜，慰洽吾人。操五弦之琴而八风从律，征三代之乐而六气平均。使天下霈然而有感，穷海外飒尔而知春。至于传之永久，垂之不朽。可以动萌芽，可以荣林薮。熏风之有德也，使国富以人安；熏风之有惠也，使时和而俗阜。若乃燠佳气兮允塞，埽祥烟兮乍开。早绽青门之柳，先惊上苑之梅。晞入阳春之曲，潜吹玉管之灰。此亦韶年之丽景，况有顺时而丰财。或披襟而乍对，或临水而轻拂。承长养则芳气袭于一人，阐煦妪则膏露沾于万物。斯以发号施令，前规后监。三农以之协洽，兆人以之无咸。如此则典礼备，麟凤至。吾道不乐兮，发身有时。熏风自南兮，万物咸遂。物本无情，因时而生。百姓日用而不觉，五音岁兆于未萌。倪高飙之借便，顺下风而长鸣。①

南风之熏赋
[唐] 李夷亮

时之和兮道之至，披南风兮舒以肆。发于地鼓，万物以生成；登于天叶，三光而能粹。岂不以律有度而感应，乐无声而大备。郁郁也，从四气之攸分；熙熙然，见群芳之已遂。若乃涉维夏背芳，晨烝人已。又率土惟淳，云物必书，识烟霞之改旧，君臣有礼；知动植之怀仁，符元化越洪钧。式观风于我后，终解愠于吾人。伊昔虞帝，君临忧劳。是切将纳隍为己任，垂大训于前烈。援琴写操，知庶政之惟和；负扆居尊，俾含生之是悦。然后泽及幽岩，九区克咸，气扬烟郁；四海无咈，且攸叙于彝伦。故无遗于一物，国家敬授惟明稽古、作程序、宣其和，以厚其生。是以东作之勤，不遗于帝力；南风之咏，屡起于皇情。矗矗多士，茫茫万有。犹偃草而咸，若沐熏风之自久，惟德斯硕，惟财孔阜。②

宋代诗人颂赞虞舜与《南风歌》的佳作十分引人注目，如郭印《次韵莆大受琴中趣》其二，诗曰：

安得佛之力，与世开群喑。

---

① 董诰等编：《全唐文》(4)，孙映逵点校，山西教育出版社，2002，第3547页。
② 董诰等编：《全唐文》(4)，孙映逵点校，山西教育出版社，2002，第3547页。

> 神机运帝车，元气如酌斟。
> 鱼鸟得其性，云渊自飞沉。
> 不见南风歌，仁声入人深。

又如宋代著名宰相，也是唐宋八大家之一的王安石，有诗曰：

> 朝日一曝背，欣然忘夜寒。
> 樵松煮涧水，既食取琴弹。
> 弹作南风歌，歌罢坐长叹。
> 窹彼栖栖者，遗世良独难。

明代嘉靖十四年（公元1535年），山西巡按监察御史余光曾撰写《海光楼赋》，赋文曰："粤分野以肇土兮，维虞夏之帝乡。载咏夫《南薰》之章兮，驰遐想于羲皇。夫或为兹瑞池而发兮，逮今遗响其洋洋。大河跨以分秦晋兮，泰华峛其西方。纵大观于奇幻兮，川原赆其瞩望。爰建楼以延兹胜兮，灵厥名曰海光。"至此，舜帝这位上古先圣已不仅仅是贤明君王，且还是守护盐池的神灵，受老百姓馨香礼拜了。作为虞夏都城的河东之地，每当百姓咏唱《南风歌》，便想起虞舜对盐池的庇佑。

后人还在盐池湖畔修筑了包括迎薰阁、海光楼、歌薰楼、舜弹琴台等，以示赞颂怀念。如迎薰阁，是纪念舜歌南风而修建的楼阁。《解州全志·古迹》："州治古有迎薰阁。"[1]"迎薰阁，在南城上。宋元祐间张杲之、张砚俱有诗。"[2]

宋代张杲之《题迎薰阁》诗曰：

> 虚阁势峥嵘，高凌涿鹿城。
> 前瞻青嶻薜，下阚碧澄泓。
> 弊宇随时去，雕甍不日成。
> 佳莲供夏景，乔木送秋声。
> 乳燕欣双入，飞鸿想万程。
> 风生舜弦古，月射庾楼青。
> 隐隐分行客，憧憧悯细氓。

---

[1] 《解州全志》卷十一，清乾隆二十九年（公元1764年）刻本，第1页。
[2] 《解州全志》卷十一，清乾隆二十九年（公元1764年）刻本，第3页。

> 凭高愁自矢，怀远恨难平。
> 赏纵棋兼酒，吟羞石对瑛。
> 炎薰登览者，方爱此佳名。

张昊之，宋代符离人（今安徽省宿州市），宋哲宗元祐年间曾暂代解州军州，兼管内劝农事。作者站在高耸入云的迎薰阁中，四下眺望，山川锦绣尽在眼底。上古时代先圣舜帝教化爱民，思古抚今，念及世间熙熙攘攘艰辛谋生的百姓，不由感慨万千。

宋代张砚《题迎薰阁》诗曰：

> 解愠风来处，朱甍起旧城。
> 条山共偃蹇，监泽借澄泓。
> 龙庙疑飞出，莲宫若化成。
> 乱云堆素彩，远溜集幽声。
> 逸骥瞪前路，鸣鸢激去程。
> 散眸襟抱爽，翘首骨毛清。
> 欢席贡嘉客，丰郊少困氓。
> 鼓琴歌渔泽，击石乐承平。
> 钜笔垂华榜，高吟刻翠瑛。
> 虽无丹臒横，三绝足垂名。

张砚，宋代延平人（今福建省南平市），宋哲宗元祐年间通判解州军州，兼管内劝农事。该诗开门见山点明南风之于盐池意义重大，接着写迎薰阁周围风景壮观秀丽，盐池如乱云堆素，盐道险峻迢递。诗歌后半部分寄寓作者美好祝愿，希望年岁大获丰收，百姓生活富足，国家长治久安，社会安定顺和。

综观众多咏赞之作，"舜歌南风"或为题旨，或为典故，或为隐喻，成了文人墨客、盐官儒商最为青睐的主旋律之一。简言之，又分为以下诸类：

其一，颂赞先圣，咏物抒怀。讴歌先圣德化民众、开创盛世，咏赞盐池湖风景秀丽、大自然造化神功。以歌薰楼为例，该楼为纪念虞舜歌咏南风而建，位于盐池内池神庙前。《解州安邑县运城志·古迹》载曰："歌薰楼在盐池上，俯眺池中,千畦万塍,栉比鳞集,银海玉盆,允称绝构。"①

清代马缵绪《登歌薰楼》诗曰:

> 百尺崇台结蜃楼,南风习习送歌讴。
> 频吹锦浪轻飚动,遍起盐花浅水浮。
> 疑是琼田凝蟹眼,恍逢珠彩耀骊头。
> 凭阑一望沧茫里,瀛海依稀现十洲。

马缵绪,山西安邑人(今山西省运城市),清顺治三年(1646年)进士,曾任黄州府(治所在今湖北省黄冈市)推官。

清代龚廷飏《薰风楼》诗曰:

> 薰歌一曲手中吟,民愠阜财系帝心。
> 此日楼高千里目,当年风送五弦琴。
> 河明槛外曾流韵,山对檐前是赏音。
> 煮海奇才徒窃取,虞廷解阜法重今。

龚廷飏,湖北安陆(今湖北省安陆市)人,雍正三年(公元1725年)曾任蒲州知州。《山西通志》有传,称其"性耽吟咏,于蒲阪名胜,考核甚详。并刊有《虞迹图考》行世"②。薰风楼,即歌薰楼。

清代但明伦《歌薰楼怀古》诗曰:

> 危楼高耸插云霄,对厂疏棂敌丽谯。
> 四面云山环入抱,万家烟火俯垂髫。
> 银涛翻雪醵成海,玉管迎风乐奏韶。
> 载颂南薰歌一阕,啸声如响达中条。

但明伦,贵州广顺(今贵州省黔南布依族苗族自治州长顺县)人,嘉庆二十四年(公元1819年)进士,道光十三年(公元1883年)任河东道兼盐法道。此诗描绘了歌薰楼四周风光,咏史怀古,笔力沉雄。

其二,颂赞今上,歌唱太平。如明代受堂《酹海光楼上》诗曰:

> 氤氲涵太清,佳气绕楼台。

---

① 《解州安邑县运城志》卷十一,清乾隆二十九年(公元1764年)刻本,第1页。
② 转引自吴钧:《南风歌——运城盐池咏持抄》,山西出版集团,2008,第166页。

>瑞英迎风茂,琪花逐浪来。
>阜财民愠解,天国帝颜开。
>不负乘总天,登观亦壮哉。
>危栏堪眺远,吴主惯邀宾。
>万顷翻琼液,梦堤叠素鳞。
>遥通瀛海润,近涌洛河津。
>地利真天造,惭无物与仁。

受堂,生平不详。该诗作于嘉靖三十八年(1559年),并有刻石传世。今石碣已毁佚。

清代觉罗勒信《歌薰楼》诗曰:

>千古歌薰处,犹传解愠同。
>唐虞留圣迹,天地荷成功。
>雪满琴台月,霜清醝海风。
>时雍今再见,长此乐无穷。

觉罗勒信,清康熙二十五年(公元1686年)出任河东巡盐御史。他的《歌薰楼》诗,歌古颂今,全篇充满赞美之词。时雍,当今颂歌。雍,《诗经·周颂》篇名,是祭祀周文王的乐歌。

清代毛逵来《舜弹琴台》诗曰:

>海光楼下弹琴台,临池坐对条山隈。
>朱弦一拂天颜开,青桐入手薰风来。
>薰风来自条山里,飒飒微风皱池水。
>银山雪浪五月间,卷出层水六十里。
>六十里中水接天,波光直与条山连。
>弹琴台下如霜白,连阡比井皆盐田。
>盐田不事灶与锜,只候条山薰风起。
>但愿圣人千万寿,日日登台调玉指。
>我闻弹琴为阜财,八风克谐五音催。
>大和骀荡遍九垓,凤凰欲下思徘徊。
>相随凤凰喧燕雀,如圣与民同忧乐。

> 欢虞岂止在条霍,矧日微凉生殿角。
> 我来台上一披襟,邃台拍掌试追寻。
> 地下犹存丝桐音,此日如见重华下。

毛遂来,清代人,生平不详。"八风"为了解全诗的诗眼。八风者,八方之风,《吕氏春秋·有始》曰:"何谓八风? 东北曰炎风,东方曰滔风,东南曰熏风,南方曰巨风,西南曰凄风,西方曰飂风,西北曰厉风,北方曰寒风。"①《说文解字·风部》释曰:"风,八风也。东方曰明庶风,东南曰清明风,南方曰景风,西南曰凉风,西方曰阊阖风,西北曰不周风,北方曰广莫风,东北曰融风。"②又,《尚书·舜典》曰:"八音克谐,无相夺伦……"③该诗旨在颂赞舜帝所咏之歌,音律和谐;舜帝所抚之民,良善温顺;舜帝所治之世,康乐太平。

其三,体恤民艰,勤勉自励。在诸多咏赞诗作中,有一类较为特殊,是出自曾经担任河东盐运使的官员们之手。这些诗作往往既能仰度朝廷之思,又能俯察民生之苦,是于公于私、于情于景都不可多得的佳作。简摘三首分别出自三位河东盐运使之手的佳作来看:

清代张鹏翮《舜弹琴处》诗曰:

> 盛代弹琴迹未遐,长悬舜日照清沙。
> 云分翠岭千秋雪,风送瑶池一夜花。
> 资国曾闻传晋宝,和羹又得供天家。
> 我生重遇重华世,斗粒朝朝百万车。

张鹏翮,字运青,四川遂宁人(今四川省遂宁市)。康熙九年(公元1670年)进士,康熙二十四年(1685年)曾任河东盐运使,全称"河东陕西等处都转盐运使司运使,加敕管盐法道"。这首《舜弹琴处》是作者巡观盐池、游盐神庙时有感而发。作者援引舜帝抚五弦、歌南风的典故,颂赞康熙盛世,并借以自勉自励,希望自己能够为朝廷分忧,为百姓造福。据《河东盐法备览》,张鹏翮"宽厚和平,治蓥有方,督筑城隍,砖甃四面,商民载德"④。他为官清廉,奉公

---

① 《吕氏春秋》,陆玖译注,中华书局,2011,第371页。
② 许慎:《说文解字注》,段玉裁注,许惟贤整理,凤凰出版社,2007,第1177页。
③ 李学勤主编《十三经注疏·尚书正义》,北京大学出版社,1999,第79页。
④ 蒋兆奎主编《河东盐法备览》卷三,清乾隆五十五年(公元1790年)刻本,第30页。

职守,担任河东盐运使期间,曾主持修复盐池、疏浚渠道,在助推河东盐池的生产、运输、销售等方面,政绩显著。康熙帝盛赞其为"天下廉吏,无出其右"。雍正帝赞誉他为"卓越一代完人"。

清代黄经《盐池即事》诗曰:

> 四载监盐池,解作盐池谈。
> 盐池在何许?乃在运城南。
> 环百十六里,缭垣辟门三。
> 其内画畦町,偃息有厦庵。
> 殖盐如殖谷,方春课丁男。
> 塍沟纵横列,千畀水渟涵。
> 黑河与潓沱,宝气潜内含。
> 鸭池与西滩,清流相引参。
> 炎天五六月,薰风扇和酣。
> 倾盆急雨时,云撒澄蔚岚。
> 白日下照灼,花浮开镜函。
> 搨之用木耙,刮之积筠篮。
> 质成判青白,味厚佐和甘。
> 贩资猗顿策,载压孙阳骖。
> 利周秦晋豫,趋骛势趁趍。
> 遂令此间人,不省重农蚕。
> 以池为世业,以盐充诸儋。
> 须思工作苦,恤哉吏毋贪。
> 尝登海光楼,池波浸晴岚。
> 野狐泉馆侧,亦屡陟层堪。
> 连畦皓堆雪,倚望中情耽。
> 点输虑梗概,疏漏知怀惭。

黄经,广东顺德(今广东省佛山市顺德区)人,道光甲辰科进士。咸丰四年(公元1854年)曾任河东道兼盐法道。在这首《盐池即事》中,作者将盐池之形胜、畦地、厦庵、塍沟、刮盐、盐池周围的名胜古迹,以及池盐的生产、运输、销售、盈利等等事宜,分别予以描摹勾勒,呈现出一幅完备生动的河东池盐图。尤其难得的是,作为一名朝廷官员,黄经既看到了河东盐池当地百姓以池盐为生,不重农事,获利之丰,也看到了盐业生产劳苦艰辛,不忘提醒相关官吏应体恤民生艰辛,切忌贪婪民利。作者以先圣舜帝为楷模,砥砺自我,鞭策下属,显示出朝廷良吏为国为民的公仆之心。

清代王雨琴《歌薰台》诗曰:

> 朝来古盐池,夕上歌薰台。
> 中天人往矣,对此常徘徊。
> 台上残碣何所记?模糊犹能辨亥豕。
> 上言解愠阜民财,斯肇河东盐池始。
> 粤自洪荒地未辟,条山左右皆硗瘠。
> 种禾不熟麦不登,食之无味弃可惜。
> 帝察土性辨水泉,咨汝箕伯惟世贤。
> 应宫应徵期无愆,指挥视我琴上弦。
> 援琴一曲来薰兮,琴夺造化天无功。
> 转移地运启鸿蒙。一弹声冷然,
> 微风初起云岩巅,石田顷刻成蓝田。
> 再弹声徐徐,好风吹过南山隅。
> 乾端坤倪转灵枢。昨日沙碛今膏腴。
> 三弹声洋洋,林木震动鸟飞翔。
> 卿云烂兮景星曜,天地为之焕文章。
> 尺地寸土皆珠玉,千畦万井凝雪霜。
> 灿如琼华铺满界,皎如月宫游天阊。
> 夕如名域开不夜,晨如具阉艳朝阳。
> 不用煮海与煎沙,民食足供亿万家。
> 我今所食犹帝力,不见古人空咨嗟。

王雨琴,清光绪三十四年(公元 1908 年)曾任河东拣选盐大使。这首《歌薰台》笔触细腻生动,详细梳理了盐池的肇端史脉,颂赞了舜帝的圣明德治,想象了舜帝歌南风的画面和场景,借古颂今。

第四章 巴盐传奇

在逶迤连绵的渤海湾感受了夙沙氏煮海为盐的波澜壮阔,在沃野千里的黄土高原感受了"蚩尤血"、《南风歌》的荡气回肠,翻越峰峦叠嶂的川、渝、陕、鄂群山,五千年巴盐的历史画卷在古道、村落、祠庙、石像,以及神话传说和民风民俗之中,渐次铺展开来。上古巴人部落首领廪君与盐水女神之间的爱情故事,动人心魄,他们也被当地百姓尊奉为盐神,受到后世供奉祭祀。

一、廪君与盐水女神的传说

廪君是巴人原始社会最早的部族首领。关于他的事迹,诸多史书文献均有记载。比较重要的有:先秦史书《世本》、南朝宋范晔《后汉书》、北魏郦道元《水经注》、唐代房玄龄《晋书》、北宋乐史《太平寰宇记》以及清代官修《长阳县志》等。

《世本》载曰:

> 廪君之先,故出巫诞。巴郡南郡蛮,本有五姓:巴氏、樊氏、瞫氏、相氏、郑氏,皆出于武落钟离山。其山有赤黑二穴,巴氏之子生于赤穴,四姓之子生于黑穴。未有君长,俱事鬼神。廪君名曰务相,姓巴氏,与樊氏、瞫氏、相氏、郑氏凡五姓,俱出皆争神。乃共掷剑于石,约能中者,奉以为君。巴氏子务相,乃独中之。众皆叹。又令乘土船,雕文画之,而浮水中,约能浮者,当以为君。余姓悉沉,惟务相独浮,因共立之,是为廪君。乃乘土船

从夷水至盐阳。盐水有神女谓廪君曰:"此地广大,鱼盐所出,愿留共居。"廪君不许。盐神暮辄来取宿,旦即化为飞虫,与诸虫群飞,掩蔽日光,天地晦冥,积十余日。廪君不知东西所向,七日七夜。使人操青缕以遗盐神,曰:"缨此即相宜,云与汝俱生,宜将去。"盐神受而缨之。廪君即立阳石上,应青缕而射之,中盐神。盐神死,天乃大开。①

《世本》中的这段文字,是关于廪君传说最早的文献记载。可从以下几个层面予以解读:

其一,传奇故事的表层解读。在武落钟离山这个地方原本居住着五个部落,分别以巴、樊、瞫、相、郑为姓。其中,巴姓部落生活在赤穴,其他四姓部落生活在黑穴。五姓部落都信奉鬼神,没有统一的领袖,于是商议,谁能抛掷佩剑投中石穴,又能乘坐土船浮于水中、逆流而上,便推举其为首领。巴氏部落中,一个名叫务相的青年,不仅掷剑中石,又乘土船逆流而上,通过了全部考验。众人纷纷惊叹,并推举巴务相为部落联盟的首领,他便是廪君。廪君率领着部落民众,自夷水顺流而下,至盐水之南。这里生活着盐水部落,部落首领为盐水神女。盐水神女对廪君说:"这里土地辽阔,盛产鱼、盐,希望你能留下来,我们共同管理。"廪君并未同意,盐水女神为了留住他,暮来旦去,白天化为漫天飞虫,遮天蔽日,困惑廪君。后来,廪君将一缕头发赠予盐水女神,等盐水女神再化为飞虫时,头发暴露了她的位置,廪君找机会射杀了她,原本云山雾罩的天空变得明朗起来。廪君于是成为夷城之王,其余部落皆表臣服。当然,这不仅仅是一个凄美的爱情故事,它更关乎人类文明的进程,是一段先民部落之间兴衰更替、生死存亡的战争史诗。

在廪君之前,巴人更为久远的先祖,要追溯到更早的巫咸部落与巫截部族。《山海经·大荒西经》载曰:"大荒之中,有山名曰丰沮玉门,日月所入。有灵山,巫咸、巫即、巫盼、巫彭、巫姑、巫真、巫礼、巫抵、巫谢、巫罗十巫,从此升降,百药爰在。"②又,《山海经·海内西经》载曰:"开明东有巫彭、巫抵、巫阳、巫履、巫凡、巫相。"③巫者,灵也。东汉许慎《说文解字·玉部》释曰:"灵,

---

① 转引自袁珂:《中国神话通论》,四川人民出版社,2019,第101页。
② 《山海经》,方韬译注,中华书局,2011,第315页。
③ 《山海经》,方韬译注,中华书局,2011,第267页。

巫也。以玉事神。"①巫师灵媒通常扮演着沟通人神的重要角色。上述诸"巫",后皆可着以"国"字,指的是上古时期生活在今川、渝、陕、鄂、湘交界处的先民部落。

在《山海经》这部古老的先秦地理学奇书中,有不少古老巴人的神话传说。《山海经·海内经》曰:"西南有巴国。大皞生咸鸟,咸鸟生乘厘,乘厘生后照,后照是始为巴人。"②《山海经·大荒南经》载曰:"有载民之国。帝舜生无淫,降载处,是谓巫载民。巫载民朌姓,食谷,不绩不经,服也;不稼不穑,食也。爰有歌舞之鸟,鸾鸟自歌,凤鸟自舞。爰有百兽,相群爰处。百谷所聚。"③巫咸部落的首领是舜帝之子无淫,巫载部落是巫咸部落的后裔,他们世代居住在巴地。在交通闭塞的峭壁山谷中,巴人不事农耕,不事蚕桑,却有粮可吃,有衣可穿,丰衣足食,歌舞升平。比较合理的解释是,巫溪上游的宝源山有目前考古发现最早的盐泉。有了盐泉,就可以生产食盐,可以同周边部落进行物品交换和贸易行为。有学者指出,在其他盐泉未被发现利用之前,巫载国生产的盐,是秦岭和伏牛山脉以南,乃至整个汉中盆地、四川盆地、两湖盆地与鄂西地区,所需食盐的主要来源,是无比珍贵的天赐宝藏。

其二,巴盐产区的地理解读。前文所引《世本》廪君故事中,提到几个地理概念:武落钟离山、夷水、盐阳、夷城。这涉及廪君及其部族的生活区域:武落钟离山与夷水流域。武落钟离山,又称佷山,位于湖北省长阳县,西北临清江,东南临南汉溪。《太平寰宇记》载称:"武落山一名难留山,在县西北七十八里,本廪君所出处也。"④《宜昌府志·疆域志》记载:"难留城山,县西二百余里,一名武落钟离山,交施南建始界……自盐水西北行五十余里,有一山,独立峻绝,名为难留城。"⑤夷水,即武落钟离山一带水域。北魏郦道元《水经注》载曰:"夷水,即佷山清江也。水色清照十丈,分沙石。蜀人见其澄清,因名清江也。"⑥

---

① 许慎:《说文解字注》,段玉裁注,许惟贤整理,凤凰出版社,2007,第31页。
② 《山海经》,方韬译注,中华书局,2011,第345页。
③ 《山海经》,方韬译注,中华书局,2011,第303页。
④ 转引自四川三峡学院中文系、四川三峡学院三峡文化研究所主编《三峡文化研究》(第1辑),重庆大学出版社,1997,第296页。
⑤ 《〔同治〕宜昌府志》,聂光銮修,王心柏、雷春沼纂,崇文书局,2018,第128页。
⑥ 郦道元:《水经注校证》,陈桥驿校证,中华书局,2013,第824页。

盐水女神生活的区域：盐水流域。盐水，《后汉书·南蛮西南夷列传》注引盛弘之《荆州记》"施州清江县水一名盐水"①。郦道元《水经注·夷水》载曰："夷水又东与温泉三水合，大溪南北夹岸，有温泉对注，夏暖冬热，上常有雾气，疠痍百病，浴者多愈。父老传此泉先出盐，于今水有盐气。夷水有盐水之名，此亦其一也。"②这样的天然温泉，可用来制盐，取之不尽，用之不竭。盐阳，盐水北岸，因盐水而得名。史书不见其名，北周置盐水县，故城在今恩施市东四十里，唐废置。综合上述文献可知，廪君生活的夷水流域与盐水女神生活的盐水流域，分别是清江水系的上游和下游。

考察廪君与盐水女神活动区域，盐卤资源十分丰富。关于这一点，古今中外学者观点高度一致。如《水经注·江水》即载曰：

> 江水又东迳临江县南，王莽之监江县也。《华阳记》曰：县在枳东四百里，东接朐忍县，有盐官。自县北入盐井溪，有盐井营户。……江水又东迳瞿巫滩，即下瞿滩也，又谓之博望滩。左则汤溪水注之，水源出县北六百余里上庸界，南流历县，翼带盐井一百所，巴、川资以自给。粒大者方寸，中央隆起，形如张伞，故因名之曰伞子盐。有不成者，形亦必方，异于常盐矣。③

明代宋应星在其《天工开物》中指出："凡滇、蜀两省远离海滨，舟车艰通，形势高上，其咸脉即蕴藏地中。"④今人学者经科学考证指出，巴蜀地区"盐矿的形成与四川盆地的沉积环境密切相关，经过白垩纪、侏罗纪、三叠纪及其以前的地质运动和地质构造的变化，在形成四川盆地的过程中，历经海侵、海退、高温蒸发，海水和湖水中的浓缩盐卤结晶的盐层等矿物沉积下来，被埋藏在地下，成为……盐卤"⑤。要言之，廪君与盐水女神活动区域的盐源包含而不局限于如下地区。

佷山县，始置于西汉初，历汉、晋、南朝至隋废而改置长阳县，县治在今长阳县都镇湾镇州衙坪（已为隔河岩水库淹没）。至唐，佷山被分置成为巴山、盐

---

① 范晔：《后汉书》（第十册），中华书局，1965，第2840页。
② 郦道元：《水经注校证》，陈桥驿校译，中华书局，2013，第825页。
③ 郦道元：《水经注校证》，陈桥驿校证，中华书局，2013，第741-743页。
④ 潘吉星：《天工开物校注及研究》，巴蜀书社，1989，第274页。
⑤ 孙智彬、左宇、黄健：《中坝遗址的盐业考古研究》，《四川文物》2007年第1期。

水、长阳,后皆并入长阳。佷山县地处清江中下游地区,盐业资源开发历史悠久。廪君率领部族自武落钟离山溯夷水向盐阳扩张时,遇盐水女神部落,也遇到了"此地广大,鱼盐所出"的珍贵盐源。袁山松《宜都山川记》显示,晋代宜都郡佷山县东温泉"先出盐"①。今清江中游渔峡口镇龙池村盐池河一带仍有温泉。

北井县,西周隶属庸国,春秋隶属楚国,秦、汉、三国属巫县,晋时为建平郡北井县,今重庆市巫溪县。北井县产盐历史悠久,传说众多的白鹿盐泉即位于此。白鹿盐泉产盐之久,或曰廪君时代,或曰黄帝时代,或曰至迟始于汉代。《汉书·地理志》载曰,南郡巫县"有盐官"②。西晋左思《文选·蜀都赋》写道,巴中"滨以盐池",刘渊林注曰"盐池出巴东北新井县,水出地如涌泉,可煮以为盐"。③ 新井县即北井县。又,郦道元《水经注》载,建平郡北井县巫溪"水南有盐井,井在县北,故县名北井"④。巫溪水即今大宁河,盐井即白鹿盐井,白鹿盐泉产盐直至新中国成立以后。

朐忍县,秦汉时隶属巴郡,治所在今重庆市云阳县青龙街道。朐忍县汉代始便设有盐官⑤,《华阳国志》亦载,朐忍县有盐井。郦道元《水经注》载曰,朐忍县汤溪水"翼带盐井一百所,巴、川资以自给"⑥。又,引王隐《晋书·地道记》:"入汤口四十三里,有石煮以为盐,石大者如升,小者如拳,煮之水竭盐成。"⑦史书显示,朐忍县自汉至唐始终是重要的盐产地。

临江县,汉代隶属巴郡,治所在今重庆市忠县,盐产地集中于今㽏溪河、涂井河一带。《水经注》引古代典籍载曰,临江县"有盐官。自县北入盐井溪,有盐井营户。"⑧《华阳国志》亦载曰,临江县"有盐官,在监、涂二溪,一郡所仰。其豪门亦家有盐井"⑨。可见临江县早在汉、晋时期就已经成为远近闻名的盐产地。此后历经千年,直至新中国成立,该地区依然是重要的盐产区。

---

① 郦道元:《水经注校证》,陈桥驿校证,中华书局,2013,第825页。
② 班固:《汉书》,中华书局,2007,第287页。
③ 转引自刘玉堂:《楚国经济史》,湖北教育出版社,2019,第272页。
④ 郦道元:《水经注校证》,陈桥驿校证,中华书局,2013,第755页。
⑤ 班固:《汉书》,中华书局,2007,第296页。
⑥ 郦道元:《水经注校证》,陈桥驿校证,中华书局,2013,第743页。
⑦ 郦道元:《水经注校证》,陈桥驿校证,中华书局,2013,第743页。
⑧ 郦道元:《水经注校证》,陈桥驿校证,中华书局,2013,第741页。
⑨ 常璩:《华阳国志》,齐鲁书社,2010,第10页。

汉发县,蜀汉时治所位于今重庆市彭水县郁山镇。《华阳国志》记载,汉发县"有盐井"①。史学家认为,该地区产盐历史或可追溯至新石器时代末期,最早开发者或为巴人。该地区产盐一直持续到二十世纪八十年代。

廪君与盐水女神活动区域涉及的盐产区还有很多,不再一一赘述。从地理空间分布来看,主要集中于:北井县盐产地,在巫溪支流后溪河白鹿盐泉一带,即今巫溪县宁厂古镇;佷山县盐产地盐阳,在今清江河谷长阳县渔峡口镇龙池村盐池河温泉一带;临江县盐产地洺溪河,在今忠县黄金镇甘井河河谷地带;汉发县郁山盐产地,在今彭水县郁江河谷郁山镇伏牛山一带。②

其三,巴盐之祖的文化解读。任乃强曾分析指出,原始人类的文化核心地必须具备五个核心要素:其一,丰富的食物资源;其二,温和的气候;其三,石器材料易得;其四,食盐资源丰富;其五,清洁的饮水。此五条是决定性的地理条件,其他任何生活所需的条件都是人类自己创造出来的。③ 从地理空间分布来看,巴人时代巴盐产地主要分布于:峡江地区临江县(漳溪河、涂井溪)、南浦侨县(长滩)、朐忍县(汤溪、檀井溪)、鱼复县(鱼复浦)、北井县(白鹿盐泉)、巴东县(永昌盐井)、秭归县(青林盐井),清江河谷佷山县(盐阳)、盐水县(清江河谷)、乌江河谷汉发县(郁山),嘉陵江河谷巴县(北温泉)、南充国县(大昆井)、阆中县(盐井溪)、新井县、新政县、南充县、相如县、西充县,渠江河谷宣汉县(羊门滩),沱江河谷江阳县(富义盐井)、汉安县(内江市)、银山县,长宁河谷新乐县(淯井),川南沿江地带江安县(可盛盐井),梅江河谷璧山县(盐井河),等等。其中,又以嘉陵江河谷、峡江河谷、沱江河谷地带最为集中。④ 廪君与盐水女神生活的清江流域显然具备了所有核心要素,故而能够成为上古文明的核心地区。

廪君部落占据了盐水女神部落的土地,掌握了她们珍贵的采盐、制盐技术,将盐运输、销售到周边广大地区,换成其他各种必需物资。其后,廪君部落迅速壮大,并加速拓展势力范围,占据了武陵山区和整个三峡地区,南至涪陵,西抵藏边,最终成就了伟大的巴国。《华阳国志·巴志》显示,"(巴人)其地东

---

① 常璩:《华阳国志》,齐鲁书社,2010,第13页。
② 朱圣钟:《巴盐产地及其变迁——兼论盐业与巴人的关系》,《盐业史研究》2019年第3期。
③ 任乃强:《四川上古史新探》,四川人民出版社,2018,第246页。
④ 朱圣钟:《巴盐产地及其变迁——兼论盐业与巴人的关系》,《盐业史研究》2019年第3期。

至鱼复,西至僰道,北接汉中,南极黔涪"①。巴国鼎盛时期,其版图覆盖整个重庆、湖北西南、陕西东南、贵州西北和四川大半部地区。

"人类文化,总是从产盐地方首先发展起来,并随着食盐的生产和运销,扩展其文化领域。文化领域扩展的速度,殆与地理条件和社会条件是否有利于食盐运销的程度成正比例。起码,在十七世纪以前,整个世界历史,都不能摆脱这三条基本规律。"②从这个"不能摆脱的基本规律"来看,廪君与盐水女神之间的矛盾,不仅仅是男女之间的感情纠葛,更是两个部落之间关于地理版图、物质资源、生死存亡的斗争。有学者用母系氏族部落和父系氏族部落之间的矛盾冲突来阐释这一爱情纠葛,并将廪君传说与欧洲史诗《埃涅阿斯纪》中的狄多爱情故事加以比较,认为盐水女神与狄多的悲剧是由爱情引发的,又不仅仅是爱情悲剧,母系氏族和父系氏族双方的习惯势力与社会观念之间的冲突,使这两出爱情悲剧染上了浓厚的时代色彩。③ 廪君与盐水女神之间的斗争与胜负,代表了历史车轮轰轰然前行中,父系氏族取代母系氏族的历史必然。

二、廪君传说与民间崇拜

汉代以后,关于廪君的生平事迹与故事传说,得到不同程度的补充与修正,但基本上都是依据上述《世本》而来。如南朝宋范晔所撰的《后汉书》中,关于廪君的故事与《世本》略有不同。《后汉书·南蛮西南夷列传》载曰:

> 巴郡南郡蛮,本有五姓:巴氏,樊氏,瞫氏,相氏,郑氏。皆出于武落钟离山。其山有赤黑二穴,巴氏之子生于赤穴,四姓之子皆生黑穴。未有君长,俱事鬼神,乃共掷剑于石穴,约能中者,奉以为君。巴氏子务相乃独中之,众皆叹。又令各乘土船,约能浮者,当以为君。余姓悉沉,唯务相独浮。因共立之,是为廪君。乃乘土船,从夷水至盐阳。盐水有神女,谓廪君曰:"此地广大,鱼盐所出,愿留共居。"廪君不许。盐神暮辄来取宿,旦

---

① 常璩:《华阳国志》,齐鲁书社,2010,第2页。
② 常璩:《华阳国志校补图注》,任乃强校注,上海古籍出版社,1987,第52页。
③ 曾艳兵:《狄多与盐水女神》,《中华读书报》2018年8月1日第19版。

即化为虫,与诸虫群飞,掩蔽日光,天地晦暝。积十余日,廪君伺其便,因射杀之,天乃开明。廪君于是君乎夷城,四姓皆臣之。廪君死,魂魄世为白虎。巴氏以虎饮人血,遂以人祠焉。①

《后汉书》中的记录,承袭《世本》而来。内容上,补充了廪君死后,魂魄化为白虎的情节。巴人认为虎饮人血,故而本地有用活人祭祀廪君的习俗。战国时代宋玉的《招魂》中,对该习俗有所记载,宋文写道:"魂兮归来,南方不可以止些。雕题黑齿,得人肉以祀,以其骨为醢些。"②宋代大学者朱熹在《楚辞集注》中注曰:"今湖南北有杀人祭鬼者,即其遗俗也。"③

"廪君化虎"的故事,在长阳县境内以及广大的周边地区留下广泛而深刻的历史影响,融入当地人的血脉与民俗。众所周知,在五行学说里,五行配五方、五色、五帝、五灵等等,五行为金、木、水、火、土五种元素,五方为东、南、西、北、中五个方位,五色指青、赤、白、黑、黄五种颜色,五帝指黄帝、颛顼、帝喾、唐尧、虞舜五位上古帝王,五灵指青龙、白虎、朱雀、玄龟、黄龙五种神兽。清江流域的白虎崇拜似乎与五行学说也有所关联。白虎主宰西方,西方有太白金星,又称白虎星,西方主神为白帝。在长阳地区流传的民间故事中,据说廪君是寅年、寅月、寅日、寅时出生,是白虎星降世。在历史演变中,由廪君变成的白虎,也逐渐被神化和图腾化。关于廪君化白虎,有学者依据"物以稀为贵"的思想指出:"虎是一种著名的兽类,但未以白虎称之,可说巴人加上白字,以表示是世间稀有之兽而拟之为神。原始社会以来,廪君之族即以白虎为其图腾,以表示其族的血缘标志,不敢以为食用,亦不互相残害,乃用以合族,作为共同信仰。"④有学者从神秘主义出发认为:"巴氏既生于赤穴,则其虎当为赤黄色,而所以为白虎者,盖巴人由多源族群融合而成,各族群皆自有其图腾,为整合诸族群,遂置巴氏之虎图腾于各族群图腾之上,并改其色为白,以白虎为巴人各族群文化认同之最高层级之总图腾也。"⑤

---

① 范晔:《后汉书》(第十册),中华书局,1965,第2840页。
② 朱熹:《楚辞集注》,黄灵庚点校,上海古籍出版社,2022,第172页。
③ 朱熹:《楚辞集注》,黄灵庚点校,上海古籍出版社,2022,第174页。
④ 邓少琴:《巴蜀史迹探索》,四川人民出版社,2018,第66-67页。
⑤ 刘长东:《论土家族女始祖神话在族群演进中之作用》,《四川大学学报(哲学社会科学版)》2009年第1期,第84页。

在巴人后嗣土家族聚居区,至今仍有名堂繁多的白虎堂、白虎庙等,祭祀白虎神。如白虎陇,相传为廪君死后化为白虎之地。清代同治年间纂修的《长阳县志·古迹》记载称:白虎陇,"县西二百三十里。昔廪君死,精魄化为白虎,故巴人以虎饮人血,遂以人祀。……廪君之生也,出于赤穴;其死也,化为白虎……白虎有陇,宜也"①。又,白虎垴,"在渔峡口东村之后,与村左青龙寺相对,似虎视眈眈。故渔峡口东西村称为白虎垄"②。又,白虎庙,"廪君世为人主,务相开其国,有功于民,今施南、巴东、长阳等地立庙而祀"③。今清江流域,长阳、恩施、建始、巴东、五峰等地,均有白虎庙存。

到了北魏郦道元《水经注》,廪君故事的传奇性又有所增补:

东南过佷山县南,夷水自沙渠县入,水流浅狭,裁得通船。东迳难留城南,城即山也。独立峻绝,西面上里余得石穴,把火行百许步,得二大石碛,并立穴中,相去一丈,俗名"阴阳石"。阴石常湿,阳石常燥。每水旱不调,居民作威仪服饰,往入穴中,旱则鞭阴石,应时雨多;雨则鞭阳石,俄而天晴。相承所说,往往有效。但捉鞭者不寿,人颇恶之,故不为也。东北面又有石室,可容数百人,每乱,民人室避贼,无可攻理,因名难留城也。昔巴蛮有五姓,未有君长,俱事鬼神,乃共掷剑于石穴,约能中者,奉以为君。巴氏子务相乃中之,又令各乘土舟,约浮者,当以为君,惟务相独浮,因共立之,是为廪君。乃乘土舟从夷水下至盐阳。盐水有神女,谓廪君曰:此地广大,鱼盐所出,愿留共居。廪君不许,盐神暮辄来宿,旦化为虫,群飞蔽日,天地晦暝,积十余日。廪君因伺便射杀之,天乃开明。廪君乘土舟下及夷城。夷城石岸险曲,其水亦曲。廪君望之而叹,出崖为崩。廪君登之,上有平石方二丈五尺,因立城其傍而居之。四姓臣之。死,精魂化而为白虎,故巴氏以虎饮人血,遂以人祀。盐水,即夷水也。又有盐石,即阳石也。盛弘之以是推之,疑即廪君所射盐神处也。将知阴石,是对阳石立名矣。④

---

① 陈丕显:《长阳县志 民国二十五年纂修》,方志出版社,2005,第90页。
② 转引自田发刚、谭笑编著《鄂西土家族传统文化概观》,长江文艺出版社,1998,第88页。
③ 转引自段明、胡天成:《巴渝民俗戏剧研究》,贵州人民出版社,2006,第26页。
④ 郦道元:《水经注校证》,陈桥驿校证,中华书局,2013,第824-825页。

郦道元在《水经注》中增添了廪君"立城""称雄"的细节。文字显示，廪君率领部落民众到达夷城，夷城地势峭拔，石岸高危险峻，河水走势与沿线也都十分危险。廪君看到十分感慨，忍不住叹息，结果，险峻的山崖顷刻间崩塌，摧毁为平地。廪君登上一座高台，高台上有巨型平石，即在石旁建城安居。其他部落民众皆来臣服。这里实际上包含着浓郁的天之骄子、君权天授、天人感应的思想。①

唐代房玄龄等《晋书·李特载记》曰：

> 廪君复乘土船，下及夷城，夷城石岸曲，泉水亦曲。廪君望如穴状，叹曰："我新从穴中出，今又入此，奈何！"岸即为崩，广三丈余，而阶陛相乘，廪君登之。岸上有平石方一丈，长五尺，廪君休其上，投策计算，皆著石焉，因立城其旁而居之。其后种类遂繁。秦并天下，以为黔中郡，薄赋敛之，口岁出钱四十。巴人呼赋为賨，因谓之賨人焉。及汉高祖为汉王，募賨人平定三秦，既而求还乡里。高祖以其功，复同丰沛，不供赋税，更名其地为巴郡。土有盐铁丹漆之饶，俗性剽勇，又善歌舞。高祖爱其舞，诏乐府习之，今《巴渝舞》是也。汉末，张鲁居汉中，以鬼道教百姓，賨人敬信巫觋，多往奉之。"②

这段文字中，廪君故事的传奇性得到史官的润色藻饰，且故事延及其后世子孙。廪君的后代开枝散叶，枝繁叶茂。秦国统一天下后，设夷城为黔中郡，减轻他们的赋税，每人每年只需出四十钱。巴人称赋税为"賨"，故而他们又被称为"賨人"。后来，汉高祖刘邦称汉王时，招募賨人，平定了三秦；功成之后，賨人还乡，和高祖故乡丰县和沛县的百姓们一样，享受免除赋税的待遇。高祖还将他们的居住地更名为"巴郡"。这里土地丰饶，出产盐、铁、丹、漆，人民性情剽悍勇敢，又善歌舞。汉高祖很喜欢他们的舞蹈，令主管音乐的官署反复练习，此即巴渝舞。汉朝末年，张鲁占据汉中，用鬼道教化百姓，賨人崇信巫术，都去尊奉追随张鲁。

---

① 有学者认为，郦道元《水经注》中这段话可能有失准确。史料记载，巴人离开鄂西南后，主要活动于川东、鄂西北和陕西汉中一带。若果如《水经注》所言，则难以解释矛盾之处。《水经注》作者郦道元北魏人，其本人并未到过南方，记录南方水道每有错讹。关于廪君事迹，郦道元亦尝言："事既鸿古，难为明征。"兹录于此，暂备一说。

② 房玄龄等:《晋书》(第十册)，中华书局，1974，第 3022 页。

郦道元《水经注·夷水》与房玄龄《晋书·李特载记》中的两段文字，无论是写廪君一声叹息、山峦崩摧，还是写其投策计算、皆著石焉，都突显了廪君的超尘拔俗与不同凡响，为这位巴人之祖的智勇谋略又增添神秘色彩。尤其后者，讲秦并天下之后，巴人之剽勇、巴郡之由来、巴舞之奇绝。虽为正史，却因故事本身有趣，读来别有韵致。

唐代樊绰《蛮书》对廪君化虎、后人祭祀等情节又有增改，文曰：

> 巴中有大宗，廪君之后也。《汉书》，巴郡本有四姓，巴氏、繁氏、陈氏、郑氏，皆出于武落钟离山。其山黑赤二穴。巴氏之子，生于赤穴，繁、陈、郑三姓生于黑穴。未有君长，俱事鬼。乃共掷剑于石穴，约能中者，奉以为君。巴氏子务相独中之。又令乘土船下夷水到盐阳，约能浮者为君。务相独浮。因立务相为君也。遂有神女谓廪君曰，此地广大，鱼盐所出，请为留之。廪君不许。神女暮来取宿，晨则化为飞虫，群蔽日月，天地晦冥，积十余日。廪君伺其便射之，天乃开朗。廪君方定居于夷水。三姓皆臣事之。廪君死，魂魄化为白虎。及惠王并巴蜀，以巴夷为蛮夷君，尚女。其人有罪，得以爵除。出赋二千一十六钱；三岁一出义赋一千八百钱；人出幏布八丈二尺，鸡羽三十鍭也。
>
> 巴氏祭其祖，击鼓而祭，白虎之后也。按《华阳国志》，秦昭王时，白虎为害，多伤人。乃购之曰，有杀得白虎者，封邑千家，继以金帛。于是朐忍夷廖仲药等以竹弩射之，中而死。秦遂刻石，为夷人立盟曰，夷人顷田不租，十妻不算，伤人者论。秦犯夷输黄龙一双，夷犯秦，输清酒一钟。夷人遂因号虎夷，一名弦头，刚勇颇有先人之风。①

就整段文字来看，故事的核心内容依然由以下几部分组成：廪君称王诸姓、射杀盐水女神、定居夷水流域、死后精魂化虎、后人祭祀白虎。但故事到此并未结束，而是又加入了惠王并蜀、世尚秦女、巴氏祭虎、白虎伤人、射杀白虎和加封夷人等情节。当然，这些事情都发生在秦国统一巴蜀之后，所以，有学者认为这是秦国"夷人治夷"的政治策略。该话题不在本文讨论范畴，兹列于此，不作深究。（南朝宋范晔《后汉书·南蛮西南夷列传》与唐代樊绰《蛮书》

---

① 樊绰：《云南志补注》，向达原校，木芹补注，云南人民出版社，1995，第140—141页。

所记载者,文字、情节略有出入,此处据《蛮书》原著摘录。)

三、巴盐文化与巴盐民俗

行文至此,回望廪君神话,发现一个有趣的问题:"巴盐"与"盐巴"之间是否存在必然关联?"巴"字,本意是大蛇。翻阅《山海经·海内南经》有关于"巴"的最早记录,书曰:"巴蛇食象,三岁而出其骨,君子服之,无心腹之疾。其为蛇青黄赤黑。一曰黑蛇青首,在犀牛西。"①据说这种巴蛇可以吃掉大象,三年才能将象骨吐出。人若吃了巴蛇肉,终生不患心脏、腹部的疾病。巴蛇皮为青、黄、赤、黑各色交杂,五彩斑斓。也有人说巴蛇是黑身青脑,生活在犀牛栖息地不远的西部。

清代段玉裁《说文解字注》曰:

> 巴,虫也。谓虫名。或曰食象它。《山海经》曰:"巴蛇食象,三岁而出其骨。"象形。伯加切,古音在五部。按,不言从己者,取其形似而軵之,非从己也。凡巴之属皆从巴。②

考察"巴"作为部落名和地域名,源头诸多,众说纷纭。或认为与当地水脉有关,《元和郡县志·渝州》载曰:"(渝州):《禹贡》梁州之域,古之巴国也。阆、巴二水东南流,曲折如巴字,故谓之巴。"③此说最早见于三国时蜀汉谯周所著《巴记》。该书虽已亡佚,但此说起源较早,流传较广。或认为与当地物产有关,《史记·张仪列传》载曰,"苴蜀相攻击",唐代司马贞《索隐》解曰,"苴音巴。……或巴人、巴郡,本因芭苴得名,所以其字遂以'苴'为'巴'也"。④ 苴,俗称芭茅,学名芦苇,盛产于巴地,故有此说。或认为与当地地形特征、地名习俗有关:"巴之本义为坝,《广韵》巴在麻韵,坝在祃韵,巴坝同音,惟平去稍异。……《广韵》坝下云:'蜀人谓平川为坝。'"⑤"巴"即为"坝"之意,川地多

---

① 《山海经》,方韬译注,中华书局,2011,第259页。
② 许慎:《说文解字注》,段玉裁注,许惟贤整理,凤凰出版社,2007,第1287页。
③ 转引自三峡大学文学院、三峡文化研究中心主编《三峡文化研究丛刊》(第2辑),武汉出版社,2002,第127页。
④ 司马迁:《史记》(三),中华书局,2011,第2015页。
⑤ 徐中舒:《巴蜀文化续论》,《四川大学学报(社会科学版)》1960年第1期,第22页。

河流、山区,地势较好的平坝适合居住,故该字多用于地名。如鄂西的巴东、松滋、长杨等地皆有"巴山";鄂东的罗田、黄冈等地有"巴水",其入长江处名"巴口"等。有学者认为,"巴"即是"鱼",因为鱼与盐密不可分,鱼需要盐来佐味和保存。有学者认为,川东方言称呼"石"为"巴",巴人先祖生活于山石洞穴之中,故而巴的最初含义当为"石"或"石穴"。① 还有学者认为,"巴"即"白","巴人"即有"白人"之意。② 说法之多,各有所据,增添了古老的巴人、巴国的神秘色彩。

《华阳国志·巴志》载曰:

> 《洛书》曰:"人皇始出,继地皇之后,兄弟九人,分理九州,为九囿。人皇居中州,制八辅。"华阳之壤,梁岷之域,是其一囿;囿中之国,则巴蜀矣。其分野舆鬼、东井,其君上世未闻。五帝以来,黄帝、高阳之支庶,世为侯伯……会诸侯于会稽,执玉帛者万国,巴蜀往焉。周武王伐纣,实得巴蜀之师,著乎《尚书》。巴师勇锐,歌舞以凌殷人,殷人倒戈,故世称之曰"武王伐纣,前歌后舞"也。武王既克殷,以其宗姬封于巴,爵之以子。古者,远国虽大,爵不过子,故吴楚及巴皆曰子。③

《洛书》记载了上古时期的政权分布概貌。天下分为九州,人皇居于中州,治理八方之域。华阳、梁山、岷山等地,隶属巴国、蜀国。五帝之前,谁主巴蜀并不清楚;五帝之后,黄帝、高阳之后分封于此。……巴国、蜀国曾参与大禹与诸侯之间的会盟,也曾援助周武王讨伐殷纣,《尚书》对此有所记载。巴人作战勇猛,攻无不克,在讨伐殷纣的战争中所向披靡,世人称颂"武王伐纣,前歌后舞"。周武王克商之后,巴、濮、楚、邓成了周王朝的属国,巴人获封姬姓,并封子爵。先秦其他文献对此亦有记载,如《左传·昭公九年》载曰:"周甘人与晋阎嘉争阎田。晋梁丙、张趯率阴戎伐颍。王使詹桓伯辞于晋,曰:'我自夏以后稷、魏、骀、芮、岐、毕,吾西土也。及武王克商,蒲姑、商奄,吾东土也;巴、濮、楚、邓,吾南土也;肃慎、燕、亳,吾北土也。吾何迩封之有?'"④

---

① 童恩正:《古代的巴蜀》,重庆出版社,1998,第9-10页。
② 李恕豪:《试论"巴"的得名之由》,《天府新论》1986年第1期。
③ 常璩:《华阳国志》,齐鲁书社,2010,第2页。
④ 杨伯峻编著《春秋左传注》(下),中华书局,2018,第1136-1137页。

《华阳国志·巴志》又载曰:

> 其地东至鱼复,西至僰道,北接汉中,南极黔涪。土植五谷,牲具六畜。桑、蚕、麻、纻、鱼、盐、铜、铁、丹、漆、茶、蜜、灵龟、巨犀、山鸡、白雉、黄润、鲜粉,皆纳贡之。其果实之珍者,树有荔支,蔓有辛蒟,园有芳蒻、香茗,给客橙、葵。其药物之异者,有巴戟、天椒。竹木之贵者,有桃支、灵寿。其名山有涂籍、灵台,石书刊山。其民质直好义,土风敦厚,有先民之流。①

巴国疆域辽阔,物产丰富,巴人质朴直率,为人仗义。由此可见,早在上古时代,这里就已经是名副其实的天府之国了。

在了解了上述信息之后,回过头再看《山海经》中关于巴人部落与巴国的文字记载,或许会有一种全新理解。"西南有巴国。大皞生咸鸟,咸鸟生乘厘,乘厘生后照,后照是始为巴人"②也许可以作如下理解:"咸鸟",即盐鸟,负盐之鸟;巴人驾乘载有食盐的舟楫,在江面上飞驰如梭,正如鸟儿翱翔天际,故称"咸鸟"。"乘厘",即乘载与治理;巴人运载食盐,从事交换贸易,需要专门人员管理运载事务,故曰"乘厘"。"后照",名为"照"的首领;食盐是宝贵的财富,用于交换,需要煮制,"照"或为"灶"之讹写,即管理盐灶的首领。由此观之,巴人部落从事煮盐、运盐、贩盐,部落实力逐步壮大,而其壮大繁盛与盐之间关系密切。③

如果没有巴人的辛勤劳作和丰富的经验积累,或许就没有后来川盐的高度繁荣。遗憾的是,典籍文献并未详细记录巴人如何制盐。在开凿技术尚未掌握的先秦时代,或许他们主要依靠天然的盐泉,或者暴露在地表的岩盐,加以利用制作。如《水经注·江水》引王隐《晋书·地道记》曰:"入汤口四十三里,有石煮以为盐,石大者如升,小者如拳,煮之水竭盐成。"④又引《华阳记》曰:"江水又东会南、北集渠,南水出涪陵县界,谓之阳溪,北流迳巴东郡之南浦侨县西,溪硖侧,盐井三口,相去各数十步,以木为桶,径五尺,修煮不绝。"⑤常

---

① 常璩:《华阳国志》,齐鲁书社,2010,第 2 页。
② 《山海经》,方韬译注,中华书局,2011,第 345 页。
③ 管维良:《大巫山盐泉与巴族兴衰(上)》,《四川三峡学院学报》1999 年第 3 期。
④ 郦道元:《水经注校证》,陈桥驿校证,中华书局,2013,第 743 页。
⑤ 郦道元:《水经注校证》,陈桥驿校证,中华书局,2013,第 742 页。

璩曰："江水又东迳瞿巫滩,即下瞿滩也,又谓之博望滩。左则汤溪水注之,水源出县北六百余里上庸界,南流历县,翼带盐井一百所,巴、川资以自给。"①巴人通过木桶隔断淡水取以煮盐的方法,得到了珍贵的食盐。加之当地盐泉资源丰富的地理优势,使得当地早早就出现了"翼带盐井一百所,巴、川资以自给"的盛况。此外,宋代李心传《建炎以来朝野杂记》载曰:"大宁盐宝山有洞穴,咸泉流出如瀑。故老相传,其初属民袁氏因猎于山下,逐一白鹿,入洞不见,得泉饮之,自后置镬煎盐。"②从盐泉淘制、岩盐曝晒,到制作铁镬、熬波煎煮,再到后来的小口盐井、深钻汲制,川盐技术积累提高的过程,是盐文化沉淀升华的过程,也是古人伟大智慧的结晶。

至于巴盐运输,由于山川河流密布,地势险要,交通不便,运销存在极大的不便。人力运负,路程每增加百里便增值一倍以上。盐商们贩运利厚,却苦于路途艰险,故而出钱出力、集资兴建,一方面在崇山峻岭之间修筑出一段段坚实、平坦、宽阔的盐道,一方面在凶滩恶水之中疏导出一条条连绵迢递、舟行如飞的河道。若把盐业资源这个因素抽掉,很难想象在崎岖险要的山川之间,能够创造出那样先进高超的文明成就。③

考察广泛流行于巴、渝一代的民歌——"竹枝词",亦能窥得巴盐生产、运输、销售、盈利以及与当地人民生活休戚相关的诸多信息。宋代范成大《夔州竹枝歌九首》,其八曰:

滟滪如襆瞿塘深,鱼复阵图江水心。

大昌盐船出巫峡,十日溯流无信音。

运盐船逆流而上,经滟滪堆,滩险水急,船行艰险,交通运输极其不便,增加了巴盐运销的困难和风险。

明代高启有《竹枝歌六首》,其四曰:

踯躅花红鹁鸪飞,黄牛庙下见郎稀。

大艑摊钱卖盐去,短钗簪叶负薪归。

---

① 郦道元:《水经注校证》,陈桥驿校证,中华书局,2013,第742—743页。
② 转引自四川三峡学院中文系、四川三峡学院三峡文化研究所主编《三峡文化研究》(第1辑),重庆大学出版社,1997,第40页。
③ 任乃强:《四川上古史新探》,四川人民出版社,2018,第267页。

"大觥摊钱卖盐去",讲的是巴盐运销,以及巴盐运销过程中盐工的生活。"摊钱"指船工的一种赌博游戏。

明代王洪有《舟人竹枝词五首》,其四曰:

> 前年粜米上瞿塘,今岁装盐过岳阳。
> 伴侣相逢终日醉,有钱不似在他乡。

巴盐出了三峡,运销到素称鱼米之乡的湘江流域,换成当地盛产的稻米。学者王子今指出,如果推定湘江流域当时有可能是"巴盐"的消费区,可由王洪这首《舟人竹枝词》中的相关信息得到支持。①

类似作品还有很多,如明代杨慎有《竹枝词九首》,其八曰:"上峡舟航风浪多,送郎行去为郎歌。白盐红锦多多载,危石高滩稳稳过。"都是写巴盐作为商品,与百姓生活、切实利益密切相关。

今人学者追溯巴盐、廪君与盐水女神的悠远传说时,有不少有趣发现。甚而有人认为,楚人宋玉所作《高唐赋》或对上古巴盐传说有所依托。著名的《高唐赋》借宋玉为楚襄王讲述先王事迹开篇,赋曰:

> 昔者先王尝游高唐,怠而昼寝,梦见一妇人曰:"妾,巫山之女也,为高唐之客。闻君游高唐,愿荐枕席。"王因幸之。去而辞曰:"妾在巫山之阳、高丘之阻。旦为朝云,暮为行雨。朝朝暮暮,阳台之下。"旦朝视之,如言。故为立庙,号曰朝云。②

学者任乃强结合巫溪盐泉分析认为,宋玉所说的巫山神女,即代表巫盐。巫盐之于楚人,正同甘霖之于旱涸,能解楚人衣食之忧。楚襄王时,秦楚之争,秦国夺取巫盐,楚国方寸大乱。宋玉以巫山神女自荐枕席为喻,颂赞楚襄王竭力夺回巫盐。楚人好巫,楚辞好借鬼神言事,楚人宋玉所撰《高唐赋》便是如此。这一观点,为我们重新解读《高唐赋》提供了全新的视角。顺而推之,或许人类学、民俗学、文化史、科技史等学科的介入,会成为重新解读文学史、构建文明史、认识先民生活的智慧之钥和无厚之刃,为我们打开一个"上古新世界"。

---

① 王子今:《明人竹枝词中有关"巴盐"的信息》,《盐业史研究》2008 年第 3 期。
② 上海辞书出版社文学鉴赏辞典编纂中心编《古文鉴赏辞典 先秦两汉》,上海辞书出版社,2021,第 176 页。

除了廪君与盐水女神传说，后人还赋予了古老的巴盐许多其他的故事传说。南宋地理学家王象之编纂的《舆地纪胜》记载："宝山咸泉，其地初属袁氏，一日出猎，见白鹿往来于上下，猎者逐之，鹿入洞，不复见，因酌泉，知味。意白鹿者，山灵发祥以示人也。"①这座由灵鹿发现的盐泉，即上古巴人最早开发利用的巫溪宝源山盐泉。

明代学者、藏书家曹学佺《蜀中名胜记》亦载曰："涂溪在州东八十里，发源蟠龙洞，来经涂井，井神为汉杨伯起。井庙碑云，神尝刺史荆州，溯江至此，憩于南城寺，谓人曰：'江北二三里间，安得有宝气耶？'……至涂山，见白鹿饮泉，曰：'宝气在此矣！'土人从所指处凿盘石，而得盐泉。"②汉时杨伯起途经忠县，见此地有宝气升腾，原来是盐泉从地下渗出，有白鹿正在饮用盐泉之水。杨伯起由此确定盐泉之源，当地土人凿开磐石，在此开凿了盐井。

光绪年间官修的《盐源县志》记载了关于巴盐的另外一则传说："开山姥姥，塌耳山夷女，少韬晦，不自修饰，誓不适人，年及笄，惟司牧羊之役。羊饮于池，迹之，见白鹿群游，尝其水而咸，指以告之，因掘井汲煎，获盐甚佳，即今日白盐井也。后无疾而逝，身有异香，至今祀之。"③当地人塑"开山姥姥"像，或称"开井娘娘"像，并立庙供奉，以怀念这位于牧羊之役中发现了盐泉的盐神。

随着巴盐影响广布，祭祀巴盐先祖廪君和盐水女神的各种庙宇也多了起来。盐阳至今有山，名曰"凤凰山"；山顶有庙，名曰"盐女庙"；庙旁有石，名曰"神女石"。当地人称，廪君射杀了盐水女神之后，盐水女神并未死去，而是化身凤凰飞走。为了表示纪念，当地人修筑了这座"盐女庙"，供奉盐水女神。此外，盐阳还有"盐井寺"，寺庙中同时供奉着"向王天子"（即廪君）与"德济娘娘"（即盐水女神）的塑像，表达着当地百姓对于这两位上古先祖的虔诚供奉与美好祝愿。④（廪君故事在流传过程中，与"向王天子"身份发生糅合。这实际上涉及另一个关于"向王天子"的神话体系，将另撰他篇予以检讨。）

最后，用一首土家人祭祀神歌结束本章，歌声表达了当地人对巴人之祖与

---

① 转引自初晓东：《巴乡物语》，重庆大学出版社，2021，第111页。
② 转引自宋良曦等主编《中国盐业史辞典》，上海辞书出版社，2010，第227页。
③ 转引自宋良曦：《盐史论集》，四川人民出版社，2008，第21页。
④ 邓晓、何瑛：《远古三峡的盐与盐神信仰》，《重庆师范大学学报（哲学社会科学版）》2015年第1期。

盐水女神的祝福与怀念。

祭祖·神歌

（一）

天生人兮地生人，吾族母兮为盐神。
巫罗山兮有巫娃，巴务相兮号廪君。
众灵山兮有来脉，子孙旺兮有始先。
歌舞奠兮祀其祖，远古流兮至如今。

（二）

廪君姬兮为女神，神刚强兮不可凌。
身既共兮皆随唱，何以斗兮侠勇武？
中箭落兮为鬼雄，魂魄飞兮在天灵。
神逝去兮天地在，歌巫祭兮以安神。

第五章 武丁梦说

与盐相关的众多名人先贤当中,傅说是十分特殊的一位。他与盐业的生产、运输、经营、管理等,均未发生任何直接关联,但却每每作为盐文化的"代言人"高频出现。此现象之奇特,值得探究。

一、傅说其人

翻阅各种不同版本的《汉语词典》《成语词典》,大都收录有"盐梅相成""盐梅舟楫""盐梅和鼎""盐梅之寄""调剂盐梅""水火相济,梅盐相成"等词条。它们的释意大致相近:烹饪靠水火而成,调味则靠盐梅而用,盐和梅相调和,舟和楫相配合,用来指辅佐的贤臣。意思虽约略明了,却始终感觉差强人意。细细究来,这一系列成语典故意蕴十分丰富,而诸多工具书往往阐发过于简单,并未予以溯流穷源。

上述一系列成语典故的主人公——傅说,是上古圣人贤士的杰出代表。他是商王武丁的良辅。初为胥靡,在傅岩从事版筑劳动,故以傅为姓。武丁夜里做梦,梦到天赐圣人,下令百工朝野内外寻访,找到了傅说,便任其为上宰。傅说作《说命》三篇,进献治国良策,使商王武丁复兴殷室。传世文献显示:傅说大约出身于没落贵族,曾佣筑于傅岩之野,以所居地傅岩为氏。傅岩,又作傅险,位于虞、虢之间。武丁执政期间,最初三年不出政令,后梦得天赐贤相,令百工画像寻觅,于傅岩之间觅得傅说。武丁重用傅说,任以为相;傅说力助武丁,盐梅舟楫。君明相贤,天下大治,开创了"武丁中兴"的盛世局面。

这位比孔子早了大约七百年的圣人，是商朝时期杰出的政治家、思想家、军事家和建筑学家。他曾提出过一套完整严密的治国策略，对殷高宗武丁复兴商朝起了决定性的作用。他建议武丁"惟甲胄起兵"，这种慎战思想，刚柔并济，止战为武，极大影响了国家的军事行动，对后世的军事与兵法也产生了深远影响。[①] 他主持修筑的今山西省平陆县境内的巅轸坂道，是我国历史上最早的人工道路，也是目前世界范围内宝贵的文化遗存。[②]

大约成书于两千五百年前的《尚书》中，存有《说命》三篇，《礼记》又作《兑命》。殷高宗武丁梦到天赐贤良，名曰"傅说"。傅者，辅也；说者，悦也。于是广求天下，于虞虢之间、傅岩之野寻到当时身为胥靡的傅说。武丁任其为相，并作《说命》三篇，令傅说勤勉辅佐、赤诚相见。兹简摘《说命》原文如下：

说命上

王宅忧，亮阴三祀。既免丧，其惟弗言。群臣咸谏于王曰："呜呼！知之曰明哲，明哲实作则。天子惟君万邦，百官承式。王言惟作命，不言臣下罔攸禀令。"王庸作书以诰曰："以台正于四方，惟恐德弗类，兹故弗言。恭默思道，梦帝赉予良弼，其代予言。"乃审厥象，俾以形旁求于天下。说筑傅岩之野，惟肖。爰立作相，王置诸其左右。命之曰："朝夕纳诲，以辅台德。若金，用汝作砺；若济巨川，用汝作舟楫；若岁大旱，用汝作霖雨。启乃心，沃朕心。若药弗瞑眩，厥疾弗瘳；若跣弗视地，厥足用伤。惟暨乃僚，罔不同心，以匡乃辟，俾率先王，迪我高后，以康兆民。呜呼！钦予时命，其惟有终。"说复于王曰："惟木从绳则正，后从谏则圣。后克圣，臣不命其承，畴敢不祗若王之休命？"

说命中

惟说命总百官，乃进于王曰："呜呼！明王奉若天道，建邦设都，树后王君公。承以大夫师长，不惟逸豫，惟以乱民。惟天聪明，惟圣时宪，惟臣钦若，惟民从乂。惟口起羞，惟甲胄起戎，惟衣裳在笥，惟干戈省厥躬。王惟戒兹，允兹克明，乃罔不休。惟治乱在庶官。官不及私昵，惟其能；爵罔

---

① 罗琨：《"惟甲胄起兵"与中国古代军事思想传统》，载宋镇豪、宫长为主编《中华傅圣文化研究文集》，文物出版社，2010，第126-129页。

② 魏嵩山：《傅说与巅轸坂道的修筑》，载宋镇豪、宫长为主编《中华傅圣文化研究文集》，文物出版社，2010，第161-162页。

及恶德,惟其贤。虑善以动,动惟厥时。有其善,丧厥善;矜其能,丧厥功。惟事事,乃其有备,有备无患。无启宠纳侮,无耻过作非。惟厥攸居,政事惟醇。黩于祭祀,时谓弗钦。礼烦则乱,事神则难。"王曰:"旨哉!说,乃言惟服。乃不良于言,予罔闻于行。"说拜稽首曰:"非知之艰,行之惟艰。王忱不艰,允协于先王成德,惟说不言有厥咎。"

说命下

王曰:"来!汝说。台小子旧学于甘盘,既乃遁于荒野,入宅于河。自河徂亳,暨厥终罔显。尔惟训于朕志,若作酒醴,尔惟麴糵;若作和羹,尔惟盐梅。尔交修予,罔予弃,予惟克迈乃训。"说曰:"王,人求多闻,时惟建事,学于古训乃有获。事不师古,以克永世,匪说攸闻。惟学,逊志务时敏,厥修乃来。允怀于兹,道积于厥躬。惟敩学半,念终始典于学,厥德修罔觉。监于先王成宪,其永无愆。惟说式克钦承,旁招俊乂,列于庶位。"王曰:"呜呼!说,四海之内,咸仰朕德,时乃风。股肱惟人,良臣惟圣。昔先正保衡作我先王,乃曰:'予弗克俾厥后惟尧舜,其心愧耻,若挞于市。'一夫不获,则曰'时予之辜'。佑我烈祖,格于皇天。尔尚明保予,罔俾阿衡专美有商。惟后非贤不乂,惟贤非后不食。其尔克绍乃辟于先王,永绥民。"说拜稽首曰:"敢对扬天子之休命。"①

孔安国《传》释曰:"傅氏之岩,在虞虢之界,通道所经,有涧水坏道,常使胥靡刑人筑护此道。说贤而隐,代胥靡筑之以供食。"②结合孔传来看,殷高宗武丁初继位时,"三年不言",政由宰出,以观国风。武丁"三年不言",并非指一言不发,或当指默以思道,明察暗访,谋求复兴之策。后来,殷高宗做梦,梦到天赐圣人,名字叫作"说",便下令百工遍寻朝野,最终,于荒野之中、傅岩之间找到了正在服劳役的傅说。武丁任命傅说为相,并下令说道:希望你早晚尽职尽责地助我修德,如我为铁器,你便是磨石;如我渡大河,你便是舟楫;如我遇大旱,你便是甘霖……如我为甜酒,你便是酒曲;如我为羹汤,你便是盐、梅。你要多方指导我,不要抛弃我,我定会接纳教诲。

盐咸梅酸,为羹汤调味之必需。故而,"盐梅"被喻为国家所需之贤才,君

---

① 《尚书》,王世舜、王翠叶译注,中华书局,2012,第414—427页。
② 李学勤主编《十三经注疏·尚书正义》,北京大学出版社,1999,第247页。

王得良臣贤相,又称"盐梅之梦"。为表示对傅说的尊重与信任,武丁尊称傅说为"梦父"。武丁与傅说成为中国历史上"君明""相贤"的代表。由此,也有了"盐梅之梦""盐梅之寄""盐梅之佐""盐梅之任""盐梅舟楫""梅盐相成"等等不同的称法。

"傅说举于版筑之间",其他文献多有辅证,如《墨子》载曰"衣褐带索,佣筑于傅岩之城"①,《史记·殷本纪》载曰"是时(傅)说为胥靡,筑于傅险"②。"被褐带索"指傅说身为胥靡,被绳索牵连拘缚,强迫从事佣雇劳作。胥靡属于被奴役者,身份相当于下等奴隶。"版筑",中国古代早期建筑业的重要技术之一:

> 所谓版筑,是中国早期建筑的一项重要技术,直到今天仍在沿用。版筑施工,先在要建的墙体两侧树立挡土木板,这种挡土板就是版,也叫干,又名栽;前端的挡土板名桢,在汉代又名牏。为了防止挡土板移动,须在板外立桩固定位置,并绕过桩用绳将板缚紧。此绳名缩。将桢、干等物缚植完毕,即可填土夯实。夯土的动作名筑。夯实填土多用夯杵,夯杵多为木制,有时加上石质夯头,亦名筑,故夯土亦名夯筑。夯筑完后砍断缩绳,拆去墙板,称为斩板。夯筑高墙时,须搭脚手架,要在夯层中安置插竿。施工完毕,拆去脚手架,压在夯土中的插竿还能起到加固作用。③

史学家分析指出,版筑技术起源甚早,早在仰韶时代晚期,中原地区已经出现。龙山文化时期,版筑技术应用更为普遍。版筑技术是中国古代建筑发展中的一件大事,它可以就地取材,筑造大规模防御性城垣。夏代以降,版筑技术应用于建筑宫室宗庙等大型建筑。到了商代后期,版筑技术已经非常成熟。④ 版筑之术,今日仍有沿用。傅说被武丁发现时,正委身于下层役工之中。这里也体现了武丁任人唯贤的人才观。

结合《尚书·说命》来看,傅说思想深邃,充满智慧,无论是修身,还是治

---

① 《墨子》,方勇译注,中华书局,2011,第77页。
② 司马迁:《史记》(一),中华书局,2011,第91页。
③ 范毓周:《从版筑刑徒到辅弼重臣——关于傅说的几个问题》,载宋镇豪、宫长为主编《中华傅圣文化研究文集》,文物出版社,2010,第36-37页。
④ 范毓周:《从版筑刑徒到辅弼重臣——关于傅说的几个问题》,载宋镇豪、宫长为主编《中华傅圣文化研究文集》,文物出版社,2010,第33-40页。

国,都极具逻辑性和参考性。他给武丁的治国建议,同样也是其最为后世称道的治国思想,主要包含以下几个方面的内容:

其一,修习先圣,从谏如流。这是傅说给武丁治国建议中,最首要的和最关键的。傅说告于王曰:"惟木从绳则正,后从谏则圣。后克圣,臣不命其承,畴敢不祗若王之休命。"①孔安国《传》曰:"言木以绳直,君以谏明。君能受谏,则臣不待命,其承意而谏之。言王如此,谁敢不敬顺王之美命而谏者乎?"②傅说指出,执政者应当是道德修养的楷模,万众效仿的典范;执政者治理国家应当效法先圣,广开言路,从善如流,检讨得失。唯其如此,才能上下一心,决策正确,处置合理,富国安民。又曰,"王,人求多闻,时惟建事,学于古训乃有获。事不师古,以克永世,匪说攸闻","念终始典于学,厥德修罔觉"。③ 可见,傅说最为重视和反复强调的正是君王多师古训,广纳诤谏,自诫自律,自我完善,终身学习。若"事不师古",必不能长治久安。

其二,选贤举能,杜绝腐败。对君王提出要求之后,紧接着傅说对官员提出了建议和要求,其曰:"惟治乱在庶官。官不及私昵,惟其能;爵罔及恶德,惟其贤。"治理国家单靠上层制定出合理的政策远远不够,还需要庞大的官吏队伍去传达、执行、监督、检查等等。官吏队伍关系重大,官治则国治,官乱则国乱。因此,官吏的选拔务必要选贤举能,坚决不能任人唯亲,坚决杜绝官吏腐败,对于德行有污者,弃而不用。最后,傅说还说道,"惟说式克钦承,旁招俊乂,列于庶位"④,足见他对官吏选拔的重视和选用贤能的决心。史学家考证指出,据甲骨文材料反映,傅说当时任命的文武百官分为臣正(即事务官)、武官、史官三大类。臣正主要有:某臣、某正、某臣正、某元臣、某籍臣、某小籍臣、某匕臣、王臣、小王臣、臣、小臣、少臣、旧臣、旧老臣、臣某、小臣某、小丘臣、多臣、我多臣、多辟臣等。武官主要有:马、多马、亚、多亚、亚某、多服、射、多射、三百射、卫、犬、多犬、犬某、戎、五族戎、戎某等。史官主要有:尹、多尹、又尹、某尹,乍册、卜某、多卜、工、多工、我工、史、北史、卿事、御史、朕御史、我御史、

---

① 《尚书》,王世舜、王翠叶译注,中华书局,2012,第417页。
② 李学勤主编《十三经注疏·尚书正义》,北京大学出版社,1999,第249页。
③ 《尚书》,王世舜、王翠叶译注,中华书局,2012,第424页。
④ 《尚书》,王世舜、王翠叶译注,中华书局,2012,第424页。

北御史、某御史、吏、大吏、我吏、上吏、东吏、西吏等。①

其三,节制祭祀。"殷人尊神,率民以事神,先鬼而后礼。"②殷商时期,迷信鬼神之风盛行,祭祀活动十分频繁。傅说建议,关于祭祀等事神活动,不宜频繁,应当有所节制。傅说谏曰:"黩予祭祀,时谓弗钦。礼烦则乱,事神则难。"③孔安国《传》曰:"祭不欲数,数则黩,黩则不敬。事神礼烦,则乱而难行。高宗之祀特丰数近庙,故说因以戒之。"④《尚书·高宗肜日》还记录有另一贤臣祖己的谏言:"呜呼!王司敬民,罔非天胤,典祀无丰于昵。"⑤孔安国《传》曰:"王者主民,当敬民事。民事无非天所嗣常也,祭祀有常,不当特丰于近庙。"⑥可见,傅说关于节俭祭祀的建议并非随意说说,而是有感而发,有针对性而提出的。

其四,慎重用兵。傅说谏曰:"惟口起羞,惟甲胄起戎,惟衣裳在笥,惟干戈省厥躬。王惟戒兹,允兹克明,乃罔不休。"⑦唐代孔颖达疏曰:"惟口出令不善,以起羞辱;惟甲胄伐非其罪,以起戎兵;言不可轻教令,易用兵也。惟衣裳在篋笥,不可加非其人,观其能足称职,然后赐之。惟干戈在府库,不可任非其才,省其身堪将帅,然后授之。"⑧意思是说,君王如口不择言,就会带来灾祸;如用兵不当,就会造成大乱;衣裳在篋笥,要慎重发放给合乎其职之人;武器在府库,要省察授予堪当其责之辈。因此,君王的语言、决策、用兵、授命,一言一行、一举一动,皆需谨慎,绝不能任性妄为。同时,傅说还指出,"惟事事,乃其有备,有备无患"⑨。应当在军事、政治、经济各方面都有充分防备,以防备各种意外不测和突发事件的发生。史载,武丁即位之初,常有土方、鬼方等外患侵扰,为了平定四方,扩展疆域,傅说组建了左、中、右三师,并随武丁亲征。当时的军队建制为行、大行、师,即一师十"大行",一大行"十行",一行百人,一大行千人,一师万人。武丁这次用兵取得了很大胜利,被称为"汤孙之续"。联

---

① 沈之瑜:《甲骨文讲疏》,上海书店出版社,2002,第260页。
② 戴圣:《礼记译解》,王文锦译解,中华书局,2001,第813页。
③ 《尚书》,王世舜、王翠叶译注,中华书局,2012,第419页。
④ 李学勤主编《十三经注疏·尚书正义》,北京大学出版社,1999,第252页。
⑤ 《尚书》,王世舜、王翠叶译注,中华书局,2012,第125页。
⑥ 李学勤主编《十三经注疏·尚书正义》,北京大学出版社,1999,第257页。
⑦ 《尚书》,王世舜、王翠叶译注,中华书局,2012,第419页。
⑧ 李学勤主编《十三经注疏·尚书正义》,北京大学出版社,1999,第250页。
⑨ 《尚书》,王世舜、王翠叶译注,中华书局,2012,第419页。

系傅说的军事思想推测,本次用兵必当经过了周密的研究和审慎的决策。

其五,建邦设都。傅说强调建邦设都的重要性,规划都邑邦鄙体系,任命百官管理其民。傅说谏曰:"建邦设都,树后王君公。承以大夫师长,不惟逸豫,惟以乱民。惟天聪明,惟圣时宪,惟臣钦若,惟民从乂。"历史学家指出,今从当时所建的殷墟王都考古发现来看,都邑的规划中贯彻构建了以大小族邑为主体的分层集群的"大杂居、小聚居"的经济生活架构,有利于实施行政管理。《周礼·地官》所谓"大司徒之职,掌建邦之土地之图与其人民之数,以佐王安扰邦国"①,《礼记·王制》所谓"凡居民,量地以制邑,度地以居民。地、邑、民居,必参相得也。无旷土,无游民,食节事时,民咸安其居"②,与傅说都邑邦鄙规划思想是一脉相承的关系。

除此之外,傅说还直言武丁,君王治理国家,责任重大,应勤勉自持,不应贪图安逸;应德政、简政,不应劳民、扰民。傅说的这些建议,反映了他本人的治国思想,对于刚刚执政不久、政权尚未稳定又渴望有所作为的武丁来说,都是非常实用的诤言良策,对于"武丁中兴"局面的开创,起到了关键性的作用。即使是在数千年之后的今天看来,傅说的思想依然充满科学和智慧的闪光,对执政者、管理者具有积极的借鉴意义。

二、圣人傅说

自先秦始,傅说的生平经历、语言、思想、行为、成就和影响等,便是文人竞相描摹的对象。其中,最广为人知的是《孟子·告子》《墨子·尚贤》和《庄子·大宗师》。

> 孟子曰:舜发于畎亩之中,傅说举于版筑之间,胶鬲举于鱼盐之中,管夷吾举于士,孙叔敖举于海,百里奚举于市。故天将降大任于是人也,必先苦其心志,劳其筋骨,饿其体肤,空乏其身,行拂乱其所为,所以动心忍性,曾益其所不能。③

---

① 《周礼》(上),徐正英、常佩雨译注,中华书局,2014,第213页。
② 《礼记》(上),胡平生、张萌译注,中华书局,2017,第265页。
③ 《孟子》,方勇译注,中华书局,2010,第253页。

是故昔者舜耕历山,陶于河濒,渔于雷泽,灰于常阳,尧得之服泽之阳,立为天子,使接天下之政,治天下之民。昔伊尹为莘氏女师仆,使为庖人,汤得而举之,立为三公,使接天下之政,治天下之民。昔者傅说居北海之洲、圜土之上,衣褐带索,庸筑于傅岩之城,武丁得而举之,立为三公,使之接天下之政,而治天下之民。是故昔者尧之举舜也,汤之举伊尹也,武丁之举傅说也,岂以为骨肉之亲、无故富贵、面目美好者哉?①

前一段话出自《孟子·告子》。关于"傅说举于版筑之间",《孟子正义》写道:

《书序》云:"高宗梦得说,使百工营求诸野,得诸傅岩,作《说命》三篇。"马融注云:"高宗始命为傅氏。"郑氏注云:"得诸傅岩,高宗因以傅命说为氏。"《史记·殷本纪》云:"武丁夜梦得圣人,名曰说。以梦所见,视群臣百吏,皆非也。于是乃使百工营求之野,得说于傅险中。是时说为胥靡筑于傅险,见于武丁,武丁曰是也。得而与之语,果圣人,举以为相,殷国大治,故遂以傅险姓之,号曰傅说。"徐广曰:"《尸子》云:傅岩在北海之洲。"张守节正义云:"《地理志》云:傅险即傅说版筑之处。所隐之处,窟名圣人窟,在今陕州河北七里,即虞国虢国之界。"按《墨子·尚贤篇》云:"昔者傅说居北海之州、圜土之上,衣褐带索,庸筑于傅岩之城,武丁得而举之,立为三公。"墨子、尸子皆周时人,其言傅岩在北海,当有所据。阎氏若璩《释地》云:"傅氏之岩在虞、虢之间,今平陆县东三十五里是。俗名圣人窟,为说所佣隐止息处,非于此筑也。岩东北十余里,即《左传》之颠軨阪,有东西绝涧,左右幽空,穷深地壑,中则筑以成道,指南北之路,谓之为軨桥也。说身负版筑,为人所执役,正于此地,至今涧犹呼沙涧水,去傅岩一十五里,《墨子》《尸子》并以傅岩在北海洲者,大非。"阎氏本张守节之说,其云颠軨阪云云,则《水经注》文也。然后世之地附会古人之迹甚多,《墨子》以为筑城,称其"庸筑",则但佣工为人版筑。《史记》言"胥靡",晋灼《汉书》注云:"胥,相也。靡,随也。古者相随坐轻刑之名。"《汉书·贾谊传·服赋》云:"傅说胥靡,乃相武丁。"张晏曰:"胥靡,刑名也。

---

① 《墨子》,方勇译注,中华书局,2011,第77页。

傅说被刑,筑于傅岩,武丁以为己相。"然则说之版筑,由于被刑矣。王氏鸣盛《尚书后案》云:"《荀子·非相篇》云'傅说之状,身如植鳍',杨倞注云:'植,立也。如鱼之立。'然则说形本自有异,故可以形求也。"①

焦循《正义》涉及内容十分详备,为我们清楚勾勒了傅说的生平概要:武丁梦说,傅说版筑,举以为相,殷国大治;虞虢之间,今存傅岩;奇人异相,身如植鳍。而在孟子这段著名的励志名言中,傅说与虞舜、胶鬲、管仲、孙叔敖、百里奚齐名。虞舜,上古五帝之一;胶鬲、管仲,皆有"盐宗"之誉。这些人,都历经了人生的艰难困苦,意志坚韧,初心不改,为王为相,兼济天下。孟子对他们的盛赞之意溢于言表,显示出傅说在儒家心目中举足轻重的地位和影响。

后一段话出自《墨子·尚贤》。墨子指出,古时圣王,尚贤使能,用心纯然,天下皆获其利。虞舜躬耕历山,制陶河滨,捕鱼雷泽,被唐尧禅让为王。伊尹出身奴隶之家,耕于有莘之野,深谙烹调之术,懂得治国之道,被商汤重用为相。傅说出身不高,佣筑胥靡,被武丁任命三公。他们始于贫贱而终于富贵,是因为执政者做到了尚贤使能、任人唯贤。

孟子和墨子论证的重点不太相同。孟子强调艰难困苦,玉汝于成,千淘万漉,功不唐捐。墨子则是为了说明执政者应当尚贤使能,摒弃偏见,不论出身,任人唯贤。与儒家、墨家的现实主义思想不同,在以庄子为代表的道家学派那里,傅说被视作全德之人、得道之人,甚至被演绎成为天上的星宿。

夫道,有情有信,无为无形;可传而不可受,可得而不可见;自本自根,未有天地,自古以固存;神鬼神帝,生天生地;在太极之先而不为高,在六极之下而不为深,先天地生而不为久,长于上古而不为老。狶韦氏得之,以挈天地;伏戏氏得之,以袭气母;维斗得之,终古不忒;日月得之,终古不息;堪坏得之,以袭昆仑;冯夷得之,以游大川;肩吾得之,以处大山;黄帝得之,以登云天;颛顼得之,以处玄宫;禺强得之,立乎北极;西王母得之,坐乎少广,莫知其始,莫知其终;彭祖得之,上及有虞,下及五伯;傅说得之,以相武丁,奄有天下,乘东维,骑箕尾,而比于列星。②

---

① 焦循:《孟子正义》,沈文倬点校,中华书局,2017,第716页。
② 郭庆藩:《庄子集释》,王孝鱼点校,中华书局,2013,第225—226页。

庄子的语言之美,在这段话中再次得到证明。"道"是无为无形的,它可以被感受,但不易被描述;可以被体悟,但不易被察看。它先于天地而生,无限宏大,又无限幽微;它位于太极之上,无限古老,又无限崭新。"道"究竟有多神奇?庄子这样描述:远古帝王豨韦氏用它来统驭天地;三皇之一伏羲氏用它来调和元气;日月星辰因它而自然运行;堪坏、冯夷、肩吾用它得以驻守昆仑、黄河和泰山;黄帝、颛顼、禹强用它得以登云天、处玄宫、居北极;西王母用它得以坐阵;彭祖用它得以延年;傅说用它辅佐武丁,统摄天下,乘东维星,骑箕尾宿,永位星神之列。当然,庄子这段话是为了阐释"道"的精深玄妙。他广列上古"得道者",傅说与伏羲、黄帝、颛顼、西王母、彭祖等并举,被演绎成为与众神仙、众星宿相媲美的永恒存在。因此,傅说又被称为"傅说星""箕尾星""箕尾臣"等。

先秦诸子散文以外,历史散文中也有对"盐梅相成"的记载,较为详细者,首推《国语》。《国语·楚语》记录了"白公子张谏楚灵王"事,文曰:

> 灵王虐,白公子张骤谏。王患之,谓史老曰:"吾欲已子张之谏,若何?"对曰:"用之实难,已之易矣。若谏,君则曰:'余左执鬼中,右执殇宫,凡百箴谏,吾尽闻之矣,宁闻他言?'"白公又谏,王如史老之言。对曰:"昔殷武丁能耸其德,至于神明,以入于河,自河徂亳,于是乎三年,默以思道。卿士患之,曰:'王言以出令也,若不言,是无所禀令也。'武丁于是作书曰:'以余正四方,余恐德之不类,兹故不言。'如是而又使以象梦旁求四方之贤,得傅说以来,升以为公,而使朝夕规谏,曰:'若金,用女作砺。若津水,用女作舟。若天旱,用女作霖雨。启乃心,沃朕心。若药不瞑眩,厥疾不瘳。若跣不视地,厥足用伤。'若武丁之神明也,其圣之睿广也,其智之不疲也,犹自谓未乂,故三年默以思道。既得道,犹不敢专制,使以象旁求圣人。既得以为辅,又恐其荒失遗忘,故使朝夕规诲箴谏,曰:'必交修余,无余弃也。'今君或者未及武丁,而恶规谏者,不亦难乎!"①

楚灵王暴虐无道,不得民心;白公子张多次劝谏,未被接纳。上述文字是白公子张拿傅说辅佐武丁之事再次劝谏楚灵王。白公子张详细讲述了武丁和

---

① 《国语》,陈桐生译注,中华书局,2013,第613-614页。

傅说之间的对话,说明贤明君主会广开言路、虚心纳谏,良相忠臣会刚直不阿、敢于直言。楚灵王最终并未采纳白公子张的建议。结果,数月之后,楚国发生兵变,楚灵王死于叛乱中。这段文字,通过正反对比,更加突显了武丁与傅说这一对明君贤相的传奇。

除上述史籍以外,《荀子》《吕氏春秋》等作品皆有关于傅说其人其事的记录和保存。春秋战国乱世纷争,思想极为自由。百花齐放、百家争鸣,学派林立,彼此之间,既难以相互认同,又难以相互服膺。像傅说这样出身低微,辅佐圣主,创造中兴,终得高位的贤德者,却得到了诸多学派的一致认同和广泛兴趣。不得不说,这是个有趣的现象。以傅说为代表,越来越多"出身低微,终于高位"的贤士传奇出现在诸子百家文章之中,如伊尹之于商汤、皋陶之于唐尧。一段又一段"明君贤相"的佳话被创造出来,大行于时。这标志着战国时代人才的选拔和任用,打破了贵族的世袭和垄断。

清代著名史学家赵翼在《廿二史札记》"汉初布衣将相之局"条中言简意赅地概述了"傅说盐梅"在人才变革史上的重大意义:"盖秦、汉间为天地一大变局。自古皆封建诸侯,各君其国,卿大夫亦世其官,成例相沿,视为固然。其后积弊日甚,暴君荒主,既虐用其民,无有底止,强臣大族又篡弑相仍,祸乱不已。再并而为七国,益务战争,肝脑涂地,其势不得不变。而数千年世侯、世卿之局,一时亦难遽变,于是先从在下者起。游说则范雎、蔡泽、苏秦、张仪等,徒步而为相。征战则孙膑、白起、乐毅、廉颇、王翦等,白身而为将。此已开后世布衣将相之例。"①秦汉之间,天地格局剧变,不同于春秋战国,更不同于上古时代。公卿贵胄世袭的制度逐渐被打破,王侯将相"有其种乎"带来的弊端、祸乱越来越被有识之士们正视和反对,出现了一大批诸如范雎之类,出身白衣、位列卿相的士阶层。赵翼目光如炬,见解深刻,正中肯綮,令人信服。

先秦以降,人们对傅说其人其事的认知更加系统和深入。西汉太史公司马迁在《史记·殷本纪》中写道:

> 帝小乙崩,子帝武丁立。帝武丁即位,思复兴殷,而未得其佐。三年不言,政事决定于冢宰,以观国风。武丁夜梦得圣人,名曰说。以梦所见视群臣百吏,皆非也。于是乃使百工营求之野,得说于傅险中。是时说为

---

① 赵翼:《廿二史札记校证》,王树民校证,中华书局,1984,第36页。

胥靡,筑于傅险。见于武丁,武丁曰是也。得而与之语,果圣人,举以为相,殷国大治。故遂以傅险姓之,号曰傅说。①

南朝宋裴骃《史记集解》引徐广曰:"《尸子》云傅岩在北海之洲。"②唐代司马贞《史记索隐》云:"旧本作'险',亦作'岩'也。"③唐代张守节《史记正义》引《括地志》云:"傅险即傅说版筑之处,所隐之处窟名圣人窟,在今陕州河北县北七里,即虞国虢国之界。又有傅说祠。"④《水经·河水注》云:"(沙涧水)北出虞山,东南经傅岩,历傅说隐室前,俗名圣人窟。"⑤虞,史称西虞,其地在今山西省平陆县东;虢,这里指北虢,其地在今河南省三门峡市、山西省平陆县一带。历史上著名的"假虞灭虢"即指此二国。这一则君臣相遇、君臣相悦、君明臣贤的故事,被司马迁生花妙笔讲述得言简意赅、令人击节。可以这么说,《孟子·告子》让人记住了傅说的名字,《史记·殷本纪》让后人了解了傅说的故事。

遍观汉代文赋,贾谊《鹏鸟赋》、扬雄《反离骚》、傅毅《洛都赋》、张衡《思玄赋》对傅说之典故均有援引,情感基调多为颂赞。如贾谊《鹏鸟赋》写道:

万物变化兮,固无休息。斡流而迁兮,或推而还。形气转续兮,变化而嬗。沕穆无穷兮,胡可胜言!祸兮福所依,福兮祸所伏;忧喜聚门兮,吉凶同域。彼吴强大兮,夫差以败;越栖会稽兮,勾践霸世。斯游遂成兮,卒被五刑;傅说胥靡兮,乃相武丁。夫祸之与福兮,何异纠缠;命不可说兮,孰知其极!水激则旱兮,矢激则远;万物回薄兮,振荡相转。云蒸雨降兮,纠错相纷;大钧播物兮,坱圠无垠。天不可预虑兮,道不可预谋;迟速有命兮,焉识其时。⑥

这篇《鹏鸟赋》作于贾谊被贬长沙之际,全篇通过虚构与鹏鸟的问答,抒写被贬谪的愤懑情绪。作者写时间永恒流动,万物永恒变化,福祸相依,喜忧相

---

① 司马迁:《史记》(一),中华书局,2011,第91页。
② 司马迁:《史记》(一),中华书局,2011,第91页。
③ 司马迁:《史记》(一),中华书局,2011,第91页。
④ 司马迁:《史记》(一),中华书局,2011,第91页。
⑤ 刘纬毅:《山西历史地名通检》,山西教育出版社,1990,第218页。
⑥ 上海辞书出版社文学鉴赏辞典编纂中心编《古文鉴赏辞典·先秦两汉》,上海辞书出版社,2021,第210-211页。

替。吴国曾经强大,越国退居会稽,夫差却最终被勾践所败。李斯曾经高居相位,最终受五刑而死。傅说曾经荒野服役,最终被重用为相。福祸相依,如同绳索;天命难测,谁知究竟;升而为云,降而为雨;万物往返,激荡转化;天道自然,死生有命。这段文字中,贾谊侧重于借助该典故阐释"变化"的道理,其用法不同于先秦所侧重的"举贤"。

北魏郦道元《水经注·河水》"又东过大阳县南"载曰:

> 河水又东,沙涧水注之,水北出虞山,东南迳傅岩,历傅说隐室前(孙星衍曰:在今平陆县),俗名之为圣人窟。孔安国《传》:傅说隐于虞、虢之间。即此处也。傅岩东北十余里,即巅軨坂也。《春秋左传》所谓入自巅軨者也。有东、西绝涧,左右幽空穷深,地壍中则筑以成道,指南北之路,谓之軨桥也。傅说佣隐,止息于此,高宗求梦得之是矣。桥之东北有虞原,原上道东有虞城,尧妻舜以嫔于虞者也。周武王以封太伯后虞仲于此,是为虞公。《晋太康地记》所谓北虞也。城东有山,世谓之五家冢,冢上有虞公庙……即宫之奇所谓:虞、虢其犹辅车相依,唇亡则齿寒,虢亡,虞亦亡矣。其城北对长坂二十许里,谓之虞坂。①

《水经注》所载有当地傅岩及俗名"圣人窟"为据,又有史籍以为印证,亦当可信。到了唐代,"盐梅宰相"的相关典故被演绎得更加丰富,出现了"傅说羹""傅说霖""傅说舟""傅家鼎""济川""为楫""作霖""为霖""作砺""为砺""盐梅""调梅""殷羹""商霖""商鼎""巨川材""巨川舟"等不同称谓和说法。援引该系列典故入诗的诗人,数不胜数。翻检《全唐诗》,简摘代表诗句如下:

> 元首伫盐梅,股肱惟辅弼。(李世民《执契静三边》)
> 润色鸿业寄贤才,叨居右弼愧盐梅。(李显等《十月诞辰内殿宴群臣效柏梁体联句》)
> 盐梅已佐鼎,曲糵且传觞。(李隆基《端午》)
> 舟楫功须着,盐梅望匪疏。(李隆基《饯王晙巡边》)
> 何当同傅说,特展巨川材。(李峤《舟》)

---

① 郦道元:《水经注校证》,陈桥驿校证,中华书局,2013,第109-110页。

谁言版筑士,犹处傅岩中。(李峤《野》)

更知西向乐,宸藻协盐梅。(苏颋《奉和圣制答张说出雀鼠谷》)

伟兹廊庙桢,调彼盐梅实。(苏颋《奉和姚令公温汤旧馆永怀故人卢公之作》)

何幸盐梅处,唯忧对问机。(沈佺期《自考功员外授给事中》)

盐梅和鼎食,家声众所归。(沈佺期《和户部岑尚书参迹枢揆》)

盐梅推上宰,礼乐统中军。(席豫《奉和圣制答张说南出雀鼠谷》)

傅说降甘霖,公输造云梯。(李白《赠从弟冽》)

未成霖雨用,先失济川材。(李白《自溧水道哭王炎》)

傅说版筑臣,李斯鹰犬人。(李白《冬夜醉宿龙门觉起言志》)

当时版筑辈,岂知傅说情。一朝和殷羹,光气为列星。(李白《纪南陵题五松山》)

激昂仰鹓鹭,献替欣盐梅。(高适《酬裴员外以诗代书》)

君恩催早入,已梦傅岩边。(刘长卿《和中丞出使恩命过终南别业》)

运筹初减灶,调鼎未和羹。(刘长卿《至德三年春……五十韵》)

蒙叟悲藏壑,殷宗惜济川。(岑参《河西太守杜公挽歌》)

吕尚封国邑,傅说已盐梅。(杜甫《昔游》)

不知傅说霖初霁,转觉尧日转天晴。(钱起《乐游原晴望上中书李侍郎》)

适会傅岩人,虚舟济川时。(独孤及《送陈兼应辟兼寄高适贾至》)

褰疏去耳纩,调和进梅盐。(韩愈《苦寒》)

岂堪禅岳镇,强欲效盐梅。(韩愈《咏雪赠张籍》)

盐梅非拟议,葵藿是平生。(裴度《中书即事》)

细侯风韵兼前事,不止为舟也作霖。(薛涛《和郭员外题万里桥》)

惯和鞠䕩堪盛否,重用盐梅试洗看。(白居易《寄两银榼与裴侍郎》)

孙弘阁闹无闲客,傅说舟忙不借人。(白居易《宿裴相公兴化池亭》)

悲君还姓傅,独不梦高宗。(姚合《赠终南山傅山人》)

宾御莫辞岩下醉,武丁高枕待为霖。(许浑《和淮南王相公等》)

后饮曹参酒,先和傅说羹。(李商隐《五言述德述情》)

敢待傅岩成好梦,任从磻石挂纤钩。(李咸用《夏日别余秀才》)

既握钟繇笔,须调傅说羹。(贯休《送卢舍人朝觐》)

盐梅金鼎美调和,诗寄空林问讯多。(贯休《酬韦相公见寄》)

早言入梦金方砺,晚为傅家鼎始铭。(罗隐《寄酬邺王罗令公》)

锵金佩玉趋丹陛,总是和羹作砺才。(和凝《宫词百首》)

如水如鱼何际会,尽言金鼎得盐梅。(和凝《宫词百首》)

用作盐梅日,争回卧辙人。(刘得仁《送钱给事赴虢州》)

莫拟吟云避荣贵,庙堂玉铉待盐梅。(徐夤《献内翰杨侍郎》)

  数不胜数的佳作,显示出唐代诗人们对于傅说"盐梅"典故的喜爱。诗人们援引该典故,或表达"千里马常有,而伯乐不常有"的人生失落,或表达"身无彩凤双飞翼,心有灵犀一点通"的君臣默契,或表达"乘风破浪会有时,直挂云帆济沧海"的壮志胸怀。当然,唐代诗人们对该典故的喜爱之情不止于此,他们还充分运用了时代赋予的胸怀、风度和情思,重新赋予了该典故丰富的文化意蕴。

  在两千多位有姓名和作品传世的唐代诗人中,"诗仙"李白对于傅说传说尤为倾心。李白在《纪南陵题五松山》中描写道:"圣达有去就,潜光愚其德。鱼与龙同池,龙去鱼不测。当时版筑辈,岂知傅说情。一朝和殷羹,光气为列星。"在《酬张卿夜宿南陵见赠》中又盛赞道:"傅说未梦时,终当起岩野。万古骑辰星,光辉照天下。"在《冬夜醉宿龙门,觉起言志》中又慨叹:"傅说版筑臣,李斯鹰犬人。欻起匡社稷,宁复长艰辛。"这些诗句字里行间,自视甚高、不肯俯首向人的李白,对傅说传奇经历、非凡成就的钦慕之意,呼之欲出。而文字背后,诗人想要表达的是乘长风、破巨浪、挂云帆、济沧海,得明主青眼、展鸿鹄之志的非凡抱负。

  唐宋以后,文学作品对于"盐梅"典故的援引,更是海量,主题大约不出唐诗其右,此处不做赘述,但有一点需要特别指出:每逢乱世,尤其是朝局动荡不安,奸佞小人当道,"明君贤相"佳话难以再现的时代,文学作品中的"思贤"主题便更加突出,"盐梅"相关典故的运用也就更加频繁,其文化意蕴被世人挖掘得也更加深刻。

三、傅说的民间祭祀

随着时代的发展，文学价值之外，傅说"盐梅"的相关典故在民俗学、建筑学、文化学等方面的影响，亦引起世人越来越多的关注。关于傅说的生平传说得到越来越多的铺陈演绎。世人愿意相信，一代先圣生于太臣（今属山西省平陆县），隐居于附近的傅岩（又名傅险），即今平陆县圣人洞。殷周时期，这里是河东池盐运往黄河以南的必经之道。由于山路险峻，且常常受到雨水侵蚀，被毁坏的道路需要胥靡维护修缮。傅说可能出身于没落贵族，在被武丁发现之后他所显示出的惊人治国才能，应该与其受过良好的教育有关。傅说辅佐武丁五十余年，君明相贤，君臣携手开创了"武丁中兴"的盛世局面。傅说晚年荣归故里，以傅岩为中心的平陆一带，为其封邑，死后亦葬于此。

傅说是公认的"傅氏"之祖。傅说之前，傅氏中并无可名者；傅说之后，即为"傅氏"之后。关于这一点，还涉及我国古代的姓氏起源。"姓"与"氏"不同，简单来说，如黄帝部落为"姬"姓，炎帝部落为"姜"姓，有虞部落为"妫"姓等，这些字多为"女"字旁，与"母系社会"有关。后来，随着先民部落的繁衍分化，部落成员及其后裔四下分散，迁居各地，新的支系发展强大以后，便需要新的"族徽"作为标志，这便是"氏"。"氏"是在"姓"的基础上发展起来的，来源众多，或以封国为氏，或以采邑为氏，或以职官为氏，或以职业为氏，或以居所为氏，或以祖辈名字为氏，等等，不一而足。"傅氏"即因傅说封于"傅邑"而得名，属于"以邑为氏"。《史记·殷本纪》所谓"遂以傅险姓之，号曰傅说"，文中"姓"其实是"氏"，关于这一点，学界已然达成共识。

山西省平陆县境内至今仍存傅圣庙、傅相祠、傅岩书院，相关祭祀活动十分隆重。傅说版筑处，位于傅岩山旁，史载"说筑傅岩"即此。傅说墓，位于马跑泉北，墓冢高3米，周长30米。1959年曾被山西省人民委员会公布为第二批省级文物保护单位，1986年被平陆县人民政府重新公布为县级文物保护单位。① 其他遗迹如下。

傅相祠。位于傅岩山对面，又称"圣人庙"。有主殿、配殿、碑台、戏楼、廊房、砖塔等建筑。祠内亭台楼阁，斗拱飞檐，错落有致，掩映成趣，兼有参天古木，傅岩屏障，涧水环抱。"傅岩""傅说故里""商中兴贤相傅说版筑处"等九通碑刻仍存。

圣人秸。位于傅相祠西南百米处的悬崖上，秸堆厚度约15厘米，长约2.5米，距地面约2.5米。相传傅说版筑时，为使墙体坚固，在其间夹杂麦秸所留。圣人秸经历岁月冲刷，并无霉变，洁白如初，故有此喻。"秸""涧"音近，此地村名"圣人涧"。

傅圣庙。位于傅说墓前，约建于明初，其间经嘉靖壬子、康熙丙辰、雍正甲寅、乾隆辛酉、道光丙戌、咸丰己未等多次修葺。据清人《重建傅圣庙乐楼及东廊房碑记》记载：庙居马跑泉之上。西有廊房两间，而东有僧窑两孔，虽南有乐楼，而规模狭隘，每不足以歌舞。今岁之秋，有张天贵等倡为义举，重建乐楼，创建东廊房三间，三村仅有七十余家，齐心协力，逾月而完工告竣。时道光六年（公元1826年）十月十一日。②

简摘相关诗文，可窥见世人追思之一斑：

武丁迎傅说赞

[北周]庾信

虞田路断，辞涧泉飞。躬劳版筑，有弊韦衣。
贤臣入梦，天赐无违。千岩之下，遂得同归。

傅岩

[唐]胡曾

岩前版筑不求伸，方寸那希据要津。
自是武丁安寝夜，一宵宫里梦贤人。

---

① 史学家指出，傅说墓究竟是真是假，未经勘探发掘，不能妄加推断。然据傅说的地位和身份，以及殷都朝歌与平陆县的距离，可能性不大。这个墓有可能是假墓，傅说的真墓有可能在河南省安阳市一带。参见卫斯：《傅说在平陆的遗迹及傅说的历史功绩》，载宋镇豪、宫长为主编《中华傅圣文化研究文集》，文物出版社，2010，第130-136页。

② 王安溟：《圣人·傅说》，中国青年出版社，1998，第80页。

傅岩

［明］吕楠

地能脱俗亦超凡，庙有千松及万杉。
墙堵分明非旧筑，至今犹号圣人岩。

傅岩版筑

［明］尚维持

墉筑蓬蒿里，谁云有蛰龙。三篇原道脉，一梦得尘容。
残草颓墙合，荒台旧杵封。人传贤相里，岩上挂长松。

傅岩

［明］邢云路

傅野空山里，荒祠不记年。断碑封碑藓，古木老苍烟。
庙貌今犹肖，岩阿道自悬。三篇藏石室，天子正思贤。

傅岩

［明］初杲

一杵甘中道，三篇发至文。帝昭良弼梦，山绕故园坟。
古庙临荒涧，秋林尚碧云。河声呜咽处，千古独怀君。

傅岩

［明］刘翀

傅岩居甚迩，蚤已读高文。涧水依清庙，山林有古坟。
丹葵倾白日，甘雨洗浮云。数载身游宦，梦魂常在君。

谒傅相庙

［明］喻时

庙向集津起，像从五岳分。帝家梦天表，相国在河淡。
人去传青史，山空留白云。潺潺圣人涧，千古躅清芬。

傅岩晓霁
[明]王翰
云过西山宿雨牧,霏霏空翠泼双眸。清流抱涧鸣沙迹,白鹭依林下蓼洲。
野庙丹青从古写,空山版筑至今留。年年民庶思霖雨,犹向高岩祠下求。

谒傅相庙
[明]舒迁
金阙梦回千里外,傅岩人在版涂中。精神到此得良弼,事业中兴配祖功。
古伯笼烟苹藻地,清波落涧圣人风。如何万载长似夜,醒眼谁曾问鲁东。

谒傅相祠
[明]余光
商相荒祠俯大河,条山野壑暮云多。长川渺渺山舟杳,条麓悠悠帝梦过。
徙倚幽岩寻筑迹,独磨古碣听樵歌。旁求邈邈嗟无及,何日丹青照碧萝。

傅岩
[明]陈凤梧
中条山麓大河阳,商相巍巍有寝堂。一代良臣真帝赉,三年思道本谦光。
已纾霖雨苍生望,尚忆盐梅鼎火香。治学三篇垂训典,直将遗绪接虞唐。

傅岩
[清]杜汝愚
中兴商道仰高宗,旱后为霖赖有公。一夕梦天良相业,三篇书绍哲王风。
阶前水抱幽岩绿,檐外花侵旧版红。瞻拜何劳望箕尾,肖形还与昔时同。

傅说岩
[清]孙谔
神龙不终晦,丹凤自来仪。风云有殊遇,梦寐常通之。
缅彼殷贤相,生于河之湄。栖迟岩谷里,操作不敢辞。
当其版筑时,无异众人为。一旦入帝梦,出为万乘师。
一德佐中兴,四海表端揆。三篇傅说命,高文日月垂。
生为盐梅佐,死分星宿辉。精气归天上,万方仰尾箕。

元代续执中有《重修傅岩庙记》,其文曰:

殷有天下六百祀，其间臣之称贤圣者，曰伊、傅。如谊伯、仲伯、汝鸠、汝方、咎单、甘盘，虽见于经，而德烈之盛，视二臣则固有次第矣。盖二臣之《伊训》《说命》，扶皇极，迪民彝，垂法万世，而为人臣之楷范者，又岂得轻举而并称焉！孟子曰："天将降大任于是人也，必先苦其心志，劳其筋骨，饿其体肤，空乏其身，行拂乱其所为，所以动心忍性，增益其所不能。"傅岩之筑，有莘之耕，兹非困乏者与？由草野而登台宰，辅治阐化，畏天保民，成始成终，兹非大任者与？说之良弼，尹之元圣，非关于天者，其孰能与于此？而高宗《说命》曰："昔先正保衡佑我烈祖，格于皇天。尔尚明保予，罔俾阿衡专美有商。"则伊、傅之称，岂不有所自始哉？傅岩在虞、虢之间，今隶平陆界。岩旧有庙，未知始于何代。按碑刻，唐大历中，侍御史杨辚辞尚踵六朝之习，不载修建本末。庙前一大石，金大定十年（公元1170年）立，止大刻"傅岩"二字，故兴废之端，漫不可考。国初时，庙烬无存，民无瞻仰。至皇庆中，为县尹福童妆饰祠宇，中位神像，疏牖高阁，金灿碧露。夫事神治人，实为政之先务。或祭非祀典，则以韬见讥。今此庙之建，其于崇明祀、化齐民，一举而两得之。功既撤，事当纪诸石。因倚鲜于侁《九诵》，为之词而歌，以祀神焉。其词曰：

峨峨兮苍岩，有庙兮孔严。神之灵兮九天，神之像兮万民瞻。民瞻兮岁时，往古来今兮，是仰是思。从变迁兮陵谷，庙宇废兮，不远而复。蓬棘斩又兮实稀，雕甍翚飞兮，丹彩逾渥。景寥寥兮仰清尘，驱云电兮驭星辰。神之存兮福生民，神之往兮，岂不睹而不闻。条之阳兮河之浒，下宜麻麦兮，高宜稷黍。曰旸即旸兮，曰雨而雨。搏击灵鼍兮吹参差，樽芳洁兮牺腊肥，迎神休兮饮神德。我民报祀兮，与时罔极。①

《平陆县志》并未记载傅岩庙始建于何时，只说唐代便有，沿袭六朝旧习。唐代以后，此庙又经历多次修葺与重建，如元皇庆二年（公元1313年），明嘉靖三十四年（公元1555年）、崇祯十五年（公元1642年），清康熙三十八年（公元1699年）、嘉庆二十三年（公元1818年）等。

嘉庆二十三年，时任山西解州府官傅克钦在《重修傅岩祠墓记》中写道：

---

① 李修生主编《全元文》（第32册），凤凰出版社，2005，第119-120页。

余家闽中建阳,去傅岩四千余里,而族谱首所载傅岩图考,志姓名所自始也。后服官晋省,去傅岩或百里,或千里,不在治境。今岁六月摄篆解梁,傅岩在所属之平陆境,邑令赵公来谒。商确政务间,偶语及傅岩祠庙,则云圮(圯)矣,且马跑泉左墓亦几乎(平)!余闻之窃念梦中影求,千载奇遇,精英上炳列星,而顾颓废苦凉,风侵雨蚀,横莽而走鼪鼯,修葺之事非予守土者责与?况姓所自始,水源木本不容昧,安可委为异人任耶!爰出廉俸修祠及墓,鸠庀之费,惟出己资,而以赵公襄厥役,范尉职其劳,阅两月工竣,乃记其事而勒诸石。①

文字显示,自古及今,上至朝廷,下至百姓,对于傅说这位先圣的纪念从未间断。清代《重修商相大殿山门碑记》记载:建庙以来,前人之述备矣,年深日久,宫殿圮毁,欲嗣而葺之,苦钱财无资。于是集腋捐贷,重修殿宇,增其旧制,又于山门作小楼数间,登览之顷,万象森列,岂非天造地设之一境欤!人谓傅圣之灵在天下,如水之在地中,无所往而不在也。② 今日所见傅圣庙重建于二十世纪九十年代。据记载,在筹备和重建过程中,社会各界纷纷予以关怀支持,显示出国人弘扬民族文化、重振民族精神的决心和信心。

除了傅圣庙和傅相祠之外,平陆县城还存有傅岩书院。清人杜若拙《创建傅岩书院记》记载:"平陆古虞国,有商相版筑之迹在焉。……又于楼西别分一区建傅相祠三楹,盖凡有国,各自祭其先圣先师,使学者以时瞻拜,知所宗法也。祠前为亭,园其顶以象文笔,又前甃一方池引水,以象文波,池南则客厅三楹,游息谈宴之处也;庖舍廪厩,悉皆错具,总其形势,外则负条面河,蛟欲腾而凤欲起也;内则清泉流绕,茂树森疏,风浴之趣,盎然心目。"③杜若拙还作有《牧伯言公肇筑傅岩书院置善田嘉惠邑人士敬赋》,诗曰:

良弼何年赉,傅岩千古仰。岩下有清涧,文波流瀯瀯。
使君文学裔,经术裕畴曩。银符映青鬐,所至棠荫长。
福星再照晋,河东仍旧壤。行部来虞坂,绵邈动遐想。
翘首版筑人,神契何假象。谋始崇俎豆,筑宫度寻丈。

---

① 刘鸿逵:《平陆县续志》(卷之下),平陆县政府,1932,第50页。
② 王安溪:《圣人·傅说》,中国青年出版社,1998,第81页。
③ 言如泗:《平陆县志》,平陆县志编纂委员会办公室2003年整理重印。

肖形千载下,牲筵肃奉享。受釐列俊民,台廪继五党。
惟兹播莪棫,秀苗皆得养。春雷送好雨,感物何其爽。
魏俗变葛屦,儒风概倜傥。学海近溯河,宿陋资涤荡。
学山严峻峙,富才凌筱荡。风云俨德适,济济入珊网。
逊敏勤懿训,追琢金玉晃。勉旃是则效,霖雨民获仗。
寿考咏作人,我公洵无两。下邑追武城,弦歌绵遗响。

遍检史料,并未发现关于傅说诞辰的相关记录,但民间将农历四月初八确定为傅说诞辰日。据称,道教尹喜真人、佛教释迦牟尼、天师葛玄的诞辰日亦为四月初八。近年来,全国范围内傅氏宗亲认祖寻根活动规模日盛,"傅圣"祭奠活动规模颇巨,每年大型庙会往往持续十天以上。

三千多年过去了,傅说及其代表的傅圣文化对于今天的国家治理、企业管理、人才选拔、个人修为等等,依然具有积极的借鉴意义。"胶鬲生涯,桓宽名论。夷吾煮海,傅说和羹"这副常见于各地盐神庙、盐商会的对联,再次证明了傅说在盐业史、盐文化史上的崇高地位。

第六章　举于鱼盐

在泰州盐宗庙和扬州盐宗庙中，同夙沙氏一起被供奉的另外两位盐宗，分别是胶鬲和管仲。关于胶鬲，现存史料文献极少。在皇皇巨著《史记》当中，既无专篇，亦无合传，即使在经典篇目诸如《殷本纪》《周本纪》《货殖列传》等，似乎应当与胶鬲发生密切关联的篇章里，也并没有留下关于其生平事迹的任何记录。遍检先秦文献，只有《孟子·告子下》《韩非子·喻老》《国语·晋语》《吕氏春秋》等寥寥作品，或是涉及文王伐纣、武王灭商的残存片段里，才保存了只言片语的零星文字。而遗憾的是，这些文字与胶鬲本人"举于鱼盐"、被奉为"盐商之祖"的经历，又几乎没有任何关联。

一、胶鬲与"举于鱼盐"

《中国盐业史辞典》"胶鬲"条释曰：

> 胶鬲　两淮地区盐宗庙供奉之盐神。殷纣王时贤臣，与微子、微仲、比干、箕子等齐名。时纣王乱政，故隐遁为商，以贩卖鱼盐为业，后辅佐周武王。《孟子·告子·章句下》："孟子曰：'舜发于畎亩之中，傅说举于版筑之间，胶鬲举于鱼盐之中，管夷吾举于士，孙叔敖举于海，百里奚举于市。'"①

---

① 宋良曦等主编《中国盐业史辞典》，上海辞书出版社，2010，第450页。

胶鬲之所以作为"第一盐商""第二盐宗"被后世反复称道,在一定程度上得益于《孟子·告子下》中那段妇孺皆知的经典文字:

> 舜发于畎亩之中,傅说举于版筑之间,胶鬲举于鱼盐之中,管夷吾举于士,孙叔敖举于海,百里奚举于市。故天将降大任于是人也,必先苦其心志,劳其筋骨,饿其体肤,空乏其身,行拂乱其所为,所以动心忍性,曾益其所不能。①

古往今来,这段热血励志的文字激励了无数仁人志士。成语"胶鬲之困",即出其中,形容士人不居其位,而身处困境。孟子在这段话中,与胶鬲并举之人皆非等闲,包括:"五帝之一"的虞舜、"盐梅舟楫"的傅说、"圣人之师"管夷吾、"循吏第一"孙叔敖、"五羖大夫"百里奚。

《孟子》行文风格素以磅礴浩然、汪洋恣肆著称。这段文字读来着实畅快淋漓,但也遗留了不少令人费解的历史问题,或者说是学术难题。比如"胶鬲举于鱼盐之中"这句话,胶鬲的身份究竟是鱼盐商贩,还是鱼盐生产者?他是长袖善舞、兼擅鱼盐多职,或者专长于其中的一种?《孟子》以"胶鬲举于鱼盐之中"作为"故天将降大任于是人"这一结论的佐证,似乎说明了胶鬲的确是从默默无闻到被委以重任。然而,现存史料并未给出"天降大任"的具体说明。历史上的胶鬲,随着武王伐纣灭商的完成,竟然奇迹般地消失了。当然,正因为这一系列问题的存在,才使得胶鬲这位"盐商之祖"显得更加神秘,吸引着越来越多史学界、文学界的学者们,参与到相关问题的讨论之中。

关于"胶鬲举于鱼盐",汉代赵岐有文字透露出:作为贤能之士,胶鬲曾于商、周乱世之中藏身鱼盐,后来得到周文王的重用。至于胶鬲何时何地被重用,以及如何被重用,史书并未给出明确解答。清代焦循也关注到这一问题。他在《孟子正义》中写道:

> 胶鬲事,详见《公孙丑上篇》。鱼盐则别无可证。赵氏佑《温故录》云:"古者诸侯岁贡士于天子,文王之举胶鬲,乃进之于纣,与伊尹五就桀为汤进之桀、不复进用至五者同,故得与微、箕并称纣辅相。而注言文王举之以为臣,背矣。纣犹知用胶鬲,而仍与不用同,此纣之终于亡也。然

---

① 《孟子》,方勇译注,中华书局,2010,第253页。

久而后失之,则鬲之功亦不细。故虽不得如傅说诸人发名成业之盛,而同谓之天降大任。迨后殷命再黜,鬲之去从显晦,迄无可见,亦足慨矣。"①

焦循认为,除《孟子·告子下》之外,并无其他文献可证"胶鬲举于鱼盐"。今人学者杨伯峻在其《孟子译注》中沿着这一思路,进而提出了一系列质疑:胶鬲"举于鱼盐之中"故事为何不见于其他文献?所谓"鱼盐之中",究竟是指"鱼盐商贩之中"呢,还是指"鱼盐生产者之中"呢?胶鬲为商纣之臣,殷商灭亡后,是否又在周朝为官呢?孟子为何以"降大任"称之?②

如果上述一系列问题不能得到满意的回答,那么"谁是中国第一盐商"就值得重新商榷。如孟肇咏即撰文③指出,孟子提出"胶鬲举于鱼盐之中"似应有事实根据;但因为说得笼统,难以给"鬻贩鱼盐"下确证,故称胶鬲为盐商,还是"中国第一盐商",理由不够充足,缺乏说服力。文章进一步指出,战国时山西大商人猗顿才称得上是名符其实的"中国第一盐商"。当然,也有学者极力证明胶鬲确为"第一盐商"。证据有三:其一,文献因素。文章指出,《孟子·告子》原文、朱熹注,以及郭正忠主编的《中国盐业史》都可作为佐证。但这显然是间接旁证,并不能充分证明。其二,地域因素。作者指出,胶鬲既然是"遭纣之乱,隐遁经商",自然要"隐遁"于远离商都之地,这样才能摆脱商纣王的势力控制,避免随时被抓捕的危险;此时周王朝的统治中心主要在渭水流域,远离商都殷地,两者有重合交集,胶鬲活动区域可能在此。这一点亦属臆测,论据同样难以服众。其三,盐产地因素。整个渭水流域,除古盐川之外,再无其他更大的产盐地。这种产自戎地古盐川的"戎盐"亦称"饴盐",其味咸美,成为"王之膳馐"。关于这最后一点,作者显然忽略了先秦时代,海盐、池盐、井盐皆已大规模生产的客观史实。在上述三方面论证都不足够确信的前提下,作者得出结论,胶鬲经商贩盐的范围从古盐川到周朝都城丰镐及渭水流域;并大胆推测,由于当时食盐紧缺和重要,胶鬲贩卖食盐对当时周王朝政治、经济、军事以及人民生活的影响巨大,引起了周文王的发现和重视,因而被举以为重臣。"正是因为有胶鬲和他的同行们跋山涉水的长途贩运,才使盐川食盐登上

---

① 焦循:《孟子正义》,沈文倬点校,中华书局,2017,第716页。
② 《孟子译注》,杨伯峻译注,中华书局,2008,第332页。
③ 孟肇咏:《谁是中国第一盐商》,《文史月刊》2014年第8期。

朝廷的大雅之堂……(胶鬲)在漳盐的早期运销方面做出了巨大贡献,在获取高额利润的同时,将漳盐进贡给了周朝的王公贵族,使漳盐名声远播,对漳盐文化的形成和发展有着不可磨灭的功绩。"①客观地讲,这篇被列入地方文史资料研究汇编的文章,论据十分牵强,并没有切中"胶鬲举于鱼盐"这一命题的要害。

无独有偶,在甘肃省礼县也有关于胶鬲发现井盐的民间传说。陈建荣《礼县史话》写道:

> 相传胶鬲为最上的管盐官。实际上,鬲为西周时的盛食器,胶鬲为陶匠。因制陶有名,人们将他称为胶鬲。胶鬲出生在峡口,世代以陶为业,所制鬲、壶、盆、罐、样式新颖,非常精美,远近闻名。胶鬲非常聪明,早就能分辨出何种土能制陶,何种土不能制陶。胶鬲在试用卤水制陶膜时失败了,然而他将剩余的卤水盛在陶罐煮熬时,意外地发现陶罐的底都出现了晶莹的盐粒。于是在火旁多放了一些陶罐煮熬卤水,经反复煮熬,熬出了洁白的水盐。制陶人的饭菜里放进盐后味香可口。
>
> 这一消息很快被非子知道了。非子派人召见了胶鬲,胶鬲献上了水盐,并一一说明了煮盐的经过。非子听后大喜,让胶鬲专门负责熬煮水盐。胶鬲得到非子的赏识和大家的赞扬后,对煮盐更有了信心。他清除了盐泉旁边的淤泥,将盐泉中刚冒出的盐水用陶盆、陶罐盛上泼洒在泥土中,反复泼洒凉晒,然后将土又和卤水搅拌沉淀,再用澄清的水煮熬,很快就熬出了水盐,而且产量也比以往多。
>
> 西垂出名马又产盐,非子牧马有方。这些消息传到了周王室。当时周孝王想振兴天下,急需大量军马,便派人将非子召到陇山以东的汧渭之间,封为附庸,专为周王室养马。非子东去后,西垂秦人由大骆亲自统辖,胶鬲留在西汉水畔仍然煮盐。他经常想念非子,每年都要带许多水盐和猎获的锦鸡、羚羊等珍禽异兽,翻山越岭去拜访非子。胶鬲回来时,非子让他带上关中的谷、糜、黍的籽种在西汉水畔种植。据说非子将胶鬲所送之物选了些献给周孝王,周孝王吃着加了盐官水盐的饭菜说:"西垂的盐

---

① 李兴魁:《话说"胶鬲"与"漳盐"》,豆丁网,https://www.docin.com/p-1290447873.html,访问日期:2024年10月26日。

味真的不错。"①

长期以来,关于甘肃礼县井盐起源的传说,主要有四种说法,分别是玉兔现井说、汉代发现说、胶鬲发现说、周秦发祥说等。限于篇幅,不再一一赘述,其中,上文所引"胶鬲发现说"是诸多传说中的一种。而考察历史年代因素、空间地理因素,此说似乎并不能成立。

从历史年代因素来看。《史记·秦本纪》载曰:"秦之先,帝颛顼之苗裔孙曰女修。女修织,玄鸟陨卵,女修吞之,生子大业。大业取少典之子,曰女华。女华生大费,与禹平水土。已成,帝锡玄圭。……大费拜受,佐舜调驯鸟兽,鸟兽多驯服,是为柏翳。舜赐姓嬴氏。"②已知文献显示,秦人发展经历了女修始祖、柏翳始嬴、非子始秦、襄公始国、穆公始霸和嬴政始皇等诸多重要时期。其中,"非子始秦"是极具决定性的转折。又,《史记·秦本纪》载曰:"非子居犬丘,好马及畜,善养息之。犬丘人言之周孝王,孝王召使主马于汧渭之间,马大蕃息。"③非子因善于养马而获周孝王封予秦邑。经过养马技艺、畜牧实践的检验之后,周孝王对非子愈加肯定:"昔伯翳为舜主畜,畜多息,故有土,赐姓嬴。今其后世亦为朕息马,朕其分土为附庸。"④自此之后,"邑之秦,使复续嬴氏祀,号曰秦嬴"⑤。秦人开启了近六百年波澜壮阔的奋斗史。

现存史料显示,非子生活在周孝王时期,胶鬲生活在商周易代之际。考察几个关键人物的生卒年代,周文王生于公元前1152年,卒于公元前1056年;周武王生年不详,卒于公元前1043年;商纣王生于公元前1075年,卒于公元前1046年。武王伐纣建周于公元前1046年。由此推测,胶鬲当生活于公元前1150年至公元前1000年之间。胶鬲与非子二人生活年代虽相差不甚远,但引文传说中,非子赏识胶鬲,并将胶鬲所制之盐进献给周王室的可能性并不大。那么,胶鬲发现盐井之说,就缺乏史实依据。

从空间地理因素来看。非子居于犬丘,封邑于秦。犬丘,西周都邑,即后来"三秦"之一雍王章邯的都城废丘,位于今陕西省西咸新区东马坊遗址。

---

① 陈建荣主编《礼县史话》,甘肃文化出版社,2011,第76页。
② 司马迁:《史记》(一),中华书局,2011,第151页。
③ 司马迁:《史记》(一),中华书局,2011,第154页。
④ 司马迁:《史记》(一),中华书局,2011,第155页。
⑤ 司马迁:《史记》(一),中华书局,2011,第155页。

《史记》记载显示,文王在丰,武王在镐,周懿王时,始自镐迁于犬丘。《汉书·地理志》载曰:"后有非子,为周孝王养马汧、渭之间。孝王曰:'昔伯益知禽兽,子孙不绝。'乃封为附庸,邑之于秦,今陇西秦亭秦谷是也。"① 汉承秦有陇西郡,武帝又析置天水郡。亭为县、乡之下的机构设施,负责邮传和警戒。由此可知,非子封邑在陇山之西,活动范围亦在镐京以西。而考察胶鬲的活动空间,史学家指出,虽然史籍上并未留下线索,但从胶鬲从事的行业可以推论,很可能在沿海地区:

> ……截至目前,已经在德州一带发现了多个龙山文化遗址,其中绝大多数属于龙山文化晚期,这些遗址有一个突出特点,就是都出土大量的素面陶鬲,这在山东地区的龙山文化中显得很特别,所以有学者已经推测,"有鬲氏的取名或与大量使用陶鬲有关"。这个意见是有道理的。而在商代甲骨文中,"鬲"字正是陶鬲的象形,目前学界一般认为,这些物品或器物的象形字应是族徽,很可能反映了他们本族专门生产某种物品的特殊职业。由此推测,胶鬲的本族应是以制作陶鬲而闻名的,这就与有鬲氏产生了一定联系。而胶鬲曾从事鱼盐行业,有鬲氏则地处鲁西北距海不远之地,二者在地理环境上也相符合。因此,我们认为,夏初有鬲氏很可能是商周之际胶鬲的远祖,在考古学上相当于龙山文化晚期,其活动地域应在鲁西北沿海一带。②

当然,仅凭胶鬲从事鱼盐行业,以及有鬲氏地望所在,并不能断定胶鬲的活动范围一定在山东西北沿海,也不能据此判断,胶鬲从未到过西北地区。

事实上,西北地区蕴藏着丰富的盐业资源,有学者认为,其分布范围主要集中在甘青交界的黄河几字形大拐弯处。包括甘肃中部、青海西部、宁夏北部和东部。③ 其中,仅甘肃盐资源便西自敦煌绵延不绝东至庆阳,包含:皋兰县喇牌盐池、八盘盐池、石门沟盐池,永登县刘家湾盐池、哈家嘴盐池,景泰县白墩子盐池、一条山盐池,靖远县小红沟盐池、北湾盐池,民勤县马莲泉盐池、汤家海盐池、苏武山盐池,高台县盐池驿盐池,临夏盐池,古浪县大靖盐池,敦煌

---

① 班固:《汉书》,中华书局,2007,第306页。
② 李慧竹、王青:《山东北部海盐业起源的历史与考古学探索》,《管子学刊》2007年第2期。
③ 谷雨:《盐与考古学文化及其遗址的关系》,《盐业史研究》1990年第1期。

东盐池、西盐池、礼县盐官盐井、漳县盐井、西固县(今西固区)土盐、甘谷县土盐、武山县武山土盐、武山县乐善土盐、庆阳西峰镇白盐、环县杨家湾白土盐、皋兰河北土盐、夏河青盐,等等。① 这就为胶鬲从事盐业提供了可能。然而,西垂大堡子山遗址、圆顶山遗址、西山遗址出土有大量陶鬲,造型各异,数量可观,从行业和祖徽判断,也很难说这些"鬲"与胶鬲毫无关联。关于胶鬲的生平推断似乎又回到了原点,而翻阅大量文献可知,胶鬲被视为"盐宗",有可能存在着特殊的政治和历史原因。

二、胶鬲与间谍传说

虽则史料中关于胶鬲鬻贩鱼盐的资料少之又少,然而,从胶鬲与"武王伐纣灭商"之间的密切关联看,可以约略推测出这位"盐商之祖"的风度见解与胆识气魄,非同一般。实际上,除了《告子》,《孟子》中还有另外一段文字涉及胶鬲,见于《公孙丑》,其文曰:

> 曰:"若是,则弟子之惑滋甚。且以文王之德,百年而后崩,犹未洽于天下;武王、周公继之,然后大行。今言王若易然,则文王不足法与?"
>
> 曰:"文王何可当也! 由汤至于武丁,贤圣之君六七作。天下归殷久矣,久则难变也。武丁朝诸侯,有天下,犹运之掌也。纣之去武丁未久也,其故家遗俗,流风善政,犹有存者;又有微子、微仲、王子比干、箕子、胶鬲,皆贤人也,相与辅相之。故久而后失之也。尺地莫非其有也,一民莫非其臣也,然而文王犹方百里起,是以难也。齐人有言曰:'虽有智慧,不如乘势;虽有镃基,不如待时。'今时则易然也。夏后、殷、周之盛,地未有过千里者也,而齐有其地矣;鸡鸣狗吠相闻,而达乎四境,而齐有其民矣;地不改辟矣,民不改聚矣,行仁政而王,莫之能御也。且王者之不作,未有疏于此时者也;民之憔悴于虐政,未有甚于此时者也。饥者易为食,渴者易为饮。孔子曰:'德之流行,速于置邮而传命。'当今之时,万乘之国行仁政,民之悦之,犹解倒悬也。故事半古之人,功必倍之,惟此时为然。"②

---

① 朱允明编著《甘肃省乡土志稿》,兰州古籍书店,1990。
② 《孟子》,方勇译注,中华书局,2010,第45—46页。

公孙丑困惑的是,如果统一天下像孟子说的那么简单,何以周文王以仁德施政,最终却并未统一天下。孟子回答称,从商汤到武丁,皆为圣贤君王,商纣王距离武丁时间不长,先民良俗、先王仁政依然存在。此外,商纣王还有微子、微仲、王子比干、箕子、胶鬲这些贤能的人来共同辅佐他,所以他的统治持续了较长一段时间。然而,文王依然能够凭借百里之地而开创伟业,其不易可想而知。以齐国当时的形式,施行仁政比夏、商、周时期容易得多。在齐国推行仁政,进而实现天下统一,实则具备天时、地利、人和的所有条件。关于这段对话,焦循在《孟子正义》中解道:

> 胶鬲之事,见于《吕氏春秋》者二:一《诚廉篇》云:"武王即位,使叔旦就胶鬲于次四内而与之盟曰:'加富三等,就官一列。'为三书同辞,血之以牲,埋一于四内,皆以一归。"其一《贵因篇》云:"武王至鲔水,殷使胶鬲候周师,武王见之,胶鬲曰:'西伯将何之?无欺我也。'武王曰:'不子欺,将之殷也。'胶鬲曰:'曷至?'武王曰:'将以甲子至殷郊,子以是报矣。'胶鬲行,天雨,日夜不休,武王疾行不辍,军师皆谏曰:'卒病,请休之。'武王曰:'吾已令胶鬲以甲子之期报其主矣。今甲子不至,是令胶鬲不信也。胶鬲不信也,其主必杀之,吾疾行以救胶鬲之死也。'"《国语·晋语》云:"妹喜有宠,于是乎与伊尹比而亡夏。妲己有宠,于是乎与胶鬲比而亡殷。"注云:"比,比功也。伊尹欲亡夏,妹喜为之作祸,其功同也。胶鬲殷贤臣,自殷适周,佐武王以亡殷也。"《韩非子·喻老篇》云:"周有玉版,纣令胶鬲索之,文王不予。费仲来求,因予之。是胶鬲贤而费仲无道也。"①

《韩非子·喻老》载曰:

> 周有玉版,纣令胶鬲索之,文王不予;费仲来求,因予之。是胶鬲贤而费仲无道也。周恶贤者之得志也,故予费仲。文王举太公于渭滨者,贵之也;而资费仲玉版者,是爱之也。故曰:"不贵其师,不爱其资,虽知大迷,是谓要妙。"②

周文王有玉版一块,商纣王令胶鬲去索要,文王不予;纣王又令费仲去索

---

① 焦循:《孟子正义》,沈文倬点校,中华书局,2017,第151页。
② 《韩非子》,高华平、王齐洲、张三夕译注,中华书局,2010,第239页。

要,文王予之。究其原因,胶鬲贤能,费仲不贤。周文王不想让贤者在纣王那里得志,故而把玉版给了不贤的费仲。周文王渭水之滨起用姜太公,让贤能的胶鬲失宠于纣王,皆是出于爱贤惜才的考量。读到此处,周文王深谋远虑、知人善任的形象,跃然纸上。因此,《老子》尝称:"不贵其师,不爱其资,虽智大迷。是谓要妙。"①

桓宽《盐铁论·相刺》载曰:

> 虞不用百里奚之谋而灭,秦穆用之以至霸焉。夫不用贤则亡,而不削何可得乎?……纣之时,内有微、箕二子,外有胶鬲、棘子,故其不能存。夫言而不用,谏而不听,虽贤,恶得有益于治也?②

《盐铁论》在汉代乃至整个中国历史上所具有的价值和意义,毋庸赘言。这段文字声称,虞国不用百里奚而灭亡,秦国重用百里奚而称霸。不任用贤士,国家就会灭亡。……商纣王在位时,有微子、箕子、胶鬲、棘子等贤臣,为何国家依然难逃灭亡的命运?如果贤臣的意见不被采纳,即使贤臣如何贤能,又有何益?这里明确指出,胶鬲与其他贤臣并列为"贤",却不被商纣王重用的无奈现实。

生活在殷商时代的胶鬲,与微子、微仲、比干、箕子等并为贤臣;后来,遭商纣之乱,有些贤士选择隐居山林,如伯夷、叔齐隐居首阳山,胶鬲选择了隐遁在鱼盐行业之中。胶鬲被周文王发现之后,受到文王重用。至于"重用"的具体方式,据文献推知,可能是留在纣王身边,做了文王、武王的内应。

《吕氏春秋》中亦零星存有关于胶鬲的资料,如《诚廉》和《贵因》。

> 石可破也,而不可夺坚;丹可磨也,而不可夺赤。坚与赤,性之有也。性也者,所受于天也,非择取而为之也。豪士之自好者,其不可漫以污也,亦犹此也。
>
> 昔周之将兴也,有士二人,处于孤竹,曰伯夷、叔齐。二人相谓曰:"吾闻西方有偏伯焉,似将有道者,今吾奚为处乎此哉?"二子西行如周,至于岐阳,则文王已殁矣。武王即位,观周德,则王使叔旦就胶鬲于次四内,而

---

① 《老子》,汤漳平、王朝华译注,中华书局,2014,第104页。
② 桓宽:《盐铁论》,陈桐生译注,中华书局,2015,第207页。

与之盟曰:"加富三等,就官一列。"为三书同辞,血之以牲,埋一于四内,皆以一归。又使保召公就微子开于共头之下,而与之盟曰:"世为长侯,守殷常祀,相奉桑林,宜私孟诸。"为三书同辞,血之以牲,埋一于共头之下,皆以一归。伯夷、叔齐闻之,相视而笑曰:"嘻!异乎哉!此非吾所谓道也。……"二子北行,至首阳之下而饿焉。人之情,莫不有重,莫不有轻。有所重则欲全之,有所轻则以养所重。伯夷、叔齐,此二士者,皆出身弃生以立其意,轻重先定也。①

这段文字大致意为,石头可以被击破,其坚硬本质不会轻易改变;朱砂可以被磨碎,其朱红颜色不会轻易改变。硬度与颜色分别是石头和朱砂的本性。但凡本性,授之于天,不会轻易被摧毁改变。同样的道理,洁身自好亦为高士天性。周朝将兴之时,有两位孤竹国的贤士,伯夷与叔齐。两人商量要去投靠仁德之君西伯。行至岐山,文王已亡。武王登位,宣扬周德,派周公旦到四内去找寻胶鬲,并与其盟誓:"让你俸禄增加三级,官居一等。"备有盟书,一式三份,将牺牲祭品之血涂于盟书,一份埋在四内,两人各持一份而归。武王又派召康公到共头山下去找微子启,与其盟誓:"让你世世代代作诸侯之长,奉守殷的各种正常祭祀,允许你供奉桑林之乐,把孟诸作为你的私人封地。"亦备有盟书,一式三份,将牺牲祭品之血涂于盟书,一份埋在共头山下,两人各持一份而归。伯夷、叔齐听到这些之后,互相望着笑道:"跟我们所思所想不同!这并不是我们所说的'道'。……"于是伯夷、叔齐隐于首阳山,宁可饿死,不食周粟。凡世间常情,有轻重之分。重之,会保全它;轻之,会用于交换。伯夷和叔齐两位贤士,舍弃生命,坚守节操,在他们心中,轻重早已确定。

了解了这段文字的大意,发现其思想性较为复杂。而讨论《吕氏春秋》思想的复杂性,或是讨论伯夷、叔齐是否逆时而动,似乎脱离了本文研究的重点。这里只简摘与胶鬲相关的内容来看,作为纣王的重臣,胶鬲同时受到武王重用,与武王达成协议、结成盟约,以行"宣扬周德之事"。结合史实,"宣扬周德之事"正是起兵讨伐商纣王。胶鬲身为纣王朝臣,又与武王结有盟约,其中深意,不言自明。

再看《吕氏春秋·贵因》:

---

① 吕不韦:《吕氏春秋校释》,陈奇猷校释,上海古籍出版社,2002,第640-641页。

> 武王至鲔水,殷使胶鬲候周师,武王见之。胶鬲曰:"西伯将何之? 无欺我也。"武王曰:"不子欺,将之殷也。"胶鬲曰:"曷至?"武王曰:"将以甲子至殷郊,子以是报矣。"胶鬲行。天雨,日夜不休,武王疾行不辍。军师皆谏曰:"卒病,请休之。"武王曰:"吾已令胶鬲以甲子之期报其主矣。今甲子不至,是令胶鬲不信也。胶鬲不信也,其主必杀之。吾疾行以救胶鬲之死也。"武王果以甲子至殷郊。殷已先陈矣。至殷,因战,大克之。此武王之义也。人为人之所欲,己为人之所恶,先陈何益? 适令武王不耕而获。①

武王伐纣到了鲔水(鲔水,在今河南孟津境内),殷商派胶鬲刺探周师军情,武王将"甲子至殷郊"的行军计划告诉了胶鬲,并日夜兼程如约而至,殷商虽然陈兵布阵,但以大败告终。武王不惜兵卒疲病,日夜兼程,其说辞是恐"令胶鬲不信""其主必杀之",而结合前文《诚廉》来看,胶鬲应该是潜伏在纣王身边做了武王的内应,周师才能取得牧野之战的巨大胜利。

《吕氏春秋·贵因》中的另外一段文字似乎可以佐证:

> 武王使人候殷,反报岐周曰:"殷其乱矣。"武王曰:"其乱焉至?"对曰:"谗慝胜良。"武王曰:"尚未也。"又复往,反报曰:"其乱加矣。"武王曰:"焉至?"对曰:"贤者出走矣。"武王曰:"尚未也。"又往,反报曰:"其乱甚矣。"武王曰:"焉至?"对曰:"百姓不敢诽怨矣。"武王曰:"嘻!"遽告太公。太公对曰:"谗慝胜良,命曰戮;贤者出走,命曰崩;百姓不敢诽怨,命曰刑胜。其乱至矣,不可以驾矣。"②

中国古代间谍的历史可以追溯至夏、商、周三代。商国之兴,与伊尹曾在夏做过间谍有关;周国之兴,与吕尚曾在商做过间谍有关。明智之君、贤能之将,无不善于选用智慧之人充当间谍。两军对战,重要情报具有决定性作用;善用间谍,往往成为用兵的关键。因此,《孙子兵法》写道:"昔殷之兴也,伊挚在夏;周之兴也,吕牙在殷。故惟明君贤将,能以上智为间者,必成大功。此兵

---

① 吕不韦:《吕氏春秋校释》,陈奇猷校释,上海古籍出版社,2002,第934页。
② 吕不韦:《吕氏春秋校释》,陈奇猷校释,上海古籍出版社,2002,第934页。

之要,三军之所恃而动也。"①上文所述,周文王死后,武王"东观兵,至于盟津"②,同时派出间谍深入殷商搜集情报。间谍三次回报称,殷商朝野混乱程度一次比一次更甚。前两次,武王认为还不到发兵时机。直到第三次,间谍回报称,百姓怨声载道,朝臣纷纷叛离,殷商朝野政治混乱到不可收拾了。武王认为,伐纣时机已经成熟,便举兵讨伐,进军朝歌,殷商军队临阵倒戈,纣王自焚鹿台。武王伐纣顺利成功,固然是历史车轮大势所趋,与武王得民心、纣王失民心等因素密切相关,然而间谍的作用也不容小觑。武王伐纣之前,通过在殷纣王朝安插间谍,对其君臣动态、军事部署一清二楚。一旦率军征讨,便大获成功。其中,胶鬲便充当了间谍的角色,其情报活动为武王部署进军提供了重要依据和战略保障。

《国语·晋语》中的一段话亦可作为旁证:

> 昔夏桀伐有施,有施人以妹喜女焉,妹喜有宠,于是乎与伊尹比而亡夏。殷辛伐有苏,有苏氏以妲己女焉,妲己有宠,于是乎与胶鬲比而亡殷。周幽王伐有褒,褒人以褒姒女焉,褒姒有宠,生伯服,于是乎与虢石甫比,逐太子宜臼而立伯服。大子出奔申,申人、鄫人召西戎以伐周,周于是乎亡。③

这段文字里,包含了三则妇孺皆知的历史故事,或者可称作"美女亡国"的故事。夏王桀征伐有施氏,有施氏难以抵挡,便进献了一位名叫妹喜的美人。夏桀耽溺美色,荒淫无道,因此,可以说夏朝因伊尹和妹喜而亡。商纣王讨伐有苏氏,有苏氏难以抵挡,便进献了一位名叫妲己的美人。纣王宠溺妲己,残害忠良,因此,可以说商朝被妲己和胶鬲所灭。周幽王征伐有褒氏,有褒氏难以抵挡,便进献了一位名叫褒姒的美人,周幽王娇惯纵容褒姒与其子伯服,并废掉太子,改立伯服;于是,太子出逃申国,与西戎一起讨伐周幽王,并灭掉了西周。

由此可见,早在春秋战国,至迟在西汉年间(关于《国语》的作者,学界通常有两种观点,或认为是春秋末年左丘明,或认为是西汉刘歆所作,故将历史

---

① 《孙子兵法》,陈曦译注,中华书局,2011,第242页。
② 司马迁:《史记》(一),中华书局,2011,第107页。
③ 《国语》,陈桐生译注,中华书局,2013,第276页。

期限定在春秋战国至西汉年间),史官们已将妲己与胶鬲并列为致商灭亡的两大重要诱因。无怪乎胶鬲被视为中国历史上最早、最成功的间谍和卧底。

商纣灭亡之后,胶鬲的结局应该是与微子一同投周称臣。《左传·僖公六年》载曰:"昔武王克殷,微子启如是。武王亲释其缚,受其璧而祓之,焚其榇,礼而命之,使复其所。"①又,《史记·宋微子世家》载曰:"周武王伐纣克殷,微子乃持其祭器造于军门,肉袒面缚,左牵羊,右把茅,膝行而前以告。于是武王乃释微子,复其位如故。"②又,《艺文类聚》卷十二引《帝王世纪》曰:"武王命召公释箕子之囚,赐贝千朋;命原公释百姓之囚,归琁台之珠玉;命南宫适散鹿台之财,巨桥之粟,以赈贫民;命南宫伯达、史逸迁九鼎于洛邑。命闳夭封比干之墓,命宗祝飨祀于军。微子、胶鬲皆委质为臣。"③只可惜,关于胶鬲的史料文献实在有限,只能从残存文字的字里行间作出如上推测。

当然,也有学者认为上述文字所言不实,完全是对胶鬲无中生有的诬蔑。如清代崔述《商考信录》卷二有"胶鬲举于鱼盐之中",即对《晋语》《吕氏春秋》所载胶鬲事迹提出了质疑:

> 《晋语》云:"殷辛伐有苏,有苏氏以妲己女焉;于是乎与胶鬲比而亡殷。"《吕氏春秋》云:"武王使叔旦就胶鬲于次四内而与之盟曰:'加富三等,就官一列。'为三书同词,血之以牲;埋一于四内,皆以一归。'余按:孟子以胶鬲与傅说并称,又与微子、箕、比皆称为贤,乌有与妲己比,与周人盟,以倾其国者哉!盖《国语》亦战国人所作,战国之士固多毁圣贤以快其意者;至《吕氏春秋》尤不足为怪。④

崔述认为,《国语》《吕氏春秋》的编著者多为战国士阶层,他们喜欢虚张声势,故作惊人语,利益至上,不惜诋毁圣贤,故其所言不足为信。《考信录》坚持认为,文王与胶鬲所立盟约,是后世小人诋毁圣贤的无稽之谈。崔述所著书名为《考信录》,然所据实证太少,难以服众,不免流于自说自话。

---

① 杨伯峻编著《春秋左传注》(上),中华书局,2018,第267-268页。
② 司马迁:《史记》(三),中华书局,2011,第1466页。
③ 转引自张新斌等主编《武王伐纣·宁氏源流》,河南人民出版社,2012,第277页。
④ 崔述:《考信录·商考信录》,清嘉庆二十二年(公元1817年)、道光二年(公元1822年)、道光四年(公元1824年)陈履和递刻本,第28-29页。

三、被神化的"盐宗"胶鬲

历史留下的只言片语皆显示,胶鬲具有英雄人物、正义使者忍辱负重的精神品质。因此,在许多文学作品中,胶鬲逐渐被神化,直至成为"一代宗圣"。

明代彭大翼《山堂肆考》中有《举胶鬲》一文。文曰:"胶鬲,遭纣之乱,隐居卖盐为业,文王闻其贤,举以为相,孟子曰:胶鬲举于鱼盐之中。"①这里干脆直接将《孟子》书中的"举于鱼盐"写成了"卖盐为业"。明代许仲琳所撰《封神演义》中,将胶鬲塑造成一位慷慨直言的贤大夫。第十七回"纣王无道造虿盆"写商纣王听信妲己妖言,制虿盆残害七十二名宫人。胶鬲泣奏纣王,厉斥昏君。纣王欲解其服,将其投入虿盆。胶鬲大骂昏君,坠落摘星楼,死于非命。而胶鬲在民间传说和通俗文学中的形象,便恰如《封神演义》中这首七绝所写:"赤胆忠心为国忧,先生撞下摘星楼。早知天数成汤灭,可惜捐躯血水流。"②胶鬲的形象与这首诗一样,惊天地,泣鬼神,谔谔之士,千古流芳。

清代以降,世人对于胶鬲的颂赞亦未停止。仅从盐宗庙、各地盐馆、盐商的对联便可窥得一斑。

> 胶鬲芳踪由市宅,陶朱远志在江湖。
> 煮海霸图侔仲父,调美相业并胶君。
> 隐身矢志期胶鬲,为吏迎盐效贾君。
> 鱼盐有志期胶鬲,湖海何人识马周。
> 开关临池追踪胶鬲,振兴渔业媲美陶朱。
> 胶鬲生涯,桓宽名论;夷吾煮海,傅说和羹。

今无锡市安镇街道北有胶鬲山,又称胶山,当地修筑有胶鬲寺和胶鬲墓。《梅里志》载曰:此山南麓有商代名相胶鬲墓,故名胶山。胶鬲墓,位于胶山南麓(翠屏山西南)石马湾,当地村民称之为"皇坟"。选录一首清代学者、诗人顾贞观的《胶山在舍南相传为当日鱼盐处》作为本篇终结:

---

① 彭大翼:《山堂肆考》饮食第二卷,明万历二十三年(公元 1595 年)刻本,第 22 页。
② 许仲琳编《封神演义》,中华书局,2009,第 114 页。

我家东海上,百里闻风涛。
南对胶鬲山,缅思古贤豪。
相殷实早达,归周应晚遭。
方其混鱼盐,忽忽垂二毛。
屈体伍商贩,阴习险与劳。
中夜长叹息,曷为随汝曹。
丈夫虽固穷,未可轻钱刀。
况以王佐躯,饥寒委蓬蒿。
奈何夸诞者,僵卧思钧鳌。

第七章　盐政之祖

《周礼·天官冢宰》载曰:"盐人掌盐之政令,以共百事之盐。祭祀共其苦盐、散盐。宾客共其形盐、散盐。王之膳羞共饴盐。后及世子亦如之。凡齐事,煮盬以待戒令。"①虽然执掌食盐的"盐人"于周代已经出现,但将盐业生产、运输、贸易等统一纳入政府管理,却始于齐相管仲。

管仲,名夷吾,字仲,又称管敬仲,颖上(今安徽省阜阳市颍上县)人,春秋时期齐国著名政治家、改革家。管仲辅佐齐桓公"九合诸侯,一匡天下"②,对齐国的崛起称霸作出了重要贡献,齐桓公尊其为"仲父"。孔子盛赞管仲曰:"桓公九合诸侯,不以兵车,管仲之力也。"③

一、太公望与齐国盐业

早在先秦文献中,便有关于燕齐之地丰富的海盐资源的记载。如《尚书·禹贡》载曰:

> 海岱惟青州。嵎夷既略,潍、淄其道。厥土白坟,海滨广斥。厥田惟上下,厥赋中上。厥贡盐、絺,海物惟错。岱畎丝、枲、铅、松、怪石。莱夷作牧,厥篚、檿丝。浮于汶,达于济。④

---

① 《周礼》(上),徐正英、常佩雨译注,中华书局,2014,第128页。
② 司马迁:《史记》(三),中华书局,2011,第1891页。
③ 《论语·大学·中庸》,陈晓芬、徐儒宗译注,中华书局,2011,第170页。
④ 《尚书》,王世舜、王翠叶译注,中华书局,2012,第61页。

渤海和泰山之间是青州。嵎夷治理好以后，潍水和淄水也已疏通。那里土地灰白，海边是广大的盐碱地。进贡的物品是盐和细葛布，海产品多种多样。还有丝、麻、锡、松和奇石。莱、夷一带可以放牧。进贡的物品是筐装的蚕丝。进贡的船只沿汶水到达济水。宋人林之奇《尚书全解》卷八《禹贡·夏书》解释"海物惟错"称："此州之土有二种：平地之土则色白而性坟；至于海滨之土，则弥望皆斥卤之地。斥者，咸也，可煮以为盐者也。东方谓之斥，西方谓之卤。齐管仲轻重鱼盐之权，以富齐，盖因此广斥之地也。"①这里专门强调指出了齐国滨海地区具有的海盐资源优势。

具体到齐国盐业资源的开发和贸易，管仲之前，主要得力于齐太公吕尚的大力推进。自太公望时起，齐国便鼓励百姓从事捕鱼、制盐。《史记》对此有所记载，详参《齐太公世家》《货殖列传》诸篇。

> 太公望吕尚者，东海上人。……吕尚盖尝穷困，年老矣，以渔钓奸周西伯。……周西伯昌之脱羑里归，与吕尚阴谋修德以倾商政，其事多兵权与奇计，故后世之言兵及周之阴权皆宗太公为本谋。……武王已平商而王天下，封师尚父于齐营丘。……太公至国，修政，因其俗，简其礼，通商工之业，便鱼盐之利，而人民多归齐，齐为大国。及周成王少时，管、蔡作乱，淮夷畔周，乃使召康公命太公曰："东至海，西至河，南至穆陵，北至无棣，五侯九伯，实得征之。"齐由此得征伐，为大国，都营丘。②

又，《史记·货殖列传》载曰：

> 太公望封于营丘，地潟卤，人民寡，于是太公劝其女功，极技巧，通鱼盐，则人物归之，繦至而辐凑。故齐冠带衣履天下，海岱之间敛袂而往朝焉。③

前一段是说，太公吕望原本就生活在滨海地区，年迈时，借钓鱼的机会求见周西伯姬昌。姬昌与太公望策划推行德政、推翻商纣政权，许多谋划都堪称兵家的奇谋。后世凡论用兵之道和权谋之术，大都推崇太公兵法。武王伐纣建周之后，分封吕尚于齐国营丘（今山东省淄博市临淄区北）。太公到了封地

---

① 林之奇：《尚书全解》，山东友谊书社，1992，第 430 页。
② 司马迁：《史记》（二），中华书局，2011，第 1359-1362 页。
③ 司马迁：《史记》（四），中华书局，2011，第 2820-2821 页。

之后,顺应当地民风,简化当地礼俗,发展工商业,提倡鱼盐贸易。百姓安居乐业,齐国逐渐发展壮大。到了年幼的周成王即位时,管蔡、淮夷先后发生叛乱,成王使召康公诏令太公望:"东至大海,西至黄河,南至穆陵,北至无棣,此间诸侯,如有罪愆,命你讨伐。"齐国受命于周,征讨各国,并逐渐壮大成为大国。后一段是说,太公望被分封的营丘,盐卤地居多,土地贫瘠,人口稀少,于是太公鼓励女子从事纺织业,大力提倡工艺技巧,并发展鱼盐业,把鱼盐运到外地销售。如此一来,外地人民归附,货物源源运入,如车辐聚集一般,向齐地集中。这两段文字显示,齐国建立伊始,太公望充分重视齐地资源优势,鼓励发展工商鱼盐。齐国后来能够日渐繁荣昌盛,最终称霸诸侯,都得益于太公望最初制定的国策。

在太公望的大力支持下,齐国的盐业生产与管理初具雏形。齐桓公元年(公元前685年),管仲被任命为国相,实施改革。他提出一套完整开发、管理和利用山林湖泽的理论和政策,并将其付诸实践。齐国称霸的序曲,由此奏响。

二、管仲其人与相齐奇策

《史记·管晏列传》详述管仲与鲍叔牙相交之深,引其自述:

> 管仲曰:"吾始困时,尝与鲍叔贾,分财利多自与,鲍叔不以我为贪,知我贫也。吾尝为鲍叔谋事而更穷困,鲍叔不以我为愚,知时有利不利也。吾尝三仕三见逐于君,鲍叔不以我为不肖,知我不遭时也。吾尝三战三走,鲍叔不以我为怯,知我有老母也。公子纠败,召忽死之,吾幽囚受辱,鲍叔不以我为无耻,知我不羞小节而耻功名不显于天下也。生我者父母,知我者鲍子也。"[①]

短短百余字中,连番出现"始困""贫""更穷困",时"不利""不遭时""幽囚受辱"等字眼,显示出管仲早年生活的艰辛。他与好友鲍叔牙负贩南阳,三辱于市;为鲍叔牙谋事而更穷困;又"三仕三见逐于君","三战三走"。翻阅先

---

① 司马迁:《史记》(三),中华书局,2011,第1892页。

秦相关典籍,知管仲"……贾人……南阳之弊幽"①"尝为圉人"②。甚至有史料称其曾为"成阴之狗盗""天下之庸夫"③。梁启超曾评说道:"管子实起于微贱,非齐贵族。而其少年之历史,实以失败挫辱充塞之。而卒能为国史上第一流人物,岂非《孟子》所谓'天将降大任于是人,必先动心忍性,增益其所不能者也'?"④诚哉斯言。

管仲曾任齐僖公次子公子纠的师傅,其好友鲍叔牙则是僖公幼子公子小白的师傅。齐襄公在位时,国无纲纪,鲍叔牙、管仲分事公子小白与公子纠奔莒、奔鲁以避难。齐襄公被弑,公子小白与公子纠展开夺位之争,最终公子小白获胜。经鲍叔牙谋划,齐国迫使鲁国处死公子纠,而将治世之才管仲迎聘为齐相。史上著名的"管鲍之交",便由此而来;风云争霸的辅政之路,也由此而始。古往今来,学界有关管仲经济思想的讨论和研究已经不胜枚举,无关本文主旨者,这里不再赘述。简列与本文密切相关者如下。

其一,高度重视商业,提高商人地位。"管仲既任政相齐,以区区之齐在海滨,通货积财,富国强兵……"⑤管仲任齐相之后,在保证发展商业作为基本国策不变的前提下,推行了一系列行之有效的改革:将商人与士、工、农并列为"四民"⑥,一视同仁为"国之石民";⑦实施"四民分业定居",在齐都临淄专设六个商乡,区分集中居住和商品交换;国都之外设立市场,"方六里命之曰暴。五暴命之曰部,五部命之曰聚。聚者有市,无市则民乏"⑧。管仲认为:"今夫商群萃而州处,观凶饥,审国变,察其四时而监其乡之货,以知其市之贾。负任担荷,服牛辂马,以周四方。料多少,计贵贱,以其所有,易其所无,买贱鬻贵。是以羽旄不求而至,竹箭有余于国,奇怪时来,珍异物聚。旦昔从事于此,以教其子弟。相语以利,相示以时,相陈以知贾。少而习焉,其心安焉,不见异物而

---

① 《战国策》(上),缪文远、缪伟、罗永莲译注,中华书局,2012,第231页。
② 《管子》(下),李山、轩新丽译注,中华书局,2019,第743页。
③ 刘向:《说苑》,王天海、杨秀岚译注,中华书局,2019,第382页。
④ 梁启超:《梁启超评历史人物合集·先秦卷:孔子传 老子传 管子传》,华中科技大学出版社,2018,第139页。
⑤ 司马迁:《史记》(三),中华书局,2011,第1892页。
⑥ 《管子》(上),李山、轩新丽译注,中华书局,第373页。
⑦ 据尹志章注,四者国之本,犹柱之石也,故曰石也。又据颜师古注,石,坚固如石也。"国之石民"指国家的基本力量,社会的重要支柱。
⑧ 《管子》(上),李山、轩新丽译注,中华书局,2019,第82页。

迁焉。是故其父兄之教不肃而成,其子弟之学不劳而能。夫是故商之子常为商。"①重视商人和商业的同时,强调市场自身的重要性:"市也者,劝也。劝者,所以起。本善而末事起……"②"市者,货之准也。"③"市者天地之财具也,而万人之所和而利也。"④管子提出加强市场规范化管理,关于市场的场地划分、行政教化、物价平抑、货物优劣、合同债务、市场治安等,均有专人负责。在一系列政策的规范和保障下,商品流通得以加速,商业规模快速壮大。

其二,发展对外贸易,减免关市赋税。齐国向来重商,自太公立国便通商工之业,便鱼盐之利,但当时的商业活动是否扩展到其他诸侯国,管仲之前,史料文献并未记载。管仲延续了太公望时期的重商传统,将贸易拓展到各诸侯国,并将之作为治道改革的重要内容。他设立专门机构,委派官吏负责对外贸易的相关事宜。"请以令,为诸侯之商贾立客舍,一乘者有食,三乘者有刍菽,五乘者有伍养,天下之商贾归齐若流水。"⑤为外来入齐的商人建立客栈,拥有一乘的商人,免费提供饭菜;拥有三乘的商人,免费提供饭菜和马匹饲料;拥有五乘及以上的商人,免费提供饭菜、马匹饲料和专属客服。事无巨细,强调对外贸易的重要意义,降低关税,吸引齐国以外的各地商人入齐。"关者,诸侯之陬隧也,而外财之门户也,万人之道行也。明道以重告之:征于关者,勿征于市;征于市者,勿征于关;虚车勿索,徒负勿入,以来远人,十六道同。身外事谨,则听其名,视其名,视其色,是其事,稽其德,以观其外。则无敦于权人,以困貌德。国则不惑,行之职也。问于边吏曰:小利害信,小怒伤义,边信伤德,厚和构四国,以顺貌德,后乡四极。令守法之官日,行度必明,无失经常。"⑥关税极低,信誉极佳,待遇极好,而利润极大,于是,"行此数年,而民归之如流水"⑦。

其三,强调法治,取财有道。"市者,货之准也。是故百货贱,则百利不得;百利不得,则百事治;百事治,则百用节矣。是故,事者生于虑,成于务,失于

---

① 《管子》(上),李山、轩新丽译注,中华书局,2019,第373-374页。
② 《管子》(下),李山、轩新丽译注,中华书局,2019,第601页。
③ 《管子》(上),李山、轩新丽译注,中华书局,2019,第76页。
④ 《管子》(上),李山、轩新丽译注,中华书局,2019,第456页。
⑤ 《管子》(下),李山、轩新丽译注,中华书局,2019,第1071页。
⑥ 《管子》(上),李山、轩新丽译注,中华书局,2019,第457页。
⑦ 《管子》(上),李山、轩新丽译注,中华书局,2019,第412页。

傲。不虑则不生,不务则不成,不傲则不失。故曰:市者可以知治乱,可以知多寡,而不能为多寡,为之有道。"①管子指出,发展商业、管理市场应采取辩证的方法,重视商业、尊重商人不等于纵容投机取巧、牟取暴利,而当以充实国家府库、提高百姓生活水平为最终目标和重中之重。"民人所食,人有若干步亩之数矣。计本量委则足矣,然而民有饥饿不食者,何也?谷有所藏也。人君铸钱立币,民庶之通施也,人有若干百千之数矣。然而人事不及、用不足者,何也?利有所并藏也。"②百姓耕种一定的田地,生产的粮食足够吃用;国家铸造发行钱币,预算了流通足够使用。老百姓却缺粮少钱,因为财富集中到极少数富商巨贾手里。管仲指出,对于那些囤积居奇、与民争富的恶性商业行为,应坚决杜绝制止,必要时当依法惩治。"万室之都,必有万钟之藏,藏襁千万;使千室之都,必有千钟之藏,藏襁百万。……故大贾蓄家不得豪夺吾民矣。"③这样做也是为了避免"贫富无度","贫富无度则失"④,"故凡不能调民利者,不可以为大治"⑤。"凡将为国……不能调通民利,不可以语制为大治。"⑥用后世的话来说,管仲认为,财富的分配应当考虑效率优先,同时兼顾社会公平。

管仲相齐,能够结合齐国地域特征,扬长避短,农、工、商并重兼顾,这显然比单纯重视传统农业、偏执一端要合理、科学,更加符合社会经济自身发展的规律。后世对此评价极高,称其"本末并利,上下俱足"⑦。

三、《管子》与齐国盐业

作为管子思想的集中体现,《管子》书中有关于先秦齐国盐业、盐政的诸多描绘,尤其以《海王》《地数》《轻重》等篇目最为集中。如《海王》载曰:

> 桓公问于管子曰:"吾欲藉于台雉,何如?"管子对曰:"此毁成也。""吾欲藉于树木?"管子对曰:"此伐生也。""吾欲藉于六畜?"管子对曰:

---

① 《管子》(上),李山、轩新丽译注,中华书局,2019,第76页。
② 《管子》(下),李山、轩新丽译注,中华书局,2019,第941-942页。
③ 《管子》(下),李山、轩新丽译注,中华书局,2019,第945页。
④ 《管子》(上),李山、轩新丽译注,中华书局,2019,第180页。
⑤ 《管子》(下),李山、轩新丽译注,中华书局,2019,第1013页。
⑥ 《管子》(下),李山、轩新丽译注,中华书局,2019,第941页。
⑦ 桓宽:《盐铁论》,陈桐生译注,中华书局,2015,第137页。

"此杀生也。""吾欲藉于人,何如?"管子对曰:"此隐情也。"桓公曰:"然则吾何以为国?"管子对曰:"唯官山海为可耳。"①

齐桓公,即历史上著名的公子小白,齐国第十六位国君。桓公初掌齐国时,国家内政混乱,民生凋敝多艰。齐桓公急于充盈国库,扩充兵力,争霸诸侯,围绕着如何富国强兵问政管仲。齐桓公分别提出,征收房屋税、林业税、畜牧税,以及老百姓人头税等办法,管仲逐一否定,并提出了自己的看法和意见。

桓公问管仲说:"如果征收房屋税,你意下如何?"管仲回答说:"这等于叫人们拆毁房子,不再建造。""如果征收树木税呢?"管仲回答说:"这等于叫人们砍伐幼苗,不再种植。""如果征收牲畜税呢?"管仲回答说:"这等于叫人们杀死幼畜,不再饲养。""如果征收人口税,又怎么样?"管仲回答说:"这等于叫人们收闭情欲,不再生育。"桓公说:"那寡人应当拿什么来管理国家呢?"管仲回答说:"只有将山林矿藏、滨海食盐资源进行专营才是最可行的。"

管仲对于赋税的看法和见解来源于自身贫穷的生活经验。管仲年轻时家贫,有过经商经历,对于商业较为了解。生活的苦难和磨砺,使管仲清楚认识到,充实国库,难免会殃及百姓利益,给混乱的政治带来更大的动荡不安。所以,国家赋税的设置,既要顾及百姓的能力和感受,又要充实国家府库。如果国家垄断盐铁,既而征收税收,那么就可以实现两者兼顾。

桓公曰:"何谓官山海?"管子对曰:"海王之国,谨正盐策。"桓公曰:"何谓正盐策?"管子对曰:"十口之家十人食盐,百口之家百人食盐。终月,大男食盐五升少半,大女食盐三升少半,吾子食盐二升少半,此其大历也。盐百升而釜。令盐之重升加分强,釜五十也;升加一强,釜百也;升加二强,釜二百也。钟二千,十钟二万,百钟二十万,千钟二百万。万乘之国,人数开口千万也,禺策之,商日二百万,十日二千万,一月六千万。万乘之国,正九百万也。月人三十钱之籍,为钱三千万。今吾非籍之诸君吾子,而有二国之籍者六千万。使君施令曰'吾将籍于诸君吾子',则必嚣号。今夫给之盐策,则百倍归于上,人无以避此者,数也。"②

---

① 《管子》(下),李山、轩新丽译注,中华书局,2019,第933页。
② 《管子》(下),李山、轩新丽译注,中华书局,2019,第934页。

这段文字,是理解管仲盐政思想的关键。桓公问:"什么叫官山海?"管仲回答说:"靠着海洋资源成就霸业的国家,就要注意盐税政策。"桓公问:"什么是盐税政策?"管仲回答说:"十口之家便有十人吃盐,百口之家便有百人吃盐。成年男子,人均每月吃盐将近五升半;成年女子,人均每月吃盐将近三升半;未成年人,人均每月吃盐将近二升半。这些都还只是大概数字。每百升为一釜(釜,春秋战国时,流行于齐国的一种量器),假如盐价每升增加半钱,一釜即可增收五十钱;每升增加一钱,一釜即可增收一百钱;每升增加二钱,一釜即可增收二百钱。以此类推,一钟可增收二千钱,十钟可增收二万钱,百钟可增收二十万钱,千钟可增收二百万钱。万乘大国,人口总数千万之上,合而算之,那么每日可征二百万,十日可征二千万,一月可征六千万钱。万乘大国,如果征收一百万人的人口税,人均每月征税三十钱,总数才不过三千万钱。而今,不需向任何人直接征税,就有相当于两个万乘大国的税收。如果君王发令,要对全国百姓征收人口税,定会引起举国百姓的不满;但若征税于盐,国人既不能避免,又不知不觉,此即为理财之法。"

"官","管"也。所谓"官山海",即"管山海",将山林矿藏资源、滨海鱼盐资源统统纳入国家管控范围。争霸诸侯需强兵,强兵需充分的物质保障,管仲深谙此理,故其"官山海"主要包含以下几个层次的内容。

其一,山川林泽等自然资源归国家所有,必须由国家统一管理。如《管子·山国轨》说道:"桓公曰:'何谓别群轨,相壤宜?'管子对曰:'有莞蒲之壤,有竹箭檀柘之壤,有氾下渐泽之壤,有水潦鱼鳖之壤。今四壤之数,君皆善官而守之……'"①又,《管子·地数》说道:"桓公问于管子曰:'请问天财所出,地利所在。'管子对曰:'山上有赭者其下有铁。上有铅者其下有银……此山之见荣者也。苟山之见荣者,谨封而为禁。有动封山者,罪死而不赦。有犯令者,左足入,左足断;右足入,右足断。……此天财地利之所在也。'"②管仲指出,山川林泽是上天赐予国家的天然财富,关系国计民生,不可或缺,也是国家百姓利益之所在。这些资源严禁私自开采,应纳入国家统一管理。

其二,吸取周厉王"好专利而不知大难"③的教训,还利于民。周厉王以

---

① 《管子》(下),李山、轩新丽译注,中华书局,2019,第954页。
② 《管子》(下),李山、轩新丽译注,中华书局,2019,第1000页。
③ 司马迁:《史记》(一),中华书局,2011,第125页。

前,国之百姓可进山樵采、下水捕捞。周厉王当政,"好专利而不知大难",贪婪暴戾,垄断一切收益,断绝百姓生计,结果,镐京发生暴动,周厉王被逐出京。管仲推行山林川泽归于国家所有的同时,允许民众开采狩猎,国家从中收取一定比例的赋税。如此一来,国家百姓两相受益,富民裕国上下两宜。如《管子·轻重甲》所说:"'……故为人君而不能谨守其山林菹泽草莱,不可以立为天下王。'桓公曰:'此若言何谓也?'管子对曰:'山林菹泽草莱者,薪蒸之所出,牺牲之所起也。故使民求之,使民藉之,因以给之。……'"①

其三,盐铁等关系国计民生的行业实行官营。所谓"官山海",其最重要的内容就是实行盐铁官营。盐铁是百姓生产生活的必需品,是销售最广、销量最大、获利最丰的商品。国家专卖,收入极丰,胜于征收其他一切赋税。因此,管仲建议"官山海",并制定了一系列民制官管、官运官销等盐铁官营之策。如国家负责运销,生产仍属百姓,调动生产积极性,将利益归还百姓;将赋税隐于价格之中,以间接税的形式向消费者征税,调节国家收入与百姓负担的比例关系;垄断管理,保持"天下轻,我独重"的优势,进行对外贸易商战,从其他诸侯国获取高额利润;等等。

这也是中国历史上最早的政府垄断盐铁专卖政策。自古及今,盐铁业一直是支撑国家财政的重要支柱,关系到国家的经济命脉和发展之基。政府控制盐铁专卖,扩大税收,既不损害国家利益,又不会造成百姓不满,也能充实国家府库。

> 桓公曰:"然则国无山海不王乎?"管子曰:"因人之山海假之。名有海之国雠盐于吾国,釜十五,吾受而官出之以百。我未与其本事也,受人之事,以重相推。此人用之数也。"②

桓公问管仲:"那么,没有山海资源的国家就不能成就王霸之业了吗?"管仲回答:"可以依靠别国的山海资源加以利用。让出产海盐的国家,把盐卖给本国,以每釜十五钱的价格买进,再统一以每釜一百钱的价格出售。本国虽然不参与制盐,但可以从别国购入,由此产生盈利。这是借他山之石进行生财的方法。"对于那些没有山海资源的国家来说,可以借鉴管仲此法,低买高卖,以

---

① 《管子》(下),李山、轩新丽译注,中华书局,2019,第1043页。
② 《管子》(下),李山、轩新丽译注,中华书局,2019,第936-937页。

获取巨利。

在分析了盐业蕴藏的巨大利润后,管仲建议将盐业生产纳入政府统一管理和调配。《地数》《轻重甲》分别写道:

> 桓公问于管子曰:"今亦可以行此乎?"管子对曰:"可。夫楚有汝汉之金,齐有渠展之盐,燕有辽东之煮。此三者亦可以当武王之数。……君伐菹薪,煮沸水为盐,正而积之三万钟,至阳春,请籍于时。"桓公曰:"何谓籍于时?"管子曰:"阳春农事方作,令民毋得筑垣墙,毋得缮冢墓,大夫毋得治宫室,毋得立台榭,北海之众毋得聚庸而煮盐。然盐之贾必四什倍。君以四什之贾,修河济之流,南输梁、赵、宋、卫、濮阳。恶食无盐则肿,守圉之本,其用盐独重。君伐菹薪,煮沸水以籍于天下,然则天下不减矣。"①

> 十月始正,至于正月,成盐三万六千钟。召管子而问曰:"安用此盐而可?"管子对曰:"孟春既至,农事且起。大夫无得缮冢墓,理宫室,立台榭,筑墙垣。北海之众无得聚庸而煮盐。若此,则盐必坐长而十倍。"桓公曰:"善。行事奈何?"管子对曰:"请以令粜之梁、赵、宋、卫、濮阳。彼尽馈食之也,国无盐则肿。守圉之国,用盐独甚。"桓公曰:"诺。"乃以令使粜之,得成金万一千余斤。②

上述两段文字,表述略有雷同,但要充分理解,需先清楚三处概念。

关于"渠展之盐"。著名史学家马非百注释道:"尹注彼处云:'渠展,齐地。沸水所流入海之处,可煮盐之所也。'何如璋云:'汝、汉二水在楚界,渠展齐地,辽东燕界。煮即煮盐。与上句互文。'今案:汝汉在秦汉时尝产黄金……《汉书·地理志》,齐地置有盐官者有勃海郡之章武,千乘郡,及琅邪郡之海曲、计斤、长广。不知此渠展系指何地。又燕地置有盐官者,有辽西郡之海阳及辽东郡之平郭。此谓准衡之数,不仅限于粟之一端而已。即楚国之黄金与燕齐之盐亦可同样为之……"③结合地理文献,并综合前人研究成果来看,"渠展之盐"指山东北部莱州湾一带丰富的海盐资源。

---

① 《管子》(下),李山、轩新丽译注,中华书局,2019,第1003页。
② 《管子》(下),李山、轩新丽译注,中华书局,2019,第1040-1041页。
③ 马非百:《管子轻重篇新诠》,中华书局,1979,第419页。

关于"煮沸水为盐"。学界历来注释不一。洪颐煊认为:"沸"应当作"沸"。何如璋认为,"沸"应当作"海"。闻一多认为,"沸"应当作"泲"。于鬯认为:"沸盖谓盐之质。盐者已煮之沸,沸者未煮之盐。海水之可以煮为盐者,正以其水中有此沸耳,故曰'煮沸水为盐'。"①"煮沸水为盐"当指将海水浓缩为卤水,进而煮卤水为盐。

关于"北海之众毋得聚庸而煮盐"。《管子》一书共有两处提到"北海之众毋得聚庸而煮盐",分别在《地数》《轻重甲》,涉及内容相似,但均未展开详细论述。"北海之众"显示,盐工不止一人,盐场不止一处,可见当时齐国民间"煮海为盐"已颇具规模,甚至十分壮观了。遗憾的是,详细情形,囿于文献,不可得知。

上述两段话的意思是,在阳春农耕伊始,下令百姓禁止筑墙、修坟,大夫不可营建宅邸楼台,并下令北海居民禁止煮盐。盐价势必上涨数十倍。君上沿着黄河、济水流域,将食盐南运至梁、赵、宋、卫等地出卖,必然可获暴利。粗食无盐,人就会浮肿,保家卫国,便无从谈起。齐国通过煮海为盐获利于天下,他国便不能削弱齐国了。管仲对齐国的海盐资源优势非常清楚,于是,下令将食盐纳入国家统一管制,实行官制、官收、官运、官销的专卖制度。政府统一征收食盐,从当年十月到次年正月,这期间正是燃料充足的季节,大量生产,共收海盐三万六千钟。随后,政府又下令禁止百姓擅自煮盐,造成供给与需求之间的巨大矛盾,通过人为干预,导致盐价上涨数倍至数十倍。同时,齐国对内陆诸国实施食盐禁运,加剧了盐价飞涨,此举赚得黄金一万一千多斤。"官山海"政策的施行,无论是对本国百姓进行管理,还是同周边国家进行贸易交换,都意味着可以占据主动。

"官山海"策略具体到盐业生产来说,一方面,国家严格管控食盐生产,只允许百姓在规定的时间和地区之内煮盐;另一方面,国家包揽了北海所产全部食盐,征而积之,统一管理。具体到盐业运销来说,设立盐官,对内,通过专门的行政组织机构,计口配盐;对外,利用地域优势和食盐专卖,对他国进行商战。食盐作为齐地特产,是其他诸侯国极度匮乏而又不可缺少的物品,垄断齐盐运销,即可获取丰厚利润。因此,"官山海"对于齐国来说,既是经济策略,也

---

① 马非百:《管子轻重篇新诠》,中华书局,1979,第420页。

是政治手段和军事谋略。

春秋战国时代,就食盐交换贸易来看,陈国,"通鱼盐之货,其民多贾"①;鲁国,猗顿"用盬盐起"②;齐国,刁间"逐渔盐商贾之利","起富数千万"。③ 整体来看,当时食盐的生产和贸易较为自由,官方较少干预。齐国最先将关系国计民生的盐业纳入官收、官运、官销、官营,实行统一管理。正是在管仲"官山海"等一系列积极财政政策的干预下,齐国积累了巨额财富,国富兵强,称雄诸侯。"桓公知天下诸侯多与己也,故又大施忠焉。可为动者为之动,可为谋者为之谋,军谭、遂而不有也,诸侯称宽焉。通齐国之鱼盐于东莱,使关市几而不征,以为诸侯利,诸侯称广焉。"④齐桓公清楚天下诸侯归心于己,愈加以诚待人,能帮则帮,广施援助。他率军征讨谭、遂二国,被天下诸侯颂赞宽厚;他将齐国鱼、盐进行流通贸易,并取消关税,被天下诸侯颂赞慷慨。齐桓公在四方诸侯和天下百姓那里赢得了"宽"和"广"的盛誉,最终成为一方霸主。

管仲辅佐齐桓公建立霸业之后,过了大约一百年,到了齐景公时,齐盐独一无二的价值和战略性意义再次凸显,再次上升到关系国家生死存亡的高度。

> 叔向曰:"齐其何如?"晏子曰:"此季世也,吾弗知齐其为陈氏矣。公弃其民,而归于陈氏。齐旧四量,豆、区、釜、钟。四升为豆,各自其四,以登于釜。釜十则钟。陈氏三量皆登一焉,钟乃大矣。以家量贷,而以公量收之。山木如市,弗加于山;鱼、盐、蜃、蛤,弗加于海。民参其力,二入于公,而衣食其一。公聚朽蠹,而三老冻馁,国之诸市,屦贱踊贵。民人痛疾,而或燠休之。其爱之如父母,而归之如流水。欲无获民,将焉辟之?箕伯、直柄、虞遂、伯戏,其相胡公、大姬已在齐矣。"⑤

叔向问:"齐国如何了?"晏婴回答:"末世将近,我也不知齐国何时将要属陈氏所有了。齐国国君抛弃了百姓,百姓只好选择归附陈氏。陈氏能看到百姓疾苦,林、鱼、盐、铁还利于民,不与百姓争利,得到了百姓的爱戴。齐国国君则不然,与民争利,刑法严苛,举国叛离,失去民心。

---

① 司马迁:《史记》(四),中华书局,2011,第2830页。
② 司马迁:《史记》(四),中华书局,2011,第2824页。
③ 司马迁:《史记》(四),中华书局,2011,第2841页。
④ 《国语》,陈桐生译注,中华书局,2013,第268页。
⑤ 杨伯峻编著《春秋左传注》(下),中华书局,2018,第1071-1072页。

（齐景公）曰："然则若之何？"（晏婴）对曰："不可为也：山林之木，衡鹿守之；泽之萑蒲，舟鲛守之；薮之薪蒸，虞候守之；海之盐、蜃，祈望守之。县鄙之人，入从其政；偪介之关，暴征其私；承嗣大夫，强易其贿。布常无艺，征敛无度；宫室日更，淫乐不违。内宠之妾，肆夺于市；外宠之臣，僭令于鄙。私欲养求，不给则应。民人苦病，夫妇皆诅。祝有益也，诅亦有损。聊、摄以东，姑、尤以西，其为人也多矣。虽其善祝，岂能胜亿兆人之诅？君若欲诛于祝、史，修德而后可。"公说，使有司宽政，毁关，去禁，薄敛，已责。①

齐景公问："该怎么办呢？"晏婴回答道："没办法了，山川林泽的资源和利益全都由国家严格管控，设置关卡，横征暴敛，巨额赋税，与民争利，严苛刑法。官员们没有责任感，百姓们没有尊严感。举国上下都陷入穷困痛苦之中，都在不满愤恨地咒骂。"齐景公听后，下令拆掉关卡，废除禁令，减轻赋税，豁免关税。

景公与晏子游于少海，登柏寝之台而还望其国，曰："美哉！泱泱乎，堂堂乎！后世将孰有此？"晏子对曰："其田成氏乎！"景公曰："寡人有此国也，而曰田成氏有之，何也？"晏子对曰："夫田成氏甚得齐民。其于民也，上之请爵禄行诸大臣，下之私大斗斛区釜以出贷，小斗斛区釜以收之。杀一牛，取一豆肉，余以食士。终岁，布帛取二制焉，余以衣士。故市木之价，不加贵于山；泽之鱼盐龟鳖蠃蚌，不贵于海。君重敛，而田成氏厚施。齐尝大饥，道旁饿死者不可胜数也，父子相牵而趋田成氏者不闻不生。故秦周之民相与歌之曰：'讴乎，其已乎！苞乎，其往归田成子乎！'《诗》曰：'虽无德与女，式歌且舞。'今田成氏之德而民之歌舞，民德归之矣。故曰：'其田成氏乎！'"②

齐景公与晏婴出游，景公登临远眺，不由感慨："如此恢弘盛大，何等雄伟壮观，不知后世谁会拥有这个国家呢？"晏婴回答："恐怕是田成子吧！"景公追问何故，晏婴回答称："田成子深得民心（内容与前文相似），故有此说。"

---

① 杨伯峻编著《春秋左传注》（下），中华书局，2018，第1235-1236页。
② 《韩非子》，高华平、王齐洲、张三夕译注，中华书局，2010，第465-466页。

仅上文诸例可知,"官山海"意义之重,不言而喻。后世不少统治者,也尝试借鉴管子治国思想,尤其是热衷于对盐铁等物资的垄断官营。最著名的莫过于汉武帝。为解穷兵黩武、连年拓边造成的财政之困,武帝重用桑弘羊等人,实行盐铁专卖。虽然也取得了一时成效,但由于社会积弊过重,推行过程中问题过多,致使社会经济几尽崩溃。此外,又有后世一些统治者以"官山海"之名,行谋私敛财之实,完全不顾民生,一味与民争利,则完全背离了管仲"官山海"的初衷。

汉魏以降,管仲思想历代都有大力推崇者和积极践行者。如唐代群臣奏议便时常称引管仲学说,以刘晏为代表的理财大臣还将其付诸理财实践。刘晏组织实施的盐铁改革,对于化解唐王朝财政危机起到了至关重要的作用。陆贽、白居易等,也纷纷对管仲轻重学说作出精当阐释。到了宋代,宋人对《管子》的阐释和运用更加精深。范仲淹运用轻重学说赈济灾民;欧阳修的"权商贾"与轻重论异曲同工;王安石借鉴轻重学说在改革变法中设置均输法、青苗法、市易法等,尝试纾解国家府库之困;苏轼、苏辙、张嵲、叶适、朱熹等纷纷撰文,解读管仲思想行之于世的可行性和实用性。

清人顾栋高在《春秋大事表》中评价管仲"官山海"说齐国"论其疆域形势险要,不如秦晋,幅员广远,不如吴楚,徒以饶有海盐,用管子之计,官山府海,遂成富强,为五伯首,岂惟地利,抑亦人谋之善也"①。近人梁启超亦充分肯定道:"此管子财政策之中坚也。以今语释之,则曰:盐与铁皆归政府专卖则已。……若盐,则自秦汉以迄今日,皆以为国家最大之税源。虽屡更其法,卒莫能废。即今世所谓文明国,其学者虽以盐税为恶税,倡议废止,然废者不过二三国。岂非以每人所课者极微,而政府所得者极丰乎?秦西各国之国税,前此皆以直接税为中坚,今则殆皆以间接税为中坚。盖负担之普及,收税费之节省,人民之不感苦痛,皆间接税之特长。若盐又间接税中最良之税品也。而首发明此策者,则管子也。"②郭沫若亦称:"齐桓公之所以能够划时代地成为五霸之首,在诸侯中出人头地,在这儿可以找得出它的物质根据。煮海为盐积累了资金,铸铁为耕具提高了农业生产。所以齐桓公称霸并不是仅仅由于产生

---

① 转引自张洪林:《清代四川盐法研究》,中国政法大学出版社,2012,第16页。
② 梁启超:《梁启超评历史人物合集·先秦卷:孔子传 老子传 管子传》,华中科技大学出版社,2018,第192页。

了一位杰出的政治家管仲,而是由于这位杰出的政治家找到了使国富民强的基本要素。"①如此等等,可知管仲"官山海"深远影响之万毫一端了。

当然,也有批评的声音,认为管仲首创盐铁专卖政策,是与民争利。如苏轼所撰《管仲无后》,其文曰:

> 《左氏》云:"管仲之世祀也,宜哉。"谓其有礼也。而管子之后,不复见于齐者。予读其书,大抵以鱼盐富齐耳。于然后知管子所以无后于齐者。孔子曰:"管仲相桓公,九合诸侯,一匡天下。微管仲,吾其被发左衽矣。"又曰:"桓公九合诸侯,不以兵车,管仲之力也。如其仁!如其仁!"夫以孔子称其仁,丘明称其有礼,然不救其无后,利之不可与民争也如此。桑弘羊灭族,韦坚、王鉷、杨慎矜、王涯之徒,皆不免于祸,孔循诛死,有以也夫。②

左丘明认为,管仲其人功绩之著、贡献之巨,足以使他受得起世世代代的供奉祭祀。孔子也极力夸赞他:"桓公九合诸侯,不以兵车,管仲之力也。如其仁!如其仁!"然而,管子的后代却不显于齐,推究原因,大概是因为他实行了"鱼盐富齐"的政策,与民争利,凡是与民争利的人都会受到惩罚。"鱼盐富齐",即指"官山海"策略。

苏轼这篇文章目的不在于批判管仲,而是另有所指。王安石变法对关系国计民生的一些主要物资实行"官榷",新法给百姓生活带来了诸多不便和切实痛苦。苏轼《山村五绝》写道:"老翁七十自腰镰,惭愧春山笋蕨甜。岂是闻韶解忘味,迩来三月不知盐。"王安石新法中严苛的盐法改革,致使许多百姓吃不起盐。这与苏轼一贯主张的"以官榷与民""毒莫深于夺民利"严重背离,所以,苏轼撰写了一系列诗文予以抨击,其目的还是呼吁政府"还利于民",实现"民富"和"国强"。

四、管仲与盐政之祖

管仲之世,周室衰微,四夷交侵,彼时"天子微弱,诸侯力政,皆叛不朝。众

---

① 转引自张洪林:《清代四川盐法研究》,中国政法大学出版社,2012,第16-17页。
② 苏轼:《中国古代名家诗文集 苏轼集》卷四,黑龙江人民出版社,2005,第1666页。

暴寡,强劫弱,南夷与北狄交侵,中国之不绝若线"①。桓公继位之初,国力衰微,威信降损。管仲能够充分利用齐地自然条件,"通商工之业,便鱼盐之利",大力发展经济生产,以至"人民多归齐,齐为大国"。管仲力挽狂澜之意义,有目共睹,日月可鉴。

《北堂书钞》卷一百四十六引刘桢《鲁都赋》描绘齐盐资源、生产与贸易,文曰:"又有咸池漭沆,煎炙赐春。焦暴溃沫,疏盐自殷。挹之不损,取之不动。"②同书又引徐干《齐都赋》描绘齐盐之利,文曰:"若其大利,则海滨博诸,溲盐是钟。"③

《战国策·齐策》曾这样描述齐国都城临淄的富足:"齐南有太山,东有琅邪,西有清河,北有渤海,此所谓四塞之国也。齐地方二千里,带甲数十万,粟如丘山。齐车之良,五家之兵,疾如锥矢,战如雷电,解如风雨。即有军役,未尝倍太山、绝清河、涉渤海也。临淄之中七万户,臣窃度之,下户三男子,三七二十一万,不待发于远县,而临淄之卒,固以二十一万矣。临淄甚富而实,其民无不吹竽、鼓瑟、击筑、弹琴、斗鸡、走犬、六博、蹋鞠者。临淄之途,车毂击,人肩摩,连衽成帷,举袂成幕,挥汗成雨,家敦而富,志高而扬。"④资源充盈,土地广阔,兵强马壮,人口殷实,生活富足,齐国称雄东方的图卷正在打开。

应该说,管仲盐政思想的价值和意义,不仅仅在于齐国,也不仅仅在于那个时代,而是对先秦以降、世世代代的盐业管理,乃至国家统一管理的各行各业,都产生了极为深远的影响。此后两千多年的封建王朝里,除个别时期以外,盐业几乎都由政府垄断专营。几百年之后,在西汉昭帝始元六年(公元前81年)那场著名的"盐铁会议"上,管仲的盐政思想仍然被御史大夫们和文学儒生们热烈讨论。简摘片段感受如下:

御史进曰:"昔太公封于营丘,辟草莱而居焉。地薄人少,于是通利末之道,极女工之巧。是以邻国交于齐,财畜货殖,世为强国。管仲相桓公,袭先君之业,行轻重之变,南服强楚而霸诸侯。今大夫君修太公、桓、管之术,总一盐铁,通山川之利而万物殖。是以县官用饶足,民不困乏,本末并

---

① 刘向:《说苑》,王天海译注,中华书局,2019,第373页。
② 虞世南:《北堂书钞》,天津古籍出版社,1988,第656页。
③ 虞世南:《北堂书钞》,天津古籍出版社,1988,第657页。
④ 《战国策》(上),缪文远、缪伟、罗永莲译注,中华书局,2012,第260页。

利,上下俱足,此筹计之所致,非独耕桑农也。"①

释文大意:御史进言说道,当初太公受封于营丘,开荒而居。齐国土地贫瘠,人口稀少,只好开展工商业,极力发展女工纺织,所以,邻国与齐国相结交,进行贸易,齐国成为强国。管仲担任桓公相国以后,承袭先君之政,实施轻重之策,大力改革,降服楚国,称霸天下。如今,我们仍应借鉴太公、桓公、管仲的办法,对于盐铁行业实行统筹管理。只有这样,农业和商业才能共同发展,朝廷和百姓都能富足。而所有这些,不是仅仅依靠耕田养蚕就能取得的。

汉代盐铁会议的结果是,盐业政策保持政府统一管理不变,这也显示出管仲"官山海"思想旷古耀今的智慧光辉。司马迁在《史记·平准书》中称赞管仲及其经济政策:"齐桓公用管仲之谋,通轻重之权,徼山海之业,以朝诸侯,用区区之齐显成霸名。"②管仲确为名副其实的"盐宗"。在历史的长河中,他又被后人进一步神化,成为庇佑盐商、盐民的盐业神仙。

汉代以后,泰州逐渐成为淮盐重要的转运地。成百上千的盐工,成年累月,川流不息,带来了城市的繁华。为祈求盐业兴旺,祭祀盐神的庙宇顺势建成。人们将管仲视为盐神,建造管王庙。庙中供奉着管仲、管娘娘两尊等身坐像,旁边陪祀四尊半人高的将官塑像。

清代同治元年(公元1862年),在两淮盐运使乔松年的主持下,泰州在管王庙基础上修筑盐宗庙,夙沙、胶鬲和管仲三位同被尊为盐宗。时任两淮盐运使的乔松年撰写了《新建盐宗庙记》,细数盐宗庙修建之缘由与始末。其文曰:

> 古圣人开美利之源,以贻万世,后人必有报祀之典以答其功,下至贩夫佣竖,亦知求其始事之人而奉祀之,若酒则杜康,茶则陆羽,其类甚夥。细犹若此,况其大乎?盐之资于人久矣,江淮间盐利尤饶,上以佐国赋,下以给民用。凡官商胥吏士大夫与市井纤夫,仰给于斯者无虑数万人,顾未尝求始事之人而祠之,无乃礼之缺欤。按,许叔重《说文》曰:"古者宿沙初作煮海盐。"鲁连子曰:"宿沙瞿子善煮盐。"皆未言为何时人。《世本》谓"夙沙作煮盐",而宋忠注乃目为齐灵公时之夙沙卫,此为妄言。卫能煮盐,何《左传》《国语》《史记》无一语及之。即以齐盐而论,当举管夷吾,亦

---

① 桓宽:《盐铁论》,陈桐生译注,中华书局,2015,第137页。
② 司马迁:《史记》(二),中华书局,2011,第1331页。

不当举卫。考郑夹漈《通志》引贾执《英贤传》:"炎帝时侯国夙沙氏。"罗泌《路史》注,谓"夙沙"即"宿沙",又作"质沙"。炎帝之诸侯煮海为盐,是《世本》之夙沙,即《说文》之宿沙,固宜从《路史》注,断为炎帝时诸侯无疑。乐史《寰宇记》载,解州安邑县有盐宗庙祀夙沙氏。谓之盐宗者,尊之也,是唐宋以来固已祀于解池。

咸丰十年(公元1860年)冬,予领盐司事,侨治海陵,询之诸曹,知千百年淮司未举斯祀,窃以为疑。古人于农则祀后稷,于蚕则祀西陵,至今由之。道光朝江苏疆吏以宋元间黄妪教民艺木棉有功,疏请祀为先棉,诏报可。盐之事重于木棉,夙沙之爵与年尊于黄妪,正当与后稷、西陵并隆终古。顾阒寂无闻,莫为报礼,岂非事之大可憾者哉。会兵警方急,未暇经营,至同治纪元,羽檄稍疏,四境清谧。偶过城西兰,若见所奉神不经,遂去其像而改祀夙沙氏,以商贤大夫胶鬲、齐相管夷吾为配,亦如解州之庙,题曰"盐宗"。

曩在京师见官建泉神祠,题曰"泉宗庙",盖取穆天子传河宗之义,以宗主为解与尊之之义,可互相发明。庙既新,偕寮寀陈酒醴牲牢罗拜于堂下,佥以为当于理履于心行之晚而不可废也。方乾嘉间,淮扬禺策所入可当天下租赋之半,官商上下皆宽然有余裕,贤者馆游士养食客,赒无告之民否? 则治园亭,教歌舞,岁靡金钱无算。至于琳宫梵宇亦踵华极丽,猥多而不可纪,乃于盐所自始者独漠然不以动念,岂果思不及此耶。抑考之未审而犹有所疑耶?夫以国家极盛之时,贤使者后先相望,其力足以举斯事而张大之,而卒无为之者,予强欲举之而军书杂沓、物力凋敝,仅仅得老屋数椽,聊以行吾敬,乃益叹时与人每不相及,凡不能乘时有所作为者为大可惜也。

祠南北各三楹,东西有厢,然甚狭隘,虽明禋已举犹惧不足以妥神。异日盐纲复畅,府有余财,当拓其堂庑,增其丹雘。庶称神灵之所依而满,奔走瞻拜者之意,是在后之君子毋失时矣。

二品衔两淮盐运使太原乔松年撰
前署四川盐茶道仪征吴文锡书。①

---

① 黄炳煜:《泰州盐宗庙》,载曾凡英主编《中国盐文化研究丛书》(第8辑),中国经济出版社,2015,第280-281页。

乔文指出，自古及今，食盐之于国富民强意义重大，但遗憾的是，从未对盐神、盐宗进行过专门祭祀。上古时代，即有夙沙氏煮海为盐。淮盐也兴盛了数千年，亦未曾听说进行过与盐神、盐宗相关的祭祀活动。泰州城西原有一座"明珠禅院"，供奉的是疟疾神。乔松年担任两淮盐运使时，淮盐当天下租赋之半，于是便将此禅院改为盐宗庙，祭祀夙沙氏、胶鬲和管仲。乔文还详细描写了盐宗庙的意义、规模、祭祀，以及前景展望。

清代同治十二年（公元1873年），扬州盐宗庙仿照泰州盐宗庙建造落成。同治年间纂修的《续纂扬州府志》记载显示："盐宗庙在南河下街康山旁，祀夙沙氏、胶鬲、管仲，同治十二年众商创建。"[1]光绪年间纂修的《重修两淮盐法志》载曰："淮南旧无盐宗庙，昉于运使乔松年创建于泰州，同治甲戌运使方浚颐辟康山旧址，踵建焉。……祠夙沙氏，祔以殷大夫胶鬲、齐相管夷吾。"[2]光绪年间纂修的《江都县续志》亦载曰："盐宗之立庙，新制也。扬州煮海利半天下，报本反始之义也。夙沙诸侯、胶（鬲）、管大夫，郡邑所得祀也。"[3]上述文献显示，从明代到清代，从管王庙到盐宗庙，虽然祭祀供奉的神祇有所变化，但盐商出资捐建盐宗庙，表明他们渴望得到盐宗襄佐庇佑的虔诚心意始终未变。

除了两淮盐区，四川省资中县罗泉镇所建的盐神庙，亦供奉管仲为盐神。罗泉镇的井盐开采，始于秦汉，历千年不衰。同治七年（公元1868年），资中盐商集资修建盐神庙。民国年间纂修的《资中县续修资州志》显示："盐神祠在罗泉镇，光绪初建，极闳，为业盐岁时集议之所。"[4]此座盐神庙供奉管仲为主神，火神、关羽为配神。除此之外，重庆市忠县涂井盐场奉管仲为盐圣，每年农历正月初二会定期举办祭祀管仲的系列活动。

时至今日，从民间流传广播的对联和俗语中，依然能看出人们对管仲这位盐宗先贤的尊崇与追念。附曰：

每从胶鬲寻高迹，不让夷吾擅霸功。

胶鬲高踪传隐世，夷吾道术足匡齐。

胶鬲生涯，桓宽名论；夷吾煮海，傅说和羹。

---

[1] 方浚颐等修纂《续纂扬州府志》卷五，同治十三年（公元1874年）刻本，第1页。
[2] 王定安等修纂《重修两淮盐法志》卷十四，光绪三十一年（公元1905年）刻本，第35页。
[3] 谢延庚等修纂《江都县续志》卷十八，光绪九年（公元1883年）刊本，第4页。
[4] 吴鸿仁等修纂《资中县续修资州志》，1929，资中昌文石铅印社铅印本。

蜃蛤鱼盐,太公遗策;官山府海,管子成书。

管子天下才,霸图表海盐专卖;东坡宦游地,吏隐即仙心太平。

第八章 五羖大夫

在历史文化名城南阳,流传着许多妇孺皆知的名人故事。其中,最古老、最富有传奇色彩的是"百里奚认妻",又称"相堂听琴""相堂认妻"。故事讲的是出身寒微的百里奚娶妻之后,外出求仕,经历坎坷,年近古稀,位列上卿。后来,他从弹琴的家奴中,认出阔别数十年的糟糠之妻,并与之相认。

翻阅与"盐文化"相关的著作和工具书,"百里奚"往往以"盐文化历史名人"的身份位列其中,如赵启林主编的《中国盐文化史》[1],宋良曦、林建宇、黄健等主编的《中国盐业史辞典》[2],宋举浦和静泓合著的《中国古盐》[3]。史书记载,百里奚曾作为奴隶,被秦穆公派遣盐商用五张羊皮从市场上买回,故百里奚又有"五羖大夫"之称。

一、百里奚其人

网传百里奚的生平事迹如下:

> 百里奚,为百里傒简作,亦称百里子或百里,百里氏;姓百里,名奚,字子明。春秋时楚国宛(今河南南阳市)人。秦穆公时贤臣,著名的政治家、思想家。百里奚是历史名城南阳涌现出的杰出人物之一,受到人民的爱

---

[1] 赵启林主编《中国盐文化史》,大象出版社,2009。
[2] 宋良曦、林建宇、黄健等主编《中国盐业史辞典》,上海辞书出版社,2010。
[3] 宋举浦、静泓:《中国古盐》,浙江古籍出版社,2011。

戴。据记载,百里奚去世后,秦国不论男女都痛哭流涕,连小孩子也不唱歌谣,正在舂米的人也因悲哀而不发出相应的号子。在当时其贡献是多方面的,在历史上有着极高的地位。史载百里奚"三置晋国之君"、"救荆州之祸"、"发教封内,而巴人致贡;施德诸侯,而八戎来服",使秦国成为春秋五霸之一,为秦国最终统一中国奠定了牢固基础。

查阅文献,似乎可对此作出一些补充和修正。

首先,关于百里奚的籍贯。古往今来,学界主要有三种说法,分别是:其一,虞(今山西省平陆县)人说。以孟子为代表,《孟子·万章》即曰:"百里奚,虞人也。"①今山西省平陆县槐下村被认为是百里奚故里。《平陆县志》将百里奚与许由(相传尧时高士)、巢父(相传尧时高士)、傅说、虞君(古虞国国君)、宫之奇、周仓并称"平陆七贤"。其二,秦(今陕西及甘肃部分地区)人说。以应劭为代表,《风俗通义·佚文二十七》载曰:"百里氏,秦百里奚之后。"②宋代郑樵《通志》③亦从此说。其三,宛(今河南省南阳市)人说。以司马迁为代表,《史记·李斯列传》中有"东得百里奚于宛"④之句。又,《史记·商君列传》载曰:"夫五羖大夫,荆之鄙人也。"⑤当时,宛地属楚,楚即荆也,故曰荆人。北魏郦道元《水经注·淯水》称:"淯水又南,梅溪水注之,水出县北紫山南,迳百里奚故宅。奚,宛人也……"⑥明、清两代所修《南阳府志》皆从此说;清代刘拱宸《南阳人物志》亦列百里奚于首。《南阳地区志》卷四十五《人物志》"百里奚"词条如下:

> 百里奚,字井伯,春秋楚国宛人。幼家贫,在齐游学时曾乞食于人,为蹇叔收留,因得不到齐的任用,投奔虞国,为大夫。周惠王二十二年(公元前655年),虞君不听奚言,为晋所灭,奚被俘。后秦穆公求婚于晋,晋献公将奚作为陪嫁奴送秦。奚不堪其辱,逃回楚地,被楚捉住,牧牛为生。后秦穆公闻知奚贤,遂以缉拿逃奴为由,用奴隶身价、五张羊皮将奚赎回,

---

① 《孟子》,方勇译注,中华书局,2010,第190页。
② 应劭:《风俗通义》,贵州人民出版社,1998,第498页。
③ 郑樵:《通志》,中华书局,2016。
④ 司马迁:《史记》(四),中华书局,2011,第2233页。
⑤ 司马迁:《史记》(三),中华书局,2011,第1976页。
⑥ 郦道元:《水经注校证》,陈桥驿校证,中华书局,2013,第697页。

拜为大夫,因号"五羖大夫"。奚相秦一年,勤理政务,平易近人,生活简朴,使秦大治,遂霸西戎。及卒,"秦国男女流涕,童子不歌谣,舂者不相杵"。①

其次,关于百里奚的姓名。今人学者杨伯峻旁征博引指出:"百里为氏,《吕氏春秋·不苟篇》称'百里奚'为'百里氏'可证。古书多简称'百里奚'为'百里',《荀子·成相篇》'子胥见杀百里徙'、《楚辞·惜往日》'闻百里之为虏'、《鹖冠子·备知篇》'秦用百里'、《世贤篇》'百里医秦'、《易林·随之复》'穆违百里'、《升之坤》'百里南行'皆可证。"②

结合古汉语来看,"百里"当为姓氏。而"奚"字,上从"爪",意为手;中间是"丝",指绳索;下面是"大",指的是人。"奚"字又通"傒",意思是颈上套着绳索的奴隶。《周礼·天官冢宰》载曰:"酒人,奄十人,女酒三十人,奚三百人。"③奄,宫中男仆宦官之类;女酒,女奴长于酒者;奚,从坐奴仆中稍有才智者。所以,也有学者认为,"百里奚"即指姓"百里"的奴隶,其中,"奚"与"孙膑"的"膑"相似,表示其身份。百里奚幼年家贫,流落异乡,曾为齐国蹇叔收容,欲至齐、周求仕,被蹇叔劝阻;后来,到虞国做了大夫。再后来,百里奚先后成为晋国俘虏、楚国奴隶。

在先秦文献中,有两则材料显示百里奚与食盐贸易颇有关联。

其一,是著名的《孟子·告子下》,文曰:

> 舜发于畎亩之中,傅说举于版筑之间,胶鬲举于鱼盐之中,管夷吾举于士,孙叔敖举于海,百里奚举于市。故天将降大任于是人也,必先苦其心志,劳其筋骨,饿其体肤,空乏其身,行拂乱其所为,所以动心忍性,曾益其所不能。④

虞舜躬耕历山,后得到天下;傅说被提拔于从事版筑苦工的奴隶之间,后成为殷高宗武丁的良相肱骨;胶鬲在贩卖鱼盐的市场上被周文王发现,辅佐文王、武王灭掉商纣王;管夷吾、孙叔敖、百里奚或出身寒微,或历经磨难,最终都

---

① 南阳地区史志编委总编室编《南阳地区志》,中州古籍出版社,1990,第2页。
② 杨伯峻编著《春秋左传注》(上),中华书局,2018,第293页。
③ 《周礼》(上),徐正英、常佩雨译注,中华书局,2014,第12页。
④ 《孟子》,方勇译注,中华书局,2010,第253页。

成为一代伟器。上述人物的共同之处在于,他们都曾历经苦难,后位居人上,而这些苦难或多或少与"盐"相关。虞舜曾于解池观盐,与盐民共唱《南风歌》。傅说辅佐殷高宗,被高宗武丁誉为"盐梅宰相"。胶鬲在贩卖鱼盐的市场上被周文王发现,又被奉为"盐商之祖"。管仲提出"官山海",奠定了我国最早的盐政思想与理论基础。百里奚曾做楚国奴隶,被秦国盐贩商人以五张羊皮的价格赎买,辅佐穆公成就霸业。孟子借这些人的经历感慨道:天将降大任于是人,必将使他们历经磨难,而后奋发有为,终有所成,即所谓"生于忧患,死于安乐"。

孟子所谓"百里奚举于市",历来实则存在争议,焦循《孟子正义》对此作了清晰注解:

> ……周氏柄中《辨正》云:"毛大可云:'食牛养牲,在田宅而不在市,以市宜贩畜,不宜牧畜也。举市与《史记》赎奚正相合。按字书,市训买,赎亦训买,故市货称赎货。举于市,犹言举于赎买间也。'按毛氏信《秦本纪》赎奚之说,不信《商君传》举之牛口之下之说,故以市为赎买。大抵养牲贩卖,初非二事。《说苑》:'秦穆公使贾人载盐,贾人以五羊皮买奚,使将盐车往。穆公视盐,见牛肥,曰:任重道远,而牛肥何也?奚对曰:食之以时,使之不暴,有险,先之以身。穆公知其贤,以为上卿。'然则百里奚为人养牲,即为人贩卖。以养牲言则曰举之牛口之下,以贩卖言则曰举于市,非有二也。"谨按:毛氏训市为买,与阎氏说同,是也。周氏以为贩牲于市,固为臆说,《说苑》言贾人以五羊皮买奚,因以说秦穆公,此正好事者所造自鬻于秦、以干秦穆公事也。①

焦循《孟子正义》辨析的重点在于"市"字。在古汉语中,"市"字可表示"买",亦可表示"卖",因此,前人对"百里奚举于市"大致有两种理解:一种认为百里奚从事饲养、贩卖牲畜的买卖,被秦穆公启用于市场之中;一种认为百里奚身为奴隶,为人饲养牲畜,秦穆公令盐商将其赎买,送至秦国。目前学界则一致认同焦循的观点,认为后者说法妥当。

其二,是西汉刘向编纂的杂史小说《说苑》卷二《臣术》:

---

① 焦循:《孟子正义》,沈文倬点校,中华书局,2017,第 719 页。

秦穆公使贾人载盐,征诸贾人,贾人买百里奚以五羖羊之皮,使将车之秦。秦穆公观盐,见百里奚牛肥,曰:"任重道远以险,而牛何以肥也?"对曰:"臣饮食以时,使之不以暴;有险,先后之以身,是以肥也。"穆公知其君子也,令有司其沐浴为衣冠与坐,公大悦。异日与公孙支论政,公孙支大不宁曰:"君耳目聪明,思虑审察,君其得圣人乎。"公曰:"然,吾悦夫奚之言,彼类圣人也。"公孙支遂归取雁以贺曰:"君得社稷之圣臣,敢贺社稷之福。"公不辞,再拜而受。明日,公孙支乃致上卿以让百里奚曰:"秦国处僻,民陋以愚无知,危亡之本也,臣自知不足以处其上,请以让之。"公不许,公孙支曰:"君不用宾相而得社稷之圣臣,君之禄也;臣见贤而让之,臣之禄也。今君既得其禄矣,而使臣失禄可乎?请终致之。"公不许。公孙支曰:"臣不肖而处上位是君失伦也,不肖失伦,臣之过,进贤而退不肖,君之明也,今臣处位,废君之德而逆臣之行也,臣将逃。"公乃受之。故百里奚为上卿以制之,公孙支为次卿以佐之也。①

秦穆公,春秋时期秦国国君,先后任用百里奚、蹇叔等一批贤臣,击败晋国,灭梁、灭滑,称霸西戎,后成为春秋五霸。上述这段文字讲的是,秦穆公尚未得到百里奚、秦国尚未强大之时,秦国积贫积弱,土地贫瘠,物产贫乏,许多生活必需品要到邻国购买。百里奚便由盐商们用"五张羊皮"买来,并负责运送食盐至秦。盐运过程中,百里奚将拉盐车的牛照料得又肥又壮。秦穆公观盐,发现这些拉盐车的牛儿,虽然长途跋涉,但都膘肥体壮,很感兴趣,便问百里奚其中缘故。百里奚回答:"按时喂养它们,从不粗暴对待它们,如遇危险,定会保护它们,因此,它们个个膘肥体壮。"秦穆公听他这么讲,知道他有君子之风,让侍臣侍奉百里奚沐浴冠衣,然后与他亲切交谈。百里奚对许多问题都有独到见解,秦穆公封其为上卿,令其辅佐朝政。《说苑》这段文字中,还穿插了"公孙支让贤"的情节,使本具传奇色彩的故事更加一波三折,引人入胜。

《吕氏春秋·孝行览·慎人》中亦有关于"公孙枝举贤百里奚"的情节:

百里奚之未遇时也,亡虢而虏晋,饭牛于秦,传鬻以五羊之皮。公孙枝得而说之,献诸缪公,三日,请属事焉。缪公曰:"买之五羊之皮而属事

---

① 刘向:《说苑》,王天海译注,中华书局,2019,第96—97页。

焉,无乃天下笑乎?"公孙枝对曰:"信贤而任之,君之明也;让贤而下之,臣之忠也;君为明君,臣为忠臣。彼信贤,境内将服,敌国且畏,夫谁暇笑哉?"缪公遂用之。谋无不当,举必有功,非加贤也。使百里奚虽贤,无得缪公,必无此名矣。今焉知世之无百里奚哉?故人主之欲求士者,不可不务博也。①

百里奚未遇明主时,从虞国逃亡,在晋国被俘,后来又在秦国以养牛为生,以五张羊皮之价被人贱卖。公孙枝得百里奚,十分赏识他,将其推荐给了秦穆公,并请求委以官职。穆公因百里奚系五张羊皮买来,担心委之官职会被世人耻笑。公孙枝谏言,明主贤君当任人唯贤。穆公于是听从公孙枝的建议,重用了百里奚。像百里奚这样的千里马,世代常有;而像公孙枝这样善于发现人才的伯乐,像秦穆公这样善于用贤的明君,却并非世代都有。

百里奚故事广为流传,但关于他的生平事迹,缺乏系统梳理与全面关注。本文试作钩沉。

二、"五羖大夫"百里奚

先秦不少文献中,都存有关于百里奚"饭牛""为虏""干谒穆公"的事迹记载。如:

> 百里奚,秦国之饭牛者也,穆公举而相之……②
> 百里奚爵禄不入于心,故饭牛而牛肥,使秦穆公忘其贱,与之政也。③
> ……百里奚为虏,皆所以干其上也。④

此外,《孟子·万章上》载曰:

> 万章问曰:"或曰:'百里奚自鬻于秦养牲者五羊之皮,食牛,以要秦缪公。'信乎?"
> 孟子曰:"否,不然。好事者为之也。百里奚,虞人也。晋人以垂棘之

---

① 吕不韦:《吕氏春秋校释》,陈奇猷校释,上海古籍出版社,2002,第810页。
② 《管子》(下),李山、轩新丽译注,中华书局,2019,第748页。
③ 郭庆藩:《庄子集释》,王孝鱼点校,中华书局,2013,第635页。
④ 《韩非子》,高华平、王齐洲、张三夕译注,中华书局,2010,第119页。

璧与屈产之乘,假道于虞以伐虢。宫之奇谏,百里奚不谏。知虞公之不可谏而去,之秦,年已七十矣。曾不知以食牛干秦缪公之为污也,可谓智乎? 不可谏而不谏,可谓不智乎? 知虞公之将亡而先去之,不可谓不智也。时举于秦,知缪公之可与有行也而相之,可谓不智乎? 相秦而显其君于天下,可传于后世,不贤而能之乎? 自鬻以成其君,乡党自好者不为,而谓贤者为之乎?"①

焦循《孟子正义》疏曰:

> 毛氏奇龄《四书剩言》云:"《孟子》百里奚事,赵岐注谓'奚自卖五羖羊皮,为人养牛'。卖己物以养人牛,贫而不吝,可以为要誉之具,此依文度事,其解不过如此。实则百里五羊,有必不可解者。奚旧称五羖大夫,其人全以此得名,是必有一五羊实事,流传人间,乃言人人殊。如《扊扅之歌》曰'百里奚新娶我今五羊皮',是聘物也。又曰'西入秦,五羊皮',则携作客赞者也。《史记》'百里奚亡秦走宛,楚鄙人执之,缪公以五羊之皮赎之归秦',是又赎奚物也。其不可凭如此。若谓得五羊之皮为之食牛,从来无此说,且此亦何足要誉。赵氏去古未远,或有师承。"赵氏佑《温故录》云:"百里奚有五羖大夫之称,孟子亦言其举于市,则养牛之言非无据。但谓以要秦缪公,非耳。注'人言百里奚自卖五羖羊皮为人养牛',当读卖字为句,卖下五上脱一'得'字。遂似奚自有羊卖之,反为人牧,理所必无,毛西河不审而妄争。"②

孟子的得意弟子万章,就百里奚卖身为奴、饭牛干谒等事请教孟子。孟子结合史书记载和世俗看法,连同"智"与"贤"的问题,进行了阐释回答。这段文字采用设问写法,有问有答。先是万章提出问题:有人认为百里奚卖身为虏,饲牧养牛,是为了接近穆公,真的是这样吗? 接着写孟子的耐心解答,答案是否定的。在孟子看来,百里奚所作所为理由有三:第一,他知道虞国国君昏庸,因此放弃劝谏;第二,他知道虞国将要灭亡,因此离开虞国;第三,他知道秦穆公将要有所作为,故而前去辅佐。孟子进一步生发议论:知者,智也;贤者,

---

① 《孟子》,方勇译注,中华书局,2010,第190页。
② 焦循:《孟子正义》,沈文倬点校,中华书局,2017,第549-550页。

能也;有智而不能,不可以谓之贤。百里奚在虞国不受重视,而能够见微知著,预见未来;到了秦国以后,受到秦穆公重用,是因为他本人有才,有智,有贤。最后,孟子指出,那些认为百里奚"饭牛""为虏"是为了"干谒穆公"的说法,都是"好事者为之",纯属无稽之谈。

关于"百里奚"较为集中的记载,分别见于《左传》和《史记》,两部作品呈现出的百里奚形象不甚相同。以下分别试作分析。

(一)《左传》中的百变"百里奚"

遍检《左传》,并未出现百里奚之名。然在僖公十三年(公元前647年)、僖公三十二年、僖公三十三年、文公元年(公元前626年)、文公二年等诸章中,分别出现了百里、孟明、百里孟明视、孟明视等不同称谓。

其一,百里。

> 冬,晋荐饥,使乞籴于秦。……(秦伯)谓百里:"与诸乎?"对曰:"天灾流行,国家代有。救灾、恤邻,道也。行道,有福。"丕郑之子豹在秦,请伐晋。秦伯曰:"其君是恶,其民何罪?"秦于是乎输粟于晋,自雍及绛相继,命之曰泛舟之役。①

僖公十三年冬,晋国由于连年歉收而再次发生了饥荒,便派人求助于秦。同为穆公政客,子桑、百里、丕郑之子丕豹分别给出了不同的建议。子桑同意助晋,权衡的是政治得失;百里同意助晋,考虑的是百姓利弊;丕豹建议趁机攻打晋国。秦穆公审慎考虑之后,接受了子桑、百里的建议,输粟于晋。运送粮食的队伍自雍城至绛城,接连不绝,人称"泛舟之役"。

此之"百里",大灾当前,民生为重,敌国之百姓亦为天下之百姓,劝谏穆公输粟于晋,以赈其饥荒。尤其是"救灾、恤邻""行道,有福",这样的话,显示出其心胸宽广,格局宏大,境界高远。学界一致认为,此之"百里"当为百里奚。

其二,孟明、孟明视、百里孟明视。

> 杞子自郑使告于秦曰:"郑人使我掌其北门之管,若潜师以来,国可得也。"穆公访诸蹇叔。蹇叔曰:"劳师以袭远,非所闻也。师劳力竭,远主备

---

① 杨伯峻编著《春秋左传注》(上),中华书局,2018,第293-294页。

之,无乃不可乎?师之所为,郑必知之,勤而无所,必有悖心。且行千里,其谁不知?"公辞焉。召孟明、西乞、白乙,使出师于东门之外。蹇叔哭之,曰:"孟子,吾见师之出而不见其入也!"公使谓之曰:"尔何知?中寿,尔墓之木拱矣。"①

秦将杞子派人报告秦穆公,自己掌管有郑国都城北门的钥匙,可以偷偷出兵攻打。穆公咨询蹇叔的意见,蹇叔认为兴师动众,远程作战,胜算不大。穆公出兵心意已决,召集孟明、西乞、白乙诸将,发兵东门。蹇叔哭师,穆公不悦。这段文字,便是著名的"殽之战"的前奏和序曲。秦国劳师袭远,郑国有备迎战,此战结果可想而知。

夏四月辛巳,败秦师于殽,获百里孟明视、西乞术、白乙丙以归。……文嬴请三帅……公使阳处父追之,及诸河,则在舟中矣。释左骖,以公命赠孟明。孟明稽首曰:"君之惠,不以累臣衅鼓,使归就戮于秦,寡君之以为戮,死且不朽。若从君惠而免之,三年将拜君赐。"②

僖公三十三年夏四月辛巳日,晋军在殽山大败秦军,俘虏了秦将百里孟明视、西乞术、白乙丙三人。文嬴请求释放百里孟明视等三人,晋襄公先是同意,接着被先轸一番话说得后悔了,就派阳处父去追赶,追到黄河边上,孟明等人已登上船离岸了。阳处父以赠送骖马为由,试图诱骗他们返回。孟明拜谢晋襄公不杀之恩,并表示必报此仇的决心。

在这段文字之前,还有一段:"三十三年春,秦师过周北门,左右免胄而下,超乘者三百乘。王孙满尚幼,观之,言于王曰:'秦师轻而无礼,必败。轻则寡谋,无礼则脱。入险而脱,又不能谋,能无败乎?'"③秦晋殽之战发生时,距离前文秦赈晋灾已经过去了二十年。由秦军行状、战败举动推测,孟明性格率意直爽,与前文老成稳重的百里,截然不同。

殽之役,晋人既归秦帅,秦大夫及左右皆言于秦伯曰:"是败也,孟明之罪也,必杀之。"秦伯曰:"是孤之罪也。周芮良夫之诗曰:'大风有隧,贪人败类。听言则对,诵言如醉。匪用其良,覆俾我悖。'是贪故也,孤之

---

① 杨伯峻编著《春秋左传注》(上),中华书局,2018,第418-419页。
② 杨伯峻编著《春秋左传注》(上),中华书局,2018,第426-427页。
③ 杨伯峻编著《春秋左传注》(上),中华书局,2018,第422-423页。

谓矣。孤实贪以祸夫子,夫子何罪?"复使为政。①

秦晋殽之战后,晋人放了孟明等三位主帅回秦,众人建议穆公,战败皆因孟明之失,其罪当斩。穆公反思己过,引用周朝芮良夫之诗说明,正是由于自己的贪婪,导致了孟明等众秦将的战败,错不在孟明。穆公决定重新任用孟明执政。

> 二年春,秦孟明视帅师伐晋,以报殽之役。二月,晋侯御之,先且居将中军,赵衰佐之。王官无地御戎,狐鞫居为右。甲子,及秦师战于彭衙,秦师败绩。晋人谓秦"拜赐之师"。②

鲁文公二年春,秦孟明视率军攻晋以报殽之战。晋襄公亲自率军抗秦,秦晋双方在彭衙交战,秦军大败。晋军用殽之战时孟明所说的"三年将拜君赐"嘲笑秦军为"拜赐之师"。

> 秦伯伐晋,济河焚舟,取王官及郊,晋人不出。遂自茅津济,封殽尸而还。遂霸西戎,用孟明也。君子是以知"秦穆之为君也,举人之周也,与人之壹也;孟明之臣也,其不解也,能惧思也;子桑之忠也,其知人也,能举善也。《诗》曰,'于以采蘩?于沼、于沚。于以用之?公侯之事',秦穆有焉。'夙夜匪解,以事一人',孟明有焉。'诒厥孙谋,以燕翼子',子桑有焉"。③

秦穆公攻晋,渡过黄河,破釜沉舟,于是,攻取了晋国的王官近郊。晋人吓得不敢出战,秦军从茅津渡河,到崤山埋葬战士遗骨而还。穆公称霸西戎,孟明功不可没。穆公身为国君,善于用人,用人不疑;孟明身为人臣,勤勉不懈,担君之忧;子桑忠心耿耿,善于知人,善于举荐。关于子桑善于知人、善于举荐,遍检《左传》,并无关于子桑举荐孟明视的记载。然而《吕氏春秋·孝行览》中,有公孙枝(即子桑)举荐百里奚的情节。前文有述,兹不赘。作者分别用《诗经》之《召南·采蘩》《大雅·烝民》《大雅·文王有声》中的优美诗句颂赞三人,再合适不过了。

---

① 杨伯峻编著《春秋左传注》(上),中华书局,2018,第442页。
② 杨伯峻编著《春秋左传注》(上),中华书局,2018,第444页。
③ 杨伯峻编著《春秋左传注》(上),中华书局,2018,第452-454页。

上述五段文字皆围绕秦晋殽之战展开,内容情节和人物性格皆具有延续性,故而可以认为,孟明、孟明视、百里孟明视当为同一人,即穆公时秦国贤臣。

其三,百里奚。

上文所引《左传·文公三年》所谓"遂霸西戎,用孟明也",同时见于诸多典籍。如:

> 四国为一,将以攻秦。秦王召群臣宾客六十人而问焉,曰:"四国为一,将以图秦,寡人屈于内,而百姓靡于外,为之奈何?"群臣莫对。……姚贾曰:"太公望,齐之逐夫,朝歌之废屠,子良之逐臣,棘津之雠不庸,文王用之而王。管仲,其鄙人之贾人也,南阳之弊幽,鲁之免囚,桓公用之而伯。百里奚,虞之乞人,传卖以五羊之皮,穆公相之而朝西戎。文公用中山盗,而胜于城濮。此四士者,皆有诟丑,大诽天下,明主用之,知其可与立功。使若卞随、务光、申屠狄,人主岂得其用哉?故明主不取其污,不听其非,察其为己用。故可以存社稷者,虽有外诽者不听;虽有高世之名,无咫尺之功者不赏。是以群臣莫敢以虚愿望于上。"①

荆、吴、燕、代四国联合攻秦。秦王召集群臣问计,当如何应对。群臣们沉默不语,姚贾给出了策略:招贤纳士。……姚贾回答,吕尚遇到文王之前,不过是无人问津的老叟,但文王肯重用他,君臣携手,开国立朝。管仲遇到齐桓公之前,不过是边鄙之地的小贩,但齐桓公肯重用他,九合诸侯,成就霸业。百里奚遇到穆公之前,不过是虞国乞丐,身价只抵五张羊皮,但秦穆公肯重用他,八国来朝,遂霸西戎。晋文公任用中山小偷,取得了城濮之战的胜利。所以,明君治理天下关键是善于用人,不应视其短,而应视其长。

又,李斯《谏逐客书》曰:"缪公求士,西取由余于戎,东得百里奚于宛,迎蹇叔于宋,来丕豹、公孙支于晋。此五子者,不产于秦,而缪公用之,并国二十,遂霸西戎。"②历举五人,下及丕豹,却只字未提《左传》"遂霸西戎,用孟明也"。凡此种种,皆可推测,百里奚、孟明视当为同一人。

其四,百里子。

在《春秋穀梁传》和《春秋公羊传》中,关于殽之战有这样的描写:

---

① 《战国策》(上),缪文远、缪伟、罗永莲译注,中华书局,2012,第229-232页。
② 司马迁:《史记》(四),中华书局,2011,第2233页。

> 秦伯将袭郑,百里子与蹇叔子谏曰:"千里而袭人,未有不亡者也。"秦伯曰:"子之冢木已拱矣,何知!"①

> 秦伯将袭郑,百里子与蹇叔子谏曰:"千里而袭人,未有不亡者也。"秦伯怒曰:"若尔之年者,宰上之木拱矣。尔曷知。"师出,百里子与蹇叔子送其子,而戒之曰:"尔即死,必于殽之嵚岩,是文王之所辟风雨者也。吾将尸尔焉。"子揖师而行,百里子与蹇叔子从其子而哭之。秦伯怒曰:"尔曷为哭吾师。"对曰:"臣非敢哭君师,哭臣之子也。"②

两段文字就内容来说,与《左传》大同小异。主要差别有两点:一则,战事时间不同。《左传》记录发生在僖公三十二年,《春秋公羊传》《春秋穀梁传》记录发生在僖公三十三年。古代作战,涉及事无巨细的备战,长途跋涉的行军,天时、地利、人和等诸多因素。记录有误,当为常见。二则,人物名字不同。《左传》显示,穆公访诸蹇叔,蹇叔谏言勿战,穆公怒斥蹇叔,孟明诸将出师。从行文看,孟明年龄明显小于穆公、蹇叔。《春秋公羊传》《春秋穀梁传》显示,蹇叔和百里子就穆公出师直谏,从穆公所谓"若尔之年者",以及"从其子而哭之"来看,蹇叔和百里子年龄相若,且较为高龄。由此推知,《左传》中的孟明,与《春秋公羊传》《春秋穀梁传》中的百里子,应当不是同一人。

通过文献比照互参,结合前人考证,得出结论:百里奚、孟明视或为同一人。孟明视,即百里孟明视,姓百里,名视,字孟明,又名百里奚,秦大夫。③

(二)《史记》中的贤良"百里奚"

相较于先秦文献的零星散漫,司马迁《史记》中有关百里奚的材料最为富赡。司马迁《史记》并未对百里奚专门立传,但是,这位贤相的事迹散见于全书八篇不同的文章之中,分别是《秦本纪》《晋世家》《老子韩非列传》《孟子荀卿列传》《鲁仲连邹阳列传》《李斯列传》《蒙恬列传》《淮阴侯列传》等。正是借助于这些不同的篇章、不同的事件和不同的角度,司马迁完成了对百里奚"横看成岭侧成峰"的立体刻画。

---

① 《春秋穀梁传》,徐正英、邹皓译注,中华书局,2016,第319页。
② 《春秋公羊传》,黄铭、曾亦译注,中华书局,2016,第335-336页。
③ 马非百:《百里奚与孟明视为一人辨》,《历史研究》1980年第3期。

其一,《史记·晋世家》中的"俘囚大夫"。

> 是岁也,晋复假道于虞以伐虢。虞之大夫宫之奇谏虞君曰:"晋不可假道也,是且灭虞。"虞君曰:"晋我同姓,不宜伐我。"宫之奇曰:"太伯、虞仲,太王之子也,太伯亡去,是以不嗣。虢仲、虢叔,王季之子也,为文王卿士,其记勋在王室,藏于盟府。将虢是灭,何爱于虞?且虞之亲能亲于桓、庄之族乎?桓、庄之族何罪,尽灭之。虞之与虢,唇之与齿,唇亡则齿寒。"虞公不听,遂许晋。宫之奇以其族去虞。其冬,晋灭虢,虢公丑奔周。还,袭灭虞,虏虞公及其大夫井伯百里奚以媵秦穆姬,而修虞祀。①

晋献公二十二年(公元前655年),晋国向虞国借道讨伐虢国。虞国大夫宫之奇劝谏虞君说:"不能把路借给晋国,否则晋国会灭掉虞国。……虞国与虢国关系,就如同唇与齿的关系,唇亡齿寒。"虞国国君不听宫之奇劝告,答应借路给晋国。……这年冬天,晋国灭掉虢国,虢公丑逃至周。晋军返程时灭掉虞国,俘虏了虞国国君和大夫井伯、百里奚作为献公女儿秦穆姬的陪嫁人,并派人到虞国举行祭祀。

其二,《史记·秦本纪》中的"五羖大夫"。

> 五年,晋献公灭虞、虢,虏虞君与其大夫百里傒,以璧马赂于虞故也。既虏百里傒,以为秦缪公夫人媵于秦。百里傒亡秦走宛,楚鄙人执之。缪公闻百里傒贤,欲重赎之,恐楚人不与,乃使人谓楚曰:"吾媵臣百里傒在焉,请以五羖羊皮赎之。"楚人遂许与之。当是时,百里傒年已七十余。缪公释其囚,与语国事。……语三日,缪公大说,授之国政,号曰五羖大夫。②

秦缪公五年(公元前655年),晋献公诡诸重金贿赂虞国国君和重要大臣,随即灭了虢国和虞国。之后,晋献公把百里傒当作秦缪公夫人的陪嫁奴隶送到秦国。百里傒从秦国逃到宛地,不幸被楚国边境人抓获。秦缪公听说百里傒贤能,想用重金赎他,又担心楚人不同意,便告诉楚人:"愿用五张黑羊皮赎回。"楚人同意了。这个时候,百里傒已经年近古稀,缪公同他商议国事。……

---

① 司马迁:《史记》(三),中华书局,2011,第1494页。
② 司马迁:《史记》(一),中华书局,2011,第162页。

谈论了三天三夜,缪公大悦,委以国政。因此,世称百里傒为"五羖大夫"。

其三,《史记·老子韩非列传》等篇中的"饭牛贤相"。

> 伊尹为庖,百里奚为虏,皆所由干其上也。故此二子者,皆圣人也,犹不能无役身而涉世如此其污也,则非能仕之所设也。①

> 伊尹负鼎而勉汤以王,百里奚饭牛车下而缪公用霸,作先合,然后引之大道。②

> 故百里奚乞食于路,缪公委之以政;宁戚饭牛车下,而桓公任之以国。此二人者,岂借宦于朝,假誉于左右,然后二主用之哉?感于心,合于行,亲于胶漆,昆弟不能离,岂惑于众口哉?故偏听生奸,独任成乱。③

> 昔缪公求士,西取由余于戎,东得百里奚于宛,迎蹇叔于宋,来丕豹、公孙支于晋。此五子者,不产于秦,而缪公用之,并国二十,遂霸西戎。④

> 仆闻之,百里奚居虞而虞亡,在秦而秦霸,非愚于虞而智于秦也,用与不用,听与不听也。⑤

上述几段文字,司马迁分别将百里奚与不同人物进行比较,如与伊尹、宁戚(春秋卫惠公时人,出身贫穷,后帮助齐桓公称霸)、由余(春秋时晋国人,流亡戎地,后帮助秦穆公称霸)、蹇叔、丕豹、公孙支等。这一方面为了说明,英雄不分出处,是金子总会发光,何况是在人才至关重要的春秋乱世。另一方面,也是为了论证,人才固然重要,明君的慧眼更加重要。所谓"千里马常有,而伯乐不常有"。正是因为君主贤明,慧眼识才,爱才若渴,这些人才才能够最终被发现、被重用,最终成就了"君明臣贤"的佳话。在这些文字中,太史公出于论证之需,将百里奚其人其事勾勒得十分简略,几乎都是一笔带过。

司马迁在《史记·商君列传》中借他人之口称颂百里奚的德行和成就,还描写了百里奚去世以后,秦地人民自发的怀念和追思。文曰:

> 千羊之皮,不如一狐之掖;千人之诺诺,不如一士之谔谔。……夫五羖大夫,荆之鄙人也。闻秦缪公之贤而愿望见,行而无资,自粥于秦客,被

---

① 司马迁:《史记》(三),中华书局,2011,第1909页。
② 司马迁:《史记》(三),中华书局,2011,第2067页。
③ 司马迁:《史记》(三),中华书局,2011,第2176—2177页。
④ 司马迁:《史记》(四),中华书局,2011,第2233页。
⑤ 司马迁:《史记》(四),中华书局,2011,第2296页。

褐食牛。期年,缪公知之,举之牛口之下,而加之百姓之上,秦国莫敢望焉。相秦六七年,而东伐郑,三置晋国之君,一救荆国之祸。发教封内,而巴人致贡;施德诸侯,而八戎来服。由余闻之,款关请见。五羖大夫之相秦也,劳不坐乘,暑不张盖,行于国中,不从车乘,不操干戈,功名藏于府库,德行施于后世。五羖大夫死,秦国男女流涕,童子不歌谣,舂者不相杵。此五羖大夫之德也。①

这段文字,热烈激昂,饱含深情。司马迁对于这位"五羖大夫"不吝赞美,借他人之口说道,千张羊皮不如一领狐腋贵重,千人附和不如一句诤言有用。……五羖大夫,是楚国乡下人,卖身为奴,给人喂牛,为的是投靠贤明的秦缪公。……五羖大夫出任秦相,繁忙劳累,从不坐车;烈日炎炎,从不打伞;访遍国中,不用随从。其功名必当载于史册,藏于府库;其德行必传于后世,教化于民。五羖大夫死时,秦国人民都痛哭流涕,连小孩子都懂得为其哀悼。

三、"另类盐宗"百里奚

综观司马迁《史记》中关于百里奚的文字片段,有两处值得推敲。一则,"百里奚"与"穆公"同时出现时,司马迁往往以"缪公"称"穆公"。二则,虽然语焉不详,但《史记》应该是曲笔记录了"百里奚之死"这桩千古公案。如《史记·蒙恬列传》载曰:

> 昔者秦穆公杀三良而死,罪百里奚而非其罪也,故立号曰"缪"。昭襄王杀武安君白起,楚平王杀伍奢,吴王夫差杀伍子胥,此四君者,皆为大失,而天下非之,以其君为不明,以是籍于诸侯。故曰"用道治者不杀无罪,而罚不加于无辜"。②

大意是说,秦穆公曾杀死车氏三良(车氏三良,即车氏的三个儿子——奄息、仲行和鍼虎,皆为贤臣,为秦国立下汗马功劳。秦穆公薨逝,三子人殉,国人痛惜)为他殉葬,判处百里奚以不应得的罪名,因此,死后谥号为"缪"。昭

---

① 司马迁:《史记》(三),中华书局,2011,第1976-1977页。
② 司马迁:《史记》(四),中华书局,2011,第2256页。

襄王杀死武安君白起,楚平王杀死伍奢,吴王夫差杀了伍子胥,这都是四位国君的大过,故而遭到天下非议,认为他们不是明君,在诸侯国中也是声名狼藉。所以说:"用道义治理国家者,不杀害无辜臣民,不施刑罚于无辜之人。"

秦穆公罪责忠良百里奚,故而谥号为"缪"。关于这件事,其他史书也有提及。除了《史记·蒙恬列传》,还有汉代应劭的《风俗通义·皇霸》。王利器《风俗通义校注》写道:

> 《周书·谥法》篇:"名与实爽曰谬。"通作缪,蔡邕《独断》:"名实相反为缪。"《史记·蒙恬传》:蒙毅曰:'秦穆公杀三良而死罪百里奚,而非其罪,故立号曰缪。'"《论衡·福虚》篇:"且近难以秦穆公、晋文公,曰:夫谥者,行之迹也,迹生时行以为死谥。穆者,误乱之名;文者,德惠之表。"皮日休《皮子文薮·秦穆谥缪论》云:"晋惠公之在位,作宗庙之蠹螭,为社稷之稂莠,一立十五年,其为害也大矣。今之学者,以秦穆为缪,尚疑其谥,得斯人也,可以谥缪为定。"据此诸说,则缪为缪戾之缪,旧有是说;而吴曾《辨误录》下尚谓"后世称穆而不称缪",谢肇淛《文海披沙》犹举以与鲁缪、关壮缪相比,是知一十而不知二五也。钱大昕《十驾斋养新录》四曰:"古书昭穆之穆,与谥法之缪,二字相乱。《礼记大传》:'序以昭缪。'注:'缪读为穆,声之误也。'《坊记》:'阳侯杀缪侯而窃其夫人。'《释文》:'缪音穆。'《公羊传》:'葬宋缪公。'《释文》:'缪音穆,凡此后仿此。'《史记·蒙恬传》:'昔者,秦穆公杀三良而死罪百里奚,而非其罪也,故立号曰缪。'然则秦缪公之谥,当读如缪,所谓名与实爽曰缪也。蒙恬(案当作蒙毅)秦人,其言必有自矣。"①

王利器援引诸多文献详解"秦穆公"何以被称作"秦缪公"。"缪"作为谥号,有两个读音,两种意思。一是音、义均同"穆",为美谥;二是音、义均同"谬",为恶谥,表示名不符实,有谬误之意。百里奚获罪,为秦穆公所杀,虽然不见于其他文献,但蒙毅指出,秦穆公杀百里奚,秦昭襄王杀白起,楚平王杀伍奢,吴王夫差杀伍子胥,后者都是忠臣,却都被杀,所谓的明君都因此被世人诟病。王利器指出,与秦穆公、百里奚生活在同一时代的蒙毅,能有此说,或有所据。

---

① 应劭:《风俗通义校注》,王利器校注,中华书局,1981,第23-24页。

汉代之后,百里奚委曲求全、忍辱负重的精神得到越来越多的颂赞。民间自觉发起修筑陵墓、篆刻碑文、祭祀供奉等活动,表达追思。山西平陆、河南南阳等地,皆有百里奚纪念馆。

百里奚墓,位于今南阳市区西郊麒麟岗。麒麟岗原有唐代书法家郑琏书写于开元二十三年(公元735年)的《五羖大夫碣铭碑》(今已佚)。清康熙三十六年(公元1679年),南阳知府朱麟主持镌刻《百里奚故里碑》,至今犹存。翻检历代颂赞百里奚的诗作佳篇,简摘如下:

《答卢谌诗》并书(节选)
[西晋]刘琨

琨顿首。损书及诗,备辛酸之苦言,畅经通之远旨。执玩反复,不能释手。慨然以悲,欢然以喜。昔在少壮,未尝检括,远慕老庄之齐物,近嘉阮生之放旷,怪厚薄何从而生,哀乐何由而至。自顷辀张,困于逆乱,国破家亡,亲友凋残。负杖行吟,则百忧俱至;块然独坐,则哀愤两集。时复相与举觞对膝,破涕为笑。排终身之积惨,求数刻之暂欢,譬由疾疢弥年,而欲一丸销之,其可得乎。夫才生于世,世实须才。和氏之璧,焉得独曜于郢握;夜光之珠,何得专玩于随掌?天下之宝,固当与天下共之。但分析之日,不能不怅恨尔。然后知聃周之为虚诞,嗣宗之为妄作也。昔騄骥倚辀于吴坂,长鸣于良乐,知与不知也;百里奚愚于虞而智于秦,遇与不遇也。今君遇之矣,勖之而已。不复属意于文,二十馀年矣。久废则无次,想必欲其一反,故称指送一篇,适足以彰来诗之益美耳。琨顿首顿首。

百里奚歌
[南朝梁]高允生

羁旅入秦庭,始得收显曜。释褐出辎车,卓为千乘道。
艳色进华容,繁弦发徵调。居贵易素心,翻然忘久要。
装金五羊皮,写情陈所告。岂徒望自伤,念君无定操。

南都行
[唐]李白

南都信佳丽,武阙横西关。
白水真人居,万商罗鄽闠。

高楼对紫陌,甲第连青山。
此地多英豪,邈然不可攀。
陶朱与五羖,名播天壤间。
丽华秀玉色,汉女娇朱颜。
清歌遏流云,艳舞有余闲。
遨游盛宛洛,冠盖随风还。
走马红阳城,呼鹰白河湾。
谁识卧龙客,长吟愁鬓斑。

鞠歌行
[唐]李白

玉不自言如桃李,鱼目笑之卞和耻。
楚国青蝇何太多,连城白璧遭谗毁。
荆山长号泣血人,忠臣死为刖足鬼。
听曲知宁戚,夷吾因小妻。
秦穆五羊皮,买死百里奚。
洗拂青云上,当时贱如泥。
朝歌鼓刀叟,虎变磻溪中。
一举钓六合,遂荒营丘东。
平生渭水曲,谁识此老翁。
奈何今之人,双目送飞鸿。

过百里大夫冢
[宋]黄庭坚

客行感时节,况复思古人。
何年一丘土,不见石麒麟。
断碑略可读,大夫身霸秦。
虞公纳垂棘,将军西问津。
安知五羊皮,自鬻千金身。
末世工媒孽,浮言道诟真。
幸逢孟轲赏,不愧微子魂。

饭牛图

[元]王冕

君不见百里奚饭牛而牛肥,胸中经纬无人知。

又不见老宁戚时不时分长叹息。

偶尔君臣称际会,伯道相高非盛德。

何如牧儿原野间?埋名隐姓闲盘桓。

清晨骑牛唱歌出,日暮骑牛唱歌还。

随时力作了人事,岂以世故无相干?

也不知长安尘土暗天地,也不知沧海风黑波澜翻。

三峡之险彼自险,蜀道之难彼自难。

富贵无所惑,贫贱得自安。但愿岁年丰,草满牛可餐。

青山绿水足行乐,吟风啸月无机关,不问世上骑马官。

除了大量的文人诗赋,百里奚的故事还被创作成老百姓喜闻乐见的文学形式,如乐府民歌《五羊皮歌》(又名《琴歌》)、戏剧《百里奚认妻》等。北宋郭茂倩编纂的《乐府诗集》里,存有托名百里奚妻子所作的《五羊皮歌》三首,兹录如下:

五羊皮歌

百里奚,五羊皮!忆别时,烹伏雌,舂黄齑,炊扊扅。今日富贵忘我为?

百里奚,五羊皮,父粱肉,子啼饥。夫文绣,妻浣衣。嗟乎!富贵忘我为?

百里奚,五羊皮。昔之日,君行而我啼。今之日,君坐而我离。嗟乎!富贵忘我为?

第九章　第一盐商

司马迁在《史记》中曾为商人开专篇立传，这便是历史上极具开创之功的《货殖列传》。文中涉及许多成功的商人，如范蠡、白圭、端木赐、乌氏倮等。他们或是勤劳节俭，或是出奇制胜，积累财富，各有法宝。在重农抑商的封建社会里，商人被称作"贩夫竖子"，被视为"伧父财奴"，而上述商人却不走寻常路，活出了别样的精彩。《货殖列传》全篇约六千字，关于盐商猗顿的描写只有两句："猗顿用盬盐起。而邯郸郭纵以铁冶成业，与王者埒富。"①千百年来，这二十几个字，吸引着后世史学家反复研读，可谓"字字玑珠"。

一、猗顿其人

《史记》全书出现"猗顿"的名字共有四次，分别为：《秦始皇本纪》《陈涉世家》《平津侯主父列传》和《货殖列传》。

> 秦王既没，余威振于殊俗。陈涉，瓮牖绳枢之子，氓隶之人，而迁徙之徒，才能不及中人，非有仲尼、墨翟之贤，陶朱、猗顿之富，蹑足行伍之间，而倔起什伯之中，率罢散之卒，将数百之众，而转攻秦……②

> 始皇既没，余威振于殊俗。然而陈涉瓮牖绳枢之子，氓隶之人，而迁徙之徒也。材能不及中人，非有仲尼、墨翟之贤，陶朱、猗顿之富也。蹑足

---

① 司马迁：《史记》（四），中华书局，2011，第2824页。
② 司马迁：《史记》（一），中华书局，2011，第239页。

行伍之间,俯仰仟佰之中,率罢散之卒,将数百之众,转而攻秦。斩木为兵,揭竿为旗,天下云会响应,赢粮而景从,山东豪俊遂并起而亡秦族矣。①

臣闻天下之患在于土崩,不在于瓦解,古今一也。何谓土崩?秦之末世是也。陈涉无千乘之尊,尺土之地,身非王公大人名族之后,无乡曲之誉,非有孔、墨、曾子之贤,陶朱、猗顿之富也,然起穷巷,奋棘矜,偏袒大呼而天下从风,此其故何也?由民困而主不恤,下怨而上不知,俗已乱而政不修,此三者陈涉之所以为资也。是之谓土崩。②

猗顿用盬盐起。而邯郸郭纵以铁冶成业,与王者埒富。③

略观上述文字,前三则内容大致相同,几乎都是引用西汉文学家贾谊名篇《过秦论》原文,论证重点在于指出,陈涉既没有孔子、墨子的贤能,也没有范蠡、猗顿的富有,只是行伍之间、阡陌之中的草根阶层,却能率领疲惫的奴隶役工,天下响应号召,最后推翻了秦王朝的暴政。最后一则出自《货殖列传》,是司马迁的个人观点和直接评价。意思是说,猗顿靠着贩卖盬盐发家,邯郸的郭纵靠着冶铁业发家,他们都做到了富可敌国。

有趣的是,《史记》中"猗顿"的四次露面,都只是出现了名字,并未涉及具体生平事迹。司马迁布局谋篇时,选择的与猗顿并列者是陶朱公与郭纵。陶朱公,即春秋末年著名的政治家、军事家、经济学家范蠡。范蠡事迹详见《史记》中的《越王句践世家》与《货殖列传》诸篇。

范蠡事越王句践,既苦身戮力,与句践深谋二十余年,竟灭吴,报会稽之耻,北渡兵于淮以临齐、晋,号令中国,以尊周室,句践以霸,而范蠡称上将军。还反国,范蠡以为大名天下,难以久居……范蠡浮海出齐,变姓名,自谓鸱夷子皮,耕于海畔,苦身戮力,父子治产。居无几何,致产数十万。齐人闻其贤,以为相。范蠡喟然叹曰:"居家则致千金,居官则至卿相,此布衣之极也。久受尊名,不祥。"乃归相印,尽散其财,以分与知友乡党,而怀其重宝,间行以去,止于陶,以为此天下之中,交易有无之路通,为生可

---

① 司马迁:《史记》(三),中华书局,2011,第 1755 页。
② 司马迁:《史记》(四),中华书局,2011,第 2571 页。
③ 司马迁:《史记》(四),中华书局,2011,第 2824 页。

以致富矣。于是自谓陶朱公。复约要父子耕畜，废居，候时转物，逐什一之利。居无何，则致赀累巨万。天下称陶朱公。①

越王勾践为吴王夫差所败，范蠡随越王勾践赴吴国作为人质，为仆三年。返回越国以后，范蠡助越王卧薪尝胆，发愤图强。后来，越国灭掉了吴国，留下了"苦心人，天不负，卧薪尝胆，三千越甲可吞吴"的佳话。范蠡居功至伟，当名垂青史，但他深知越王"只可共贫贱而不能共富贵"，便隐姓埋名，独驾扁舟，泛舟江湖。他先到了齐国，改名"鸱夷子皮"，后又到了魏国陶地（今山东省菏泽市定陶区西北），改名陶朱公。他认为，陶地居天下之中，诸侯四通，最宜经商。……十年之内，陶朱公几次三番达到千金巨富。他能聚财，亦能散财，是世人眼里名副其实的"巨商"。郭纵，战国时期赵国邯郸人，经营冶铁业，直至垄断，达到巨富。从范蠡与郭纵的情况来看，猗顿与他们并称，应当称得上极其成功的商人。

翻检先秦文献，关于猗顿生平事迹的记录十分有限。汉代以后，至魏晋南北朝，相关记载依然有限。其中，有一段相对详细的文字，出自南朝宋裴骃的《史记集解》。

《孔丛子》曰："猗顿，鲁之穷士也。耕则常饥，桑则常寒。闻朱公富，往而问术焉。朱公告之曰：'子欲速富，当畜五牸。'于是乃适西河，大畜牛羊于猗氏之南，十年之间其息不可计，赀拟王公，驰名天下。以兴富于猗氏，故曰猗顿。"②

《孔丛子》作者、成书年代不详，记录了战国初期至东汉中期数十位孔子后人的言语行事。先贤考证，该书约作于汉魏六朝之间。这段文字包含着非常重要的信息。猗顿籍贯鲁国，过着穷困潦倒、饥寒交迫的生活，所谓"耕则常饥，桑则常寒"。猗顿听闻陶朱公富可敌国，便前往请教。陶朱公授予秘方：想要快速富裕，可以试着饲养牛、马、猪、羊、驴等五种母畜。明代徐光启《农政全书》曾解释陶朱公这段话说："居近湖、草广之处，则买小马二十头，大骡马两三头。又买小牛三十头，大牸牛三五头，构草屋数十间，使二人掌管牧养。二人

---

① 司马迁：《史记》（三），中华书局，2011，第1577–1578页。
② 司马迁：《史记》（四），中华书局，2011，第2824页。

仍各授一便业,以为日用饮食之资。久而群聚,增人牧守。湖中自可任以休息。养之得法,必致繁息,且多得粪,可以壅田。"①史料显示,猗顿生活的时代,随着农业的扩大,畜牧业已经相当发达。牛、马、羊等,已普遍饲养,数量巨大。除少数用来耕地、挽车等役使之外,更多的用以食用、祭祀。于是,猗顿迁徙西河(今山西省西南部),在猗氏(今山西省运城市临猗县境)南部发展畜牧业。《猗氏县志》记载显示:"猗顿本鲁人而迁郇国……故特增入流寓"②,"考猗邑……在周为郇伯国……春秋之末,猗顿大畜牛羊于郇南"③。郇伯,文王子,封郇国为伯爵,郇故城在今县南铁匠营。猗氏又称郇阳。又,《猗氏县志·古迹》载曰:"猗顿宅,县南二十里王寮村。"④古郇大地南倚中条山,北枕峨嵋岭,山下是盐池,中带涑水,土地肥沃,水草茂盛,是发展畜牧业的天然乐园。短短数年间,他积累起巨大的产业,富抵王公,驰名天下。因其在猗氏这个地方白手起家,故名曰"猗顿"。

猗顿的成功,有其自身先天条件。司马迁在《史记·货殖列传》中曾这样总结描述鲁地民风:"邹、鲁滨洙、泗,犹有周公遗风,俗好儒,备于礼,故其民龊龊。颇有桑麻之业,无林泽之饶。地小人众,俭啬,畏罪远邪。及其衰,好贾趋利,甚于周人。"⑤邹、鲁之地濒临洙水、泗水,保存着周王朝的风尚,民风重儒,讲究礼仪,所以,鲁人小心谨慎,节俭朴素,多营桑麻。周王室衰败后,鲁人爱好经商,追逐财利,比周朝都城的老百姓还要厉害。猗顿作为"鲁之穷士",其节俭、谨慎、重礼、趋利等性格特征,十分符合太史公的描述,也是其日后经商取得巨大成功的重要前提和必要条件。

北魏郦道元在撰写《水经注》"涑水"时,对上述文字有所援引。文曰:"杜预曰:猗氏有盐池。后罢尉司,分猗氏、安邑,置县以守之。……县南对泽,即猗顿之故居也。……猗顿,鲁之穷士也,耕则常饥,桑则常寒。闻朱公富,往而问术焉。朱公告之曰:子欲速富,当畜五牸。于是乃适西河,大畜牛羊于猗氏之南,十年之间,其息不可计,赀拟王公,驰名天下,以兴富于猗氏,故曰猗顿

---

① 徐光启:《农政全书》,陈焕良、罗文华校注,岳麓书社,2002,第654页。
② 吴启元等修纂《猗氏县志》,清雍正七年(公元1729年)刊本,"凡例"第2页。
③ 吴启元等修纂《猗氏县志·沿革》,清雍正七年(公元1729年)刊本。
④ 吴启元等修纂《猗氏县志·古迹》,清雍正七年(公元1729年)刊本。
⑤ 司马迁:《史记》(四),中华书局,2011,第2829页。

也。"①

二、盐商猗顿

比较司马迁《史记·货殖列传》和裴骃《史记集解》,两段文字的差别不仅仅是详略的不同,而是在于,对猗顿致富原因的概括。司马迁将猗顿致富的原因归结为鹽盐,裴骃将猗顿起家的原因归结为畜牧。翻检史书文献,猗顿与河东池盐之间,确然有着千丝万缕的关联。结合春秋战国时期的盐业发展,尤其是晋国盐业状况和重商的国策来看,猗顿"用鹽盐起"的说法,可得充分证明。

首先,"猗顿迁徙西河"。所谓"西河",早在战国时期,今山西、陕西交界处的黄河河段被称作西河,魏国在沿河地区设置西河郡。魏文侯时,吴起曾任西河守。秦惠文王八年(公元前330年),秦军攻取西河,西河郡废,该称谓遂逐渐被历史淘汰。后来,随着秦国版图的扩大,该地区被称作"河东"。"西河"所处地理位置十分优越,资源上具有天然的优势。东汉班固《汉书·地理志下》载曰:"河东土地平易,有盐铁之饶,本唐尧所居……"②同时代的许慎在《说文解字》一书中,释"鹽"曰:"鹽,河东盐池也。袤五十一里,广七里,周百十六里。"③探索人类文明史,会轻易发现"群趋于盐,向盐而聚"的规律。猗顿伟大事业开始的地方,自古便是全国最大、最重要的池盐产地。

西周初年,周天子将芮国、郇国、瑕国三国分封在河东盐池附近,晋国分封在唐城。(芮国,今陕西省渭南市大荔县。郇国,今山西省运城市新绛县。瑕国,今河南省焦作市。唐城,今山西省临汾市翼城县。)后来,晋国日渐强大,逐渐灭掉了芮国、郇国、瑕国,独占盐池。《左传·成公六年》载:"晋人谋去故绛,诸大夫皆曰:'必居郇、瑕氏之地,沃饶而近盐,国利民乐,不可失也。'"④"绛邑"位于今山西省临汾市翼城县西北,晋献公元年(公元前676年)建成,晋景公十五年(公元前585年)迁都新田(今山西省侯马市);此后,晋人称新田为"绛",旧都为"故绛"。"郇、瑕氏之地",位于新田南,距离盐池亦不远。

---

① 郦道元:《水经注校证》,陈桥驿校证,中华书局,2013,第162页。
② 班固:《汉书》,中华书局,2007,第308页。
③ 许慎:《说文解字注》,段玉裁注,许惟贤整理,凤凰出版社,2007,第1018页。
④ 杨伯峻编著《春秋左传注》(下),中华书局,2018,第709页。

晋献公时，晋国假道伐虢，消灭了虢国和虞国。此后，晋国开发利用河东盐池，晋商贩卖池盐，将之运输至周围邻国出售。

为《史记》作《索隐》和《正义》的两位唐代史学家，亦注意到河东盐池的造化神秀。司马贞《索隐》曰"鹽音古。案：《周礼》盐人云'共苦盐'，杜子春以为苦读如鹽。鹽谓出盐直用不炼也。一说云鹽盐，河东大盐；散盐，东海煮水为盐也"，张守节《正义》曰："案：猗氏，蒲州县也。河东盐池是畦盐。作'畦'，若种韭一畦。天雨下，池中咸淡得均，即畎池中水上畦中，深一尺许坑，日暴之五六日则成，盐若白矾石，大小如双陆及棋，则呼为畦盐。或有花盐，缘黄河盐池有八九所，而盐州有乌池，犹出三色盐，有井盐、畦盐、花盐。其池中凿井深一二尺，去泥即到盐，掘取若至一丈，则著平石无盐矣。其色或白或青黑，名曰井盐。畦盐若河东者。花盐，池中雨下，随而大小成盐，其下方微空，上头随雨下池中，其滴高起若塔子形处曰花盐，亦曰即成盐焉。池中心有泉井，水淡，所作池人马尽汲此井。其盐四分入官，一分入百姓也。池中又凿得盐块，阔一尺余，高二尺，白色光明洞彻，年贡之也"。①

此外，《汉书·地理志上》"河东郡"条曰："安邑，巫咸山在南，盐池在西南。"②清人王先谦《汉书补注》亦有详解："先谦曰：《秦纪》：五国攻秦，至盐氏。《括地志》以为在此。《涑水注》'涑水自左邑来，西南过安邑县西，禹都也。又西南迳监盐县故城，下入猗氏。城南有盐池，上承盐水，水出东南薄山，西北迳巫咸山，又迳安邑故城南，又西注盐池。《地理志》曰"盐池在安邑西南，许慎谓之盬，长五十一里，广七里，周百十六里"。今池水东西七十里，南北十七里，紫色澄渟，潭而不流，水出石盐，自然印成，朝取夕复，终无减损，《山海经》谓之盐贩之泽也'。董祐诚云：今盐水出夏县南中条山，一名白沙河，又名姚暹渠，又名巫咸河，自夏阳迳安邑解州之北，至虞乡北，入五姓湖。水若入盐池，则盐不成，故障之不复入池，盖今昔悬殊矣。"③这些史料典籍纷纷证明，猗顿"用盬盐起"的绝对地利。猗顿"迁徙西河"实则是"守宝山而居"。

今人学者亦指出："河东解池地区，大河绕于前，群山阻于后，山谷盘错，沮洳泻卤，甚不利于农业文化的发展，而乃偏偏最先成为孕育中华文化的核心地

---

① 司马迁：《史记》（四），中华书局，2011，第2824-2825页。
② 班固：《汉书》，中华书局，2007，第283页。
③ 班固：《汉书补注》（五），王先谦补注，上海古籍出版社，2008，第2225-2226页。

区。尧都平阳,舜都蒲阪,禹都安邑,都是围绕解池立国。由解池这个核心向四方推进,又才有河南的伊洛文化,河内的殷墟文化,渭水平原的周秦文化,和汾水盆地的晋文化发展起来。"①河东之地拥有池盐这样的先天资源,猗顿择此而居,显示出其卓越的眼光和见识。

距离猗顿生活的时代过去千年以后,身为河东人的柳宗元用丹青妙笔在大赋《晋问》中,洋洋洒洒描绘河东盐池与池盐之美,其赋文曰:

> 猗氏之盐,晋宝之大者也,人之赖之与谷同,化若神造,非人力之功也。但至其所,则见沟塍畦畹之交错轮囷,若稼若圃,敞分匀匀,涣分鳞鳞,逦弥纷属,不知其垠。俄然决源酾流,交灌互澍,若枝若股,委屈延布,脉写膏浸,渿湿滑汩,弥高掩庳,漫垅冒块,决决没没,远近混会,抵值堤防,溲瀛霈濊,偃然成渊,潆然成川。观之者徒见浩浩之水,而莫知其以及。神液阴漉,甘卤密起,孕灵富煴,不爱其美。无声无形,熛结迅诡,回眸一瞬,积雪百里。晶晶幂幂,奋愤离析,锻圭椎璧,眩转的皪,乍似殒星及地,明灭相射,冰裂霆碎,岂炭增益。大者印累,小者珠剖,涌者如坻,坳者如缶,日晶熠煜,萤骇电走,亘步盈车,方尺数斗。于是裒敛合集,举而堆之,皓皓乎悬圃之巍巍,瞰乎漾乎,狂山太白之淋漓。骇化变之神奇,卒不可推也。然后驴骡牛马之运,西出秦、陇,南过樊、邓,北极燕、代,东逾周、宋。家获作碱(咸)之利,人被六气之用,和钧兵食,以征以贡。其赉天下也,与海分功,可谓有济矣。②

在这段专咏河东盐池的文字中,柳宗元以"猗氏之盐""晋之大宝""盐与谷同"提纲挈领,明确了河东池盐于国、于民的重要意义。紧接着是典型的"赋笔"写法,富于辞藻,想象浪漫,内容丰富,涉及盐田情状、制盐过程、盐运交通、盐业行情等,读来文质彬彬、十分优美,显示出柳宗元"唐宋八大家"的实力。其中,"神液阴漉,甘卤密起,孕灵富煴,不爱其美""无声无形,熛结迅诡,回眸一瞬,积雪百里"两句堪称神来之笔。前者写河东池盐神灵无比,其传说渊源有自;后者写池盐晒制过程神奇,仿佛回眸瞬间,卤水便结晶成盐。柳宗元驾驭文字的高超能力,使池盐充满魔幻色彩。

---

① 常璩:《华阳国志校补图注》,任乃强校注,上海古籍出版社,1987,第52页。
② 《柳宗元集》,景宏业解析,山西古籍出版社,2006,第101—102页。

其次，除了先天资源优势，晋国的经济政策也较为宽松。晋文公实行"轻关易道，通商宽农"，晋悼公宣布"公无禁利"。这些政策，在当时社会具有极大的改革性和前瞻性，促进了晋国商业经济的迅速发展。《国语·晋语》记载，晋文公时期，"公属百官，赋职任功，弃责薄敛，施舍分寡。救乏振滞，匡困资无。轻关易道，通商宽农。懋穑劝分，省用足财，利器明德，以厚民性。举善援能，官方定物，正名育类。……公食贡，大夫食邑，士食田，庶人食力，工商食官，皂隶食职，官宰食加。政平民阜，财用不匮"①。晋文公会见百官，任用功臣，令官员们各司其职。他一方面废除旧债，减免赋税，布施恩惠，舍弃禁令，救济贫困；一方面又修治道路，减免关税，鼓励通商，发展农业，提倡互助。同时，还实施德政，教化百姓，推举贤良，重视德行。这便是著名的"文公修内政纳襄王"。晋文公改革的结果，举国之人，各就其位，各食其利，政通人和，财用充足。正是在这样"重商""利商"的国家政策支持下，晋地行商之风渐炽。

春秋战国至秦统一六国，不同地区之间文化民俗差异极大，经济发展水平悬殊。全国可以划分为四个各具特色的基本经济区："山西"经济区、"山东"经济区、"江南"经济区和"龙门、碣石北"经济区。② 当时晋国的商业版图，除了与"江南"略显疏远，与其他三个经济区关联密切、水乳交融。"山西"指殽山或华山以西地区，与"关中"义近，其农业先进，畜牧业发达，矿产、林业等资源富集丰饶。"山东"亦称关东，指函谷关以东的三河地区以至齐鲁而东达海滨的经济区，以及到西汉才逐步开发的淮河流域的大部分地区，大体包容了战国时期东方六国的故地；其农业发达，人口众多，商业繁荣，区域经济各具特色。"龙门、碣石北"以牧业为主，或半农半牧。

司马迁在《史记·货殖列传》描述各地风物特产及经济发展情况时写道：

> 关中自汧、雍以东至河、华，膏壤沃野千里，自虞夏之贡以为上田，而公刘适邠，大王、王季在岐，文王作丰，武王治镐，故其民犹有先王之遗风，好稼穑，殖五谷，地重，重为邪。及秦文、德、缪居雍，隙陇蜀之货物而多贾。献公徙栎邑，栎邑北却戎翟，东通三晋，亦多大贾。孝、昭治咸阳，因以汉都，长安诸陵，四方辐凑并至而会，地小人众，故其民益玩巧而事末

---

① 《国语》，陈桐生译注，中华书局，2013，第411-412页。
② 张弘：《战国秦汉时期商人和商业资本研究》，齐鲁书社，2003，第21页。

也。南则巴蜀。巴蜀亦沃野,地饶卮、姜、丹沙、石、铜、铁、竹、木之器。南御滇僰,僰僮。西近邛笮,笮马、旄牛。然四塞,栈道千里,无所不通,唯襃斜绾毂其口,以所多易所鲜。天水、陇西、北地、上郡与关中同俗,然西有羌中之利,北有戎翟之畜,畜牧为天下饶。然地亦穷险,唯京师要其道。故关中之地,于天下三分之一,而人众不过什三;然量其富,什居其六。①

这段文字虽然是写汉朝开国以后事,但涉及风物特产亦适用于古今。关中地区从汧、雍二县以东至黄河、华山,沃野千里。四面八方百姓辐辏聚集于此,人口众多,交通便利,是商业宝地。商业的繁荣造就了一批大商巨贾,其财足以"金玉其车,文错其服,能行诸侯之贿"②。猗顿即属其中。

最后,猗顿积累了一定的财富,具备了"用盬盐起"的条件。春秋战国时期,官府掌握着山林川泽的开发,但并不直接经营,而采用抽税的办法让豪民经营。如此一来,积累了一定资本的猗顿,便能参与盬盐的开发与经营。其中,修筑盐道是猗顿扩大食盐贸易的有效途径之一。

《战国策》中保存有晋商以马车运送池盐的文字。文曰:"夫骥之齿至矣,服盐车而上太行。蹄申膝折,尾湛胕溃,漉汁洒地,白汗交流,中坂迁延,负辕不能上。伯乐遭之,下车攀而哭之,解纻衣以幂之。"③良马"骥"长到能够运输货驾时,晋人便令其拖运盐车。太行山路险难,骥马拖着沉重的盐车,在山路上蹒跚不前。恰在此时,秦国伯乐从此经过,他慧眼识马,惋惜痛哭。这里,"太行"即指"虞坂"。《太平寰宇记》云:"中条山。在(安邑)县南二十里。其山西连华岳,东接太行,山有路,名曰'虞坂'。"④郦道元《水经注》援引《战国策》时,将"太行"直接改为"虞坂",文曰:"《战国策》曰:昔骐骥驾盐车上于虞坂,迁延负辕而不能进。"⑤

戴延之《西京记》曰:"盐生水中,夕取朝复,千车万驴,适意多少。"⑥一本万利的生意要想做好,物流运输是至关重要的一环。《后汉书》中存有两则河

---

① 司马迁:《史记》(四),中华书局,2011,第 2826 页。
② 《国语》,陈桐生译注,中华书局,2013,第 531 页。
③ 《战国策》(上),缪文远、缪伟、罗永莲译注,中华书局,2012,第 476 页。
④ 转引自高有鹏:《中国民间文学发展史》(第四卷),线装书局,2015,第 1276 页。
⑤ 郦道元:《水经注校证》,陈桥驿校证,中华书局,2013,第 110 页。
⑥ 李昉编纂《太平御览》(第七卷),夏剑钦、王巽斋、王晓天等校点,河北教育出版社,1994,第 969 页。

东池盐外运的文字。《后汉书·贾复传》载曰："王莽末,为县掾,迎盐河东,会遇盗贼,等比十余人皆放散,其盐复独完,以还县,县中称其信。"①又,《后汉书·第五伦传》载曰："(第五伦)自以为久宦不达,遂将家属客河东,变名姓,自称王伯齐,载盐往来太原、上党,所过辄为粪除而去,陌上号为道士,亲友故人莫知其处。"②贾复故事同样见于《东观汉记》："贾复为县掾,迎盐河东,会盗贼起,等辈放散,其盐复独完,还致县中。"③无论是南阳冠军人贾复"迎盐河东",还是第五伦"载盐往来太原",都说明河东池盐出产丰饶,交通相对便利,销售范围较广。

猗顿致富以后,参与盐道的修筑,此举有助于财富的进一步积累。文献显示,猗顿组织人力开辟的两条盐运线路分别为:其一,中条山盐道,使牛车、马车载盐,从北山脚下运往山南,远销往齐、鲁各地;其二,由古郇西至黄河渡口的"盐车路",使池盐渡过黄河,远销秦地及西域。今王寮村村南端,有一条东西大路,东至禹都,西到黄河渡口,长达近百公里,人称"盐车路"。相传,两千多年前,猗顿经营盐业时,正是沿着这条道路,将河东之盐通过吴王渡口,西运到秦川、西域甚至更远的地方。④

文献显示,猗顿还主持开凿了晋国第一条人工运河,以方便池盐运输。乾隆年间修纂的《临晋县志》记载显示,当年猗顿主持开凿的运河,从盐池起,通于五姓湖,又从五姓湖至蒲坂(今山西省永济市),后入黄河,遥遥百里,成为后魏开凿永丰渠的路线。"后魏正始四年(公元507年),都水校尉元清引中条山下平坑水为渠,西入黄河以运盐,名曰永丰渠。周齐间废。隋大业中都水监姚暹决堰浚渠,自郏郊西入解县,民赖其利。唐末湮没,盐运大艰。至是殿直刘逴请开浚,通舟运盐(解州安邑至白家场)。漕臣王博文以为便,命三司计功浚之,公私利焉。"⑤运河遗址今已不可考,但从生产力水平来看,吴国邗沟、魏国鸿沟皆修筑于时,作为晋之首富的猗顿具备了开凿运河的各种条件。

除此之外,虽然《史记》中并未详细记录猗顿是如何一步步成为"巨富"

---

① 范晔:《后汉书》(第三册),李贤等注,中华书局,1965,第664页。
② 范晔:《后汉书》(第五册),李贤等注,中华书局,1965,第1396页。
③ 李昉编纂《太平御览》(第七卷),夏剑钦、王巽斋、王晓天等校点,河北教育出版社,1994,第969页。
④ 临猗县志编纂委员会:《临猗县志》,海潮出版社,1993,第268页。
⑤ 《二十五史河渠注释》,周魁一等注释,中国书店,1990,第158页。

的,但一些文献可证:珠宝是猗顿暴富的另一途径。

西汉刘安《淮南子·泛论训》载曰:

> 夫物之相类者,世主之所乱惑也;嫌疑肖象者,众人之所眩耀。故狠者类知而非知,愚者类仁而非仁,戆者类勇而非勇也。使人之相去也,若玉之与石,美之与恶,则论人易矣。夫乱人者,芎䓖之与藁本也,蛇床之与麋芜也,此皆相似者。故剑工惑剑之似莫邪者,唯欧冶能名其种;玉工眩玉之似碧卢者,唯猗顿不失其情。暗主乱于奸臣,小人之疑君子者,唯圣人能见微以知明。①

事物之间具有极大的相似性,使世上之人迷惑不解。尤其是,有些事物彼此酷似,令人疑惑难明。有些刚愎自用的人,貌似聪明,实则愚昧;有些愚昧蠢钝的人,貌似仁慈,实则不仁;有些戆头戆脑的人,看似勇敢,实则鲁莽。如果人与人之间的差别,就像石头和美玉、葵菜和苋菜那样明显,那么识别优劣就容易得多了。而事实上,正如同芎䓖和藁本、蛇床和麋芜那样,事物之间往往相似,容易使人迷惑不清。只有欧冶(欧冶,即欧冶子,春秋时期著名的铸剑师)才能识别出莫邪和普通宝剑的不同;只有猗顿才能识别出极品碧庐和普通玉石的差别。同样,昏君常常混淆奸佞小人与正人君子,而只有明君才不被蒙骗,能见微知著、辨别真伪。文字传递出一个重要信息:猗顿在甄别宝石方面,具有卓越超凡的能力。类似的内容还出现在其他史籍文献当中。

南朝萧绎《金楼子》卷四《立言》曰:

> 余见宰人,叹曰:"伊尹与易牙,同知调鼎,而有贤不肖之殊。"既而叹曰:"无识之徒,尚以伊尹方易牙,余何有哉?"退而复叹曰:"碧庐似玉,猗顿别之;白骨似牙,离娄别之。猗顿、离娄,千年不曾遇,牙骨之怨,何时当弭?"②

北齐刘昼《刘子·正赏》曰:

> 故以蛇为鲤者,唯易牙不失其味;以赵曲为雅声者,唯钟期不溷其音;

---

① 《淮南子》(下),陈广忠校注,中华书局,2012,第767页。
② 萧绎:《金楼子校笺》,许逸民校笺,中华书局,2011,第822页。

以燕石为美玉者,唯猗顿不谬其真;以郢赋为丽藻者,唯相如不滥其赏。①

上述作品中,与猗顿并举者,伊尹、易牙、离娄、钟期、相如等,皆为行业翘楚。伊尹,夏末商初政治家、思想家。辅助商汤打败夏桀,为商朝开国元勋。用"以鼎调羹""调和五味"之理治天下,被誉为"中华厨祖"。易牙,春秋时期著名庖厨,擅长调味,深得齐桓公欢心。史载,桓公好美食,易牙烹其首子以进献。离娄,上古黄帝时人,视力极强,能于百步之外见秋毫之末。钟期,即钟子期,战国时期楚国汉阳(今湖北省武汉市)人。俞伯牙、钟子期高山流水的故事,妇孺皆知。司马相如,字长卿,蜀郡(今四川省成都市)人,工于辞赋,我国历史上最杰出的辞赋家。代表作《子虚赋》《上林赋》《长门赋》等,词藻极其富丽。后世尊称其为"赋圣""辞宗"。由此推知,甄别珠宝玉石真伪与成色方面,猗顿被视作千年一遇的顶级高手。史学家们推测并考证,猗顿贩卖食盐的过程中,尤其是将食盐贩往西部的过程中,应该是带回了西域甚至更远国家的珍贵珠宝,加速了财富的聚集。

回顾本节开端,问题迎刃而解。司马迁撰写《史记》时,显然已经注意到富商大贾"冶铸煮盐,财或累万金"的社会现象。而到了汉武帝元狩四年(公元前119年),朝廷自上而下推行盐业官营时,盐铁等行业对军国之需的巨大支撑作用更是到了无以复加的地步。因此,司马迁在记述猗顿这位巨富和他的致富之道时,愈加强烈感受到其人在河东天府、身处盐池宝库,所拥有的得天独厚的财富源泉。

因此,今人著名盐文化学者柴继光撰文指出:在猗顿所从事的多种经营中,盐业是最为有利可图的。河东盐池从肇始之际就是依靠风日,天然晒盐;而且,早期晒盐不假人力,待盐自然晒成之后,聚集人工捞采即可。投资少,收益多,可说是事半功倍。食盐为人民生活所必需,有广阔的销售市场。猗顿经营的盐业,在当时的条件下,极可能是集捞采、运销于一身,即捞采、运输、销售一条龙。因此,可以认为:猗顿成为"与王者埒富"的大富豪,财累巨万,驰名天下,主要是他经营盐业所致。司马迁在《史记》中着重一笔说"猗顿用盬盐起"而不及其他,我想,其用意也在突出地说明这一点:猗顿是战国时期河东第一

---

① 刘昼:《刘子校释》,傅亚庶校释,中华书局,1998,第486页。

大盐商。①

三、盐宗猗顿

传世文献中虽较少涉及猗顿德行文字,然从司马迁《史记·货殖列传》的选录标准来看,猗顿当是为富且仁者。战国秦汉之间,商人数量众多,成为令人瞩目的社会群体。司马迁从众多商人中,择取典范,为之立传,包括辅佐齐桓公"九合诸侯,一匡天下"的管仲,襄助勾践灭吴的陶朱公范蠡,以及孔门子贡、周人白圭、邯郸郭纵、由赵迁蜀的卓氏、由鲁迁蜀的程郑、由梁迁宛的孔氏、鲁人曹邴氏、河东猗顿、齐人刀间、乌氏倮、桥姚、巴寡妇清、周人师史、曲宣任氏、关中无盐氏等。就选录标准来说,司马迁在《自序》中说道:"布衣匹夫之人,不害于政,不妨百姓,取与以时而息财富,智者有采焉。"②在《货殖列传》中又说道:"请略道当世千里之中,贤人所以富者,令后世得以观择焉。"③"此其章章尤异者也。皆非有爵邑奉禄弄法犯奸而富……"④可见,能够被选录入《货殖列传》者,不仅要具备超然的经商智慧,积累巨额的财富利润,获得显赫的社会地位,还要不害政、不妨民,正当合法、利国利民、德高身正、垂范后世。遍观与猗顿并列入传者,其事迹大都广为流传、可歌可泣。

作为早期成功商人的代表,猗顿同范蠡一起被誉为"商圣",对封建时期鼓励发展商业起到了楷模垂范作用。西汉桓宽《盐铁论》有所说明:

> 自京师东西南北,历山川,经郡国,诸殷富大都,无非街衢五通,商贾之所凑,万物之所殖者。故圣人因天时,智者因地财,上士取诸人,中士劳其形。长沮、桀溺,无百金之积,跖蹻之徒,无猗顿之富,宛、周、齐、鲁,商遍天下。故乃商贾之富,或累万金,追利乘羡之所致也。⑤

从京城出发通往四方的道路四通八达,经高山大河,到达各郡县。殷实富裕的大都市里,高楼林立,富商云集,货物齐全。有才能之人,会顺势而为,于

---

① 柴继光:《河东第一大盐商——猗顿》,《盐业史研究》1992年第4期。
② 司马迁:《史记》(四),中华书局,2011,第2874页。
③ 司马迁:《史记》(四),中华书局,2011,第2839页。
④ 司马迁:《史记》(四),中华书局,2011,第2843页。
⑤ 桓宽:《盐铁论》,陈桐生译注,中华书局,2015,第26页。

时推迁;不懂变通之人,很难拥有像猗顿那样的财富。宛、周、齐、鲁诸国富商遍天下,他们追逐利益,积累起巨额财富。在谈到猗顿之富时,同书另有名句:"宇栋之内,燕雀不知天地之高;坎井之蛙,不知江海之大;穷夫否妇,不知国家之虑;负荷之商,不知猗顿之富。"可见,猗顿作为大富豪的代表,在汉代已经深入人心了。

基于上述诸多原因,猗顿和陶朱公一起被誉为"商圣",在后世商人,尤其是晋商心目中,地位极高。孟肇咏撰文《谁是中国第一盐商》①指出,孟子提出"胶鬲举于鱼盐之中"似应是有事实根据的,但说得笼统,难以给"鬻贩鱼盐"下确证,所以,称胶鬲是真正的盐商,特别是"中国第一盐商",理由不够充足,缺乏说服力。他认为,战国时山西大商人猗顿才是名副其实的"中国第一盐商"。而古往今来文人墨客颂赞猗顿的佳作亦不可胜数。简摘数例:

闲吟
[宋]姜特立

千首诗轻万户侯,富如猗顿亦何求。
六义中间有至乐,不须苦作楚人骚。

过郇城
[元]王思诚

世传今猗顿,本属古令狐。
四境村墟僻,十年壁垒孤。
郇瑕宣抚地,秦晋战争区。
对泽空城在,桑泉故邑芜。
牛羊多茁壮,田亩亦丰腴。
肮肮重华甸,茫茫大禹都。
峨嵋遥入陕,刳首近连蒲。
南补盐池埭,东穿涑水渠。
马王存归庙,张相表通衢。
贤圣流风坠,贫穷习俗粗。
群黎如欲富,何不向陶朱。

---

① 孟肇咏:《谁是中国第一盐商》,《文史月刊》2014年第8期。

临晋道中

[元]王思诚

条山河水壮封疆,城外峨原百里长。
蒲坂东来通猗顿,桑泉南下接虞乡。
唐家旧德推裴寂,汉室元勋忆霍光。
故国流风今尚在,穹碑高冢映残阳。

过猗顿故居

[清]郭为观

中条山绕涑南潴,猗顿当年有故居。
豪富昔曾侯伯拟,姓名今仅贾商知。
散金岂解陶朱术,畜牸空传货殖书。
寂寞古城原下路,千秋过客几踌躇。

猗顿诗赞

[清]阎象先

贪畴五福,厥福居先。人生得此,实云幸焉。
猗顿前贤,克勤克俭。受术陶朱,牧字点检。
物分贵贱,躬与身权。居积功厚,亿万斯田。
寄迹郇瑕,流芳天下。古冢犹存,间非虚诈。
见称太史,名遂益彰。骥尾之附,斯为允当。

今临猗县留存有猗顿的诸多遗迹。

猗氏故城。位于牛杜镇铁匠营村东侧。系西汉高祖二年(公元前205年)至魏晋间猗氏县治所。据《晋书·地理志》载,以前称猗顿城。原周围约5公里,有9个城门。现四周城墙遗址尚存,每层夯土厚度为9—10厘米,旧志谓此城为郇伯故城。①

猗顿墓。位于牛杜镇王寮村西侧。原有土墓一座,初建至少在元代以前。清初修筑墓墙及围墙。清道光十七年(公元1837年)重修。墓前有"古猗顿

---

① 临猗县志编纂委员会:《临猗县志》,海潮出版社,1993,第554页。

氏冢"小碑一座。原有门楼一座,内存重修碑记及保护碑各一。①

猗顿陵园,今为省级重点文物保护单位。陵园坐北向南,占地面积6000多平方米。陵园大门为3间古典建筑,飞檐翘首,古朴庄严。陵园内,有"猗顿陵""猗顿墓""聚贤亭",还有一尊4米高的猗顿石雕像。在陵园东北不远处,有羊道沟、羊坡地,相传是当年猗顿放牧牛、羊之地。古往今来,无数凭吊者在此陵园咏史怀古,留下感慨。

清道光十七年,临猗县重修猗顿陵园,并刻石碑《重修周遗民猗顿氏之墓记》,碑为竖式,图额,高197厘米,宽67厘米。正书。额题"皇清"二字。今砌于山西省临猗县牛杜镇王寮村猗顿墓园祠外墙壁。碑文由邑庠生员王水龄撰写,文曰:

> 猗顿者,春秋时,一巨富翁也。历年虽久,而遗像孤坟,在县治南之王寮村,古迹昭然。其县之名猗氏者,盖据此。康熙四十四年(公元1705年),庠生陈定命,悯其孤坟无主,倡谋募修。砖甃垣墙,佳城在望,碑树道旁,既而倾圮。有本村武生郭玉成者,思惟前修,因募营资。积二十余年。爰集村众李望桥、阎体乐、王集琬等,重甃乡善,随心出资,得金若干。即于道光十七年二月兴工,四月告竣。坟前复益地七分,以敞明堂。坟东,树门房三楹,以谨出入。前之倾圮者,遂于是焕然新矣。
>
> 噫!是举也,殆与定命先生创甃后先辉映,均为前贤身后之善遇焉。吾因之有感矣。不朽有三:立德、立功、立言。若徒富而无功德可志者,则其富仅属一家,宜其名不过一时,而何由像则祀之、墓则表之、县则名之?竟不朽之若是!抑吾思之。猗顿鲁穷士也。因问富陶朱,家于郇。得三园五荦之术,累以息万倍之积。传言西抵桑泉,东跨盐池。南条北嵋,皆其所有。其富甲天下。或者急公奉饷,上有利于国,临孤怜贫,下有济于民。而人之重功慕德,遂设像护冢,并名其县以表扬之,未可知也。不然,田有万顷,粟有千锺,号素封而居野草者,依古来。实繁有徒,何独猗顿之富,名特留千古也。然而太史公《殖货传》仅以富并陶朱称,至于功德,绝未言及,他籍亦无所考。岂猗顿之不传功德者,固有数与。抑太史公之惟称其富者,不无意耳?既无所据,未敢臆断。要之,不朽如猗顿,非太史公

---

① 临猗县志编纂委员会:《临猗县志》,海潮出版社,1993,第558页。

而不传富之名,得太史公仅传富之名,幸与不幸,一若有未甚释然者。①

作为猗顿陵园重要的石刻碑文,此篇文笔慷慨激昂。开篇先说作为曾经的巨富,猗县因为猗顿而得名。接着笔锋一转,写猗顿生前风光叱咤,死后墓地苍凉,又经年失修,十分破败。当地村民自发集资,予以修缮,使之焕然一新。村民此举引发了撰文者的一系列思考,猗顿生前多行仁德,上利国家,下利百姓,做到了"立德""立功",因此,后世百姓追思怀念,并为其修缮陵墓。最后,作者进一步感慨,司马迁在《史记》中只写到了猗顿是巨富,却并没有提及他的仁义功德,实在是一桩憾事。这是撰文者在颂赞猗顿,也是在强调这篇碑文意义的非同凡响。

除上述简列的诗文碑刻以外,还有不少盐商会馆的对联、楹联,表达着对猗顿的怀念与崇敬。简附如下:

陶朱朱陶,三致千金;猗顿顿猗,五䇲盛名。
高风着四海,贤名永在;伟绩照千秋,光热常存。
为国奉献,正气参天地;济贫扶困,丹心贯古今。
兴三园,畜五䇲,富甲天下;利国家,济九州,誉满乾坤。
学猗顿急公奉饷,保国家功垂千秋;效先贤乐善好施,济贫民德贯古今。

---

① 运城地区博物馆编著《运城地区碑刻资料汇编》,运城地区博物馆,1980,第158-159页。

第十章　识齐水脉[①]

在四川资中井盐产区，有一座修建于清同治七年（公元1868年）的盐神庙。庙里供奉着三位盐神，分别是管仲、李冰和关羽。众所周知，李冰因修筑都江堰而名垂史册；然而，许多人并不知道，他也是我国历史上最早勘测和开采盐井的鼻祖。在蜀地，李冰又被尊称为江神、水神和盐神。

关于李冰生平的史料文献，既丰富又稀缺。说丰富，是因为自古及今，各种官修正史、大型类书、地理方志，或是博物杂书、稗官野史等等，皆留有李冰治水的文字记录。说稀缺，是因为诸多文献中，关于李冰籍贯家世、生卒年限、仕宦交游等问题，或语焉不详，或只字不提，致使上述问题至今仍是学界谜题。至于其发现盐井、开采井盐，更是尚未引起足够重视和系统梳理。

一、李冰的籍贯身世

囿于史料稀缺，学界关于李冰籍贯生平的研究成果较少。其中，史学家马非百有关于李冰传记的专篇整理，资料较为翔实。文曰：

> 李冰者，亦不详其地望。或云：冰姓杜宇，号浮丘，蜀主鱼凫裔孙。战国时巴东人也。鱼凫为古代蜀之先民，承蚕丛、柏濩，启蒲泽、开明，以至巴蜀，其间三万四千年。代各有主，咸称王。鱼凫王生有异相，以杜宇为姓名。初由《禹贡》荆州之域，率众游牧入梁州。尝凿大江之夔门，开后世

[①]　"识齐水脉"出自《华阳国志》卷三《蜀志》，《水经注》作"识察水脉"。

川陕四道之先河。入蜀后转辗都郫邑,自号鱼凫杜宇氏……秦孝公霸诸侯时,冰生,仿佛若见神。稍长,尝梦颛顼、祝融诸氏化育其好学、勤政、修德、乃习诗、礼,精《河图》《洛书》。稽元牒,定姓李,定名冰,复迭号浮邱子、浮邱伯、浮邱公、浮邱翁。惠王十四年(公元前325年)丙申,称王。后三年,己亥,六国皆称王。冰怫然,遂遁深山,蛰居峨眉,与鬼谷子为友。知天文、地理,识其徒苏秦、张仪之流。惠王后九年(公元前301年),秦伐蜀,取之,使张若守蜀。昭王三十年(公元前277年),张若既取黔中郡,白起调若守黔中,而冰遂代若为蜀郡守……①

"诗仙"李白曾在《蜀道难》中感叹:"蚕丛及鱼凫,开国何茫然!尔来四万八千岁,不与秦塞通人烟。"诚然如此,古蜀先王,如蚕丛、柏濩、鱼凫、杜宇、鳖灵、蒲泽、开明等,历史久远,一脉相承,而相关史料都十分匮乏。关于李冰的籍贯,学界大致存在蜀人说(蜀王杜宇后嗣说、蜀地羌人说)、秦人说、晋人说,以及"不详说"等四种观点。

其一,蜀人说。清代陈怀仁《川主三神合传》称:"冰姓杜宇,号浮丘,蜀主鱼凫裔孙,战国时巴东人也。"②他认为,李冰系蜀王鱼凫后裔,姓杜宇,号伏丘,战国时期巴东人,大约生于公元前四世纪秦孝公时。李冰幼年时,常梦到先圣教授自己《诗》《礼》《河图》《洛书》,遂参考古书,取名"李冰",并以"浮丘子""浮丘公""浮丘伯""浮丘翁"等为号。后来,为避战乱,李冰入峨眉山隐居,与鬼谷子为友。同郡涉正推荐李冰治水,后来,他替代张若接任了蜀守。马非百沿袭陈怀仁之说,称:"李冰者,亦不详其地望。或云:冰姓杜宇,号浮丘,蜀主鱼凫裔孙。"③罗荣泉推论认为,李冰与杜宇是一脉相承的,因造福巴蜀人民而被川黔两地奉为"川主"。④

二十世纪五十年代末,蒙文通指出《蜀王本纪》所载"汶山为天彭阙,号曰天彭门,云亡者悉过其中"是原始宗教巫师的说法,由此判定李冰是蜀族之人。⑤ 任乃强进一步明确指出,"李冰是蜀族阳平地区生长的人。他的治水才

---

① 转引自彭邦本主编《李冰研究》,四川人民出版社,2019,第283页。
② 转引自彭邦本主编《李冰研究》,四川人民出版社,2019,第283页。
③ 转引自彭邦本主编《李冰研究》,四川人民出版社,2019,第283页。
④ 罗荣泉:《李冰的神化与蜀王杜宇的冤案》,《贵州文史丛刊》1986年第1期。
⑤ 蒙文通:《巴蜀古史论述》,四川人民出版社,2019,第108页。

能，只能从蜀族柏灌氏和开明氏世代积累经验的基础上再加以改造发展而取得的"①。郭发明通过对汉人扬雄《蜀王本纪》所载"李冰以秦时为蜀守，谓汶山为天彭阙""江水为害，蜀守李冰作石犀五枚"两条史料的解读，并结合蒙文通、任乃强诸位先贤的考证，提出李冰是蜀地羌人的观点。②

还有学者把"冰"考证为"鳖灵"二字的拼读，认为"蜀守"即为"蜀王"，于是早了300年的蜀王开明（鳖灵）与李冰两个治水先驱便合二为一，并声称李冰与鳖灵"合则两全，分则两伤"。从古音韵角度看，冰字古音在六部，灵字古音在十一部，两者声母、韵部、音调皆不相同，该观点多为学界所驳。

其二，秦人说。学者陶元甘指出，李冰并非蜀人，更非氐羌，而是秦人。秦孝公任用商鞅变法，厉行"明功赏、招军士"。当时的秦国，即便是皇亲国戚，如无军功战绩，也很难获得爵位封赏。仅仅依靠朋友推荐，李冰恐怕难以接替张若担任郡守。刘少匆亦认为："（李冰）李姓的由来，就只有一个途径：是后来由秦王颁赠的。《通志·氏族略》：'李氏，嬴姓，其后分封，以国为姓。'李氏望族出陇西，属秦之领土。赐冰以李姓，正是对他治蜀有功的褒奖。"③冯广宏从李冰生活的时代背景、思想观念、因果关系等指出，李冰的前任蜀守司马错和张若均为战功显赫的将官；出土的东汉李冰石像厚重魁梧，年富力强；李冰任蜀守期间顺利完成水利、交通、农业、盐业等诸多工程，没有良好的体魄恐难胜任。种种迹象表明，李冰只能是"依靠军功步步提升的秦人"，他以英年屡建奇功，最后擢升为蜀守，不可能是蜀地羌人。冯广宏还结合出土的秦国铜戈铭文，推断出李冰约生于昭襄王二年（公元前305年），约卒于嬴政十二年（公元前235年）。④

其三，晋人说。王大奇、李保生《"水利始祖"——李冰是山西解州郊斜人》⑤和张长星《李冰故里在山西》⑥两篇文章从山西解州李姓家族《历史家谱》清雍正年间的抄件出发，认为李冰乃是山西解州人。自称李冰第七十代后裔的李保生，山西运城解州镇郊斜村人。他在当地李冰家庙里发现了以李冰

---

① 任乃强：《四川上古史新探》，四川人民出版社，2019，第139页。
② 郭发明：《李冰是蜀地羌人》，《文史杂志》1989年第2期。
③ 刘少匆：《神秘的三星堆——寻找古蜀文明》，昆仑出版社，2003，第108页。
④ 冯广宏：《李冰是蜀地羌人说质疑》，《文史杂志》1992年第3期。
⑤ 王大奇、李保生：《"水利始祖"——李冰是山西解州郊斜人》，《沧桑》2001年第3期。
⑥ 张长星：《李冰故里在山西》，《四川水利》2001年第4期。

为始祖的家谱,三本蓝色布面线装的家谱,柳体楷书,封号、名讳皆以朱砂丹书。这份家谱重修于清同治十一年(公元1872年),文曰:"五十二世祖维渊公暨五十三世祖如岗公,自宋末时,父子俱以孝廉补平阳教授,方告任归里,爰卜居是村,创立始祖家庙。"①说明李冰五十二世孙于宋末卸公职后迁往故里。"李氏自言,秦李冰后有讳维渊、如岗,俱于宋末以孝廉补平阳教授,告归,卜居郊斜村"②,与《历史家谱》可互为印证。

其四,"不详说"。除上述观点外,也有不少学者认为,李冰是介于历史和传说之间的人物,融合了民间传说和民间集体想象,与杜宇、鳖灵同样具有传说性。③ 或者可能是来自羌氏和汉族融合居住区,是一位类似于"土地神"式的人物。④ 或者如清代四川学者刘沅《李冰父子治水记》所说,认为李冰"本犹龙族子,隐居岷峨,与鬼谷交。张仪筑城不就,兼苦水灾,乃强荐公于秦而任之"⑤。关于李冰籍贯的众说纷纭,一来是因为文献史料不能确证,断章取义与宗教附会在所难免;二来是因为李冰相关话题在学界的热度和影响。对于这样一位创造历史、影响历史的伟大人物,展开精深研究与系统研究,确有必要。

关于李冰任蜀首、治水患、开盐井的大致时间。东晋常璩《华阳国志》载曰:"周灭后,秦孝文王以李冰为蜀守。"⑥秦孝文王在位时间极短,公元前250年十月己亥日即位,辛丑日为父除丧薨逝,在位仅仅三天。其间,任命李冰为蜀首显得仓促,似乎不大可能。而司马迁《史记》记载昭襄王三十年(公元前277年)蜀郡守张若带兵伐楚,取巫郡及江南。此时李冰尚未接替张若,更不可能于秦孝文王时任蜀守。冯广宏撰文《把李冰的生平还给李冰》,结合文献史料、出土文物等,钩沉爬梳种种蛛丝马迹指出,李冰担任蜀守时间当为昭襄王三十四年(公元前273年)至秦王政元年(公元前246年),前后约二十六年。⑦据此推测,则李冰主持完成的数十项水利工程,以及勘测、开采盐井,都

---

① 冯广宏:《把李冰的生平还给李冰》,《文史杂志》2018年第3期,第28-29页。
② 徐嘉清:《解县志》卷二,国光石印馆,1920,第5页。
③ 袁珂:《古神话选释》,人民文学出版社,1979。
④ 胡荣湛:《民国雅安县志》,巴蜀书社,1992。
⑤ 转引自冯广宏主编《都江堰文献集成·历史文献卷》,巴蜀书社,2007,第753页。
⑥ 常璩:《华阳国志》,齐鲁书社,2010,第30页。
⑦ 冯广宏:《把李冰的生平还给李冰》,《文史杂志》2018年第3期。

当系于此二十余年之间。

二、李冰与川蜀井盐

我国古代盐井的勘察与开采,经历了漫长曲折的过程,大致表现为井口由大变小、井身由浅到深。专家们将此过程大致分为三个阶段:战国末期至北宋,为大口浅井阶段;北宋至清初,为小口盐井(即卓筒井)阶段;清代中期以后,为小口深井阶段。井之深浅是相对而言,所谓深井,是以出现地质深层浓度较大的黑卤水为特征的。① 也有学者认为,当分为四个阶段,分别为:公元前三世纪秦控制巴、蜀之前,是发现、利用自然卤源阶段;公元前三世纪至公元十一世纪初北宋前期,是人力挖掘的大口盐井阶段;十一世纪中叶至十九世纪末的清代晚期,是采用冲击式顿锉法的卓筒井阶段;十九世纪末叶以降,是试用机器凿井及动力汲卤阶段。② 而无论怎么划分,李冰所处的战国时代,作为盐井开发的最初阶段,其勘察开采都是极为不易的创举。

司马迁《史记·河渠书》中保存有李冰治水的文献:

> 自是之后,荥阳下引河东南为鸿沟,以通宋、郑、陈、蔡、曹、卫,与济、汝、淮、泗会。于楚,西方则通渠汉水、云梦之野,东方则通沟江淮之间。于吴,则通渠三江、五湖。于齐,则通菑济之间。于蜀,蜀守冰凿离碓,辟沫水之害,穿二江成都之中。此渠皆可行舟,有余则用溉浸,百姓飨其利。至于所过,往往引其水益用溉田畴之渠,以万亿计,然莫足数也。③

《河渠书》开篇写,大禹治水,疏通九州,安定华夏。紧接着,写后人自荥阳引河水流向东南,成为鸿沟,将宋、郑、陈、蔡、曹、卫各国相连,并与济、汝、淮、泗诸水系交会。楚国,西方在汉水和云梦泽之间修渠相通,东方在江淮之间以沟渠相连。吴国在三江、五湖之间开凿河渠。齐国在菑、济二水之间修渠。蜀国则有蜀守李冰凿开离堆,疏辟沫水带来的水患,并在成都开凿两条江水支流。这些河渠皆能行舟,还能用来灌溉农田,百姓从中获得实惠。李冰此举同

---

① 白广美:《中国古代盐井考》,《自然科学史研究》1985 年第 2 期。
② 吴天颖:《中国井盐开发史二三事——〈中国科学技术史〉补正》,《历史研究》1986 年第 5 期。
③ 司马迁:《史记》(二),中华书局,2011,第 1302–1303 页。

时解决了成都平原的土地灌溉和水路运输两大问题,给百姓带来了巨大的实惠和便利。司马迁高度概括了李冰治水的贡献,遗憾的是,对于李冰的其他事迹,诸如其与井盐之间的关系,只字未提。

两汉其他史书中,关于李冰事迹的记载,未出《史记》之右。如西汉扬雄《蜀都赋》:"尔乃其都门二九,四百余闾,两江珥其市,九桥带其流。"①东汉班固《汉书·沟洫志》写道:"于蜀,则蜀守李冰凿离崖,避沫水之害,穿二江成都中。此渠皆可行舟。有余则用溉,百姓飨其利。至于它,往往引其水,用溉田,沟渠甚多,然莫足数也。"②与《史记·河渠书》相比,班固仅将"冰"记为"李冰","离碓"写作"离崖","辟"写作"避",其余内容无甚改变。东汉崔寔《政论》:"蜀郡李冰凿离堆通二江,益部至今赖之。"③这些文字虽述及李冰对岷江水系的考察,但整体来看,都是将李冰与治水画上等号,至于其他生平事迹,均未作说明。

直到东晋常璩撰写了《华阳国志》,情况才开始有所不同。《华阳国志》又名《华阳国记》,是一部专门记述公元四世纪以前中国西南全貌的地方志。该书体制完备,分为《巴志》《汉中志》《蜀志》《南中志》等共十二卷;内容丰富,涉及神话、历史、地理、人物、民俗等方方面面。《华阳国志》第三卷为《蜀志》,其中,有两处关于李冰发现井盐的记录。

> 冰又通笮道文井江,径临邛,与蒙溪分水、白木江会,至武阳天社山下合江。又导洛通山洛水,出瀑口,经什邡、洛别江会新都大渡。又有绵水出紫岩山,经绵竹入洛。东流过资中,会江江阳。皆溉灌稻田,膏润稼穑。是以蜀川人称郫、繁曰膏腴,绵、洛为浸沃也。又识齐水脉,穿广都盐井、诸陂池。蜀于是盛有养生之饶焉。④

> 南安县 郡东四百里。治青衣江会。县溉,有名滩,一曰雷垣,二曰盐溉,李冰所平也。有柑橘官社。汉有盐井。南安、武阳皆出名茶,多陂池。西有熊耳,南有峨眉山,山去县八十里,《孔子地图》言有仙药。汉武

---

① 《文白对照念全汉赋》,费振刚、仇仲谦、刘南平校释,广东教育出版社,2006,第164页。
② 班固:《汉书》,中华书局,1962,第1677页。
③ 李昉编纂《太平御览》(第一卷),夏剑钦、王巽斋校点,河北教育出版社,1994,第649页。
④ 常璩:《华阳国志》,齐鲁书社,2010,第30-31页。

帝遣使者祭之,欲致其药,不能得。①

翻检《华阳国志》,发现全书当中关于"盐井"的记录非常多。如"孝宣帝地节三年(公元前67年),罢汶山郡,置北部都尉。时又穿临邛蒲江盐井二十所,增置盐铁官"②。又,"广都县　郡西三十里。元朔二年(公元前127年)置。有盐井、渔田之饶。大豪冯氏,有鱼池、盐井,县凡有小井十数所"③。先秦时期,巴蜀之盐已作为珍品纳贡朝廷。汉代起,朝廷又在当地设置多处盐官,豪门家有盐井。川蜀地区,盐井资源之得天独厚,由此可见。而遍观《华阳国志》全书,与"李冰"相关的"盐井"文字,却只有上文所列两处,分别来看:

第一则,讲的是李冰考察并修建了岷江多处水利。他沟通汶井江的竹索通道,直通临邛,又疏导了洛通山的洛水。岷江诸多支流皆可溉灌稻田,润泽庄稼。因此,蜀地人称郫县、繁县为膏腴之地,绵县、洛县为浸沃之地。除此之外,李冰还懂得识察地下卤水蕴藏与走势,开凿了广都盐井,盐井废弃后又被当作池塘,养殖鱼群,蜀地百姓生活安居乐业,富足丰饶。比起李冰在水利方面的贡献,其开凿盐井之功似乎不值一提,但在生产力相对落后的两千多年前,能够识察水脉,开凿盐井,生产食盐,无论是对于百姓生活,还是对于国力提升,意义重大,实则不言而喻。

关于"识齐水脉"。"齐"可通"脐""跻""资""剂"等,此处"齐"当指"剂"讲。此用法常见于上古书籍。如《周礼·天官》载曰:"辨五齐之名:一曰泛齐,二曰醴齐,三曰盎齐,四曰缇齐,五曰沉齐。"④这里,"齐"即指"剂",意思是不同原料比例所酿的酒。又如先秦时我国首部手工艺专著《考工记》载曰:"金有六齐:六分其金而锡居一,谓之钟鼎之齐;五分其金而锡居一,谓之斧斤之齐;四分其金而锡居一,谓之戈戟之齐;三分其金而锡居一,谓之大刃之齐;五分其金而锡居二,谓之削杀矢之齐;金锡半,谓之鉴燧之齐。"⑤其中,"齐"亦指"剂",意思是按照铜、锡等不同比例得到的不同用途的合金。"齐水"即意为"盐水""卤水"。

---

① 常璩:《华阳国志》,齐鲁书社,2010,第38页。
② 常璩:《华阳国志》,齐鲁书社,2010,第31页。
③ 常璩:《华阳国志》,齐鲁书社,2010,第35页。
④ 《周礼》(上),徐正英、常佩雨译注,中华书局,2014,第112页。
⑤ 《周礼》(下),徐正英、常佩雨译注,中华书局,2014,第910页。

"脉",则古代盐文献记载颇多。《云阳县志》记载,扶嘉和女共同开凿盐井,"其女示以井脉处,掘开遂得盐井九。民共立嘉为井主,至今为云安井神"①。《舆地纪胜》记载,"盐井,井在盐城北。井之咸脉有二"②。"脉",即"矿脉"之意;地下的"矿脉"正如同人的脉络。"识齐水脉"的"脉",指一个区域地下的"矿脉"。由此,"识察水脉"便不难理解。《水经注·江水》直接写道,"李冰识察水脉,穿县盐井"③。今人学者亦纷纷指出:"李冰已经有'识齐水脉'的地质知识","认识了地下盐水的规律,于是在成都一带(双流)钻成了盐井"。④ "钻井,首先需要确定井位……钻凿盐井必须要识'脉',也就是要根据地质条件来确定井位。"⑤综上所述,"识齐水脉"是说李冰运用渊博的地学知识,识察地下卤水脉络分布规律,在卤水富集地区选布井位。这意味着,早在两千多年前,李冰在治理水患时,就已经注意到有规模地组织勘测与开凿盐井。

关于"穿广都盐井"。广都,位于今成都南部,与古蜀国成都、新都并称"三都",是古蜀农业文明的起源地。《蜀王本纪》记载:"蜀王本治广都樊乡,徙居成都。"⑥公元前七世纪(春秋时期),开明氏鳖灵自立为蜀,号丛帝,建都广都。这里有"盐井、渔田之饶",又有铁矿、好稻田,资源丰沃,富甲一方。李冰主持开凿的盐井主要在这一带。

第二则,意思大致是说,南安县在武阳东约四百里,县城在青衣江汇合处。县溉邑有两个名滩,一为雷坻,一为盐溉,皆由李冰开凿。这里汉代即有盐井。南安、武阳皆出名茶,有许多池塘。西有熊耳峡,南有峨眉山,峨眉山距离县城八十里。《孔子地图》上说,山上产有仙药,汉武帝曾派遣使者到山上祈求仙药,却无所得。

这里涉及一个非常重要的历史问题,早在李冰之前,蜀地的井盐资源是否得到开发?关于蜀地盐井开凿的历史,历来有两种说法:一说始于秦昭襄王,

---

① 转引自丁宝桢纂《〈四川盐法志〉整理校注》卷五,曾凡英、李树民、孙祥伟校注,西南交通大学出版社,2019,第179页。
② 王象之编著《舆地纪胜》,赵一生点校,浙江古籍出版社,2012,第3550页。
③ 郦道元:《水经注校证》,陈桥驿校证,中华书局,2013,第735页。
④ 转引自刘德林等:《中国古代井盐及油气钻采工程技术史》,山西教育出版社,2010,第467页。
⑤ 申力生主编《中国石油工业发展史》第一卷,石油工业出版社,1984,第102页。
⑥ 转引自蒙文通:《巴蜀古史论述》,四川人民出版社,2019,第177页。

一说始于秦孝文王。秦昭襄王弱冠开始决策国事,在位五十六年。秦孝文王从继位到离奇身亡,在位仅仅三天。东晋常璩所撰《华阳国志·蜀志》显示:"周灭后,秦孝文王以李冰为蜀守,冰能知天文、地理……又识齐水脉,穿广都盐井,诸陂池,蜀于是盛有养生之饶焉。"①北魏郦道元《水经注》引东汉应劭《风俗通》:"秦昭王使李冰为蜀守,开成都两江,溉田万顷。"②应劭以博览多闻著称于世,所撰《风俗通义》(又作《风俗通》)包含许多有价值的史料,后世广为援引,惜原书散佚。应劭生活的时代比常璩早了大约一两百年,再结合秦昭襄王、秦孝文王在位时间来看,《风俗通义》可信度似乎更高。

此外,公元前256年,周赧王卒,周灭,史家遂以秦王纪年。秦昭王使李冰为蜀守当于此后。秦灭蜀后,移民万家入蜀,张若、李冰先后任郡守,之后,蜀地才出现了兴修水利、开凿盐井和"盛有养生之饶"。"秦惠文、始皇克定六国,辄徙其豪侠于蜀,资我丰土,家有盐铜之利,户专山川之材,居给人足,以富相尚。"③而在《史记·货殖列传》中,司马迁列举秦武王、秦昭襄王时巴蜀物产,列举了卮、姜、丹沙、铜、铁等十余种,却没有提到井盐。因此,在没有更充分有力的论据之前,秦孝文王时期,由蜀守李冰组织开凿的广都(今双流一带)盐井,是关于川蜀盐井最早的文献记载。

因此,可以这样认为,在李冰开凿广都盐井之前,蜀地除了部分自然盐泉和岩盐,大量丰富的盐卤资源都深埋地下岩层之中。西北池盐和川东巴盐是蜀地百姓食盐的重要来源。秦人灭巴,巴东盐泉为楚人占据,秦楚之间多年征战,原因之一便是为了夺取盐泉。秦统一巴蜀后,十分重视食盐的流通与管理,秦惠文王二十七年(公元前311年)在成都设置"盐铁市官并长承",管理盐铁流通。李冰任蜀守后,组织开凿广都盐井,开启了蜀地井盐生产的序幕。

李冰在蜀地"穿盐井",对巴蜀地区井盐生产影响深远。到了秦始皇克定六国(公元前221年),巴蜀地区已经是"家有盐铜之利,户专山川之材,居给人足,以富相尚"。私有盐井成为普遍现象,出现了一批"擅盐井之利"的巨富。而到了汉代,巴蜀地区的井盐生产成为国家重要收入来源,朝廷设置盐官的县已有十多个。直到二十世纪中叶,井盐一直是四川地区最重要的税收来

---

① 常璩:《华阳国志》,齐鲁书社,2010,第30-31页。
② 郦道元:《水经注校证》,陈桥驿校证,中华书局,2013,第734页。
③ 常璩:《华阳国志》,齐鲁书社,2010,第32-33页。

源之一。李冰开盐井,如同修建都江堰一样,是堪载史册的丰功伟绩。

今人学者结合汉墓出土的画像砖等资料研究指出,早期盐井皆为大口浅井。直到宋代"卓筒井"(即小口盐井)出现之前,盐井开采属于传统开采方法。其特点是口大、井浅,靠人力挖掘而成。井壁一般是没有保护的裸眼井;少数井则用坚木为干,用以障土。汲卤用桶或牛皮囊作为容器,主要靠人力拽提,有的采用了滑轮、绞盘车等简单的提升工具,然而定滑轮并不省力,只可改变用力的方向,便于汲卤。①

三、李冰神化与盐神崇拜

虽然文献中关于李冰的籍贯家世不详,生卒年限不详,仕宦资料不详,但这些都不妨碍后世百姓将其作为神灵供奉。李冰被神化主要体现在历代文学作品、朝廷追封和民间祭祀之中。

《艺文类聚》卷九十五引西汉扬雄《蜀王本纪》:"江水为害。蜀守李冰作石犀五枚:二枚在府中;一在市南下;以厌水精。因曰石犀里也。"②《华阳国志·蜀志》和《蜀王本纪》所记相似:"外作石犀五头以厌水精。穿石犀渠于南江,命曰犀牛里。后转为耕牛二头,一在府市市桥门,今所谓石牛门是也。一在渊中。"③

李冰以石犀镇水、纾解水患的情节,出现较早,但上述文献记录较为简略。在东汉应劭的《风俗通义》中,李冰被神化的过程记录得较为详细:

> 秦昭王伐蜀,令李冰为守。江水有神,岁取童女二人为妇。主者自出钱百万以行聘。冰曰:不须,吾自有女。到时,装饰其女,当以沉江。冰径上神座,举酒酹曰:"令得傅九族。江君大神,当见尊颜。"相为进酒。冰先投杯,但澹澹不耗。厉声曰:"江君相轻,当相伐耳。"拔剑,忽然不见。良久,有苍牛斗于岸。有顷,冰还。谓官属令相助曰:"南向要中正白,是我绶也。"还,复斗。主簿刺杀其北面者,江神死。后无复患。④

---

① 白广美:《中国古代盐井考》,《自然科学史研究》1985年第2期。
② 转引自冯广宏主编《都江堰文献集成:历史文献卷》,巴蜀书社,2007,第3页。
③ 常璩:《华阳国志》,齐鲁书社,2010,第30页。
④ 转引自冯广宏主编《都江堰文献集成:历史文献卷》,巴蜀书社,2007,第15页。

这段文字，无论是讲述故事还是塑造人物，都非常传神。如江神"岁娶童女为妇"的淫邪贪婪，又如李冰举酒相酢、淡然投杯、厉声叱问、拔剑决斗等一系列动作表现出的智勇双全。而一反一正人物形象的对比塑造，以及李冰化身为牛、勇斗江神的离奇情节，都在寥寥数语中得到细致描绘。

《风俗通义》作为一部文史杂记，学术价值较高，但本书在流传过程中散佚严重。汉代以降，许多类书对本书所载李冰故事皆有选录，但各有不同。最常见的如以下三种。

北魏郦道元《水经注·江水》注引曰：

> 秦昭王以李冰为蜀守，冰见氐道县有天彭山，两山相对，其形如阙，谓之天彭门，亦曰天彭阙……《风俗通》曰：秦昭王使李冰为蜀守，开成都两江，溉田万顷。江神岁取童女二人为妇，冰以其女与神为婚，径至神祠劝神酒，酒杯恒澹澹，冰厉声以责之，因忽不见，良久，有两牛斗于江岸旁，有间，冰还，流汗，谓官属曰：吾斗大亟，当相助也。南向腰中正白者，我绶也。主簿刺杀北面者，江神遂死蜀人慕其气决，凡壮健者，因名冰儿也。①

唐代欧阳询《艺文类聚》卷九十四引曰：

> 秦昭王使李冰为蜀守，开成都两江，溉田万顷。江神岁取童女二人为妇；冰自以其女与神为婚。往至神祠，劝神酒。杯但淡水。冰厉声以责之，因忽不见。良久，有两苍牛斗于岸旁。有间，冰还；流汗谓官属曰："吾斗大极，当相助。南向腰中正白者，我绶也。"主簿乃刺杀北面者，江神遂死。蜀人慕其气决，凡壮健者，因名"冰儿"。②

唐代张守节《史记正义》引文曰：

> 秦昭王使李冰为蜀守，开成都县两江，溉田万顷。神须取女二人以为妇，冰自以女与神为婚，径至祠劝神酒，酒杯澹澹，因厉声责之，因忽不见。良久，有两苍牛斗于江岸，有间，辄还，流汗谓官属曰："吾斗疲极，不当相助耶？南向腰中正白者，我绶也。"主簿刺杀北面者，江神遂死。③

---

① 郦道元：《水经注校证》，陈桥驿校证，中华书局，2013，第732-734页。
② 转引自冯广宏主编《都江堰文献集成：历史文献卷》，巴蜀书社，2007，第14页。
③ 司马迁：《史记》（二），中华书局，2011，第1303页。

至唐,随着传奇小说的兴起,李冰相关故事更加曲折离奇。晚唐卢求受西川节度使高骈所托,作《成都记》,原书已佚,残存文献有关于蜀守李冰治水的故事。《太平广记》收录两处残文,文字有所不同,节选如下。

《太平广记》卷四百五十六,文曰:

> 蜀国自秦始通。秦遗蜀王五美女,蜀亦遣五丁迎之。到梓潼,见一大蛇,入山穴中,一人掣其尾不能得,五人相助,大呼拽之,山遂崩,五丁及秦女皆死。惠王遂遣张仪、司马错从石牛道灭蜀。因封公子通为蜀侯,以陈庄为相。置巴蜀郡;迁秦人万家实之,民始能秦言。以蜀令张若为太守。前时蜀王开明尚纳美女为妃,盖武都山之精也;及死,葬于城西北,遣五丁担其本山之土以为冢。今有二石尚在,古老言"五丁担"云(一作"土担")。陈庄既为秦公子相,数年,遂谋反,杀秦公子。秦伐蜀,诛庄;封子恽为蜀侯。恽后母诬恽有罪,赐剑自杀。蜀人以其冤,因为立祠。又封子绾为蜀侯;后复疑绾反,诛死。自此但置守而已。后以李冰为蜀守。冰始凿三江引水,以行舟楫。岷山多梓柏大竹,坐致材木。又溉水开稻田。于是沃野千里,号为陆海。置绵、洛二水,用便溉灌。作石犀五以压毒蛟,命曰犀牛里;后更为耕牛(当作石牛)二。又作三石人立水中。冰非常人也,与江神约曰:"水竭不至足,盛不没肩。"大凿岩崖,通沫水道。江之龙大怒,冰乃持刀入水与龙斗,龙死;遂无水害,迄今蒙利。蜀人称郫、繁为"膏腴";绵、洛为"浸沃"。①

又,《太平广记》卷二百九十一,文曰:

> 李冰为蜀郡守,有蛟岁暴,漂垫相望。冰乃入水戮蛟,己为牛形。江神龙跃,冰不胜。及出,选卒之勇者数百,持强弓大箭,约曰:"吾前者为牛,今江神必亦为牛矣。我以大白练自束以辨,汝当杀其无记者。"遂吼呼而入。须臾雷风大起,天地一色。稍定,有二牛斗于上。公练甚长白,武士乃齐射其神,遂毙。从此,蜀人不复为水所病。至今大浪冲涛,欲及公之祠,皆漱漱而去;故春冬设有斗牛之戏,未必不由此也。祠南数千家,边江低圮,虽甚秋潦,亦不移适。有石牛,在庙庭下。唐大和五年(公元831

---

① 转引自冯广宏主编《都江堰文献集成·历史文献卷》,巴蜀书社,2007,第16页。

年)洪水惊溃,冰神为龙,复与龙斗于灌口,犹以白练为志;水遂漂下。左绵、梓潼,皆浮川溢峡,伤数十郡,唯西蜀无害。①

这是关于李冰治水的另一传奇想象:"化牛斩蛟"。李冰化为牛形,下水斩杀蛟龙,蛟龙腾跃出没,李冰不能胜出。随后,李冰挑选百名勇士,手持强弓利箭,勇士们联手射杀了蛟龙。自此以后,直到唐代,蜀地周遭皆苦于水患,唯蜀地得免。这些故事中,都寄托了当地百姓对李冰的敬仰和颂赞。

北宋乐史在《太平寰宇记》中写道:

> 灌口山,在西岭天彭关。李膺《益州记》云:清水路西七里灌口,古所谓"天彭关",两石对立如阙,号曰"天彭"。诺城古都安县城也,蚕岩阙在县西北四十七里,周武帝天和二年(公元566年)立。天彭山,扬雄《蜀记》云:李冰秦时为蜀守,谓汶山为天彭关,号曰"天彭门",云亡者悉过其中,鬼神精灵数见……三石人,《蜀志》云:李冰为三石人在青城县北,立于水中,以厌水灾。②

李冰事迹,古代文献记述甚少,这一段是颇为可贵的早期资料。可以看出,李冰曾查勘过岷江上游,曾将岷江那里的峡谷命名为"天彭阙"和"天彭门"。古代蜀地传说,人死之后,鬼魂会经过闽江一带的峡谷。都江堰建成后,李冰又顺应蜀地民俗,刻制了五枚石犀,两枚安置在官府,一枚安置在集市南部的水边,还有两枚沉进渊水。

北宋黄休复在《茅亭客话·蜀无大水》中写道:

> 开宝五年,壬申岁秋八月初,成都大雨,岷江暴涨,永康军大堰将坏,水入府。江知军薛舍人文宝与百姓忧惶,但见惊波怒涛,声如雷吼,高十丈已来。中流有一巨材,随骇浪而下。近而观之,乃一大蛇耳。举头横身,截于堰上。至其夜,闻堰上呼噪之声,列炬纵横,虽大风暴雨,火影不灭。平旦,广济王李冰祠内旗帜皆濡湿,堰上唯见一面沙堤,堰水入新津江口。时嘉眉州漂溺至甚,而府江不溢。
>
> 初李冰自秦时代张若为蜀守,实有道之士也。蜀困水难,至于白灶生

---

① 转引自冯广宏主编《都江堰文献集成:历史文献卷》,巴蜀书社,2007,第15-16页。
② 转引自郦道元:《水经注校证》,陈桥驿校证,中华书局,2013,第734页。

蛙,人雁垫溺且久矣。公以道法役使鬼神擒捕水怪,因是壅江泛浪,凿山离堆辟沫水于南北,为二江,灌溉彭、汉、蜀之三郡沃田亿万顷。仍作三石人以誓江水曰:"俾后万祀,水之盈缩,竭不至足,盛不没肩。"又作石犀五,所以厌水物。于是蜀为陆海,无水潦之虞。万井富实,功德不泯,至今赖之。咸云:理水之功,可与禹偕也。不有是绩,民其鱼乎?每临江浒,皆立祠宇焉。①

北宋开宝五年(公元972年)八月,成都大雨,岷江暴涨,洪水涌进府江,都江堰头几乎要被冲毁。惊涛海浪之中,巨木顺流而下,如同大蛇横在堰头。当晚堰上噪声大作,火影不灭。第二天一早,只见风平浪静,洪水已泄,成都得保,眉州、嘉州受灾严重。人们相信,已为天神的李冰冥冥之中庇佑着成都百姓。

古往今来文人墨客对李冰的颂赞不仅仅体现为笔记小说,更融入慷慨诗篇中。简摘数篇如下:

石犀

[唐]岑参

江水初荡潏,蜀人几为鱼。

向无尔石犀,安得有邑居。

始知李太守,伯禹亦不如。

石犀行

[唐]杜甫

君不见秦时蜀太守,刻石立作三犀牛。

自古虽有厌胜法,天生江水向东流。

蜀人矜夸一千载,泛溢不近张仪楼。

今年灌口损户口,此事或恐为神羞。

修筑堤防出众力,高拥木石当清秋。

先王作法皆正道,鬼怪何得参人谋。

嗟尔五犀不经济,缺讹只与长川逝。

---

① 袁珂、周明编《中国神话资料萃编》,四川省社会科学院出版社,1985,第397页。

但见元气常调和，自免洪涛恣凋瘵。
安得壮士提天纲，再平水土犀奔茫。

离堆伏龙祠观孙太古画英惠王像
[宋]陆游

岷山导江书禹贡，江流蹴山山为动。
呜呼秦守信豪杰，千年遗迹人犹诵。
决江一支溉数州，至今禾黍连云种。
孙翁下笔开生面，岌嶪高冠摩屋栋。
徙木遗风虽峭刻，取材尚足当世用。
寥寥后世岂乏人，尺寸未施谤已众。
要官无责空赋禄，轩盖传呼真一哄。
奇勋伟绩旷世无，仁人志士临风恸。
我游故祠九顿首，夜遇神君了非梦。
披云激电从天来，赤手骑鲸不施鞚。

离堆行
[宋]范成大

残山狠石双虎卧，斧迹鳞皴中凿破。
潭渊油油无敢唾，下有猛龙跧铁锁。
自从分流注石门，西州粳稻如黄云。
刲羊五万大作社，春秋伐鼓苍烟根。
我昔官称劝农使，年年来激西江水。
成都火米不论钱，丝管相随看蚕市。
款门得得酹清尊，椒浆桂酒删膻荤。
妄欲一语神岂闻？更愿爱羊如爱人。

新江行寿张宪亨泉（节选）

[宋]吴泳

君不见尧时伯禹作司空,应龙尾画江道通。

又不见秦时李冰作太守,犀牛厌胜水晶走。

蜀江开凿四万八千载,二后英灵俨如在。

虽然陵谷有变迁,不响东流不曾改。

西岷山,南涧崖,神营化造如划开。

送王粹中教授入蜀（节选）

[宋]楼钥

五丁开山果何在,赞皇筹边言可覆。

剑门石角皆北向,雪岭界天望身毒。

高皇将坛在汉中,武侯八阵留鱼复。

栈阁绳桥世称险,威茂渡笮来夷族。

李冰离堆如底柱,大宁盐泉若飞瀑。

四路尤多未见书,买归何止三万轴。

黄松次功蜀梼杌,石湖居士吴船录。

君宜预考经行地,却随所见书之牍。

幕中便可资筹策,远业因兹增蕴蓄。

祭祀李冰的庙宇,最早当建于秦代。唐代虞世南在其《北堂书钞》中写道:"秦昭王听田贵之议,以李冰为蜀守,开成都两江……始皇得其利以并天下;立其祠也。"①又,明代王圻《稗史汇编》载曰:"秦孝文王时冰为蜀郡守,自汶山壅江灌溉三郡,开稻田,历代以来蜀人之飨祀不绝。"②早在秦代,李冰即被作为神灵供奉,受到百姓祭祀。1974年3月3日,今都江堰市安澜索桥附近出土了一尊高2.9米、宽0.96米、重约4吨的汉代李冰石像,约成物于东汉灵帝时期。石像头戴冠冕,垂手而立,面带笑容,两臂及胸前皆有隶书刻字。左臂为"建宁元年(公元168年)闰月戊申朔廿五日都水掾",右臂为"尹龙长陈壹造

---

① 转引自冯广宏主编《都江堰文献集成:历史文献卷》,巴蜀书社,2007,第13页。
② 王圻纂集《稗史汇编》,北京出版社,1993,第2024页。

三神石人珍(镇)水万世焉",胸前为"故蜀郡李府君讳冰"。① 今石像陈列于都江堰市离堆公园伏龙观内。1975年1月18日,又在同一地点附近出土较小的石像,头部及左肩残缺,两手持锸,通高1.85米,重约2吨,没有铭文。据考,当是与李冰像配套制作之物。2005年2月27日及3月5日在加固索桥墩基时,又前后挖出两尊较小的石像,头部及左肩同样残缺。李冰石像在都江堰首出土,成为李冰创建都江堰的坚证,同时也表明汉代即有都水掾和都水长,负责管理古堰。这是李冰在汉代即受供奉祭祀的有力证明。

到了唐代,李冰被玄宗李隆基加封为"司空相国"。"唐玄宗幸蜀,以冰功及于人,命饰祠宇,追加司空相国,今诸有水泛之处,乡里为冰立庙,水势即止。"② 至后蜀,李冰被皇帝孟昶加赐"大安王",又封"应圣灵感王"。③ 自此以后,名目各异的李冰庙,开始遍布川蜀平原。

李冰地位的全面提升是在宋代。开宝七年(公元974年)宋太祖赵匡胤"诏长吏增饰其(李冰)庙,乙卯改封广济王,岁一祀"④。宋徽宗至宋宁宗年间,李冰父子数次得以加封,李冰封"广济王""灵应公",李冰之子李二郎为"护国圣烈昭惠灵显神祐王"。祭祀李冰父子的活动,不仅有民间自发的形式,还有官方组织的祀典。民间尊称李冰为"川主""江神""水神"和"盐神"。

宋代祭祀李冰最大的祠宇为崇德庙,位于岷江沿岸的永康军(即灌县,今四川省都江堰市)。"在军城西门外山上,秦太守李冰父子庙食处也","蜀人事之甚谨。每时节献享,及因事有祈者,必宰羊,一岁至四万口。一羊过城,纳税钱五百,岁终可得钱二百千,为公家无穷利。当神之生日,郡人醵迎尽敬,官僚亦无不瞻谒者"。⑤ 南宋著名诗人范成大在《吴船录》中描绘川蜀祭祀李冰仪式的盛况:

> 出玉垒关,登山谒崇德庙。新作庙前门楼甚壮,下临大江,名曰"都江"。江源政自西戎中来,由岷山洞壑出而会于此,故名"都江"。世云"江出岷山"者,自中国所见言之也。李太守疏江驱龙,有大功于西蜀。祠

---

① 四川省灌县文教局:《都江堰出土东汉李冰石像》,《文物》1974年第7期。
② 李一氓:《道藏》第5册,文物出版社,1988,第163-164页。
③ 李焘:《续资治通鉴长编》,清文渊阁四库全书本。
④ 李焘:《续资治通鉴长编》,清文渊阁四库全书本。
⑤ 冯世瀛、冉崇文等:《酉阳直隶州总志》,巴蜀书社,2009,第205页。

祭甚盛,岁刲羊五万。民买一羊将以祭,而偶产羔者,亦不敢留,并驱以享。庙前屠户数十百家;永康郡计,至专仰羊税。甚矣其杀也!①

元代至顺元年(公元1330年),李冰父子再次得到加封,"李冰为圣德广裕英惠王,其子二郎神为英烈昭惠灵显仁祐王"②。明朝立国,太祖朱元璋重新厘定祀典,从国家祭祀体系中去掉了大量神灵,而川蜀祭祀李冰的习俗,依然为官方认可和支持,该习俗得以保存延续。

到了清代,雍正帝、乾隆帝、光绪帝分别对李冰予以加赐追封。雍正五年(公元1727年),诏封李冰为敷泽兴济通佑王,李二郎为承绩广惠显英王。乾隆十五年(公元1750年),"颁四川灌县敷泽兴济通佑王李冰庙御属扁曰'绩垂保障'"③。"颁四川灌县李冰庙扁额曰'陆海金堤',二郎庙扁额曰'安流利济'"④。李冰作为"川主"的形象已经深入民心。张澍《蜀典》载曰:"今蜀人皆呼李冰为川主,颜其庙曰川主庙。"⑤"然封号已极崇隆,而奉祀者第曰川主。盖川主者,蜀人土语之尊称。"⑥

生而有功于民,死后尊之为神。清代陈祥裔《蜀都碎事》记述了李冰功在民心、得道升仙的传说:

> 上古禹治洪水,西南经界未尽。迨秦昭王时,秦蜀刺史李冰行至湔山,见水为民患,乃作三石人以镇江水,五石牛以压海眼,十石犀以压海怪,遣子二郎治其事。因地势而利导之,先凿离堆山,以避沫水之害,三十六江以次而沛其流。由是西南数十州县,高者可种,低者可耕,蜀中沃野千里,号为陆海。一日巡视水道,至广汉郡,游石亭江而上,故有马沼河之名。至后城山,遇羽衣徐谓李公曰:公之德泽,入于民也深矣。上帝有命来迎。遂升天而去。今祠岭之西,即后城治,上应毕宿。又有礼斗峰、升仙台之名,要非浪传也。事闻当宁,敕封昭应公。至汉时,加封大安王,以其大安蜀民故也。元至顺元年,更封圣德宽裕英惠王,其子二郎神,封为

---

① 范成大:《吴船录》,浙江人民美术出版社,2016,第5页。
② 宋濂等:《元史》,吉林人民出版社,1995,第454页。
③ 《中国地方志集成·四川府县志辑》(第9册),巴蜀书社,1992,第469页。
④ 《中国地方志集成·四川府县志辑》(第9册),巴蜀书社,1992,第469页。
⑤ 张澍:《蜀典》卷七,清道光十四年(公元1834年)武威张氏安怀堂刻本,第20页。
⑥ 冯世瀛、冉崇文等纂修《酉阳直隶州总志》卷九,巴蜀书社,2009,第205页。

英烈昭惠灵显仁佑王。而平武县玉虚观,有宋御制封二郎神碑,今见存可考。世以为姓张,为天帝之甥,则流俗传讹也。①

清乾隆九年(公元1744年),四川江津知县彭维铭主持新建川主庙,《创建新川主庙记》曰:

> 四川诸州邑乡里,无在不有川主神庙。稽神之姓氏,即今灌县都江堰口奉敕封建二王庙神也。前庙所祀秦蜀守李公冰之子二郎君,后庙所祀乃李公也……且禹导岷江,抑洪水,功溥天下,为天下主。李公父子辟沫水,开渠堰,利赖蜀川,宜为蜀川主。故《通志》二十八卷《祠庙部》载川主祠、二郎庙,皆李公父子事。且曰各州县多有之,允为确证。②

清嘉庆十四年(公元1809年),四川乐山县牛华溪盐官顾玉栋,见证牛华溪盐场川主庙重修事宜,《重修牛华溪川主庙记》曰:"场旧有川主庙,创于雍正(1723—1735)初年,重修于乾隆三十六(1771)。仅有正殿三楹,规模狭隘,非所以妥神而佑民。昨丁卯岁(1807),咨于众士商,佥谋所以新之……商咸奋兴,襄助庀材鸠工,阅三载而落成,计费万缗有奇……至神姓氏功绩及显佑之灵,载诸传记,习诸传闻,此毋庸赘。"③另,据清代云南《思南府志》记载显示,"俗以六月二十四日,七月二十二日为土主、川主生辰。至日,有庆神之举。居民盛装神像,鼓行于市,谓之迎社火……寻以召诸乡党会食庙中,尽一日而罢"④。传说李冰生日是农历六月二十四日,一说七月二十二日。每年的川主诞辰日,民间会有自发的大型祭祀庙会等活动。朝廷追封,民间祭祀,修缮宫庙,重镀金身,口耳传颂——福佑百姓的李冰被世人深深地感怀铭记。

而今,李冰"入水战江神""石犀厌水怪""化牛戮蛟"等故事流布世间,早已沉淀成为神话传说的重要组成,也成为不惧艰险、勇于奋斗、直面挑战的中华民族传统美德的文化符号。四川都江堰的二王庙和伏龙观、四川大邑的川王宫、贵州铜仁的川主庙、贵州思南的川主宫、贵州黄平的万天宫、云南会泽的川祖庙、陕西安康的川主馆、湖北沙市的川主宫等,无一不是全国重点文物保

---

① 转引自邓经武:《"川主"李冰祭祀与"湖广填四川"》,《文史杂志》2019年第2期。
② 龙显昭、黄海德主编《巴蜀道教碑文集成》,四川大学出版社,1997,第330-331页。
③ 转引自乐山市市中区地方志工作办公室编《乐山史志资料》,2017,第152页。
④ 中国人民政治协商会议贵州务川自治县委员会文史资料研究委员会整理嘉靖《思南府志》,1990,第114页。

护单位。川主庙不仅建在川人聚居地,还随着寓居客游的川人到达祖国各地,乃至世界各地。湖北、贵州、云南、甘肃等省市,皆有各种川主庙、川宫庙、川主宫、川王宫、二郎庙、清源宫、万天宫、惠民宫等,便是李冰深受后世钦敬的最好证明。

第十一章 淮盐兴盛

今扬州市邗江区梅岭街道办事处邗沟社区内,有一座相传建于汉代的邗沟大王庙,又称大王庙、吴王庙、邗沟财神庙。庙里供奉着春秋时期的吴王夫差,配祀是西汉吴王刘濞(公元前215年—公元前154年)。吴王刘濞即山铸钱,煮海为盐,开凿运河,对于扬州的繁荣富足,功不可没。故而当地人将其与逐鹿中原、破越败齐、堪与七雄比肩的夫差并祀。

大约两千年前,慧眼如炬的太史公司马迁并未因为吴王刘濞曾经谋反而否定了他所有的成就和贡献。相反,司马迁在《史记》中为刘濞单篇立传,并为后世留下了追溯研究这位传奇人物的宝贵资料。《史记·吴王濞列传》这样写道:

> 吴王濞者,高帝兄刘仲之子也。高帝已定天下七年,立刘仲为代王。而匈奴攻代,刘仲不能坚守,弃国亡,间行走洛阳,自归天子。天子为骨肉故,不忍致法,废以为郃阳侯。高帝十一年(公元前196年)秋,淮南王英布反,东并荆地,劫其国兵,西度淮,击楚,高帝自将往诛之。刘仲子沛侯濞年二十,有气力,以骑将从破布军蕲西会甀,布走。荆王刘贾为布所杀,无后。上患吴、会稽轻悍,无壮王以填之,诸子少,乃立濞于沛为吴王,王三郡五十三城。已拜受印,高帝召濞相之,谓曰:"若状有反相。"心独悔,业已拜,因拊其背,告曰:"汉后五十年东南有乱者,岂若邪?然天下同姓为一家也,慎无反。"濞顿首曰:"不敢。"会孝惠、高后时,天下初定,郡国诸侯各务自拊循其民。吴有豫章郡铜山,濞则招致天下亡命者盗铸钱,煮

海水为盐，以故无赋，国用富饶。①

吴王刘濞是汉高祖刘邦兄长刘仲的儿子。公元前202年，刘邦平定天下，开国立朝，登基称帝。不久，即大封同姓诸侯，刘仲被封为代王。（西汉初年，早期代国包含代郡、雁门、定襄、太原四郡，相当于今天的山西、河北大部分地区。）后来，匈奴围攻代国，刘仲弃国逃跑，奔往洛阳。刘邦念及兄弟情谊，不忍心依法严惩，仅仅废掉了刘仲"代王"的称号，将其贬为郃阳侯。公元前195年秋，淮南王英布谋反，高祖亲自率军征讨。当时，刘仲的儿子刘濞正值二十岁上下，强壮有力，作为骑将跟随高祖出兵，大败英布。荆王刘贾为英布所杀，高祖担心吴地民风剽悍，不易震慑，而自己子嗣尚幼，便赐封刘濞为吴王，统辖"三郡五十三城"。刘濞拜官受印后，高祖为其相面，认为其有反叛之相。虽然后悔，但已经任命，不便反悔，就轻拍刘濞后背，告诫他说："我大汉兴盛五十年后，东南方向将有叛乱，希望不会是你。天下同姓一家，你万万不要造反。"刘濞叩谢说道："不敢。"到了孝惠帝刘盈执政时，天下安定，郡国诸侯也都各司其职，各自安抚所辖封地内的百姓。吴地天然资源富足，拥有豫章郡铜矿山，刘濞招募天下亡命之徒私铸钱币，煮制海盐，且不必向国家缴纳赋税，吴地日益富足起来。

一、"三郡五十三城"盐场

刘邦初平天下、大封诸侯时，将东阳郡、鄣郡、吴郡"五十三城"封予从兄刘贾，并封其为荆王。淮南王英布谋反后，刘贾为叛军所杀，荆国废。战乱平定之后，刘贾没有子嗣，荆王空缺。刘邦便将荆国改为吴国，封刘濞为吴王。吴王刘濞的封地即是当初荆王刘贾的封地——"三郡五十三城"，都城位于广陵，即今之扬州市。

翻检汉代相关典籍，并结合当代学者研究成果可知"东阳郡、鄣郡、吴郡三郡五十三城"涵盖的大致区域。东阳郡，治所在下邳，今江苏睢宁西北，辖境北至今江苏新沂、邳州，南至今盱眙和安徽明光，东至今江苏涟水、淮安和清江浦区。东阳郡后改为临淮郡，所以常见文献记载称之为"故东阳郡"。鄣郡，治所

---

① 司马迁：《史记》（四），中华书局，2011，第2461-2462页。

在故鄣,今浙江安吉西北,辖境包含今江苏长江以南,安徽水阳江流域以东,江苏茅山、浙江天目山以西,安徽、浙江两省的新安江流域。武帝元狩二年(公元前121年),鄣郡改为丹阳郡。吴郡,即会稽郡,治所在吴县,今江苏苏州。辖境相当于今长江以南、茅山以东、浙江省大部,以及福建全省。① 简言之,吴王刘濞封地区域涵盖今上海市、安徽省、江苏省、浙江省、福建省在内的广大地区。

考察两千多年前吴王刘濞煮海为盐的盐区分布,当包含江淮东部沿海周边的广大地区,其中,较为重要的有五处。

其一,盐渎,今江苏省盐城市。汉高祖六年(公元前201年)置县,隶属广陵郡,后隶属临淮郡。盐渎,即盐河之意,盛产海盐。史料记载,早在汉代,这里便"有海盐之饶"②,"环城皆盐场"③,"煮海利兴,穿渠通运"④。东晋义熙九年(公元413年),盐渎改称盐城,后世沿用至今。万历《盐城县志》载曰:"盐城,古名盐渎,先世欲建城射阳,以射阳土不及海边厚,且海可渔,滩可樵,为民生之利,于是乃城海上,环城皆盐场也,故名盐城。"⑤乾隆《盐城县志》载曰:"盐城在周秦以前,地名不可考,至西汉始名'盐渎',意其时有董煮盐之役于兹土者。至晋安帝者,始名'盐城',盖建城即在此时。然亦无可考。相传先世欲建城射阳,以射阳土不及海边厚,且海可渔,滩可樵,为民生利,乃城海上。环城皆盐场也,故名'盐城'。"⑥解释了盐渎得名,以及更名盐城的缘由。盐渎海盐之盛,历千年而不衰。

其二,海陵,今江苏省泰州市海陵区。西汉文学家枚乘在其名作《上书重谏吴王》中盛赞海陵之富足,文曰:"转粟西乡,陆行不绝,水行满河,不如海陵之仓。"⑦颜师古注《汉书》引臣瓒曰:"海陵,县名也。有吴大仓。"⑧唐代学者李善为《文选》作注时,亦引注称:"海陵,县名,有吴太仓。"⑨这里既是鱼米之

---

① 罗庆康:《刘濞煮盐析》,《盐业史研究》1994年第4期。
② 司马迁:《史记》(四),中华书局,2011,第2831页。
③ 杨瑞云修,夏应星纂《盐城县志》卷二,明万历刻本。
④ 林懿均修,吴应庚纂《续修盐城县志》卷一,民国二十五年(公元1936年)铅印本,第2页。
⑤ 杨瑞云修,夏应星纂《盐城县志》卷二,明万历刻本。
⑥ 转引自盐城市政协学习文史委员会编《海红遗编》,江苏人民出版社,2018,第31页。
⑦ 班固:《汉书》,中华书局,2007,第523页。
⑧ 班固:《汉书》,中华书局,1962,第2363页。
⑨ 萧统编《文选》,李善注,岳麓书社,2002,第1225页。

乡,又是交通枢纽,是刘濞封地内重要的海盐产、储、运、销之枢纽。

其三,海阳,今江苏省南通市海安县。历史上,海阳的名称和隶属情况较为复杂多变,仅在西汉一朝,便先后隶属过东阳郡、楚国、荆国、吴国、江都国、临淮郡等。而不论称谓如何变化,都改变不了海安历史上作为重要盐区的既定事实。史载,为方便运输经营,大约公元前179年至公元前141年,刘濞曾组织开凿人工运盐河,西起今扬州茱萸湾,经海陵仓、海安等地,东至今如皋蟠溪。运盐河经过的海安,是吴王刘濞盐业王国的重镇之一。

其四,盐官,今浙江省海宁市境内。汉武帝元狩四年(公元前119年),一说三国东吴时,会稽郡海盐县设置司盐之官,该地便以盐官命名。对此,史书文献多有记录。北魏郦道元《水经注》即载曰:"吴有盐官县……谷水之右有马皋城(马皋城今位于海盐县城东南),故司盐都尉城,吴王濞煮海为盐于此县也。"①

其五,海盐,今浙江省嘉兴市海盐县。秦王政二十五年(公元前222年)置县。此地物华天宝,南朝陈史学家顾野王《舆地志》载曰:"海滨广斥,盐田相望。吴煮海为盐,即盐官县境也。"②西汉时,海盐隶属会稽郡,官府设有盐官。

当然,吴王刘濞所辖"三郡五十三城"所包含的海盐产区远远不止于上述。《汉书·地理志》记载显示,自汉武帝元狩四年始,全国范围内开设盐官的郡县共有三十五个,分别为:河东郡安邑县,太原郡晋阳县,南郡巫县,巨鹿郡堂阳县,渤海郡章武县,千乘郡,北海郡都昌县、寿光县,东莱郡曲城县、东牟县、㠥县、当利县、昌阳县,琅邪郡海曲县、计斤县、长广县,会稽郡海盐县,蜀郡临邛县,益州郡连然县,犍为郡南安县,巴郡朐忍县,陇西郡,安定郡三水县,北地郡弋居县,上郡独乐县、龟兹县,西河郡富昌县,朔方郡沃壄县,五原郡成宜县,雁门郡楼烦县,渔阳郡泉州县,辽西郡海阳县,辽东郡平郭县,南海郡番禺县,苍梧郡高要县(各郡县与本书内容无关者,不一一注明今名,下同)。而据一些学者考证,当时设置盐官的郡县可能不止上述记载,还应包括朔方郡朔方县、越巂郡青蛉县、巴郡临江县、陇西郡西县、朔方郡广牧县、犍为郡南广县、渔阳郡、广陵郡等。③ 在这些设置盐官的郡县里,江苏、浙江、山东等东南滨海的海盐

---

① 郦道元:《水经注校证》,陈桥驿校证,中华书局,2013,第658-659页。
② 转引自徐坚:《初学记》,中华书局,1962,第187页。
③ 罗庆康、罗威:《汉代盐制研究》,《盐业史研究》1995年第1期。

产区,比例大约占到一半。其中,绝大部分又都可划入吴王刘濞"三郡五十三城"的范畴。

学者吉成名在其《江苏海盐产地变迁》一文中,考证了先秦至民国时期,江苏省境内的海盐产区。其中,秦汉至魏晋南北朝时期的海盐产区主要有东海郡朐县(今江苏省连云港市)、临淮郡盐渎县(今江苏省盐城市)、东海郡郁洲(今江苏省连云港市)、山阳郡盐城县(今江苏省盐城市)、晋陵郡南沙县(今江苏省常熟市)。① 文章考证翔实,简摘其中考证"东海郡朐县"的部分,既飨读者,亦可佐证"三郡五十三城"盐产区之丰富。吉成名文曰:

> 东海郡朐县。《汉书·地理志》载东海郡朐县(治所在今江苏省连云港市海州镇锦屏山侧)曰:"秦始皇立石海上以为东门阙。有铁官。"此处"有铁官"当为"有盐铁官"之误。为什么这样说呢?桓宽《盐铁论·通有》提到"朐卤之盐",即指东海郡朐县所产之盐。1993年2月,考古工作者在江苏省连云港市东海县温泉镇尹湾村6号墓出土了24支木牍。其中,2号木牍为《东海郡属县乡吏员定簿》,详细记载了东海郡太守、都尉、县、侯国、邑和盐铁官总数以及长吏俸禄。有关盐官材料如下:伊卢盐官吏员卅人。长一人,秩三百石;丞一人,秩二百石;令史一人;官啬夫二人;佐廿五人。凡卅人。北蒲盐官吏员廿六人。丞一人,秩二百石;令史一人;官啬夫二人;佐廿二人。凡廿六人。郁州盐官吏员廿六人。丞一人,秩二百石;令史一人;官啬夫一人;佐廿三人。凡廿六人。伊卢,今灌云县伊卢乡;北蒲,今灌云县板浦镇;郁州,今连云港市云台山。此三处都在朐县境内,且均为海盐产地,所以设有盐官。2号木牍还载有东海郡下邳、朐县铁官。从这些史料来看,《汉书·地理志》所载东海郡朐县"有铁官"确为"有盐铁官"之误。②

司马迁在《史记·吴王濞列传》中清楚写道:"吴有豫章郡铜山,濞则招致天下亡命者盗铸钱,煮海水为盐,以故无赋,国用富饶。"③这句话,包含了几方

---

① 吉成名:《江苏海盐产地变迁》,《扬州大学学报(人文社会科学版)》2016年第1期。
② 吉成名:《江苏海盐产地变迁》,《扬州大学学报(人文社会科学版)》2016年第1期,第78-79页。
③ 司马迁:《史记》(四),中华书局,2011,第2462页。

面的重要意思。其一,就制盐方法来看,吴地当时制盐是"煮海为盐",即"淋煎法"。其二,就盐工来源来看,为吴王刘濞煮盐铸钱的盐工和铸工,为"天下亡命者"。

关于"煮海为盐"。宋元之际著名历史学家马端临《文献通考》载曰:"按东南之盐,煮海而已。"①海盐之祖夙沙氏,制盐的方法便是"煮海为盐"。吴王刘濞时代的海盐生产距离夙沙氏生活的时代大约有两千五百年。作为中国古代沿海制盐最原始的工艺,"煮海为盐"经过一代又一代人的摸索实践,及至汉代,煎制工艺已经十分成熟,并逐步形成了实用的生产工艺流程:刈草于荡,烧灰于场,晒灰淋卤,归卤于池,煎盐于镦。②

明代宋应星在《天工开物·作咸》中曾详细描述过海盐的制作和储藏:

> 凡海水自具咸质。海滨地高者名潮墩,下者名草荡,地皆产盐。同一海卤传神,而取法则异。一法高堰地,潮波不没者,地可种盐。种户各有区画经界,不相侵越。度诘朝无雨则今日广布稻麦稿灰及芦茅灰寸许于地上,压使平匀。明晨露气冲腾,则其下盐茅勃发,日中晴霁,灰、盐一并扫起淋煎。一法潮波浅被地,不用灰压。俟潮一过,明日天晴,半日晒出盐霜,疾趋扫起煎炼。一法逼海潮深地,先掘深坑,横架竹木,上铺席苇,又铺沙于苇席之上。候潮灭顶冲过,卤气由沙渗下坑中,撤去沙、苇,以灯烛之,卤气冲灯即灭,取卤水煎炼。总之功在晴霁,若淫雨连旬,则谓之盐荒。又淮阳地面有日晒自然生霜如马牙者,谓之大晒盐。不由煎炼,扫起即食。海水顺风漂来断草,勾取煎炼,名蓬盐。③

在这段文字中,宋应星将海盐的制作方法大致分成三种:方法一,在海潮不能浸漫的高岸取盐,盐民们各自拥有地块,互不侵占。先将寸余厚的稻秆、麦秆灰或是芦苇、茅草灰,均匀撒于地面,并压制密实。次日天晴,灰下会迅速结满盐茅,过午即可收集卤灰,并淋洗煎炼。方法二,在潮水清浅之地,不用撒灰,只等潮落,次日天晴,过午即可收集盐霜,并加以煎炼。方法三,在能被海

---

① 马端临:《文献通考》,上海师范大学古籍研究所、华东师范大学古籍研究所点校,中华书局,2011,第 426 页。
② 王自立:《扬州盐业史话》,广陵书社,2014。
③ 潘吉星:《天工开物校注及研究》,巴蜀书社,1989,第 267-269 页。

潮淹没的低洼处,挖掘深坑,放置竹架或木棒,上置苇席,苇席上铺沙子。海水中卤气卤水聚集入坑,便可取卤煎炼。海盐制作与天气状况密切相关,如阴雨连绵,则海盐难出,此即为"盐荒"。江苏淮盐产区,人们靠日光把海水晒干,这种经过日晒而自然凝结的盐霜,状如马牙,称为"大晒盐";捞起海草熬炼而成的盐,则称为"蓬盐"。

  凡淋煎法,掘坑二个,一浅一深。浅者尺许,以竹木架芦席于上,将扫来盐料(不论有灰无灰,淋法皆同),铺于席上。四围隆起作一堤垱形,中以海水灌淋,渗下浅坑中。深者七八尺,受浅坑所淋之汁,然后入锅煎炼。

  凡煎盐锅古谓之牢盆,亦有两种制度。其盆周阔数丈,径亦丈许。用铁者以铁打成叶片,铁钉拴合,其底平如盂,其四周高尺二寸,其合缝处一以卤汁结塞,永无隙漏。其下列灶燃薪,多者十二、三眼,少者七、八眼,共煎此盘。南海有编竹为者,将竹编成阔丈深尺,糊以蜃灰,附于釜背。火燃釜底,滚沸延及成盐。亦名盐盆,然不若铁叶镶成之便也。凡煎卤未即凝结,将皂角椎碎,和粟米糠二味,卤沸之时投入其中搅和,盐即顷刻结成。盖皂角结盐犹石膏之结腐也。

  凡盐淮扬场者,质重而黑。其他质轻而白。以量较之,淮场者一升重十两,则广浙、长芦者只重六、七两。凡蓬草盐不可常期,或数年一至,或一月数至。凡盐见水即化,见风即卤,见火愈坚。凡收藏不必用仓廪,盐性畏风不畏湿,地下叠稿三寸,任从卑湿无伤。周遭以土砖泥隙,上盖茅草尺许,百年如故也。①

海盐虽然历史悠久,但关于其具体制作过程和方法,唐代以前文献保存较少,所以,宋应星《天工开物》中的《作咸》篇,即使置于整部人类盐业文明史中,都显得弥足珍贵。上述文字便详述了海盐制作中的"淋煎法"。

挖掘一浅一深两坑。浅坑深约一尺,上置竹木,竹木上铺芦席,芦席上铺盐卤。四周高,成堤坝状;中间低,淋灌海水。盐卤渗入浅坑,后集中至深坑。深坑大约深七八尺。最后,将深坑中的集卤一并倒入铁锅煎炼。煎盐的铁锅被称作"牢盆",直径可达丈余。其中一种形制是把铁锤打成叶片,再用铁钉铆

---

① 潘吉星:《天工开物校注及研究》,巴蜀书社,1989,第269-271页。

合。底部像平盂,深约一尺二寸,接口处由卤汁结晶堵塞。"牢盆"置于灶台之上,柴火同时烧煮。灶眼多的,可达十二三个;灶眼少的,亦有七八个。煎炼卤水时,如果没有即时凝结,可将皂角舂碎,掺小米糠投入其中,搅拌均匀。盐卤便会很快结晶成盐粒。加入皂角使盐凝结,原理就像做豆腐时用石膏一样。淮盐色黑且重,其他盐则又白又轻。一升淮盐重约十两,而广东、浙江、长芦盐场的盐,一升则只有六七两重。盐,遇水即溶,遇风流卤,遇火则愈发坚硬。储盐不必用仓库,盐怕风吹,但不怕地湿。在地上铺几寸厚的稻草,地势低湿也无妨。如果周围再砌上砖,封堵缝隙,加盖茅草,那么即使放置百年,盐也不会变质。

关于"天下亡命者"。司马迁在《史记》中多次提到"亡命者",如:

> 济东王彭离者,梁孝王子,以孝景中六年(公元前144年)为济东王。二十九年,彭离骄悍,无人君礼,昏暮私与其奴、亡命少年数十人行剽杀人,取财物以为好。所杀发觉者百余人,国皆知之,莫敢夜行。所杀者子上书言。汉有司请诛,上不忍,废以为庶人,迁上庸,地入于汉,为大河郡。①

> 张耳者,大梁人也。其少时,及魏公子毋忌为客。张耳尝亡命游外黄。②

> 上曰:"吴王即山铸钱,煮海水为盐,诱天下豪桀,白头举事。若此,其计不百全,岂发乎?何以言其无能为也?"袁盎对曰:"吴有铜盐利则有之,安得豪桀而诱之!诚令吴得豪桀,亦且辅王为义,不反矣。吴所诱皆无赖子弟,亡命铸钱奸人,故相率以反。"③

> 燕王卢绾反,入匈奴,满亡命,聚党千余人,魋结蛮夷服而东走出塞渡,浿水,居秦故空地上下鄣,稍役属真番、朝鲜蛮夷及故燕、齐亡命者王之,都王险。④

> 臣谨与列侯吏二千石臣婴等四十三人议,皆曰"长不奉法度,不听天

---

① 司马迁:《史记》(三),中华书局,2011,第1855页。
② 司马迁:《史记》(四),中华书局,2011,第2259页。
③ 司马迁:《史记》(四),中华书局,2011,第2468页。
④ 司马迁:《史记》(四),中华书局,2011,第2595页。

子诏,乃阴聚徒党及谋反者,厚养亡命,欲以有为"。臣等议论如法。①

观上述诸例,可推测"亡命者"大意,指逃亡在外、消除本地名籍之人。唐代著名史学家司马贞考证"亡命者"说道:"晋灼曰:'命者,名也。谓脱名籍而逃。''崔浩曰:'亡,无也。命,名也。逃匿则削除名籍,故以逃为亡命。'"②"亡命者",多为朝廷缉拿而逃亡在外的犯人。吴王刘濞招致"天下亡命者",为其铸钱煮盐,朝廷前来追捕捉拿时,刘濞又包庇不予。

客观来看,即便是汉代生产技术有所进步,煮盐也并不是简单的个体劳动,而是作坊形式的共同劳动,大的盐场甚至需要上千盐工彼此配合、共同协作。吴王刘濞广罗"天下亡命者",其人数不可小觑;铸钱煮盐的规模,自然不可低估。煮盐的盐工,劳役繁重,地位低下,且世代因袭,被视作"土民""贱民"。——利润极高,成本极低,规模极大,吴王刘濞的财富王国便是这样迅速地建立起来的。

二、淮盐的运输与贸易

西汉初年,盐业的生产和流通较为自由。《史记·货殖列传》记载显示:"汉兴,海内为一,开关梁,弛山泽之禁,是以富商大贾周流天下,交易之物莫不通,得其所欲,而徙豪杰诸侯强族于京师。"③"弛山泽之禁"意味着当时盐铁可以自由经营。然而,陆地盐运主要依靠人力和马车,过程十分辛苦。先秦一些文学作品中记录了盐运的艰辛。《战国策·楚策》曰:"夫骥之齿至矣,服盐车而上太行。蹄申膝折,尾湛胕溃,漉汁洒地,白汗交流,中坂迁延,负辕不能上。伯乐遭之,下车攀而哭之,解纻衣以幂之。"④良马生长至能运输货驾之际,晋人即令其拖运盐车,攀登太行。山路险难,骥马拉着沉重的盐车,在山路上蹒跚不前。秦国伯乐从此经过,慧眼识马,愧惜痛哭。后世文人多借此典故抒发有志之士的困顿失意。

为了方便海盐的生产、运输、储藏和销售,吴王刘濞自文帝元年(公元前

---

① 司马迁:《史记》(四),中华书局,2011,第2676页。
② 司马迁:《史记》(四),中华书局,2011,第2259页。
③ 司马迁:《史记》(四),中华书局,2011,第2826页。
④ 《战国策》(上),缪文远、缪伟、罗永莲译注,中华书局,2012,第476页。

179年)至景帝三年(公元前154年)主持开凿了一条运河。这条运河"自扬州湾头经海安至三十里墩,计长一百九十五里"①,又称运盐河,或称上河、上官河、上官运盐河、老通扬运河等。运河开通以后,黄海之滨盐场所产海盐,均经此道汇储于海陵盐仓,再经扬州、邗沟北上,行销中原乃至全国各地。清代学者顾祖禹在《读史方舆纪要》中这样写道:

> 运河,在州西。自江都湾头镇而东,经州西三十里斗门镇,又东至城南,有运河坝,自坝而南为济川河,又南三十里至泰兴县之庙湾,又二十里至济川镇。通江商舶,多由此入。《志》云:运河起城北一里之东西二坝,东至新城,分而为三,一自新城东北十五里至淤祈湖,又东四十里至秦潼镇,又东六十里至西溪镇,谓之西溪。至西溪复分为二,自西溪东北出,经东台场、河垛场,又北历丁溪、草堰诸场者,所谓串场河,由兴化盐城以入海者也。其自西溪而东,又二十里至梁垛场止,为正流,引为支流,南通安丰场及富安场、阔河,由阔河南至海安镇四十里,镇设东、中、西三坝以限之,自坝而南,即湾头,抵通州之各场,运盐河也。一自新城稍北,经鱼行市,又北十八里,至港口镇,又北三十七里至宁乡巡司,又北达兴化县西十五里之海陵溪,在州境亦曰浦汀河也。一自新城西北八十里至樊汊镇,又西接于官河。亦曰运盐河。相传汉吴王濞所开,三国以后,渐埋废。宋熙宁九年(公元1076年),发运使王子京奏请修复。自是历经修浚,为商贾经途。②

运盐河沟通南北,连接东西,极大地方便了盐运贸易。汉代以后,运盐河历朝历代都有延凿。随着江海平原向东南的延伸,运盐河也不断向东南延伸,即由海安之三十里墩折而东南,历油坊头、如皋抵通属各场,达以江海。③《读史方舆纪要》作者顾祖禹生于公元1631年,卒于公元1692年,见证了明末崇祯年间至清初康熙年间运盐河的续凿与使用情况。这条始于吴王刘濞的运盐河,在将近两千年的历史进程中,都发挥着运盐输粮、引水灌溉、排涝泄洪的功用,于国于民都作出了巨大贡献。明代诗人张羽曾在《邗沟诗》中遥忆邗沟开

---

① 《海安县志》编纂委员会编《海安县志》,上海社会科学院出版社,2000,第7页。
② 顾祖禹:《读史方舆纪要2》,团结出版社,2022,第1067页。
③ 《海安县志》编纂委员会编《海安县志》,上海社会科学院出版社,2000,第7页。

凿之初的盛况和经历战火的颓圮：

> 衰杨夹高防，北风暮飕飗。
> 道逢长老问，答言是邗沟。
> 相传开凿初，民劳天为愁。
> 至今浊河底，时见白髑髅。
> 陆通梁宋郊，水漕荆吴舟。
> 渠成万世利，虑始难为谋。
> 至今南北交，此土为名州。
> 飞阁跨通波，张幄如云浮。
> 忆昨少年日，宝马珊瑚钩。
> 经过剧辛辈，结托金张俦。
> 醉月琼花视，征歌明月楼。
> 罗绮朝还暮，笙竽春复秋。
> 繁华逐逝水，一往不可留。
> 向来歌舞地，茫然狐兔丘。
> 家老无儿孙，杖棰驱羊牛。
> 少小心尚尔，不知今白头。
> 欲从乱离说，恐予增离忧。
> 长揖分袂去，零泪如丝流。

开篇首句以"衰杨""北风"映衬邗沟的满目萧索。遥想当年开凿之时，民怨沸反，怨声载道，多少百姓为此丧生。运河开通之后，交通南北，钩连东西，为后世带来难以估量的便利，这是当初开凿者也未曾料想到的。玉树琼枝，舞榭歌台，香车宝马，朝歌夕舞，邗沟见证了昔日的富庶繁华。北宋"苏门四学士"之一的秦观，祖籍江苏高邮，邗沟从此奔流经过，秦观便以"邗沟居士"为号。而遭遇了元末明初战火洗劫的"邗沟烟柳"，也由"歌舞地"变而成为"狐兔丘"，无限凋零。历经沧海桑田的变化，秦观、张羽时代的邗沟与刘濞开凿的运盐河，已方枘圆凿、迥然有异。然单就本诗而言，诗人忆古思今的情绪，满溢字里行间，读来深沉感伤。

吴王刘濞在盐运方面的又一贡献是制造船只。吴地地处水乡，船只制造历史悠久。吴王刘濞改进了造船技术，船只可容纳千人，船上可驰马往来，容量与速度都呈现出惊人的进步。与吴王刘濞同时代的伍被曾评论称，吴王刘濞"王四郡之众，地方数千里，内铸消铜以为钱，东煮海水以为盐，上取江陵木以为船，一船之载当中国数十两车，国富民众"①。一艘船只所载货物，可抵数十辆车马所载，其商业意义不言而喻。吴王刘濞对于后世造船技术的进步，功不可没。

煮盐虽然辛苦，但盐业利润丰厚，存在于生产、运输、贸易等各个环节。大约成书于东汉时期的重要数学专著《九章算术》中，有这样一段文字，颇能说明问题：

> 今有取佣，负盐二斛，行一百里，与钱四十。今负盐一斛七斗三升、少半升，行八十里。问与钱几何？答曰：二十七钱、十五分钱之一十一。术曰：置盐二斛升数，以一百里乘之为法；以四十钱乘今负盐升数，又以八十里乘之，为实。实如法得一钱。②

这段文字意思是说，雇佣人力运送食盐，每二石、行百里，运费为四十钱。问：如果运盐一石七斗三又三分之一升，行八十里，应付运费多少。答案是二十七钱、十五分钱之十一。在生产力低下的古代社会，交通十分不便，物资运输需要耗费巨大的人力物力。盐作为生活必需品，其运输普遍且繁重。各种关于盐运的计算和例子出现在数学教科书中，也是应运而生。这段文字十分珍贵，由此也可管窥古代运输劳动中"雇佣"经济关系的秋山一叶。

曾担任过刘濞文学侍从的西汉文学大家枚乘，在其著名的《上书重谏吴王》中，描绘过这位吴王的泼天富贵。文章写道：

> 夫吴有诸侯之位，而实富于天子；有隐匿之名，而居过于中国。夫汉并二十四郡，十七诸侯，方输错出，运行数千里不绝于道，其珍怪不如东山之府。转粟西乡，陆行不绝，水行满河，不如海陵之仓。修治上林，杂以离宫，积聚玩好，圈守禽兽，不如长洲之苑。游曲台，临上路，不如朝夕之池。深壁高垒，副以关城，不如江淮之险。此臣之所为大王乐也。③

---

① 司马迁：《史记》（四），中华书局，2011，第 2682 页。
② 李继闵：《九章算术校证》，陕西科学技术出版社，1993，第 339 页。
③ 班固：《汉书》，中华书局，2007，第 522-523 页。

西汉前期,极目域内,吴王刘濞虽居诸侯之位,实则拥有天子的富贵;虽偏居东南吴越,实则拥有比中原更广阔的地域。汉朝兼并数十郡、数十诸侯,朝廷拥有的珍宝汗牛充栋,却比不上吴王的府库;朝廷存储的粮食虽然车载斗量,却比不上海陵巨仓的粮储;王宫里的舞榭歌台、奇珍异宝比不上吴王狩猎游玩的长洲苑、朝夕池(长洲苑,又名吴王苑、吴苑、茂苑,位于今江苏苏州相城区望亭镇境内,相传春秋吴王阖闾所建,晋时,为战争所毁。朝夕池:海的别称)。江淮地区特有的地形优势,使得吴国封地优于中原。枚乘用文学家的浪漫主义文笔勾勒了吴王刘濞的权势与豪奢。

南朝宋文学家鲍照在其代表作《芜城赋》中,也曾描绘吴王辖域的繁华富庶:

> 泲地平原,南驰苍梧涨海,北走紫塞雁门。柂以漕渠,轴以昆岗。重关复江之隩,四会五达之庄。当昔全盛之时,车挂轊,人驾肩。廛闬扑地,歌吹沸天。孳货盐田,铲利铜山,才力雄富,士马精妍。故能侈秦法,佚周令,划崇墉,刳浚洫,图修世以休命。是以板筑雉堞之殷,井干烽橹之勤,格高五岳,袤广三坟,崒若断岸,矗似长云。制磁石以御冲,糊赪壤以飞文。观基扃之固护,将万祀而一君。①

鲍照描绘的,是历史上第一个全盛时期的扬州。文字大意是说,广陵郡土地辽阔,地势平坦。南通苍梧、南海,北至长城雁门关。前有漕河萦绕,又有昆岗横贯。周边有江河城池重叠,地处四通八达的要冲。吴王刘濞在此建都,创造了广陵的全盛时代。城市中,里巷密布;街道上,车轴相接;市井里,行人摩肩;楼馆内,歌唱吹奏,喧哗热烈。吴王刘濞靠开发盐田、开采铜山集聚起通天财富。其所拥有者,精英荟萃,兵强马壮,超过秦之法度,逾越周之规定。吴王刘濞还广筑高墙,开挖深沟,图谋国运长久。他大规模修筑城墙,营建烽火望楼,使广陵城高可与五岳相齐,广可与三坟相连。城墙高峻,上接云天,又饰以红泥,光彩熠熠。吴王刘濞占据东南,兴于盐铁,推动并见证了吴地繁荣。

---

① 上海辞书出版社文学鉴赏辞典编纂中心编《古文鉴赏辞典·魏晋南北朝》,上海辞书出版社,2021,第628页。

三、被尊祀的吴王

司马迁在《史记·货殖列传》中将先秦至汉代吴地的繁华富庶归功于三位"吴王"。"夫吴自阖庐、春申、王濞三人招致天下之喜游子弟,东有海盐之饶,章山之铜,三江、五湖之利,亦江东一都会也。"①司马迁认为,吴地自身拥有海盐、铜矿的资源优势,通达三江、钩连五湖的交通优势,加之历史上三位"吴王"的励精图治,至汉时,扬州已成为江东独一无二的大都市。这里,司马迁提到的与吴王刘濞并称的另外两位,分别是吴王阖闾和春申君黄歇。阖闾,春秋末年吴国国君。黄歇,战国时期曾任楚相,赐封吴地淮河以北十二县。同刘濞一样,他们都对吴地,尤其是对扬州的开发与繁荣,作出了巨大贡献。正是由于他们,所谓"赋取所资,漕挽所出,军国大计,仰于江淮"②以及"两淮岁课当天下租庸之半,损益盈虚,动关国计"③才一步步成为现实。

客观地看,吴王刘濞确具智慧与谋略。"然其居国以铜盐故,百姓无赋。卒践更,辄与平贾。岁时存问茂材,赏赐闾里。佗郡国吏欲来捕亡人者,讼共禁弗予。如此者四十余年,以故能使其众。"④刘濞所在的吴地有铜山、海盐的巨大收益,当地百姓又不用缴纳赋税;士兵服役,官府发放一定数目的役金。刘濞每年都会慰问贤者,赏赐百姓,颇得民心。其他郡国法吏要追捕的逃犯,吴王刘濞就收容他们。如此四十余年,吴王刘濞拥有了庞大的队伍和忠实的拥趸。实力日渐壮大的吴王,对待朝廷的态度日渐骄横,自称为"东帝"。

汉景帝刘启即位后,御史大夫晁错上书:"昔高帝初定天下,昆弟少,诸子弱,大封同姓,故王孽子悼惠王王齐七十余城,庶弟元王王楚四十余城,兄子濞王吴五十余城:封三庶孽,分天下半。今吴王前有太子之郤,诈称病不朝,于古法当诛,文帝弗忍,因赐几杖。德至厚,当改过自新。乃益骄溢,即山铸钱,煮海水为盐,诱天下亡人,谋作乱。今削之亦反,不削之亦反。削之,其反亟,祸

---

① 司马迁:《史记》(四),中华书局,2011,第2831页。
② 董诰辑《全唐文》卷486,清嘉庆十九年(公元1814年)武英殿刻本。
③ 王定安:《重修两淮盐法志》卷159,清光绪三十一年(公元1905年)刻本,第25页。
④ 司马迁:《史记》(四),中华书局,2011,第2463页。

小;不削,反迟,祸大。"①

景帝采纳晁错"削藩"的建议,削夺各王封地,先后下诏削减楚王刘戊、赵王刘遂、胶西王刘卬封地。三年(公元前154年)冬,又下诏"削吴之豫章郡、会稽郡"②。于是,已然自称"东帝"的刘濞,便联合楚王刘戊、胶西王刘卬等六位诸侯王,以"请诛晁错,以清君侧"为口号,举兵叛乱。是年,刘濞六十二岁。

发动二十万大军起兵的刘濞,致信其他六国诸侯王,文曰:

> 今诸王苟能存亡继绝,振弱伐暴,以安刘氏,社稷之所愿也。敝国虽贫,寡人节衣食之用,积金钱,修兵革,聚谷食,夜以继日,三十余年矣。凡为此,愿诸王勉用之。能斩捕大将者,赐金五千斤,封万户;列将,三千斤,封五千户;裨将,二千斤,封二千户;二千石,千斤,封千户;千石,五百斤,封五百户:皆为列侯。其以军若城邑降者,卒万人,邑万户,如得大将;人户五千,如得列将;人户三千,如得裨将;人户千,如得二千石;其小吏皆以差次受爵金。佗封赐皆倍军法。其有故爵邑者,更益勿因。愿诸王明以令士大夫,弗敢欺也。寡人金钱在天下者往往而有,非必取于吴,诸王日夜用之弗能尽。有当赐者告寡人,寡人且往遗之。敬以闻。③

富可敌国的刘濞谦称自己节衣缩食以积累财富,积聚粮食以修治兵甲,勤勉不懈三十余年,皆为"今日之大事"。凡能逮捕、杀死大将军者,赏赐黄金五千斤,封邑万户;凡能逮捕、杀死将军者,赏赐黄金三千斤,封邑五千户;凡能逮捕、杀死副将者,赏赐黄金二千斤,封邑二千户;凡能逮捕、杀死俸禄二千石官员者,赏赐黄金一千斤,食邑一千户;凡能逮捕、杀死俸禄一千石的官员者,赏赐黄金五百斤,封邑五百户:以上有功之人皆可封侯。凡是带着军队或城邑来降者,士兵万人、城中万户者,即可获封大将军;士兵五千人、城中五千户,即可获封将军;士兵三千人、城中三千户者,即可获封副将;士兵一千人、城中一千户者,即可获封二千石官职;凡所降者,皆依职位差别封爵赏金。刘濞能有如此口气与气魄,皆因他拥有可以匹敌汉朝举国的财富。当然,汉景帝派大将周亚夫率大军迎击,三个月平定叛乱,取消吴国封地,复为会稽郡,这些都是后话

---

① 司马迁:《史记》(四),中华书局,2011,第2464页。
② 司马迁:《史记》(四),中华书局,2011,第2464页。
③ 司马迁:《史记》(四),中华书局,2011,第2467页。

了。

　　历史固然由胜利者书写，吴王刘濞的贡献却是不争的事实。"两淮盐,天下咸。""淮南鱼盐甲天下。"《新唐书·食货志》记载,"天下之利,盐利居半",其产地"吴、越、扬、楚,盐廪至数千,积盐二万余石,有涟水、湖州、越州、杭州四场,嘉兴、盐城、新亭、临平、兰亭、永嘉、大昌、侯官、富都十监。岁得余钱百万余缗,以当百余之州赋"。① 这一切,都离不开吴王刘濞对吴地的开发。他在封国内实施的即山铸钱、煮海为盐,迅速积累起巨额财富,推行招贤纳士、有偿劳役、减免赋税、赈济贫穷等,赢得了民心。和太史公司马迁一样,扬州人民并没有因为吴王刘濞晚年的叛乱而全盘否定他的历史贡献,而是将其与吴王夫差一同供奉祭祀。

　　清代"扬州八怪"之一的黄慎曾作《邗沟庙》,诗曰："霏霏丝雨客天涯,遥望城东十万家。古庙邗沟争报赛,衮裳犹自媚夫差。"同题诗作或以史抒怀,或借景抒情,不胜枚举,如：

邗沟庙
[清]厉鹗

邗溟一道到江回,遗构何年亦壮哉。
越国已将藏甲贺,晋人曾见好冠来。
祭余稻蟹犹风俗,梦断梧桐有劫灰。
枕墣早知从直谏,中原牛耳得追陪。

邗沟夫差庙
[清]汪中

吴山旧庙蜀山陂,沟水东流绕殿基。
春社神巫时击鼓,好风贾舶互扬旗。
侈心齐晋终亡国,遗利江淮合荐祠。
可忆姑苏台上乐,青山歌舞对西施。

　　清代戏曲家李斗在著名的《扬州画舫录》中写道：

　　　　邗沟大王庙在官河旁,正位为吴王夫差像,副位为汉吴王濞像。《左

---

① 转引自曾凡英:《盐文化研究论丛 第7辑》,巴蜀书社,2014,第142页。

传》哀公九年(公元前486年):"秋,吴城邗沟通江、淮。"此今之运河自江入淮之道也。自茱萸湾通海陵、如皋、蟠溪,此吴王濞所开之河,今运盐道也。运道在《左传》称邗沟,《国语》称深沟,《吴越春秋》称为渠,《水经注》称干江,汉晋间称漕渠,或曰合渎渠,或曰山阳渎,隋称山阳渎,郡志称山阳沟。河名不一,徙复无常,郡县志乘,载而弗详。今按庙前之河,即唐宝历二年(公元826年)盐铁使王播奏,自城南阊门西七里港向东屈曲,取禅智寺桥,通旧官河,开凿一十九里之河也。

是庙灵异,殿前石炉无顶,以香投之,即成灰烬。炉下一水窍,天雨积水不竭,有沙涨起水中,色如银。康熙间,居人辄借沙淘银,许愿缴还,乃获银。后借众还少,沙渐隐。今则有借元宝之风,以纸为钞,借一还十,主库道士守之,酬神销除。每岁春香火不绝,谓之财神胜会,连艑而来,爆竹振喧,箫鼓竟夜。及归,各持红灯,上簇"送子财神"四金字,相沿成习。①

刘濞开通运盐河,大力发展煮海之利,对扬州城的繁荣富庶贡献巨大,扬州人便将刘濞同吴王夫差一起供奉在邗沟大王庙中。大王庙中有一个神奇的石炉,炉下有水窍,雨天水势大时,有沙子从水窍中浮涨起来。康熙年间,有人在此许愿借沙淘银,后来果然获利。后来,许愿的人多了,还愿的人少了,沙子渐渐没了。乾隆年间,每年春天香火最旺,爆竹喧哗,人声鼎沸。人们竞相许愿,手持红灯而归。邗沟大王庙也逐渐变成了世人眼中的"财神庙""送子庙"。

邗沟大王庙至今犹存。庙前旧有石狮一对。大殿前是天井,内里两侧,栽有梧桐、白果。大殿中,中央供奉夫差、刘濞的木雕坐像,两旁另有泥塑配祀神灵。"一殿两王天下少,庙门朝北世间无""曾以恩威遗德泽,不因成败论英雄""遗爱成神乡俗流传借元宝,降康祈福世风和顺享太平"的楹联和"海甸清风"的匾额,都十分引人瞩目。

---

① 李斗:《扬州画舫录(插图本)》,中华书局,2007,第8-9页。

第十二章 盐铁官营

《周礼·天官冢宰》载曰:"盐人掌盐之政令,以共百事之盐。祭祀共其苦盐、散盐。宾客共其形盐、散盐。王之膳羞共饴盐。后及世子亦如之。凡齐事,煮盬以待戒令。"①早在周代,就已经出现了专门负责食盐的"盐人",但囿于史料,未知该时期是否已有明确的盐政管理思想与政策。或如宋元之际史学家马端临《文献通考》所称,三代之时,盐虽入贡,未尝有禁法。② 学界一致认为,最早将盐业的生产、运输、贸易统一纳入政府管理,始于齐相管仲。此外,商鞅在秦国实行变法时,亦主张"壹山泽"③,"颛川泽之利,管山林之饶"④。将盐铁纳入官营,对于国家充实府库、壮大实力的意义之重、影响之大,是毋庸赘言的,故该政策能够在封建王朝延用数千年而不衰。而回溯千年盐政史时,汉武帝刘彻的盐铁官营政策,兹事体大。

一、武帝以前与汉承秦制

公元前202年,刘邦在经历了七年的南征北战后,于定陶(今山东省菏泽市定陶区)称帝。西汉王朝的历史帷幕,由此开启。建汉初期,国家面临的是

---

① 《周礼》(上),徐正英、常佩雨译注,中华书局,2014,第128页。
② 马端临:《文献通考》,上海师范大学古籍研究所、华东师范大学古籍研究所点校,中华书局,2011。
③ 《商君书》,石磊译注,中华书局,2011,第15页。
④ 班固:《汉书》,中华书局,2007,第162页。

连年混战带来的民生凋敝和经济崩溃。《史记·平准书》《汉书·食货志》等，对此皆有记录，文曰：

> 汉兴，接秦之坏，丈夫从军旅，老弱转粮饷，作业剧而财匮，自天子不能具钧驷，而将相或乘牛车，齐民无藏盖。于是为秦钱重难用，更令民铸钱，一黄金一斤，约法省禁。而不轨逐利之民，蓄积余业以稽市物，物踊腾粜，米至石万钱，马一匹则百金。天下已平，高祖乃令贾人不得衣丝乘车，重租税以困辱之。①

> 汉兴，接秦之敝，诸侯并起，民失作业，而大饥馑。凡米石五千，人相食，死者过半。高祖乃令民得卖子，就食蜀汉。天下既定，民亡盖臧，自天子不能具醇驷，而将相或乘牛车。上于是约法省禁，轻田租，什五而税一，量吏禄，度官用，以赋于民。而山川园池市肆租税之入，自天子以至封君汤沐邑，皆各为私奉养，不领于天子之经费。漕转关东粟以给中都官，岁不过数十万石。②

首先，就"接秦之敝"来看。《史记》记载，壮年男子须从军入伍，老弱病残须运送粮饷。生产力极度低下，物资极度匮乏。天子御驾甚至不能够置备颜色统一的马匹，将军丞相有的只能乘坐牛车。始皇统一六国时所铸钱币太重而不便流通使用，就下令百姓重新铸钱，一金为黄金一斤，简化法令制度。那些不守法令、唯利是图的商人，囤积居奇，操纵物价，致使物价飞涨，百姓苦不堪言。高祖即位后，对商人实施系列新规，令他们戒奢华、缴重税。《汉书》的文字更加惊心动魄，当时甚至还发生了卖儿鬻女、易子相食的人间惨剧。

其次是"承秦之制"。所谓"秦制"之具体措施，《汉书·食货志》和《盐铁论·非鞅》皆有文字可作参考：

> 至秦则不然，用商鞅之法，改帝王之制，除井田，民得卖买，富者田连仟佰，贫者亡立锥之地。又颛川泽之利，管山林之饶，荒淫越制，逾侈以相高；邑有人君之尊，里有公侯之富，小民安得不困？又加月为更卒，已，复为正一岁，屯戍一岁，力役三十倍于古；赋，盐铁之利，二十倍于古。或耕

---

① 司马迁：《史记》（二），中华书局，2011，第1311–1312页。
② 班固：《汉书》，中华书局，2007，第159页。

豪民之田,见税什五。故贫民常衣牛马之衣,而食犬彘之食。重以贪暴之吏,刑戮妄加,民愁亡聊,亡逃山林,转为盗贼,赭衣半道,断狱岁以千万数。汉兴,循而未改。①

昔商君相秦也,内立法度,严刑罚,饬政教,奸伪无所容。外设百倍之利,收山泽之税,国富民强,器械完饰,蓄积有余。是以征敌伐国,攘地斥境,不赋百姓而师以赡。故利用不竭而民不知,地尽西河而民不苦。盐铁之利,所以佐百姓之急,足军旅之费,务蓄积以备乏绝,所给甚众,有益于国,无害于人。②

秦孝公嬴渠梁任用商鞅实施变法,废除井田制,允许土地买卖,加速了贫富差距。国家管控着山川林泽资源,对盐铁行业实行垄断。县邑之中,有尊贵如皇帝者;市井之中,有富贵如公侯者。平民百姓的各种劳役从未间断,须戍边,须服役,旧的劳役刚刚结束,新的就又开始了,各种苛税杂赋是过去的二三十倍还要多。贫民租种富人之田,要缴纳一半的租税。民生之艰,不难想象。加之贪官污吏暴虐昏庸,老百姓为生计所迫,只能逃到山林中,做了强盗。犯案之多,犯人之众,数不胜数。这段文字是董仲舒上书进谏景帝所作,他认为,应当减免百姓赋税,将盐铁之利归还百姓。即所谓"古井田法虽难卒行,宜少近古,限民名田,以澹不足,塞并兼之路。盐铁皆归于民。去奴婢,除专杀之威。薄赋敛,省徭役,以宽民力。然后可善治也"③。这恰可佐证,西汉开国初期,沿袭了秦代"颛川泽之利,管山林之饶"④"壹山泽"⑤的旧制。为了尽快恢复生产,汉王朝除采取重农抑商政策之外,还下令"开关梁,弛山泽之禁"⑥,土地、山林、矿藏皆可由百姓自由开发获得利润。

《盐铁论·非鞅》全篇围绕着对商鞅的评价展开。文学贤良一方认为,商鞅导致了秦国灭亡。御史大夫认为,商鞅促成了秦国称霸。节选的这部分文字是说,御史大夫们认为,商鞅对内制定法令,严明刑罚,整顿教化,并采取了

---

① 班固:《汉书》,中华书局,2007,第162页。
② 桓宽:《盐铁论》,陈桐生译注,中华书局,2015,第68-69页。
③ 班固:《汉书》,中华书局,2007,第162页。
④ 班固:《汉书》,中华书局,2007,第162页。
⑤ 《商君书》,石磊译注,中华书局,2011,第15页。
⑥ 司马迁:《史记》(四),中华书局,2011,第2826页。

许多增加收入的措施,开发山川林泽,并征收赋税。当国家府库充裕时,征兵打仗,开拓疆域,不必向百姓征收赋税,百姓亦不觉得困扰。盐铁官营,实在是利国利民的良策,急百姓所需,供军队所用,积蓄财物,以备不时。理论上讲,"汉承秦制"可获丰厚盐铁之利,国家府库亦当迅速充盈,百姓生活自然随即恢复。事实却并非如此。刘邦初登帝祚的分封诸王之策,成为影响西汉社会经济发展的"冰与火之歌"。

刘邦打天下时,为安稳计,分封了一批异姓诸侯王,分别为梁王彭越、楚王韩信、燕王臧荼、淮南王英布、赵王张耳、长沙王吴芮等。随着夺取天下的完成,刘邦践祚不久,陆续将异姓诸侯王逐一剪除。随后,他又先后分封了九个刘姓子弟为王,包括齐王刘肥、楚王刘交、代王刘恒、淮南王刘长、梁王刘恢、赵王刘如意、淮阳王刘友、燕王刘建,以及吴王刘濞。这些诸侯王的封国"夸州兼郡,连城数十,宫室百官同制京师"①。不仅如此,诸侯王们还掌握着封国内的征收赋税、任免官吏、铸造钱币等政治经济大权。"山川园池市井租税之入,自天子以至于封君汤沐邑,皆各为私奉养焉。"②

分封同姓诸王,意味着刘邦将天下大权收回到刘姓宗亲手中,同时,也意味着皇帝本人只拥有直接所辖郡县有限的山泽之利。以彼时疆域之辽阔、资源极度不均的自然条件来看,吴、齐、淮南等诸侯王迅速崛起,富可敌国,最终尾大不掉、威胁中央,也在意料之中。景帝时爆发"七王之乱",便是积弊所致。因此,汉初所谓的"汉承秦制",国家所获盐铁之利并不理想。而分封的诸侯王那里,却积累了足以匹敌国家府库的巨大财富。

高祖之后,惠帝刘盈在位八年,前少帝刘恭在位五年,后少帝刘弘在位五年,三位皇帝享国日浅,吕后成为幕后实际掌权者,国策基本延续高祖时代。紧接着,便是历史上著名的"文景之治"。

文帝刘恒接受贾谊、晁错的建议,轻徭薄赋,减轻百姓负担。同时,一改前朝"抑商"策略,鼓励经商。这便有了司马迁在《史记·货殖列传》中所说的,"汉兴,海内为一,开关梁,弛山泽之禁,是以富商大贾周流天下,交易之物莫不通,得其所欲,而徙其豪杰诸侯强族于京师"③。景帝刘启,励精图治,兴修水

---

① 班固:《汉书》,中华书局,2007,第94页。
② 司马迁:《史记》(二),中华书局,2011,第1312页。
③ 司马迁:《史记》(四),中华书局,2011,第2826页。

利,劝勉农桑,下令削藩,平定叛乱。文帝、景帝在位的四十年间,整体上以黄老治国,休养生息,内抚诸侯,外和匈奴,国家安定清平,百姓日渐富足。

随着生产力的日益恢复,一些新的社会问题逐渐滋生。《汉书·食货志》描述这段历史以及相关社会问题时,这样写道:

> 至武帝之初七十年间,国家亡事,非遇水旱,则民人给家足,都鄙廪庾尽满,而府库余财。京师之钱累百巨万,贯朽而不可校。太仓之粟陈陈相因,充溢露积于外,腐败不可食。众庶街巷有马,仟伯之间成群,乘牸牝者摈而不得会聚。守闾阎者食粱肉;为吏者长子孙;居官者以为姓号。人人自爱而重犯法,先行谊而黜愧辱焉。于是罔疏而民富,役财骄溢,或至并兼豪党之徒以武断于乡曲。宗室有土,公卿大夫以下争于奢侈,室庐车服僭上亡限。物盛而衰,固其变也。①

自高祖刘邦建汉(公元前202年),至武帝刘彻登基(公元前141年),中间经文、景休养生息,六十余年间,除非旱涝荒年,百姓生活基本可以实现自给自足,国家粮仓府库日渐充实,商人所聚财富日渐丰盈。社会上开始出现土地兼并、竞攀豪奢的现象。

二、汉武帝与盐铁官营

汉武帝刘彻践祚,对外抗击匈奴、开拓疆域,对内封禅祭祀、大兴土木,加之洪水、旱灾、蝗灾、地震、瘟疫等自然灾害频发,各项开销耗费难以计数,尚未来得及充实饱满的国库,迅速呈现拮据之貌。到了武帝执政中后期,甚至达到"功费愈甚,天下虚耗,人复相食"②的地步。史书典籍曾这样描绘当时的社会现实:"及至孝武即位,外事四夷之功,内盛耳目之好,征发烦数,百姓贫耗,穷民犯法,酷吏击断,奸轨不胜。"③"孝武穷奢极欲,繁刑重敛,内侈宫室,外事四夷,信惑神怪,巡游无度,使百姓疲敝,起为盗贼。"④

---

① 班固:《汉书》,中华书局,2007,第162页。
② 班固:《汉书》,中华书局,2007,第162页。
③ 班固:《汉书》,中华书局,2007,第153页。
④ 司马光编著《资治通鉴》卷22,中华书局,1956,第747页。

另据《汉书·食货志》记载,武帝元狩三年(公元前 120 年),山东发生水灾,百姓闹饥荒,"于是天子遣使虚郡国仓廪以振贫。犹不足,又募豪富人相假贷。尚不能相救,乃徙贫民于关以西,及充朔方以南新秦中,七十余万口,衣食皆仰给于县官。数岁,贷与产业,使者分部护,冠盖相望,费以亿计,县官大空。而富商贾或蹛财役贫,转毂百数,废居居邑,封君皆氐首仰给焉。冶铸煮盐,财或累万金,而不佐公家之急,黎民重困"①。一场水灾,致使饿殍遍野,朝廷用尽国库储粮,并向富人借贷,依然难解饥荒。只好迁徙贫民数十万人,远至关西、朔方,由朝廷供给他们基本的生活物资。前后持续数年,官府耗费巨大,府库亏空。再看富商,他们囤积居奇,或是冶铁煮盐,积累了巨额财富,但他们并不援助处于困境之中的朝廷和百姓。这些表明,武帝时期国库匮乏,而商人巨富,二者之间矛盾愈演愈炽,已演变成了严重的社会问题。

元狩四年(公元前 119 年),御史大夫张汤"承上指",请求"笼天下盐铁"。② 武帝起用盐铁大商出身的桑弘羊、孔仅、东郭咸阳等人,开始推行实施盐铁专卖。"于是以东郭咸阳、孔仅为大农丞,领盐铁事;桑弘羊以计算用事,侍中。咸阳,齐之大煮盐,孔仅,南阳大冶,皆致生累千金,故郑当时进言之。弘羊,洛阳贾人子,以心计,年十三侍中。故三人言利事析秋毫矣。"③

张汤,杜陵(今陕西省西安市)人,在武帝推行盐铁专卖、打击富商、剪除豪强的过程中,扮演了重要角色。郑当时,字庄,陈(今河南省周口市淮阳区)人。景帝时曾任太子舍人,武帝时先后担任鲁中尉、济南太守等,后迁大司农。郑当时任大司农时,正值"汉征匈奴,招四夷,天下费多,财用益屈"④,于是进言武帝,举荐齐之大煮盐东郭咸阳、南阳大冶家孔仅、洛阳贾人子桑弘羊,推行专卖政策。孔仅,南阳(今河南省南阳市)人,宛孔氏之后。"宛孔氏之先,梁人也,用铁冶为业。秦伐魏,迁孔氏南阳。大鼓铸,规陂池,连车骑,游诸侯,因通商贾之利,有游闲公子之赐与名。然其赢得过当,愈于纤啬,家致富数千金,故南阳行贾尽法孔氏之雍容。"⑤作为南阳著名的大铁商,孔仅继承了先人宛孔

---

① 班固:《汉书》,中华书局,2007,第 168 页。
② 班固:《汉书》,中华书局,2007,第 594 页。
③ 司马迁:《史记》(二),中华书局,2011,第 1320 页。
④ 班固:《汉书》,中华书局,2007,第 513 页。
⑤ 司马迁:《史记》(四),中华书局,2011,第 2840 页。

氏长于冶铁、善于经商的传统。东郭咸阳,临淄(今山东省淄博市)人,齐国大盐商。孔仅、东郭咸阳获任大农丞,领盐铁事。桑弘羊,河南洛阳人,出生于商人之家。十三岁精于心算,入侍宫中;十八岁,受大司农郑当时举荐,任大司农中丞,管诸会计事。先后历任侍中、大农丞、治粟都尉、大司农等职。元封元年(公元前110年),桑弘羊领大农丞,独掌财权;天汉元年(公元前100年),完全替代了孔仅等人,独自掌管天下盐铁,直到后元二年(公元前87年)武帝驾崩。

关于武帝时代盐铁专卖的政策内容和方法措施,《盐铁论·复古》《汉书·食货志》中的文字记录,可作为重要参考。

> 大夫曰:"故扇水都尉彭祖宁归,言:'盐铁令品,令品甚明。卒徒衣食县官,作铸铁器,给用甚众,无妨于民。而吏或不良,禁令不行,故民烦苦之。'令意总一盐、铁,非独为利入也,将以建本抑末,离朋党,禁淫侈,绝并兼之路也。古者,名山大泽不以封,为下之专利也。山海之利,广泽之蓄,天地之藏也,皆宜属少府;陛下不私,以属大司农,以佐助百姓。浮食奇民,好欲擅山海之货,以致富业,役利细民,故沮事议者众。铁器兵刃,天下之大用也,非众庶所宜事也。往者,豪强大家,得管山海之利,采铁石鼓铸,煮海为盐。一家聚众,或至千余人,大抵尽收放流人民也。远去乡里,弃坟墓,依倚大家,聚深山穷泽之中,成奸伪之业,遂朋党之权,其轻为非亦大矣!今者,广进贤之途,练择守尉,不待去盐铁而安民也。"①

《盐铁论·复古》是文学贤良和御史大夫就"盐铁政策恢复古代制度"这一话题展开的讨论,但两者对"复古"的理解有所不同。文学贤良一方祖述尧舜,义正词严地认为,朝廷官员不应只图一己私利,独占盐铁。御史大夫则指出,"古者,名山大泽不以封,为下之专利也",并举实例予以力证,说是一位名叫彭祖的扇水都尉告假还家办理父母丧事时上书,声称朝廷制定的盐铁法令内容严明,那些被征召从事煮盐冶铁的更卒刑徒们,吃穿用度皆由朝廷供给,日常补给十分丰渥。普天之下莫非王土,率土之滨莫非王臣。皇帝陛下把这些原本可以当作私有财产的山川湖泽资源让出,由大司农管理,造福了百姓。

---

① 桓宽:《盐铁论》,陈桐生译注,中华书局,2015,第59页。

盐铁官营不会影响到百姓的利益,反而会促进农业生产,限制豪强扩张,分化朋党势力,禁止豪奢放纵。如果放任盐铁资源改由私人经营,势力大的豪强们有可能把各种流民和亡命之徒聚集到深山大泽之中,结党营私,为非作歹。如今,政府选贤举能,审慎任用地方官,民心皆安。

  大农上盐铁丞孔仅、咸阳言:"山海,天地之藏,宜属少府,陛下弗私,以属大农佐赋。愿募民自给费,因官器作鬻盐,官与牢盆。浮食奇民欲擅斡山海之货,以致富羡,役利细民。其沮事之议,不可胜听。敢私铸铁器煮盐者,钛左趾,没入其器物。郡不出铁者,置小铁官,使属在所县。"使仅、咸阳乘传举行天下盐铁,作官府,除故盐铁家富者为吏。吏益多贾人矣。①

  大农丞上书盐铁丞孔仅、东郭咸阳:"山川湖海是天地自然馈赠的宝库,应归少府所有,陛下并没有占为私有,而是招募百姓自备经费,朝廷提供牢盆等煮盐器具。对于那些私自煮盐冶铁的,建议官府对他们施行钛刑,斩掉他们左脚的脚趾。在那些不产铁的郡县,设置小铁官,隶属于所在县区。"于是,皇帝任命孔仅、东郭咸阳等人乘驿车,到各地督办盐铁官营事宜,考察盐铁官署的设置,并授予当地原本经营盐铁生意的富豪为盐铁官。

  由此,武帝下令实施盐铁专卖,既有前文所述社会现实的原因,也有历史的、传统的依据。具体到生产、管理、销售的各个环节,亦分别有所规定和说明。

  首先,生产方面:"愿募民自给费,因官器作鬻盐,官与牢盆。"国家雇用那些生活能自给的贫民,为他们提供一定的生产资费和生产工具,即"牢盆"。这是详细了解当时盐铁官营政策的第一把钥匙。

  牢盆,汉代煮盐器具。《史记·平准书》《汉书·食货志》等史书皆有提及,但均未详言其形制,以致后世众说纷纭。如南朝宋裴骃引三国曹魏学者如淳(生卒年不详)语:"牢,廪食也。古者名廪为牢也。盆者,煮盐之盆也。"②或视其为生产工具,或认为其指财货价值。唐人司马贞引东汉末年学者苏林(生

---

① 班固:《汉书》,中华书局,2007,第168-169页。
② 司马迁:《史记》(二),中华书局,2011,第1321页。

卒年不详)语:"牢,价直也。今代人言'雇手牢盆'。"①

关于"牢盆"的解释远不止上述。再如晚清郭嵩焘《史记札记》曰:"《说文》:'牢,闲养牛马圈,取其四周帀也。'则牢为煮盐所,盆为煮盐器也。"②晚清著名学者王先谦《汉书补注》曰:"此是官与以煮盐器作,而定其价直,故曰牢盆。"③今人学者亦多探究,如王利器《释牢盆》,龙腾、夏晖《蒲江县出土汉代牢盆考》,曾磊《"牢盆"新证》,等等。④ 古今中外的学者们对"牢盆"纷纷作出猜测和解释,各有所据。尽管关于"牢盆"形制众说纷纭,但能够明确的是,政府按盆给利,付予报酬,避免了盐的私煮私销。范文澜《中国通史简编》写道:"盐官雇贫民,发给煮盐盆,按盆数给工价,谓之牢盆。"⑤翦伯赞《中国史纲要》写道:"管盐的办法,是在产盐区设立盐官,备置煮盐的'牢盆',产品由官家收购发卖。"⑥综合以上,可以这么认为,牢盆是武帝时代重要的煮盐工具和生产手段,同时,也是国家控制盐户、垄断盐生产的基本单位。

其次,管理方面,设置盐铁官。《汉书·地理志》记载,汉武帝元狩四年(公元前119年)始,开设盐官的郡县共有三十五个,分别为:河东郡安邑县,太原郡晋阳县,南郡巫县,巨鹿郡堂阳县,渤海郡章武县,千乘郡,北海郡都昌县、寿光县,东莱郡曲城县、东牟县、䰞县、当利县、昌阳县,琅邪郡海曲县、计斤县、长广县,会稽郡海盐县,蜀郡临邛县,益州郡连然县,犍为郡南安县,巴郡朐忍县,陇西郡,安定郡三水县,北地郡弋居县,上郡独乐县、龟兹县,西河郡富昌县,朔方郡沃壄县,五原郡成宜县,雁门郡楼烦县,渔阳郡泉州县,辽西郡海阳县,辽东郡平郭县,南海郡番禺县,苍梧郡高要县(各郡县与本书内容无关者,不一一注明今名,下同)。据一些学者考证,当时设置盐官的郡县可能不止上述记载,还应包括朔方郡朔方县、越嶲郡青蛉县、巴郡临江县、陇西郡西县、朔方郡广牧县、犍为郡南广县、渔阳郡、广陵郡等。⑦ 盐铁官除负责盐铁税收外,

---

① 司马迁:《史记》(二),中华书局,2011,第1321页。
② 郭嵩焘:《史记札记》,商务印书馆,1957,第161页。
③ 王先谦:《汉书补注》,清光绪二十六年(公元1900年)王氏虚受堂刻本。
④ 王利器:《释牢盆》,载王利器《晓传书斋集》,华东师范大学出版社,1997;龙腾、夏晖:《蒲江县出土汉代牢盆考》,《盐业史研究》2002年第2期;曾磊:《"牢盆"新证》,《盐业史研究》2009年第3期。
⑤ 转引自柴继光:《中国盐文化》,新华出版社,1991,第94页。
⑥ 转引自柴继光:《中国盐文化》,新华出版社,1991,第94页。
⑦ 罗庆康、罗威:《汉代盐制研究》,《盐业史研究》1995年第1期。

还广泛统筹管理盐铁的生产、分配、运输、禁私等。

需要指出的是,一部分盐铁官的职位由经验丰富的盐铁商人充任。"使仅、咸阳乘传举行天下盐铁,作官府,除故盐铁家富者为吏。"①乘传,指乘坐驿车,奉命出使。传,驿站车马。盐铁商人们具有丰富的技术经验、管理手段和雄厚财产,朝廷提供高官厚禄,招募他们以朝廷官员身份参与煮盐冶铁的统一生产、管理、运输、销售等事务,减少了推行盐铁官营过程中的部分阻力,最终将巨额利润收入国家府库。

在具体的管理过程中,辅以严明刑罚。"敢私铸铁器煮盐者,釱左趾,没入其器物。"②釱,在腿脚上戴铁镣,并斩掉脚趾。如果发现私产私销,官府不仅会没收生产工具,还会施以"釱左趾"的刑罚。

最后,销售方面,设置盐铁官的郡县,既要供给本地需求,还要供给不产盐铁的周边郡县的需求。至于具体的数额分配和运输销售,由盐铁官依据人口、田地等数量,负责统一调度,民间不得出现私产私销。

汉武帝以前,盐铁获利归入少府。"少府,秦官,掌山海池泽之税,以给共养。"③"少府掌山泽陂池之税,名曰禁钱,以给私养,自别为藏。……王者以租税为公用,山泽陂池之税以供王之私用。"④换句话说,武帝以前,盐铁之利归皇帝私有。武帝推行盐铁专卖之后,获利则改归大司农统一管理,国家财富迅速集中到中央。盐铁专卖政策,实际上从生产、运输、销售各个方面实现了国家对盐铁的统一管理。

除上述规定之外,还有一系列辅助政策。盐铁官营自元狩四年(公元前119年)开始推广实施,至元封元年(公元前110年),将近十年期间,收效十分显著,同时,不可否认也出现了一些问题。盐铁官营带来的最严重的问题之一,便是物价的"腾跃"。为了有效稳定物价,桑弘羊等人又提出并推行"平准均输"。《史记·平准书》《盐铁论·本议》载曰:

> 桑弘羊为治粟都尉,领大农,尽代仅管天下盐铁。弘羊以诸官各自市,相与争,物故腾跃,而天下赋输或不偿其僦费,乃请置大农部丞数十

---

① 班固:《汉书》,中华书局,2007,第169页。
② 班固:《汉书》,中华书局,2007,第168页。
③ 班固:《汉书》,中华书局,2007,第104页。
④ 转引自孙星衍等辑《汉书六种》,周天游点校,中华书局,1990,第135页。

人,分部主郡国,各往往县置均输盐铁官,令远方各以其物贵时商贾所转贩者为赋,而相灌输。置平准于京师,都受天下委输。召工官治车诸器,皆仰给大农。大农之诸官尽笼天下之货物,贵即卖之,贱则买之。如此,富商大贾无所牟大利,则反本,而万物不得腾踊。故抑天下物,名曰"平准"。天子以为然,许之。于是天子北至朔方,东到太山,巡海上,并北边以归。所过赏赐,用帛百余万匹,钱金以巨万计,皆取足大农。①

往者,郡国诸侯各以其方物贡输,往来烦杂,物多苦恶,或不偿其费。故郡国置输官以相给运,而便远方之贡,故曰均输。②

所谓平准,是指由官府平衡物价。在长安和主要城市设立平准官,利用均输官所存物资,结合市场,贵时抛售,贱时收购。所谓均输,是指由官府统一征购和运输。大司农之下,设立均输官,"输其土地之所饶","令远方各以其物贵时商贾所转贩者为赋,而相灌输",负责分运、分销各地货物。均输官分布于全国,能及时反馈各地物产丰匮、物价信息;平准官设于京师,负责统一调度、平衡协调。平准均输法,有效防止了商人垄断,大幅增加了政府收入,稳定了物价,保障了民生。"而初郡又时时小反,杀吏,汉发南方吏卒往诛之,间岁万余人,费皆仰大农。大农以均输调盐铁助赋,故能澹之。"③"当此之时,四方征暴乱,车甲之费,克获之赏,以亿万计,皆赡大司农。此者扁鹊之力,而盐铁之福也。"④在平准均输政策的有效辅助下,武帝时代的盐铁官营政策继续有效推行,为国家创造了巨额利润,使财政集中于中央,从而进一步加强了中央集权。

三、盐铁官营历史影响与评价

关于武帝实行的盐铁官营、均输平准等一系列政策,先贤学者们作过较为广泛和深入的讨论。有学者认为,盐铁官营政策是一项于国于民危害极大的政策,对社会和生产带来的负面影响难以计数。"盐铁官营政策虽然在为讨伐匈奴而筹措军费,抑制地方割据势力的增长以及贯彻抑商政策方面,取得了成

---

① 司马迁:《史记》(二),中华书局,2011,第 1330 页。
② 桓宽:《盐铁论》,陈桐生译注,中华书局,2015,第 14 页。
③ 班固:《汉书》,中华书局,2007,第 171 页。
④ 桓宽:《盐铁论》,陈桐生译注,中华书局,2015,第 143 页。

功,但对于整个社会经济的发展而言,则是十分有害的。因为这个政策贯彻的结果,使刚刚发展起来的商品经济特别是商业进一步发展的生机和动力,完全被堵塞窒息了。"①进而,有学者指出:"盐铁专卖政策及与此一并执行的均输、平准、告缗等对私人工商业的掠夺性措施,使'商贾中家以上大率破'。而原来由这些'中家'所承担的社会负担,已统统转嫁到普通农民的头上。"②

客观地看,盐铁官营过程中,的确出现了官府垄断、滥竽充数、以次充好、牟取暴利等现象,这是官僚体制固有弊病,不容否认和回避。"帝国政府以国家身份介入商业流通,不是一件很容易的事。众多物流必须通过市场方能连接卖方与买方,而市场时空两大因素变化多端,操作程序上的复杂性,信息成本和监督成本的高昂,直接使官方介入流通显得十分笨拙,步履维艰(有官盐、官铁,必有私盐、私铁,'走私'活跃,即为显例)。"③但若是以偏概全,完全否定该时期盐铁官营的成绩和影响,亦不足取。针对当时社会经济问题制定并实施的盐铁官营政策,"在当时都曾获得了一定的成绩,并给以后各时期的封建财政经济树立了某些范例"④。简要分析如下。

其一,实行盐铁官营,有效抑制了地方豪强,加强了中央集权。汉初大肆分封异姓诸王、同姓诸王而造成的一系列历史遗留问题,得到了有效的抑制和缓解。盐铁官营,严禁私煮私销,并严禁私人铸钱,使得盐铁资源收归国有,极大地削弱了诸侯王和地方豪强的经济势力,剪除了诸侯王反叛朝廷的羽翼和臂膀,有利于加强中央集权。

其二,极大充实了国库收入,改善了财政状况。武帝刘彻开疆拓土的战略计划,有了充足的经济来源和财政保障。武帝在位五十四年间(公元前141年—公元前87年),收河套、河西走廊,收南越、设九郡,灭朝鲜、设四郡,使东越和西南夷臣降。在武帝拓边战事从未间断的半个多世纪里,国家军队开支、军功奖赏,耗资巨大。如果不是盐业利润极大,并且都纳入政府掌控,所有这些恐怕都将成为侈谈。或者说,至少会因为缺乏物资保障而不得不推迟实现。

---

① 转引自陈乃华:《盐铁专卖与西汉中后期社会危机》,《山东师大学报(社会科学版)》2000年第2期,第76页。
② 陈乃华:《盐铁专卖与西汉中后期社会危机》,《山东师大学报(社会科学版)》2000年第2期,第76页。
③ 王家范:《中国历史通论》,生活·读书·新知三联书店,2019,第235页。
④ 胡寄窗:《中国经济思想史》(中),上海人民出版社,1963,第105页。

其三,有效抑制了商人的非法暴利行为。桑弘羊等人讨论盐铁官营政策时即指出,"愿募民自给费,因县官器,煮盐予用,以杜浮伪之路"①。浮伪,并非指一般的商人,而是能轻松自如地囤积居奇、垄断货物、哄抬物价的富商巨贾。政府调控价格能力加强,使得富商大贾不能再肆无忌惮地牟取暴利,保证物价能相对平稳,百姓生活得到保障,重农政策得到较好的贯彻和实施。

其四,探索了政府宏观调控经济的有效途径和经验。从春秋战国时期齐国管仲的"官山海",到秦国商鞅的"壹山泽",再到汉武帝盐铁官营、平准均输等,是盐铁政策不断尝试、探索的过程,也是政府干预宏观调控不断试错、纠错的过程。中国幅员辽阔,各地物产不同、资源有异,政策推行过程中,难免出现各种问题。解决这些问题,需要中央和地方协同,虞衡与商贾配合。历朝历代所有政策的制定和执行,都是不断完善、经验持续积累的过程,盐铁专卖政策也是一样。

其五,用国际友人学者的一段评价结束全篇:

> 开始于汉代的专营经济政策,对后来中国经济的发展有相当的影响。……盐成了后来国家岁入的主要来源。晚唐以来每一个重要王朝都对盐的征税或垄断生产设立了复杂的制度。因为盐是一种生活必需品,是可依赖的稳定财源。后来,当茶成为普及饮料的时候,它也常成为政府的专营目标,如在宋代和明代。即使是极难实行的商业控制,宋代的王安石也在均输这同一名称下再度实施。因此后来各王朝政策的这类基本特点,可以说是汉代财政革新的遗产。②

---

① 桓宽:《盐铁论》,陈桐生译注,中华书局,2015,第91-92页。
② 崔瑞德、鲁惟一编《剑桥中国秦汉史.公元前221年至公元前220年》,杨品泉等译,中国社会科学出版社,1992,第647页。

第十三章 盐铁会议

作为"影响中国的一百本书"之一①,《盐铁论》在中国历史上的地位与影响,先贤多有定论。这部因盐铁会议而诞生的《盐铁论》,除具有丰富的政治、经济、军事、外交、历史、社会、伦理、文化、文献、文学等价值以外,在中国盐业史上亦有着独一无二的地位和影响。本章将从西汉盐铁会议背景、会议主持者桑弘羊、会议讨论内容、历史影响、《盐铁论》文本本身等诸方面,展开详细梳理和讨论。

一、盐铁会议历史背景

后元二年(公元前87年),古稀之年的汉武帝在没有完成最终政治变革的遗憾中,与世长辞。武帝临终托孤,授命大司马霍光、御史大夫桑弘羊、左将军上官桀、车骑将军金日䃅为辅政大臣。是年,年仅八岁的太子刘弗陵即位,是为汉昭帝。朝政大小事务,皆由霍光主持。

早在征和四年(公元前89年),也就是武帝去世的前两年,在《轮台诏》中,武帝否定了桑弘羊等人提议的轮台屯田议案,透露出对外暂停开疆拓土、对内于民休养生息之意。诏令曰:

> 今边塞未正,阑出不禁,障候长吏使卒猎兽,以皮肉为利,卒苦而烽火乏,失亦上集不得,后降者来,若捕生口虏,乃知之。当今务在禁苛暴,止

---

① 马跃东主编《龙之魂——影响中国的一百本书》,中国戏剧出版社,2000。

擅赋,力本农,修马复令,以补缺,毋乏武备而已。郡国二千石各上进畜马方略补边状,与计对。①

武帝执政晚期,意识到边疆问题日渐突出,面向全国征求良策,在这篇《轮台诏》中,武帝指出,边塞诸地管理涣散,流民逃亡频发,长官谋求私利,兵卒苦不堪言。但这些问题在上奏朝廷的书文中,只字未提,大都是从战俘那里听来。武帝反思自己过往失误,明确表示在以后的政策制定方面,禁止暴行,禁止苛赋,重视农耕,重视畜牧,不再肆意扩充军备,希望各地就此进献良策。

《轮台诏》发布不到两年,武帝去世,原有政策未及作出调整。时任谏议大夫的杜延年深得国家实际掌权者大司马霍光的信任。"(杜延年)见国家承武帝奢侈师旅之后,数为大将军光言:'年岁比不登,流民未尽还,宜修孝文时政,示以俭约宽和,顺天心,说民意,年岁宜应。'光纳其言,举贤良,议罢酒榷盐铁,皆自延年发之。"②杜延年建议恢复文帝时期黄老治国之策,让百姓休养生息,并数次上书治国良策。始元五年(公元前 82 年)六月,昭帝下诏:"朕以眇身获保宗庙,战战栗栗,夙兴夜寐,修古帝王之事,通《保傅传》《孝经》《论语》《尚书》,未云有明。其令三辅、太常举贤良各二人,郡国文学高第各一人。赐中二千石以下至吏民爵各有差。"③始元六年(公元前 81 年)二月,"诏有司问郡国所举贤良文学民所疾苦。议罢盐铁榷酤"④。昭帝先是任命三辅、太常各举荐贤良两名,各郡与诸侯国各举荐文学一名;次年,又命这些被举荐的贤良、文学共六十多人,与当时的丞相、御史大夫等人,就盐铁官营等问题展开辩论。(文学和贤良具体身份,参见后文详解)于是,历史上著名的盐铁会议拉开帷幕。

《汉书·公孙刘田王杨蔡陈郑传》全篇结尾的"赞"文中,有关于这次会议较为详细的描述。赞文写道:

> 所谓盐铁议者,起始元中,征文学贤良问以治乱,皆对愿罢郡国盐铁酒榷均输,务本抑末,毋与天下争利,然后教化可兴。御史大夫弘羊以为此乃所以安边竟,制四夷,国家大业,不可废也。当时相诘难,颇有其议

---

① 班固:《汉书》,中华书局,2007,第 975 页。
② 班固:《汉书》,中华书局,2007,第 601 页。
③ 班固:《汉书》,中华书局,2007,第 54 页。
④ 班固:《汉书》,中华书局,2007,第 54 页。

文。至宣帝时，汝南桓宽次公治《公羊春秋》，举为郎，至庐江太守丞，博通善属文，推衍盐铁之议，增广条目，极其论难，著数万言，亦欲以究治乱，成一家之法焉。其辞曰："观公卿贤良文学之议，'异乎吾所闻'。闻汝南朱生言，当此之时，英俊并进，贤良茂陵唐生、文学鲁国万生之徒六十有余人咸聚阙庭，舒六艺之风，陈治平之原，知者赞其虑，仁者明其施，勇者见其断，辩者骋其辞，斷斷焉，行行焉，虽未详备，斯可略观矣。中山刘子推言王道，挢当世，反诸正，彬彬然弘博君子也。九江祝生奋史鱼之节，发愤懑，讥公卿，介然直而不挠，可谓不畏强圉矣。桑大夫据当世，合时变，上权利之略，虽非正法，巨儒宿学不能自解，博物通达之士也。然摄公卿之柄，不师古始，放于末利，处非其位，行非其道，果陨其性，以及厥宗。车丞相履伊吕之列，当轴处中，括囊不言，容身而去，彼哉！彼哉！若夫丞相、御史两府之士，不能正议以辅宰相，成同类，长同行，阿意苟合，以说其上，'斗筲之徒，何足选也！'"①

盐铁之议始于始元年间（公元前86年—公元前80年），昭帝下令征召贤良文学询问治世良方。贤良文学建议，应当废除盐铁、酒榷等，重农抑商，不与百姓争利，然后教化可兴。御史大夫所持观点与贤良文学相反，认为盐铁、酒榷等，于国于民意义重大，不可废除。双方之间往复诘难，展开了激烈论辩。宣帝在位时（公元前74年—公元前48年），汝南人桓宽被举荐为郎官，后官至庐江太守。他博学通达，长于著述，将盐铁会议始末加以整理，著成万言长文。桓宽本人更倾向于认同贤良文学一方。他认为，茂陵唐生等人驰骋辞藻，文质彬彬；大夫桑弘羊博学通达，切合时政，但重利轻义，行非其道；丞相车千秋身居要职，却一心自保，缄口不言；至于其他唯利是图、阿谀逢迎的辅臣士人，则正如孔子口中的"劣小之辈"，不值一哂。

这次盐铁会议的主持者为丞相车千秋和御史大夫桑弘羊。与会人员分为两个阵营。一方是贤良、文学，共六十余人。贤良有茂陵唐生等人，文学有鲁国万生、中山国刘子雍、九江郡祝生等人。另一方以桑弘羊、御史、丞相等人为代表。盐铁会议中心议题是就"盐铁、酒榷、均输"等政策的废立，展开辩论。具体论辩过程中，又涉及武帝执政五十四年间国家一系列的政治、经济、军事、

---

① 班固：《汉书》，中华书局，2007，第668页。

外交等政策。盐铁会议前后持续五个多月，成为中国历史上规模最大、影响最大的一次国家级辩论会。

二、盐铁会议论辩双方、主要内容

作为本次会议的主持人，桑弘羊在司马迁《史记》和班固《汉书》中均未有传，其事迹散见于《汉书》的《食货志》《霍光传》等篇目。

> 于是以东郭咸阳、孔仅为大农丞，领盐铁事，而桑弘羊贵幸。咸阳，齐之大鬻盐，孔仅，南阳大冶，皆致产累千金，故郑当时进言之。弘羊，洛阳贾人之子，以心计，年十三侍中。故三人言利事析秋豪矣。①

> 其明年，元封元年(公元前110年)，卜式贬为太子太傅。而桑弘羊为治粟都尉，领大农，尽代仅斡天下盐铁。弘羊以诸官各自市相争，物以故腾跃，而天下赋输或不偿其僦费，乃请置大农部丞数十人，分部主郡国，各往往置均输盐铁官，令远方各以其物如异时商贾所转贩者为赋，而相灌输。置平准于京师，都受天下委输。召工官治车诸器，皆仰给大农。大农诸官尽笼天下之货物，贵则卖之，贱则买之。如此，富商大贾亡所牟大利，则反本，而万物不得腾跃。故抑天下之物，名曰"平准"。天子以为然而许之。于是天子北至朔方，东封泰山，巡海上，旁北边以归。所过赏赐，用帛百余万匹，钱金以巨万计，皆取足大农。②

由这些散见的文献可知，桑弘羊出生于洛阳商贾之家，自幼耳濡目染经商之道，加之天赋异禀，长于心算，于是，十三岁便做了武帝的侍中，出入宫廷，应对顾问。简单梳理桑弘羊的仕途生涯：元狩三年(公元前120年)，参与主持财政经济改革；元鼎二年(公元前115年)，任大农中丞，开办均输；元鼎四年(公元前113年)，提议整顿币制；元封元年(公元前110年)，任治粟都尉，代行大农令事，主管盐铁官营；天汉元年(公元前100年)，任大司农，位列九卿；后元二年(公元前87年)，跻身三公，受武帝托孤，成为重要辅臣之一；昭帝始元六年(前81年)，以御史大夫身份参加盐铁会议；元凤元年(公元前80年)，上官桀等筹划政变，昭帝、

---

① 班固：《汉书》，中华书局，2007，第168页。
② 班固：《汉书》，中华书局，2007，第171页。

霍光先发制人,主谋大臣均被捕伏诛,桑弘羊受牵连亦被灭族。

丞相车千秋是本次会议的另外一位主持人,历史文献及会议记录皆可显示,这是一位没有特别才能和特别功勋的平庸主管。《汉书·车千秋传》记载:"武帝崩,昭帝初即位,未任听政,政事壹决大将军光。千秋居丞相位,谨厚有重德。每公卿朝会,光谓千秋曰:'始与君侯俱受先帝遗诏,今光治内,君侯治外,宜有以教督,使光毋负天下。'千秋曰:'唯将军留意,即天下幸甚。'终不肯有所言。光以此重之,每有吉祥嘉应,数褒赏丞相。"①

至于参与讨论的文学、贤良们,文学和贤良原本是汉王朝选拔人才的途径和手段。汉文帝首开诏举贤良:"(文帝二年,公元前179年)十一月晦,日有食之。十二月望,日又食。上曰:'……及举贤良方正直言极谏者,以匡朕之不逮。……'"②举荐贤良遂成为一种选官制度。《史记·孝武本纪》记载:"上乡儒术,招贤良,赵绾、王臧等以文学为公卿,欲议古立明堂城南,以朝诸侯。"③文学,与德行、政事、言语并列为"孔门四科"。文学一科为专门研究儒家经典而设。参与此次盐铁会议的鲁国万生、中山刘子雍、九江祝生等人,皆属文学。无论是贤良,还是文学,本质上都属儒生。他们祖述仲尼,称道尧舜,观点复古,思想保守。在盐铁会议中,贤良、文学得到霍光的支持。

桑弘羊为首的大夫们认为:盐铁官营等经济政策,对外为抗击匈奴提供源源不断的军费开支,对内是抑制豪强割据最强有力的方法手段。于国,可积累财富,充实府库;于民,可稳定物价,保障民生。所谓"盐铁之利,所以佐百姓之急,足军旅之费,务蓄积以备乏绝,所给甚众,有益于国,无害于人"④。文学们则认为:对待周边游牧民族,可用仁德,而非武力;对于百姓,应当休养生息,重农抑商。盐铁官营并未有效稳定物价,反而打击了老百姓农耕生产的积极性,使富者愈富、贫者愈贫的社会问题更加严重。

古往今来,有不少学者指出,从思想本质上看,盐铁会议实际上是儒、法两家之间的论争。贤良文学坚决拥护儒家"重义轻利"的原则和传统,所谓"君子喻于义,小人喻于利",认为盐铁官营的本质是崇利忘义,最终结果会导致世

---

① 班固:《汉书》,中华书局,2007,第662-663页。
② 司马迁:《史记》(一),中华书局,2011,第356-357页。
③ 司马迁:《史记》(一),中华书局,2011,第382页。
④ 桓宽:《盐铁论》,陈桐生译注,中华书局,2015,第68-69页。

风日下,百姓唯利是图;并指出统治者应当推行仁政,以德服人。桑弘羊为首的大夫们则支持"仓廪实而知礼节,衣食足而知荣辱"的务实观点,认为盐铁官营为抗击匈奴、备战边疆提供了经济来源,平准均输稳定了物价,保障了民生。

有趣的是,这场盐铁会议引发的论争持续了千年,直到今天依然没有消歇。今人学者支持文学的一方认为:"对于(盐铁会议)这场大辩论,近世学者总是非议儒家,认为桑弘羊维护专卖制度的言论有理,仿佛没有这一制度的支撑,抗击匈奴的经费将无从筹措,相信这的确不失为富国强兵良策。其实,法家的富国强兵是以弱民强君为基础的,官营铁铸,则农器窳恶,势必降低农业生产水平,从而减少了农业财政收入,盐业专卖,则必剥夺了商人的自由经营权,打击了商人资本,使这支本来相当强大的力量日益削弱,不能从事丝绸贸易,坐失大批商业收入,可见法家的富国强兵策实为误国弱兵策,而儒家则从为民立君,普施仁政的原始民主思想出发,反对官府与民争利,才是人民利益的真正捍卫者,足证盐专卖制度只对封建统治者有利,却是社会经济发展的真正赘瘤,不宜附和旧史的成见,给予过高的历史评价。"①

今人学者支持桑弘羊的一方亦无比坚决,他们认为:"(盐铁官营)历来被认为是抑商政策。官商是不是一定抑商?回答是否定的。因为官商也是商,和私商一样,都从事组织商品交换,只是经营形式和资金来源不同。官商赢利的目的,固然是为了增加国家财政收入,但它的利润和赋税不一样,主要不是通过政权的强制力量而是通过商业经营活动取得的,虽然用途与私商不同,仍属商业利润。封建国家有管理经济、干预经济的职能,这种职能和这个政权在历史上的存在同样具有合理性,因此,不能说只有私商才是商,官商就一定抑商。由于官商是依靠政权力量经营商业的,有一定强制性,不免带来种种弊病,但在中国这样一个幅员辽阔、个体生产者如汪洋大海的国度中,政权力量的支持可以使商业发展到私商不可能达到的规模和程度。……当然,官商要分割私商的一部分商业利润,限制私商的经营范围,损害了私商的利益,因而具有一定的抑商意味。但从全社会的商业活动来看,官商并没有缩小商品交换的规模和商业利润的总额。更何况官商并不完全排斥、代替私商,在官营商

---

① 薛宗正:《盐专卖制度是法家抑商思想的政策化的产物》,《盐业史研究》1989 年第 2 期,第 9 页。

业之下,私商依然有广泛的经营获利的机会。"①

三、盐铁会议的产物和影响

汉宣帝执政期间(公元前74年—公元前49年),桓宽将盐铁会议的辩论内容加以整理,撰成《盐铁论》。桓宽,汝南郡(今河南省驻马店市上蔡县)人,生平事迹不见载于史,《汉书·公孙刘田王杨蔡陈郑传》中,仅存寥寥数语:"至宣帝时,汝南桓宽次公治《公羊春秋》,举为郎,至庐江太守丞,博通善属文,推衍盐铁之议,增广条目,极其论难,著数万言,亦欲以究治乱,成一家之法焉。"除此之外,不见他载。

《盐铁论》采用对话体,以生动的语言真实复原了当时的辩论情景。全书共十卷六十篇,每篇皆各标目,大致可窥其要。《盐铁论》各篇题目分别为:本议、力耕、通有、错币、禁耕、复古、非鞅、晁错、刺权、刺复、论儒、忧边、园池、轻重、未通、地广、贫富、毁学、褒贤、相刺、殊路、讼贤、遵道、论诽、孝养、刺议、利议、国疾、散不足、救匮、箴石、除狭、疾贪、后刑、授时、水旱、崇礼、备胡、执务、能言、取下、击之、结和、诛秦、伐功、西域、世务、和亲、繇役、险固、论勇、论功、论邹、论菑、刑德、申韩、周秦、诏圣、大论、杂论。这些篇目依照所论重点,又可分为三部分。自《本议》至《取下》共四十一个辩题,记述会议双方主要观点和辩论经过。《击之》至《大论》共十八个辩题,记录会后双方就匈奴政策、国家法制等问题的论争。最后一篇《杂论》是作者桓宽自叙撰书缘由,并抒发议论感慨,可视为全书的跋文。

《盐铁论》一书涉及问题较为广博,何以作者单单以"盐铁"命名,历来学者多有推测。概而言之,约有以下几种。

其一,认为桓宽之《盐铁论》借鉴仿效司马迁之《平准书》。如明人金蟠在《盐铁论自序》中指出:"所论匪特盐、铁也,独举盐、铁者,犹太史公综货殖独书平准也。独书平准,而四民俱困之形见;独论盐、铁,而万世敷病之本晰,……桓氏之书,岂直汉室药石已哉!"②该观点认为,桓宽将此书命名为"盐

---

① 阎守诚:《重农抑商试析》,《历史研究》1988年第4期,第142-143页。
② 桓宽:《盐铁论校注》(增订本),王利器校注,天津古籍出版社,1983,第812-813页。

铁论"是仿效司马迁创作《平准书》的做法,暗含讽刺,针砭时弊。

其二,桓宽承袭古诗文"首句标其目"的文学传统。《盐铁论》首篇《本议》中心观点曰:"今郡国有盐铁、酒榷、均输,与民争利。"①以"盐铁"二字,既可总括"盐铁、酒榷、均输"等政策,又可凸显全书议论之重点议题。

其三,认为《盐铁论》一书广泛地讨论了当时的政治、经济、军事、外交等政策,这些政策无一不与盐铁问题休戚相关,以"盐铁"命名,因"其书讨论的重心在于盐铁国有制之兴废"。②

其四,盐铁会议中所讨论的政策,一部分被取消,盐铁专营继续保留,桓宽惋惜贤良文学之说不能尽行,故以"盐铁"命名。纪昀主编的《四库全书总目》即主此说。

以下将摘取核要文本为例,来了解《盐铁论》这部奇书。

(一)《本议》

> 文学对曰:"窃闻治人之道,防淫佚之原,广道德之端,抑末利而开仁义,毋示以利,然后教化可兴,而风俗可移也。今郡国有盐铁、酒榷、均输,与民争利。散敦厚之朴,成贪鄙之化。是以百姓就本者寡,趋末者众。夫文繁则质衰,末盛则本亏。末修则民淫,本修则民悫。民悫则财用足,民侈则饥寒生。愿罢盐铁、酒榷、均输,所以进本退末,广利农业,便也。"

> 大夫曰:"匈奴背叛不臣,数为寇暴于边鄙,备之则劳中国之士,不备则侵盗不止。先帝哀边人之久患,苦为虏所系获也,故修障塞,饬烽燧,屯戍以备之。边用度不足,故兴盐铁,设酒榷,置均输,蕃货长财,以佐助边费。今议者欲罢之,内空府库之藏,外乏执备之用,使备塞乘城之士饥寒于边,将何以赡之?罢之,不便也。"

> ……………

> 大夫曰:"古之立国家者,开本末之途,通有无之用,市朝以一其求,致士民,聚万货,农商工师各得所欲,交易而退。《易》曰:'通其变,使民不倦。'故工不出,则农用乏;商不出,则宝货绝。农用乏,则谷不殖;宝货绝,

---

① 桓宽:《盐铁论》,陈桐生译注,中华书局,2015,第2页。
② 林平和:《盐铁论析论与校补》,文史哲出版社,1984。

则财用匮。故盐铁、均输,所以通委财而调缓急。罢之,不便也。"①

《本议》是盐铁会议讨论的第一个议题,内容是关于盐铁官营、酒类专卖和平准均输政策。作为《盐铁论》全书的首篇,《本议》具有提纲挈领的地位和作用。文学一方否定盐铁官营、酒类专卖和平准均输等政策,认为它们是在与民争利,是导致百姓舍本逐末、经商弃农的原因,严重影响了社会风气,政府应当予以取缔。大夫一方则认为,盐铁官营为国家提供了征讨匈奴的军费开支和物资保障,平准均输则平稳了物价,便宜了百姓生活,这些政策于国于民都有着至关重要的保障作用。简言之,文学以"义"为据,大夫以"利"为据。作为全书的首篇,《本议》确立了全书的基本观点和立场。

(二)《禁耕》

大夫曰:"家人有宝器,尚函匣而藏之,况人主之山海乎?夫权利之处,必在深山穷泽之中,非豪民不能通其利。异时,盐铁未笼,布衣有朐邴,人君有吴王,皆盐铁初议也。吴王专山泽之饶,薄赋其民,赈赡穷乏,以成私威。私威积而逆节之心作。夫不蚤绝其源而忧其末,若决吕梁,沛然,其所伤必多矣。太公曰:'一家害百家,百家害诸侯,诸侯害天下,王法禁之。'今放民于权利,罢盐铁以资暴强,遂其贪心,众邪群聚,私门成党,则强御日以不制,而并兼之徒奸形成也。"

…………

文学曰:"山海者,财用之宝路也。铁器者,农夫之死士也。死士用,则仇雠灭;仇雠灭,则田野辟;田野辟而五谷熟。宝路开,则百姓赡而民用给,民用给则国富。国富而教之以礼,则行道有让,而工商不相豫,人怀敦朴以相接,而莫相利。夫秦、楚、燕、齐,土力不同,刚柔异势,巨小之用,居句之宜,党殊俗易,各有所便。县官笼而一之,则铁器失其宜,而农民失其便。器用不便,则农夫罢于野而草莱不辟。草莱不辟,则民困乏。故盐冶之处,大傲皆依山川,近铁炭,其势咸远而作剧。郡中卒践更者,多不勘,责取庸代。县邑或以户口赋铁,而贱平其准。良家以道次发僦运盐铁,烦

---

① 桓宽:《盐铁论》,陈桐生译注,中华书局,2015,第2-9页。

费,百姓病苦之。愚窃见一官之伤千里,未睹其在胸郍也。"①

《禁耕》讨论的中心问题是,盐铁官营等政策对于农耕的影响。大夫指出,山海之利、林泽之饶,都应归于国家所有,不能放任盐铁私营,盐铁私营会导致豪强割据、地方坐大,最终影响到国家的安定、百姓的生活。文学认为,政府统一管理盐铁,很难因地制宜,煮盐冶铁多在深山大川,交通不便,劳作艰辛;强制统一运转,浪费人力物力,给农民生活和耕作带来诸多不便。中国作为农业大国,土地问题、粮食问题、农民问题都是关系国计民生的大问题。本节专门讨论盐铁官营政策对于农耕的影响,显示出此次会议的严肃慎重。全书其他议题中,对此亦多有论及。

(三)《复古》

大夫曰:"故扇水都尉彭祖宁归,言:'盐铁令品,令品甚明。卒徒衣食县官,作铸铁器,给用甚众,无妨于民。而吏或不良,禁令不行,故民烦苦之。'令意总一盐铁,非独为利入也,将以建本抑末,离朋党,禁淫侈,绝并兼之路也。古者,名山大泽不以封,为下之专利也。山海之利,广泽之畜,天地之藏也,皆宜属少府;陛下不私,以属大司农,以佐助百姓。浮食奇民,好欲擅山海之货,以致富业,役利细民,故沮事议者众。铁器兵刃,天下之大用也,非众庶所宜事也。往者,豪强大家,得管山海之利,采铁石鼓铸,煮海为盐。一家聚众,或至千余人,大抵尽收放流人民也。远去乡里,弃坟墓,依倚大家,聚深山穷泽之中,成奸伪之业,遂朋党之权,其轻为非亦大矣!今者,广进贤之途,练择守尉,不待去盐铁而安民也。"

文学曰:"扇水都尉所言,当时之权,一切之术也,不可以久行而传世,此非明王所以君国子民之道也。《诗》云:'哀哉为犹,匪先民是程,匪大犹是经,维迩言是听。'此诗人刺不通于王道,而善为权利者。孝武皇帝攘九夷,平百越,师旅数起,粮食不足。故立田官,置钱,入谷射官,救急赡不给。今陛下继大功之勤,荞劳倦之民,此用麑鬻之时;公卿宜思所以安集百姓,致利除害,辅明主以仁义,修润洪业之道。明主即位以来,六年于

---

① 桓宽:《盐铁论》,陈桐生译注,中华书局,2015,第51-53页。

兹,公卿无请减除不急之官,省罢机利之人。人权县太久,民良望于上。陛下宣圣德,昭明光,令郡国贤良、文学之士,乘传诣公车,议五帝、三王之道,《六艺》之风,册陈安危利害之分,指意粲然。今公卿辨议,未有所定,此所谓守小节而遗大体,抱小利而忘大利者也。"①

《复古》全篇讨论的焦点仍在盐铁。御史大夫们提出,"古者,名山大泽不以封,为下之专利也"。说明实施盐铁官营正是恢复古之传统,武帝推行盐铁专营正是复古、效古、尊古。并且,盐铁专营的目的不在于使朝廷获利,而在于杜绝豪强割据、垄断和兼并。文学虽然旁征博引,从三皇五帝谈到《诗经》、六艺,但却未能有效驳斥大夫所谓"古者,名山大泽不以封,为下之专利也"的观点,只好又回到"义""利"之争,以朝廷官员不能一味追逐利益而做出害义之举,予以反驳。

(四)《刺权》

大夫曰:"今夫越之具区,楚之云梦,宋之钜野,齐之孟诸,有国之富而霸王之资也。人君统而守之则强,不禁则亡。齐以其肠胃予人,家强而不制,枝大而折干,以专巨海之富而擅鱼盐之利也。势足以使众,恩足以恤下,是以齐国内倍而外附。权移于臣,政坠于家,公室卑而田宗强,转毂游海者盖三千乘,失之于本而末不可救。今山川海泽之原,非独云梦、孟诸也。鼓铸煮盐,其势必深居幽谷,而人民所罕至。奸猾交通山海之际,恐生大奸。乘利骄溢,散朴滋伪,则人之贵本者寡。大农盐铁丞咸阳、孔仅等上请:'愿募民自给费,因县官器,煮盐予用,以杜浮伪之路。'由此观之:令意所禁微,有司之虑亦远矣。"

文学曰:"有司之虑远,而权家之利近;令意所禁微,而僭奢之道著。自利害之设,三业之起,贵人之家,云行于涂,毂击于道,攘公法,申私利,跨山泽,擅官市,非特巨海鱼盐也;执国家之柄,以行海内,非特田常之势、陪臣之权也;威重于六卿,富累于陶、卫,舆服僭于王公,宫室溢于制度,并兼列宅,隔绝闾巷,阁道错连,足以游观,凿池曲道,足以骋骛,临渊钓鱼,

---

① 桓宽:《盐铁论》,陈桐生译注,中华书局,2015,第59—62页。

放犬走兔,隆豺鼎力,蹋鞠斗鸡,中山素女抚流征于堂上,鸣鼓巴俞作于堂下,妇女被罗纨,婢妾曳缔纻,子孙连车列骑,田猎出入,毕弋捷健。是以耕者释耒而不勤,百姓冰释而懈怠。何者?己为之而彼取之,僭侈相效,上升而不息,此百姓所以滋伪而罕归本也。"①

《刺权》讨论的核心问题是从社会上豪强割据、豪权私利看盐铁政策的影响。大夫认为,国家禁止盐铁私营旨在抑制豪强割据,他们结合历史上齐国田氏垄断渔盐、富可敌国、笼络人心、推翻政权的例子,说明盐铁官营的必要性和重要性。文学认为,或许国家的出发点是抑制豪强割据,但结合事实来看,豪强所获私利愈甚,社会豪奢风气日嚣,百姓无意务农,追逐浮利,农业生产越来越不受重视。

(五)《轻重》

御史进曰:"昔太公封于营丘,辟草莱而居焉。地薄人少,于是通利末之道,极女工之巧。是以邻国交于齐,财畜货殖,世为强国。管仲相桓公,袭先君之业,行轻重之变,南服强楚而霸诸侯。今大夫君修太公、桓、管之术,总一盐铁,通山川之利而万物殖。是以县官用饶足,民不困乏,本末并利,上下俱足,此筹计之所致,非独耕桑农也。"

文学曰:"礼义者,国之基也;而权利者,政之残也。孔子曰:'能以礼让为国乎?何有。'伊尹、太公以百里兴其君,管仲专于桓公,以千乘之齐,而不能至于王,其所务非也。故功名隳坏而道不济。当此之时,诸侯莫能以德,而争于公利,故以权相倾。今天下合为一家,利末恶欲行?淫巧恶欲施?大夫君以心计策国用,构诸侯,参以酒榷,咸阳、孔仅增以盐铁,江充、杨可之等,各以锋锐,言利末之事析秋毫,可为无间矣。非特管仲设九府,徼山海也。然而国家衰耗,城郭空虚。故非特崇仁义无以化民,非力本农无以富邦也。"②

轻重,意思是调节商品、货币流通和控制物价,即古代的政治经济学。古

---

① 桓宽:《盐铁论》,陈桐生译注,中华书局,2015,第91-94页。
② 桓宽:《盐铁论》,陈桐生译注,中华书局,2015,第136-139页。

代相关论著当中,以《管子》一书"论轻重"较为系统。《管子》书中直接以"轻重"命名的有甲、乙、丙、丁、戊、己、庚七篇,其他涉及"轻重学"的另有数篇。《管子》书中"轻重"篇的基本思想,是通过干预货币和价格,控制全国包括粮食、盐铁在内的重要物资的流通,以达到加强封建国家财力和打击富商大贾的目的。这里,大夫们实际上对管子的轻重思想有所继承、发展。他们认为,盐铁官营、平准均输等政策,充实了国家府库,稳定了百姓生活,同时,抑制豪强兼并,减小贫富差距,实在是利处多多。文学们则认为,这些专营政策实际上是变相地搜刮民脂民膏,损害百姓利益,并指出:应该重视农业,以礼义治天下,而不是依靠武力,劳民伤财。

(六)《杂论》

客曰:"余睹盐铁之义,观乎公卿、文学、贤良之论,意指殊路,各有所出,或上仁义,或务权利。异哉吾所闻。周、秦粲然,皆有天下而南面焉,然安危长久殊世。始汝南朱子伯为予言:当此之时,豪俊并进,四方辐凑。贤良茂陵唐生、文学鲁国万生之伦,六十余人,咸聚阙庭,舒《六艺》之风,论太平之原。智者赞其虑,仁者明其施,勇者见其断,辩者陈其词。闿闿焉,侃侃焉,虽未能详备,斯可略观矣。然蔽于云雾,终废而不行,悲夫!公卿知任武可以辟地,而不知广德可以附远;知权利可以广用,而不知稼穑可以富国也。近者亲附,远者说德,则何为而不成,何求而不得?不出于斯路,而务畜利长威,岂不谬哉!中山刘子雍言王道,矫当世,复诸正,务在乎反本。直而不徼,切而不燻,斌斌然斯可谓弘博君子矣。九江祝生奋由路之意,推史鱼之节,发愤懑,刺讥公卿,介然直而不挠,可谓不畏强御矣。桑大夫据当世,合时变,推道术,尚权利,辟略小辩,虽非正法,然巨儒宿学恧然,不能自解,可谓博物通士矣。然摄卿相之位,不引准绳,以道化下,放于利末,不师始古。《易》曰:'焚如弃如。'处非其位,行非其道,果陨其性,以及厥宗。车丞相即周、吕之列,当轴处中,括囊不言,容身而去,彼哉!彼哉!若夫群丞相御史,不能正议,以辅宰相,成同类,长同行,阿意苟合,以说其上,斗筲之人,道谀之徒,何足算哉!"①

---

① 桓宽:《盐铁论》,陈桐生译注,中华书局,2015,第564-567页。

《杂论》是《盐铁论》全书的后跋，也是作者桓宽表明自己观点立场的一篇独立论文。作者站在文学贤良的立场，肯定了中山刘子雍、九江祝生等耿介正直、不畏权势，敢于针砭时弊、拨乱反正的君子之风。桓宽认为，桑弘羊居高位、握权柄、崇法家、尚道术，虽为博学之才，却并非真正的君子王道代表。至于丞相车千秋等人，不过是明哲保身的"斗筲之人"。

　　回顾以上内容可知，桓宽系统完备地记录了盐铁会议中贤良文学与御史大夫们的表现，客观真实地再现了论争始末。前文已述，《汉书》记载桓宽曾官至庐江太守丞，《汉书·百官公卿表》显示："郡守，秦官，掌治其郡，秩二千石。有丞，边郡又有长史，掌兵马，秩皆六百石。景帝中二年（公元前148年）更名太守。"① 桓宽任庐江太守丞，秩六百石，月俸六千钱，为中级官吏中较低的一等。这些经历，使得他能够感同身受地思考国家政策带给百姓生活的实际影响，而不是一副高高在上的姿态。因此，从《盐铁论》的字里行间能够看出，作者对贤良文学们同情支持的立场。

　　班固在《汉书·艺文志》中将《盐铁论》归入"诸子略·儒家"。但由于《盐铁论》是根据盐铁会议文件记录编纂而成，故而既不像《论语》《孟子》《老子》《庄子》《管子》《韩非子》等先秦诸子哲学论著，反映某一家的思想言行，又不同于《吕氏春秋》《淮南鸿烈》等集合众人编纂、糅合诸家所长的杂家著述。《盐铁论》记录的是文学贤良、御史大夫立场不同的辩论双方看待国家大事的观点和态度，反映的是昭帝时期朝野之人的治国思想和策略，既不是一家之言，也不是杂家相糅，确然是一部史无前例的奇书。

　　有学者指出，综观《尚书》《左传》《国语》《战国策》《史记》《汉书》记载的夏、商、西周、春秋、战国和秦、汉历代王朝、侯国举行的重要会议，若要论历时之久、规模之大、参加人数之多、争论问题之广泛、双方辩论之激烈，无出盐铁会议之右者。专记盐铁会议全过程的原始记录《盐铁论》在现存古代档案文献汇编中的会议记录类独树一帜，其卷帙之大、字数之巨、辩题之多、内容之丰富、影响之深远，任何会议记录也难望其项背。② 因此之故，这次会议的主持者和记录者，桑弘羊、桓宽，连同这部奇书一起，被铭记在盐业和盐业文化的历史长廊中，熠熠闪光。

---

① 班固：《汉书》，中华书局，2007，第107页。
② 吴荣政：《专记盐铁会议的档案文献汇编〈盐铁论〉初探》，《档案学通讯》2010年第5期。

第十四章　陵井传说

陵井,位于四川省仁寿县境内,相传为五斗米道创立者张道陵所开。自汉代至晚清,千余年封建王朝里,作为川地最著名、最具代表性的大口盐井之一,陵井产盐数量之多、上缴盐税之巨,举足轻重,备受瞩目。天师张道陵也作为陵井的守护神,世代尊享馨香供奉。

一、陵井开凿者

作为道教开山鼻祖式的人物,史料文献中关于天师张道陵的生平记载详细而又传奇。张道陵,一名张陵,字辅汉,沛国丰(今江苏省徐州市丰县)人。史载其通达五经,曾入太学,任巴郡江州(今重庆市)令。后弃官归隐,于江西龙虎山修道。东汉顺帝时,张道陵与弟子赴鹤鸣山(一作鹄鸣山)传道;创制道书二十四篇,自称"太清玄元";规定追随奉道者,需纳供五斗米,故称"五斗米道"。张道陵托言太上老君亲降,授其"三天正法",名为"天师",以符水咒法为人治病,百姓尊奉为师。短短几年内,供奉者多达数万。张道陵羽化飞升,其后嗣袭封"天师",称"天师世家"。关于张道陵在道教史上的巨大贡献,本文不作赘述。这里,只讨论张道陵与陵井之间的渊源,包括文献史料、神仙传说、民间祭祀等。

如果尝试从源头梳理张道陵与陵井之间的关联,会收获许多有趣的发现。显而易见,陵井的系列传说和祭祀活动,是伴随着张道陵被神化的过程同步丰富起来的。有两部关于张道陵的传记文字,很能说明上述变化,分别是东晋葛洪的《神仙传》和元代赵道一的《历世真仙体道通鉴》。

东晋葛洪《神仙传》文曰：

> 天师张道陵，字辅汉，沛国丰县人也。本太学书生，博采五经。晚乃叹曰："此无益于年命。"遂学长生之道，得黄帝九鼎丹经，修炼于繁阳山，丹成服之，能坐在立亡，渐渐复少。后于万山石室中，得隐书秘文及制命山岳众神之术，行之有验。
>
> 初，天师值中国纷乱，在位者多危，退耕于余杭。又汉政陵迟，赋敛无度，难以自安，虽聚徒教授，而文道凋丧，不足以拯危佐世。陵年五十方退身修道，十年之间已成道矣。闻蜀民朴素可教化，且多石山，乃将弟子入蜀，于鹤鸣山隐居。既遇老君，遂于隐居之所备药物，依法修炼，三年丹成，未敢服饵。谓弟子曰："神丹已成，若服之，当冲天为真人，然未有大功于世，须为国家除害兴利，以济民庶，然后服丹即轻举，臣事三境，庶无愧焉。"
>
> 老君寻遣清和玉女，教以吐纳清和之法，修行千日，能内见五藏，外集外神，乃行三步九迹，交乾履斗，随罡所指，以摄精邪，战六天魔鬼，夺二十四治，改为福庭，名之化宇，降其帅为阴官。先时蜀中魔鬼数万，白昼为市，擅行疫疠，生民久罹其害，自六天大魔摧伏之后，陵斥其鬼众，散处西北不毛之地，与之为誓曰："人主于昼，鬼行于夜，阴阳分别，各有司存，违者正一有法，必加诛戮。"于是幽冥异域，人鬼殊途。今西蜀青城山，有鬼市并天师誓鬼碑石天地石，日月存焉。①

同为高道，葛洪在整部道教史上的地位不容小觑。本篇仙传以宗教、文学兼具的笔法，亦真亦幻地刻画了张道陵的"天师"形象。文称张道陵本是太学书生，博学广记，后弃文从道，十年之间，学有所成，道术高超。携弟子入蜀传道，得太上老君亲授，修行精进，降妖除魔，治病救人，造福蜀地百姓。这篇传记笔力精简，生动虚构了张道陵上天入地、变化万千的道术，尤其是"战六天魔鬼，夺二十四治，改为福庭，名之化宇，降其帅为阴官"的高超神力，以及战胜"蜀中魔鬼数万"的卓然成就。关于张天师与"陵井"之间的关系，文章只字未

---

① 葛洪：《神仙传》，谢青云译注，中华书局，2017，第169-170页。

提。

一千年后,元代浮云山万年宫道士赵道一修撰《历世真仙体道通鉴》,将这位张天师的生平事迹补充演绎得更加生动传奇。赵道一以洋洋洒洒万字长文详述张天师如何奇人异相,如何隐居学道,得道后如何度人救物、伏妖降魔,以及百姓如何虔诚供奉祭祀,老君如何度其成仙的始末过程。其中,有大段文字涉及张道陵"镇毒龙""压水怪""治盐泉""设井神"等与陵井相关的情节。简摘文中相关段落如下:

> 天师真人姓张氏,讳道陵,字辅汉,沛丰邑人,留侯子房八世孙也。……遂复寻西极名山,其地胜,多名物,因入阳平山。精思服炼,能飞行远听,得分形散影之妙,通神变化,坐在立亡。每泛舟池中,诵经堂上,隐几对客,杖藜行吟,一时并赴,人皆莫测其灵异也。真人惟读《五千文》,昼夜无倦色。后往西城山筑坛朝真,以降五帝。忽一乡夫告曰:西城房陵间有白虎神,好饮人血。每岁,其民杀人祭之。真人召其神,戒之,遂灭。又告梓州有大蛇,藏山穴中,鸣则山石振动,时吐毒雾,行人未及三五里,率中毒而死。真人以法禁之,不复为害。①
> 一日,领弟子遥见阳山白气属天,谓长、升曰:"彼处必有妖怪,当往除之。"遂至其地,值十二神女于山前,姿态妖艳,因诘其由,神女答曰:"妾等实土地阴灵也。"真人遂问:"咸泉何在?"神女曰:"前有大湫,毒龙处之。"真人以法召之不出,遂书一符,化为金翅凤,向湫上盘旋,毒龙惊惧,舍湫而走出,其湫即竭。遂得咸泉,煎之成盐。金翅凤泊于南山之上,后人呼为"凤凰台",鸟雀至今不敢栖其上。十二神女各捧一玉环来献,曰:"妾等愿事箕帚。"真人受其环,以手揖之,十二环合而为一,谓曰:"吾投此环于井中,能得之者,应吾夙命也。"神女闻语,竟解衣而入,争取玉环,真人遂掩之。盟曰:"令作井神,勿得复出,免为生人之患。"真人方治咸泉,有一猎者至,真人戒其好杀,因授以煮盐之法。其井深五百四十尺,阔一丈,日得咸泉四十余函,其利甚博。真人遂指西北山上曰:"此处可以筑城。"又指城南下曰:"此处川岳相朝,可建福庭。"后人感真人之言,因而立祠,至今崇奉,祈祷不绝。真人领升、长往阆中居。一日,思神之际,谓二子

---

① 李一氓:《道藏》第 5 册,文物出版社,1988,第 200-201 页。

曰:"吾向取神女衣,深虑神女复取之,出为人害。"遂再诣其所,取衣藏于高峰石室中,敕地神守护,即"焰阳洞"也。彼方之民,至今不罹神女之害,而获盐井之利。后以真人之讳,雄其事,今陵州是也。蜀中盐池,皆于其傍立清河府君之祠。清河,乃张氏郡也。其山下无江及井,居人乏水,真人以神剑插地,因而成井,遣神卫之,使之不竭。真人谓升、长曰:"此山多岩,人民居焉,虑山崖,或坠落。"遂召其神誓之,使不伤人。①

上文所引《历世真仙体道通鉴》共涉及张天师与陵井之间几个层面的关系:

其一,张道陵降服毒龙,觅得咸泉。张道陵与弟子见到阳山白气冲天,料定有妖怪作祟。师徒二人在山前见到十二女神,众女神声称,有毒龙居于咸泉。张道陵施展法术,毒龙惊惧逃走。咸泉复又为百姓所用,煮制咸泉之水,便可得到珍贵的食盐。

其二,张道陵降服神女,设井神。十二神女,后世又称"十二玉女",实是"土地阴灵"。她们服膺于张天师的高超道法,纷纷奉上玉环,愿委身侍奉。张道陵将十二玉环合为一枚,投掷入井,声称谁能寻得玉环,便是夙命所觅之人。十二女神竞相解衣入井,张道陵趁机封井。于是,十二女神成了井神,司命于此。

其三,张道陵治咸泉,传授煮盐之法。张道陵带领弟子开发利用咸泉,并将煮卤制盐的方法传授给了当地百姓。这口咸泉井,深五百四十尺,阔一丈,每天可得大量卤水,当地百姓从中获得了巨大的收益。尽管当时尚未明确出现"陵井"的称呼,但显然这里所说的咸泉即为陵井。

其四,蜀地百姓获利咸泉,世代供奉张天师。蜀地百姓为了纪念张道陵降妖除魔、造福民间,用其名讳命名当地,当地即称"陵州",咸泉即称"陵井"。此外,蜀中地区,凡有咸泉盐池处,百姓即建造"清河府君祠",以供奉祭拜天师张道陵。

在这篇张天师传记中,我们读到了很多似曾相识的文字和故事。前文"廪君与巴盐传说"中,讲述了巴人之祖廪君的传奇事迹。他英勇神武,建造城池,制造巴盐,造福百姓,死后化为白虎,蜀地民间以活人祭祀白虎。廪君化虎、白

---

① 李一氓:《道藏》第5册,文物出版社,1988,第205-206页。

虎伤人的故事，从上古传到汉代，到了张道陵这里，天师以高超法术灭掉了白虎，也废除了以活人祭祀白虎的愚昧风俗。前文"蜀首冰与穿盐井"中，提到战国末年秦国蜀守李冰修筑都江堰、镇压水怪、开凿盐井的系列传说。而李冰父子治水的故事传说，也被移花接木地置于张天师身上，以彰显其道法之卓绝。

作为一部神仙传记，《历世真仙体道通鉴》所录文字自然不可全然确信，但它提供的故事情节与文化资源十分宝贵。与葛洪的《神仙传》相比，《历世真仙体道通鉴》中的故事翔实丰富。两者之间相差的，不仅仅是历代道徒、文人、民间百姓口耳相传的补充、加工和完善，更是一千多年岁月里，世人对这位盐井守护神的颂赞与纪念。

二、陵井文献梳理

陵井，广见史籍。《晋书》《宋书》《周书》《旧唐书》《宋史》《元史》《明史》《清史稿》等官修正史，《元和郡县图志》《方舆胜览》《蜀中广记》《读史方舆纪要》等地理学巨著，以及政书、类书《通典》《文献通考》《太平御览》等等，这些影响较大的文献典籍中，都存有关于陵井的相关记载。

西晋著名文学家、洛阳为之纸贵的左思曾撰写《蜀都赋》，提及巴蜀天然资源的富足，以及盐业生产的盛况。赋文曰："于东则左绵巴中，百濮所充。外负铜梁于宕渠，内函要害于膏腴。其中则有巴菽巴戟，灵寿桃枝。樊以蒩圃，滨以盐池。蜘蛛山栖，鼋龟水处。潜龙蟠于沮泽，应鸣鼓而兴雨。丹沙赩炽出其坂，蜜房郁毓被其阜。山图采而得道，赤斧服而不朽。若乃刚悍生其方，风谣尚其武。奋之则賨旅，玩之则渝舞。锐气剽于中叶，蹻容世于乐府。……尔乃邑居隐赈，夹江傍山。栋宇相望，桑梓接连。家有盐泉之井，户有橘柚之园。"①这段文字虽可视为两汉三国之际陵井及蜀地盐业繁荣的重要说明，但并未直接言及陵井，亦未言及其与天师张道陵之间的关系。最早记录陵井为张道陵所开凿的文献是《元和郡县图志》。

  陵州，仁寿。中。开元户一万七千九百五十五。乡四十七。元和户一千九百八十五。乡四十七。《禹贡》梁州之域。秦为蜀郡地，在汉即犍

---

① 萧统编《文选译注》（一），张葆全、胡大雷主编，上海古籍出版社，2020，第103-104页。

为郡之武阳县之东境也。晋孝武帝太元(公元376年—公元396年)中，益州刺史毛璩置西城戍以防盐井，周闵帝元年(公元557年)又于此置陵州，因陵井以为名。陵井者，本沛国张道陵所开，故以"陵"为号。晋太元中，刺史毛璩乃于东西两山筑城，置主将防卫之。后废陵井，更开狼毒井，今之煮井是也，居人承旧名，犹曰陵井，其实非也。今按州城南北二面悬岸斗绝，四面显敞，南临井。①

这则材料蕴含的信息非常丰富，指出陵井为张道陵所开，陵州也因陵井而得名。晋孝武帝时，官府设防守护盐井。《元和郡县图志》的编撰者李吉甫，生于公元758年，卒于公元814年，生活在中晚唐之间。在他生活的时代，汉代开凿的陵井已然废弃不用，原陵井的旁边开凿了狼毒井，人们沿用陵井之名。《元和郡县图志》还对陵井的规模进行过描述："(仁寿县)陵井，纵广三十丈，深八十余丈。益都盐井甚多，此井最大。以大牛皮囊盛水，引出之役作甚苦，以刑徒充役。"②陵井宽三十丈，纵深八十余丈，成阳郡益都县(今四川省广汉市)盐井很多，以此井为最大。汲卤用的是巨大的牛皮囊；罪犯获刑之人充任盐工，劳作十分辛苦。

晚唐五代著名高道杜光庭在其《道教灵验记》中，也精彩演绎了张道陵开凿陵井的故事。

陵州天师井。本传云：天师经行山中，有十二玉女来谒天师，愿奉箕帚。天师知其地下阴神也，谓之曰："汝等何以为献？将观汝心厚薄，选而纳焉。"玉女各持一玉环，径皆数寸。天师曰："所献一般，不可并纳。吾化此十二环令作一环，投之入地，有得之者，即纳之焉。"遂合十二环为一大环，径余一尺，投于地中，随即深陷，已成井矣。玉女皆脱衣入井，以探玉环，竟不能得。天师取其衣，藏石匮中，玉女至今只在井内。

今陵州盐井直下五百七十尺，透两重大石方及咸水。每年一度淘洗其中，须歌唱喧聒，然后入井。不然必见玉女裸居井中，见者多所不利。井既深，不可数入，或绠索断损，皮囊坠落，唯于天师前炷香良久，玉女自与挂之，依旧不失。顷年井属东川，有张填常侍主其盐务，于事稍怠，盐课

---

① 李吉甫：《元和郡县图志》，贺次君点校，中华书局，1983，第861-862页。
② 李吉甫：《元和郡县图志》，贺次君点校，中华书局，1983，第862页。

不登,欠数千斤。交替之后,縻留填纳,未得解去。替人素亦崇道,因与虔告天师云:"张填所欠之盐,家资已尽,空此留滞,益恐困穷,于三五日之内,愿借神力,增加所出,为其填纳。"与张俱拜,祈诉恳切。自是每日所煎,水数四五十函如常,而盐数羡益,五六日内,填之课足。此后一如旧数,无复增减矣。

十二玉女,戌、亥二人在天,唯十人在井,所煎盐至戌、亥二时亦歇。天师初以兹地荒梗,无人安居,山川亦贫,不可耕植,化盐井以救穷民。民聚居井傍,户口日众,遂置州统之,以天师名,故曰陵州。天师誓曰:"我所化井,以养贫民,若官夺其利,千年外井当陷矣。"今诸井皆有天师、玉女之像焉。①

道徒造作道书多为弘扬道法,自神本教,此文不外如是。文章写天师张道陵法术降服了十二玉女,玉女们所持的十二玉环合为一环,置之入地,遂为深井。比起其他文献,这里强调了陵井系张天师道法所生。陵井不仅有十二玉女居其中,还有张天师守护其外。地方官张填主持陵井盐务时,玩忽职守,拖欠朝廷数千斤盐课税收,致使任职期满不能还朝;其继任者好求仙慕道,便在天师张道陵像前苦苦哀求,最终祷告灵验,数日之间,卤水激增,食盐增产,弥补了亏空。当地百姓对待盐井不敢轻视怠慢、胡作非为,而是馨香礼拜、虔诚供奉。久而久之,盐井周围聚居的百姓渐渐多了起来,生活渐渐富足起来,为感谢天师张道陵,当地被命名为"陵州"。

宋代张君房《云笈七签》等其他道教文献中,存有《陵州天师井填欠数盐课验》等相关文字,所载内容与《道教灵验记》同出一辙。大抵造作经书者之间难免借鉴抄袭。值得注意的是,不管是神仙杂传、笔记小说,还是地理方志、大型类书,都自觉而又确定地视天师张道陵为陵井开凿者和守护神。如宋人李昉《太平广记》载曰:"陵州盐井,后汉仙者沛国张道陵之所开凿……因利所以聚人,因人所以成邑。"②又,宋人文同《奏为乞改陵州州名状》曰:"陵井始后汉张陵开兴,因陵名,遂以名井,后复因井名以名其州。"③又,宋人张君房《云

---

① 李一氓:《道藏》第 10 册,文物出版社,1988,第 827-828 页。
② 李昉等编《太平广记:足本 3》,华飞等校点,团结出版社,1994,第 1898 页。
③ 文同:《文同全集编年校注》,胡问涛、罗琴校注,巴蜀书社,1999,第 877 页。

笈七签》载曰:"天师初以兹地荒梗,无人安居,山川亦贫,不可耕植,化盐井以救穷民。民聚居井傍,户口日众,遂置州统之。以天师名,故曰陵州。"①

南宋祝穆在其地理学专著《方舆胜览》卷五十三中,除提及前朝文献已有的信息之外,还详细描述了陵井的卤水汲取、食盐生产和贸易税收情况。

> 古名陵井。《寰宇记》:"按《图经》,汉时有山神,号十二玉女,为道人张道陵开盐井,因此名陵州。"今有玉女庙,甚灵。若以火坠井中,即雷吼沸涌,烟气上冲,溅泥漂石,甚可畏也。或云井泉傍通江海,微有败船木浮出。其井煎水为盐,历代因之。唐万岁通天二年(公元697年),右补阙郭文简奏卖水,一日得四十五函半,百姓贪利失业。长安二年(公元702年),停卖水,依旧税盐。先天二年(公元713年),加课利,岁有三千六百二贯。伪蜀井塞。国朝乾德三年(公元965年)平蜀,陵州通判贾琏重开旧井,一昼一夜汲水七十五函,每函煎盐四十斤,日获三千斤。至雍熙元年(公元984年),春冬日收三千八百一十七斤,秋夏日收三千四百四十七斤,盖水源之有长短也。《郡国志》云:"井乃东汉张道陵所开,曰狼毒井。有毒龙藏井中,及盐神玉女十二为祟。天师以道力驱出毒龙,禁玉女于井下,然后人获咸泉之利。"又云:"在仁寿县,纵广三十丈,深八十丈。益部盐井甚多,陵井最大。以大牛皮囊盛水,引出之役作甚苦,以刑徒充役。后废陵井,更开狼毒井,今之煮井是也。又有主井官。有两灶二十八镬,一旦夜收盐四硕。又有营井、蒲井,在籍县;及研井、棱井、律井,在井研县。"②

虽然随着春夏秋冬的季节变换,陵井卤水产量会有所不同,但陵井一年四季都能源源不断地产出卤水,煮制食盐。当地有百姓为利益驱使,选择买卖陵井卤水为生。蜀地盐井甚多,但是像陵井这样蕴藏如此丰富、产量如此巨大的天然宝藏,却并不多见。陵井带来的巨大利润,充实了国家府库,造福了蜀地百姓。天师张道陵和十二玉女共同受到当地百姓的供奉祭祀,被尊奉为"盐神"。到了祝穆生活的时代,陵州境内、陵井周围的玉女庙香火旺盛,祷告甚

---

① 转引自傅飞岚:《张陵与陵井之传说》,载陈鼓应主编《道家文化研究第16辑》,生活·读书·新知三联书店,1999,第224页。

② 祝穆:《方舆胜览》,施和金点校,中华书局,2003,第955-956页。

灵。

值得注意的是,北宋沈括《梦溪笔谈》中,详细描述到陵井的一次修复过程,这是其他文献较少涉及的,兹附于此:

> 陵州盐井,深五百余尺,皆石也。上下甚宽广,独中间稍狭,谓之杖鼓腰。旧自井底用柏木为干,上出井口,自木干垂绠而下,方能至水,井侧设大车绞之。岁久,井干摧败,屡欲新之,而井中阴气袭人,入者辄死,无缘措手。惟候有雨入井,则阴气随雨而下,稍可施工,雨晴复止。后有人以一木盘,满中贮水,盘底为小窍,酾水一如雨点,设于井上,谓之雨盘,令水下终日不绝。如此数月,井干为之一新,而陵井之利复旧。①

陵井纵深五百多尺,井内四壁皆石,上部和下部较为开阔,中间稍微狭窄,称作"杖鼓腰"。井的旁边设有大型绞车,绞车和井底柏木做的支架相互配合,才能汲水。经年累月,柏木井架腐烂失修,人们多次想换新,但井中阴气太重,伤人致死,不能施工。雨天下井,井中阴气会随雨水下沉,方可施工;一旦雨停,就不得不停工。后来有人用一个叫"雨盘"的特殊装置终日洒水,使井内环境可以正常施工。如此数月,井架终于更新完毕,陵井得以复工如往常。

三、陵井盐神情状

由上述文献可知,早在汉代,蜀地百姓即为天师张道陵立祠供奉。汉代以降,张道陵开凿陵井成为上至官府下至百姓普遍认可的事实。人们在陵井周围建造祠庙、刻造塑像、撰写碑文、祭祀供奉张天师。到此为止,故事并没有结束。陵井盐神的故事还在延续,主要沿着两个方向发展:盐神队伍的壮大和陵井改名为"仙井"。

守护陵井的神灵,从最初的开凿者天师张道陵,逐渐发展壮大成为包含十二玉女、西山神以及得道升仙凡人在内的庞大的神祇系统。(关于十二玉女,后文分专章详述。)

---

① 沈括:《梦溪笔谈》,诸雨辰译注,中华书局,2016,第293-294页。

(一) 西山神

宋代李昉奉敕编纂的《太平御览》，其卷八八二载曰：

> 《郡国志》曰：陵州仁寿县有陵井，出盐，井有玉女祠。初，玉女无夫，后每年取一少年，人掷置井中，若不送，水即竭。又蜀郡西山有大蟒蛇，吸人，上有祠，号曰西山神。每岁，土人庄严一女置祠旁，以为神妻，蛇辄吸。将不尔，即乱伤人。周氏平蜀，许国公宇文贵为益州总管，乃致书为神媒合婚姻，择日设乐，送玉女像以配西山神。自送之后，无复此害。①

传说陵井旁边有一玉女祠庙，玉女无夫，每年当地人须进献一少年为祀，如若不然，陵井就会枯竭。此外，蜀地西山有大蟒作祟，当地亦须将人做祭，以娱大蟒，否则大蟒便会乱伤无辜。

宇文贵是北周重要将领、国之柱石。宇文氏平定蜀地后，宇文贵曾特意择良辰吉日，设钟鼓乐舞，为玉女和西山神安排了盛大婚礼。自此以后，当地百姓再无祸患。

相似的记载还出现在明代曹学佺《蜀中广记》中，其文曰：

> 《陵井监图经》云，井有玉女庙，号灵真夫人，乃监司奏立者。若以火投井中，即雷吼沸涌，烟气上冲，溅泥漂石，甚可畏也。或谓井泉傍通江海，微有败船木浮出。……张道陵于此得盐源，因投纸排车，引役人唱《排车乐》祀玉女于井内。俗传玉女无夫，岁取一少年掷井中配之，否则水竭。又云，狼毒井有毒龙藏井中，及盐神玉女十二为祟，天师以道力驱出毒龙，禁玉女于井下，然后人获咸泉之利。及周平蜀，宇文贵为益州总管，闻玉女之事，乃曰："吾为媒，以嫁玉女可乎？"于是择日张乐迎玉女像，置于西山神祠，云将玉女配山神也。是时，成都西山有蟒害，土人祠之，岁用一童女置祠中，蟒吸去则吉，不然，则乱伤人。②

图经，指附有图画、地图的书籍或地理志，《陵井监图经》今已不存。张天师降服玉女祟、宇文贵做媒西山神的故事，却经过一代又一代的后人口耳相

---

① 李昉编纂《太平御览》（第八卷），夏剑钦、王巽斋、王晓天等校点，河北教育出版社，1994，第81页。
② 曹学佺：《蜀中广记》卷66，商务印书馆，1935，第5-6页。

传,保存了下来,并逐渐成为陵井盐文化的重要组成部分。上述文字皆显示,在陵井周围,西山神与张天师、十二玉女一同被列入井盐神队伍之中,受到当地人祭拜。

(二) 盐神通判

宋代僧文莹撰有《玉壶清话》,这是一部逸事小说,记载五代至宋君臣行事、礼乐文章、传奇见闻等内容。《玉壶清话》卷一载曰:

> 陵州盐井,旧深五十余丈,凿石而入。其井上土下石,石之上凡二十余丈,以梗楠木四面锁叠,用障其土,土下即盐脉,自石而出。伪蜀置监,岁炼八十万斤。显德中,一白龙自井随霹雾而出,村旁一老父泣曰:"井龙已去,咸泉将竭。吾蜀亦将衰矣。"乃孟昶即国之二十三年也。自兹石脉淤塞,毒烟上蒸,以縆缒炼匠下视,缒者皆死,不复开浚,民食大馑。太祖即位,建隆中,除贾琰赞善大夫,通判陵州,专干浚井。琰至井,斋戒虔祷,引锸徒数百人,祝其井曰:"圣主临御,深念远民,井果有灵,随浚而通。"再拜而入,役徒惮不肯下,琰执锸先之。数旬不见泉眼,初炼数百斤,日稍增数千斤,郡人绘琰像祀于井旁。①

上述文字讲到后蜀皇帝孟昶在位第二十三年(公元960年),陵州盐井淤塞,毒烟上升,难以疏浚,当地百姓生活受到极大影响。宋太祖赵匡胤开国立朝之后,任命贾琰为陵州通判,负责疏浚盐井。贾琰虔诚祝祷、身先士卒、晨兢夕厉,终于,陵井逐渐疏浚,并由最初的日产盐百斤增至千斤。当地人为了纪念贾琰治理陵井之功,绘其肖像,加以供奉祭祀。贾琰也成为陵井盐神队伍中的一员。

清代毕沅所撰《续资治通鉴》卷五所载文字与此相类,名字有所不同,通判名为"贾琎"而非"贾琰"。其文曰:

> 陵州有陵井,蜀置监,岁炼盐八十万斤。广政二十三年(公元960年),井口摧圮,毒气上如烟雾,炼匠入者皆死。后井益塞,民难食。通判真定贾琎,始建议开浚,刺史王奇谓浚之犯井龙,役夫不肯进,琎亲执锸兴

---

① 朱易安、傅璇琮、周常林等主编《全宋笔记.第一编 六》,大象出版社,2003,第110-111页。

役,逾年而至泉脉,初炼盐日三百斤,稍增日三千六百斤。琏上其事,即诏琏知州事。琏后卒于官,州人画像祠之。①

上述文献显示,在陵井相关故事传说中,原本只是"土地阴灵"的十二神女,逐渐转型成为融井神、盐神身份职能为一体的十二玉女。而守护陵井的神祇队伍,不仅加入了西山神,还增添了"通判贾琰(琏)"——为疏浚陵井作出巨大贡献、造福陵州百姓的普通官员。这些神灵,同天师张道陵一样,被当地百姓奉为盐神,受到祭拜。

(三) 陵井更名

宋代陵州知州文同在《奏为乞改陵州州名状》中详述了陵井更名为"仙井"的理由。

> 臣自到本州,求州之所以得名之由,据《地志》云:自秦至齐,本犍为与蜀二郡之地;在梁,常为怀仁郡;西魏时,始改为陵州,因境内有陵井,故名焉。陵井始后汉张陵开兴,因陵名,遂以名井,后复因井名以名其州。隋虽易为隆山郡,唐又以为仁寿郡,至乾元中复以为陵州,遂因仍至今矣。②

自陵州设县以来,直到作者生活的宋代,陵州有过多个名称,所属郡县也发生过多次改变。简单来说,陵州在南朝梁时隶属怀仁郡,西魏隶属仁寿县,北周更名为陵州,隋代隶属隆山郡,唐代高祖、玄宗、肃宗,先后更名为陵州、仁寿、陵州。

> 按陵本沛人,世有别传,载其异事者尤多,臣不敢以闻;然观其为井之功,实亦非常人所能建置。此州之民既赖之以为生,复畏之以为神,凡过其祠庙及道其所以昔日为井之事,皆懔然加肃,不敢少懈,如在其上与其前后,若是之恭也。国家亦殊仰其所利,以赡给诸郡,凡三载郊礼,颁赏军校,一切皆于此取之,是所谓有功于国而有利及民者也。但今以其名配井与州,而使其下负薪刍、操瓢囊者,无男子、妇人、稚幼、耆老之属,日日道其名,千万在口。臣愚窃谓州取其名,于国体固无嫌,若属之斯民,臣恐于

---

① 毕沅:《续资治通鉴1》,岳麓书社,2008,第55页。
② 文同:《文同全集编年校注》,胡问涛、罗琴校注,巴蜀书社,1999,第877页。

义,或有未安者已。臣闻晋羊祜开府南夏,惠流百姓,后人讳其名,为改户曹为辞曹。王舒除会稽内史,舒言其父名会,求换他郡,朝议以字同音异不许,舒云:"音虽异而字同。"乃特命以会为邻授之。唐阳城号卓行,商山道中有驿曰阳城,元稹过其处,易之,为避贤。孟浩然独能诗,襄阳有浩然亭,郑諴为刺史,更其题曰孟亭。此意皆谓贤者之名当与隐避,不欲使其下常斥之也。载在简牒,以为佳论,读者皆谓当时所举宜矣。①

作者举出历史上许多为贤者避讳的例子。羊祜,出身泰山羊氏,是西晋杰出的政治家、文学家,造福百姓,后人为避其名讳,改官署户曹为辞曹。王舒,出身琅琊王氏,东晋著名官员,曾获任会稽内史,为避父亲王会名讳,上书朝廷要求更改其他职务。阳城,唐德宗时贤臣,直言敢谏,名重天下,元稹改驿站"阳城"之名,以示尊贤。孟浩然,盛唐著名田园诗人,襄阳有"浩然亭",刺史郑諴为避其名讳,更名为"孟亭"。这些都是为贤者避讳之举。反观"陵州""陵井","其下负薪刍、操瓢囊者,无男子、妇人、稚幼、耆老之属,日日道其名,千万在口",作者认为,这不仅与张天师开井护井之功难以匹配,更是对神灵的不尊、对道义的轹轹。

  今陵方之数子,其功利盖亦施于无穷、有足尚者,累世褒赠,实有封号,朝廷亦尝因其他郡遗迹建宫养徒,俾崇奉之。是则岂有国家所以存录能立丰功厚利之人,而此州之民素蒙其休顾显然无一忌惮、咸得以名而称之哉?虽然,千有余年,其民侮慢轻渎如此,至于圣世,始歆然若有感发,阴期秘数,无乃将有所待者耶?伏遇皇帝陛下光明盛大之德,绍巩固绵长之运,顺考古道,尊尚贤哲,旧者修之,废者起之,合理当义,无不条举。此者伏望圣慈垂仁降惠,上嘉古昔,山藏海纳,恕臣僭易,下省臣章,俯遂愚情,特开宸旨,别赐州号。庶使此方之人存上下尊卑之体;已往之灵,受光华丕显之赐。百王未正之典,千载不行之事,自陛下今日正之行之尔。岂独光昭史策,彰示万世,亦以知陛下不弃下臣之言,而特明前人之德矣。干冒宸扆,俯伏待罪。臣无任狂越恐惧激切屏营之至,谨具状奏闻。伏候敕旨。②

---

① 文同:《文同全集编年校注》,胡问涛、罗琴校注,巴蜀书社,1999,第877-878页。
② 文同:《文同全集编年校注》,胡问涛、罗琴校注,巴蜀书社,1999,第878-879页。

通读才子文同这篇奏章，旁征博引，织锦铺绣，才思斐然。作者先写陵州因天师张道陵而得名，后几经改名，复为陵州。又转而写张道陵开凿陵井之功绩，百姓依赖陵井为生，对天师崇拜敬畏，奉之若神；国家仰仗陵井获利，对天师礼遇追思，自不待言。然而，男女老幼天天将天师名讳挂在嘴边，每天都要说无数遍，实在是大不敬。作者同时引经据典，讲述历史上回避名讳的实例，以证明改名之必要。

北宋徽宗大观四年（公元1110年），"改陵井监为仙井监"。① 一说徽宗宣和四年（公元1122年），陵井监改名为"仙井监"。② 宋徽宗追封天师张道陵为"真君"，又追赠"汉天师正一真人三天扶教辅元大法师"。宋理宗又追封张天师为"正一静应显佑真君"。元成宗加封张天师为"正一冲元神化静应显佑真君"。这些都显示出历代帝王对陵井盐神张道陵福佑百姓的追思与嘉奖。

---

① 脱脱等：《宋史》（第二册），中华书局，1977，第385页。
② 脱脱等：《宋史》（第七册），中华书局，1977，第2215页。

第十五章　十二玉女

十二玉女作为井神、盐神的传说,往往与天师张道陵开凿陵井的故事"结伴"出现。翻检文献,诸如《元和郡县图志》《方舆胜览》《蜀中广记》《读史方舆纪要》《通典》《文献通考》《太平御览》等史籍记载,莫不如是。

前文考察过天师张道陵与陵井之间的传说,其中,不少内容涉及本章讨论对象。为了更加清晰系统地呈现盐神十二玉女的故事始末,这里会有部分文献的重复。

一、玉女其神

玉女,先秦时泛指美女,后逐步神化。汉代开始,渐渐具有神祇色彩,成为专司房中的道教女神。魏晋时,玉女的角色功能多侧重于炼丹术。至六朝,玉女又转变成为普通女性神祇的泛称。①

(一) 仙界"玉女"

早在上古神话游仙文学作品中,"玉女"是较为常见的神人仙真。如贾谊《惜誓》:

> 惜余年老而日衰兮,岁忽忽而不反。登苍天而高举兮,历众山而日远。观江河之纡曲兮,离四海之沾濡。攀北极而一息兮,吸沆瀣以充虚。

---

① 姜守诚:《汉晋道书中所见"玉女"考释》,《湖南科技学院学报》2012年第10期。

飞朱雀使先驱兮,驾太一之象舆。苍龙蚴虬于左骖兮,白虎骋而为右騑。建日月以为盖兮,载玉女于后车。驰鹜于杳冥之中兮,休息呼昆仑之墟。乐穷极而不厌兮,愿从容呼神明。涉丹水而驼骋兮,右大夏之遗风。①

作者同情屈原遭遇,站在屈子立场为之代言,抒发忠心见疑、惨遭放逐的悲愤,以及为摆脱失意痛苦、幻想高蹈远游、终又不忍的矛盾挣扎。所引文字显示,作者先是感慨年老体衰、时不我与,接着虚写登高飞举、遨游天际,目之所及——长江、黄河、昆仑、星辰、朱鸟、巨象、苍龙、白虎、清气、玉女等,意象硕大绝美,意境开阔瑰玮。

诸如贾谊《惜誓》,以"玉女"指代"神仙""仙真",这一用法在汉赋中较为普遍,如司马相如《大人赋》:

世有大人兮,在乎中州。宅弥万里兮,曾不足以少留。悲世俗之迫隘兮,朅轻举而远游。乘绛幡之素蜺兮,载云气而上浮。……经营炎火而浮弱水兮,杭绝浮渚涉流沙。奄息葱极泛滥水嬉兮,使灵娲鼓琴而舞冯夷。时若暧暧将混浊兮,召屏翳,诛风伯,刑雨师。西望昆仑之轧沕荒忽兮,直径驰乎三危。排阊阖而入帝宫兮,载玉女而与之归。登阆风而遥集兮,亢乌腾而壹止。②

又,桓谭《仙赋》:

夫王乔赤松,呼则出故,翕则纳新。天矫经引,积气关元。精神周洽,鬲塞流通。乘凌虚无,洞达幽明。诸物皆见,玉女在旁。仙道既成,神灵攸迎。乃骖驾青龙,赤腾为历。蹠玄厉之擢犖,有似乎鸾凤之翔飞,集于胶葛之宇,泰山之台。吸玉液,食华芝,漱玉浆,饮金醪。出宇宙,与云浮,洒轻雾,济倾崖。观仓川而升天门,驰白鹿而从麒麟。周览八极,还崦华坛。泛泛乎滥滥,随天转旋。容容无为,寿极乾坤。③

又,王延寿《鲁灵光殿赋》:

胡人遥集于上楹,俨雅跽而相对。仡欺愬以雕䀢,颐䫌䫤而睽睢。状

---

① 朱熹:《楚辞集注》,黄灵庚点校,上海古籍出版社,2022,第198页。
② 《全汉赋校注》,费振刚、仇仲谦、刘南平校注,广东教育出版社,2005,第118-119页。
③ 《全汉赋校注》,费振刚、仇仲谦、刘南平校注,广东教育出版社,2005,第341-342页。

若悲愁于危处,憯嚫蹙而含悴。神仙岳岳于栋间,玉女窥窗而下视。忽瞟眇以响像,若鬼神之仿佛。图画天地,品类群生。杂物奇怪,山神海灵。写载其状,托之丹青。千变万化,事各缪形。随色象类,曲得其情。上纪开辟,遂古之初。五龙比翼,人皇九头。伏羲鳞身,女娲蛇躯。鸿荒朴略,厥状睢盱。焕炳可观,黄帝、唐、虞。轩冕以庸,衣裳有殊。下及三后,淫妃乱主。忠臣孝子,烈士贞女。贤愚成败,靡不载叙。恶以诫世,善以示后。①

汉代文学作品中,"玉女"常常伴随西王母、宓妃等一同出现。西王母,又称王母、西姥、王母娘娘、西灵圣母等,较早见载于《山海经》《庄子》等,是上古神话里至高无上的女神,居所在昆仑山。昆仑山位于中原之西,故称西王母。宓妃,即洛神,上古神话中司掌洛河的水神。后受曹植《洛神赋》影响,宓妃逐渐演变成为古代文人笔下理想美人的代称。

考察汉代诗文辞赋,"玉女"伴随西王母、宓妃出现时,作者通常都侧重于强调其"神仙"身份,偶尔也会谈及其艳丽容颜,但并不格外强调。如扬雄《甘泉赋》:"想西王母欣然而上寿兮,屏玉女而却宓妃。玉女亡所眺其清胪兮,宓妃曾不得施其蛾眉。方揽道德之精刚兮,侔神明与之为资。"意思是说,想为西王母献寿,乃悟好色之败德,于是摒却玉女、宓妃等神仙美女,表达了作者微谏之意。又如,汉乐府《王子乔》:"玉女罗坐吹笛箫,嗟行圣人游八极。鸣吐衔福翔殿侧,圣主享万年。"曹操《气出唱》:"驾六龙,乘风而行。行四海外,路下之八邦。历登高山临溪谷,乘云而行。行四海外,东到泰山。仙人玉女,下来翱游。骖驾六龙饮玉浆。河水尽,不东流。解愁腹,饮玉浆。"曹植《远游篇》:"远游临四海,俯仰观洪波。大鱼若曲陵,承浪相经过。灵鳌戴方丈,神狱俨嵯峨。仙人翔其隅,玉女戏其阿。琼蕊可疗饥,仰首吸朝霞。"西汉淮南王刘安《八公操》:"煌煌上天,照下土兮。知我好道,公来下兮。公将与余,生毛羽兮。超腾青云,蹈梁甫兮。观见瑶光,过北斗兮。驰乘风云,使玉女兮。含精吐气,嚼芝草兮。悠悠将将,天相保兮。"

随着仙道思想的发展、汉魏道教的创制成型,道经作品中出现越来越多各类名目的"玉女"。她们的神职、地位、外貌、服饰等得到越来越具体的描摹和

---

① 《全汉赋校注》,费振刚、仇仲谦、刘南平校注,广东教育出版社,2005,第852页。

呈现。

在大约成书于汉魏之间的《太上老君中经》中,"玉女"出现频次极高:

> 两肾间名曰大海,一名弱水。中有神龟,呼吸元气,流行作为风雨,通气四支,无不至者。上有九人,三三为位。左有韩众,右有范蠡,中有太城子;左为司徒公,右为司空公,中有太一君;左有青腰玉女,右有白水素女,中有玄光玉女。玄光玉女者,道元气之母也。左有司录,右有司命,风伯雨师,雷电送迎,仙人玉女,宿卫门户,故名曰太渊之宫。先正紫房宫太一玄女赤子,故玄女常戴太白明星,耳著太明之珠,光照一身中,即延年而不死也。①

《太上老君中经》还分别出现了玄光玉女、六丁玉女、青腰玉女、明星玉女、黄庭玉女、仙人玉女等不同分类和惯用称谓:

> 东方之神女名曰青腰玉女。南方之神女名曰赤圭玉女,中央之神女名曰黄素玉女,西方之神女名曰白素玉女,北方之神女名曰玄光玉女。左为常阳,右为承翼,此皆玉女之名也。五行之道,常以所胜好者为妻。假令今日甲乙木,木胜土,则甲以己为妻。故言甲己、乙庚、丙辛、丁壬、戊癸,此皆夫妻合会之日也。言肝、胆木也。木帝以中宫戊己素女为妻。他皆效此。此二神玉女之来,敬而侍之,慎无妻也。妻之杀人,终不得道也。兆欲为道,慎勿淫,淫即死矣。此玉女可使取玉浆,致行厨也。②

而翻阅六朝古上清经《上清琼宫灵飞六甲》《上清琼宫灵飞六甲篆》等,其中保存有精致华丽的玉女图像,在这些图像上方,还分别附有玉女所着服饰的文字说明。

> 右甲戌黄素官左灵飞玉女部。玉女青衣绛裙,青红黄霞绶,朱履,捧绿玉神符,余取宜。甲申太素玉女名真元,字琼石。……癸巳太素玉女名安天,字沙风。右甲申太素宫左灵飞玉女部。玉女绿衣绛裙,青红霞绶,青履,捧绿玉神符,余取宜。……右甲午绛宫右灵飞玉女部。玉女浅红衣,青裙,青红霞绶,手托绿玉神符,朱履,余取宜。甲辰拜精玉女名龙愿,

---

① 张君房纂辑《云笈七签》,蒋力生等校注,华夏出版社,1996,第101页。
② 张君房纂辑《云笈七签》,蒋力生等校注,华夏出版社,1996,第102页。

字灵素。……癸丑拜精玉女名宝华,字壹昭。右甲辰拜精宫右灵飞玉女部。玉女黄衣,浅青裙,青红霞绶,朱履,持绿玉神符,余取宜。①

朱越利在《房中女神的沉寂》一文中曾详细考证道教视域内"玉女"的神职、功用,以及其房中女神的特殊地位。简摘精要如下:

由于玉女一出现即与妻妾角色有缘,故而在道经中玉女又常与男神结成夫妻,成对出现。《登真隐诀》描写说,诵《黄庭经》可引黄庭真人和黄华玉女从天上降临。《老子中经》叙述说,身中神陵阳子明的妻子名叫太阴玄光玉女,皮子明的妻子名叫素女,角里先生的妻子名叫青腰玉女,李尚的妻子名叫玉女。《黄帝九鼎神丹经》卷2郑重解释说,玉女是神仙的妻妾。其曰:"玉女者,凡人之女也,学得道,号为玉女,并神仙之妻妾仪使也。"有时修道者甚至想象玉女是自己的妻妾。《神仙服饵丹石行药法》之《神仙饵雄黄致玉女》讲述了一个神话故事,说服药二百日后,玉女来为妻。

…………

九丹法许诺说,修炼者服丹后,玉女来迎接,来伺候。《黄帝九鼎神丹经》卷1说,服第二神符丹后,可与仙人相见,玉女来至。服第三神丹后,玉男、玉女、玉童、山卿泽尉皆来侍从。服第四还丹后,神人、玉女至。服第五饵丹后,万神来侍卫,玉女皆可役。服第九寒丹后,玉女来侍。由于玉女最初为少女的美称,故而玉女在道经中经常充当少女神,分别与玉童、金童、仙童、神童、灵童、玉郎等配伍,或组成五方玉童、玉女。他(她)们是大神的对偶仪仗或左右侍者,玉女多承担散花、擎案、侍经、捧浆、击磬、传言、扶辇、侍香、捧觞等职。他(她)们还是修炼者存思的偶像。大神经常将他(她)们赏赐给修炼成功者,有时他(她)们主动从仙界下来迎接、侍奉修炼成功者。九丹法所许诺的玉女,不都是少女,也有成年神女,当有扮演妻神者。②

---

① 李一氓:《道藏》第2册,文物出版社,1988,第172-175页。
② 朱越利:《房中女神的沉寂》,《中国文化》2002年第19、20期,第136-137页。

(二) 俗世"玉女"

除却道家、道教视域内的神仙"玉女",先秦典籍中,"玉女"也指代美女,有时单纯地就容貌而言,有时还指如玉美德。先秦典籍文献中,作为特定称谓出现的"玉女",是指容色美丽的女子。如《韩非子·难二》《吕氏春秋·贵直》等。

> 赵简子围卫之郭郛,犀盾、犀櫓,立于矢石之所不及,鼓之而士不起。简子投枹曰:"乌乎! 吾之士数弊也。"行人烛过免胄而对曰:"臣闻之:亦有君之不能耳,士无弊者。昔者吾先君献公并国十七,服国三十八,战十有二胜,是民之用也。献公没,惠公即位,淫衍暴乱,身好玉女,秦人恣侵,去绛十七里,亦是人之用也。惠公没,文公授之,围卫,取邺,城濮之战,五败荆人,取尊名于天下,亦此人之用也。亦有君不能士耳,士无弊也。"简子乃去盾、櫓,立矢石之所,鼓之而士乘之,战大胜。简子曰:"与吾得革车千乘,不如闻行人烛过之一言也。"①

《吕氏春秋·贵直》与上文内容大致相同。讲的是春秋时期晋国大夫赵简子攻打卫国时,孤掌难鸣,士兵完全不响应他的号召。烛过劝言说道:"只有不善用兵的君王,没有不善作战的士兵。先君献公并十七国,令三十八国来降,大胜战十二场,用的便是这些士兵。献公崩,惠公即位,荒淫无度,残暴昏庸,喜欢美女,不理朝政,致使秦人大肆入侵,危及晋都绛城,所用也是这些士兵。惠公崩,文公即位,攻打卫国,拿下邺地,城濮之战,先后五次大败楚军,所用还是这些士兵。所以说,只有不善用兵的君王,没有不善作战的士兵。"这里,"玉女"只是就其容貌而言。

西汉司马迁《史记·秦本纪》亦有文曰:

> 秦之先,帝颛顼之苗裔孙曰女修。女修织,玄鸟陨卵,女修吞之,生子大业。大业取少典之子,曰女华。女华生大费,与禹平水土。已成,帝锡玄圭。禹受曰:"非予能成,亦大费为辅。"帝舜曰:"咨尔费,赞禹功,其赐尔皂游。尔后嗣将大出。"乃妻之姚姓之玉女。大费拜受,佐舜调驯鸟兽,

---

① 《韩非子》,高华平、王齐洲、张三夕译注,中华书局,2010,第564页。

鸟兽多驯服，是为柏翳。舜赐姓嬴氏。①

这段文字追溯了秦之先祖，其中写道，舜帝把姚姓美女赐给大费，结成婚姻。这里"玉女"也无神仙之意，而是指代美女。

焦延寿《焦氏易林》中多次出现"玉女"：

> 邻不我顾，而望玉女。身多癞疾，谁肯媚者？
> 邻不我顾，而望玉女。身多疣癞，谁当媚者。
> 五方四维，安平不危。利以居止，保有玉女。
> 邻不我顾，而望玉女。身疾疮癞，谁肯媚者。
> 土陷四维，安平不危。利以居止，保有玉女。②

"玉女"多与身患癞疾者、面貌丑陋者相对出现，其强调容貌之意确定无疑。再如《礼记·祭统》文曰：

> 祭者，所以追养继孝也。……
> 既内自尽，又外求助，昏礼是也。故国君取夫人之辞曰："请君之玉女与寡人共有敝邑，事宗庙社稷。"此求助之本也。
> 夫祭也者，必夫妇亲之，所以备外内之官也。官备则具备……③

上述文字意思是说，孝子的祭祀，是用来完成对父母生前应尽而未尽的供养和孝道。……祭祀不但要求自己尽心尽力，还要求求助于外，这就关系到婚礼了。所以国君在娶夫人之前的求婚词是这样说的："听说您有位贤淑的女儿，希望能嫁给我，和我一道治理国家，祭祀宗庙社稷。"这就是求助的目的。祭祀这件事，必须由夫妇亲自共同参加，以便里里外外的事情都有人负责。事情都有人负责，就必然祭品齐备。其中，"玉女"注曰："言玉女者，美言之也。君子于玉比德焉。"④除了强调容貌美丽，主要强调其应当具备如玉美德。

又如《礼含文嘉》曰"禹卑宫室，尽力乎沟洫，百谷用成。神龙至，灵龟服，玉女敬养，天赐妾"，宋均注"玉女，有人如玉色也，天降精生玉女，使能养人。

---

① 司马迁：《史记》（一），中华书局，2011，第151页。
② 焦延寿：《焦氏易林注》，尚秉和注，九州出版社，2010，第63、171、304、337、451页。
③ 《礼记》（下），胡平生、张萌译注，中华书局，2017，第928页。
④ 《礼记》（下），胡平生、张萌译注，中华书局，2017，第929页。

美女玉色,养以延寿也"。① 意思是说,玉女乃是天地精气所生,若娶以为妻,可延年益寿。这其实是指玉女具备的对他人的涵养之德。

二、十二玉女与陵井传说

考察十二玉女与天师张道陵、陵井之间的关联,最早见于晚唐五代时期杜光庭的《道教灵验记》。文曰:

> 陵州天师井。本传云:天师经行山中,有十二玉女来谒天师,愿奉箕帚。天师知其地下阴神也,谓之曰:"汝等何以为献?将观汝心厚薄,选而纳焉。"玉女各持一玉环,径皆数寸。天师曰:"所献一般,不可并纳。吾化此十二环令作一环,投之入地,有得之者,即纳之焉。"遂合十二环为一大环,径余一尺,投于地中,随即深陷,已成井矣。玉女皆脱衣入井,以探玉环,竟不能得。天师取其衣,藏石匮中,玉女至今只在井内。
>
> 今陵州盐井直下五百七十尺,透两重大石方及咸水。每年一度淘洗其中,须歌唱喧聒,然后入井。不然必见玉女裸居井中,见者多所不利。井既深,不可数入,或绠索断损,皮囊坠落,唯于天师前炷香良久,玉女自与挂之,依旧不失。顷年井属东川,有张填常侍主其盐务,于事稍怠,盐课不登,欠数千斤。交替之后,縻留填纳,未得解去。替人素亦崇道,因与虔告天师云:"张填所欠之盐,家资已尽,空此留滞,益恐困穷,于三五日之内,愿借神力,增加所出,为其填纳。"与张俱拜,祈诉恳切。自是每日所煎,水数四五十函如常,而盐数羡益,五六日内,填之课足。此后一如旧数,无复增减矣。
>
> 十二玉女,戌、亥二人在天,唯十人在井,所煎盐至戌、亥二时亦歇。天师初以兹地荒梗,无人安居,山川亦贫,不可耕植,化盐井以救穷民。民聚居井傍,户口日众,遂置州统之,以天师名,故曰陵州。天师誓曰:"我所化井,以养贫民,若官夺其利,千年外井当陷矣。"今诸井皆有天师、玉女之像焉。②

---

① 安居香山、中村璋八辑《纬书集成》,河北人民出版社,1994,第495页。
② 李一氓:《道藏》第10册,文物出版社,1988,第827-828页。

这段文字,透露了关于十二玉女至少三个方面的信息。

其一,故事主角天师张道陵法力高超,引起十二玉女的钦佩爱慕,她们自愿委身侍奉。天师张道陵施展法术,将玉女们手中的十二枚玉环合而为一,投于地中,土地深陷,化为盐井。张道陵声称,谁能寻得玉环,便最终接纳她。十二玉女纷纷解衣入井,从此不能出井。这里,张道陵运用了颇有些欺骗意味的手段,骗取了十二玉女的信任,并降服了她们。这个故事同巴人之祖廪君射杀盐水女神的故事情节有相似之处。仔细品读,令人唏嘘。

其二,张道陵降服十二玉女的传说在陵州当地广为流传,百姓对盐井亦心存敬畏。十二玉女同天师张道陵一样,被视作井神、盐神,受到供奉祭拜。当地百姓认为,十二玉女裸居陵井之中,如果不幸亲眼见到,会带来诸多祸事灾患。因此,陵井每年一度的淘洗礼敬仪式上,要求祭祀者要歌咏颂唱,祭礼娱神,然后才能下入井内。如有物体坠落井中,欲入井寻觅,打捞者亦须供奉礼拜,方能进入。这其实反映了在生产力低下的封建社会里,老百姓对自然的尊崇敬重、对盐井资源的珍视守护。

其三,古人以十二地支计时,子、丑、寅、卯、辰、巳、午、未、申、酉、戌、亥,每一地支对应一个时辰,即今天的两个小时,戌时、亥时分别指晚上七点至九点、九点至十一点。"十二玉女,戌、亥二人在天,唯十人在井,所煎盐至戌、亥二时亦歇。"意思是说,十二玉女中,戌、亥两位司神在天上,所以,盐井的劳作时间到了晚上七点,便处于休息状态。这里包含了古人对天然盐井资源的珍惜,也包含了对辛苦劳作的盐工们的同情和体谅。

元代浮云山万年宫道士赵道一修撰的《历世真仙体道通鉴》中,所载文字与上述相近。

> 一日,领弟子遥见阳山白气属天,谓长、升曰:"彼处必有妖怪,当往除之。"遂至其地,值十二神女于山前,姿态妖艳,因诘其由,神女答曰:"妾等实土地阴灵也。"真人遂问:"咸泉何在?"神女曰:"前有大湫,毒龙处之。"真人以法召之不出,遂书一符,化为金翅凤,向湫上盘旋,毒龙惊惧,舍湫而走出,其湫即竭。遂得咸泉,煎之成盐。金翅凤泊于南山之上,后人呼为"凤凰台",鸟雀至今不敢栖其上。十二神女各捧一玉环来献,曰:"妾等愿事箕帚。"真人受其环,以手揾之,十二环合而为一,谓曰:"吾投此环

于井中,能得之者,应吾凤命也。"神女闻语,竞解衣而入,争取玉环,真人遂掩之。盟曰:"令作井神,勿得复出,免为生人之患。"……真人领升、长往阆中居。一日,思神之际,谓二子曰:"吾向取神女衣,深虑神女复取之,出为人害。"遂再诣其所,取衣藏于高峰石室中,敕地神守护,即"熖阳洞"也。彼方之民,至今不罹神女之害,而获盐井之利。后以真人之讳,雄其事,今陵州是也。蜀中盐池,皆于其傍立清河府君之祠。清河,乃张氏郡也。其山下无江及井,居人乏水,真人以神剑插地,因而成井,遣神卫之,使之不竭。真人谓升、长曰:"此山多岩,人民居焉,虑山崖,或坠落。"遂召其神誓之,使不伤人。①

在这部弘扬道法的仙鉴作品中,作者为了突出强调天师张道陵的地位,将十二玉女塑造成了姿态妖艳、为害一方的妖怪和土地阴灵。由于天师张道陵道法高超,十二玉女被降服,压制于井中,成为司守盐井的井神,不能再危害百姓。当地百姓能够从盐井之中获利,便以神灵供奉张天师和十二玉女。

成书于唐代的《陵州图经》,是关于陵州风土人情的地方图志。该书亦保存了珍贵的陵井资料,其文曰:

陵州盐井,后汉仙者沛国张道陵之所开凿。周回四丈,深五百四十尺。置灶煮盐,一分入官,二分入百姓家。因利所以聚人,因人所以成邑。万岁通天二年(公元697年),右补阙郭文简奏,卖水一日一夜,得四十五万贯,百姓贪其利,人用失业。井上又有玉女庙。古老传云,比十二玉女,尝与张道陵指地开井,遂奉以为神。又俗称井底有灵,不得以火投及秽污。曾有汲水,误以火坠,即吼沸涌,烟气冲上,溅泥漂石,甚为可畏。或云,泉涌通东海,时有败船木浮出。②

这则材料涉及陵井规模和井盐获利分配情况。陵井由东汉仙人沛国张道陵开凿,井口周长四丈,井深五百四十尺。井旁有炉灶煮卤为盐,获利三分之一缴税入官,剩下三分之二归百姓。由于盐利颇丰,因此周围聚居百姓越来越多,形成了城镇。武后万岁通天二年,右补阙郭文简上奏请求出卖卤水,一天

---

① 李一氓:《道藏》第5册,文物出版社,1988,第205—206页。
② 刘纬毅辑《汉唐方志辑佚》,北京图书馆出版社,1997,第412页。

一夜得钱四十五万贯。百姓贪图井水之利,竞相追逐,人用失业。盐井旁有玉女庙,传说庙中供奉的十二个玉女,曾为天师张道陵指引凿井。当地人称,井内有灵,不能亵渎。有人打水时,火把失手坠落,井内马上沸反盈天,烟气上冲,泥土飞溅,乱石上崩,可怕异常。也有人说,陵井水脉连通东海,常会见到破败船木漂浮井中。这里明确指出,该时期"井上又有玉女庙",十二玉女所受供奉礼拜,切实确凿。

中唐地理学家李吉甫所撰《元和郡县图志》载曰:"中有祠,盖井神。张道陵祠,在(仁寿)县西南百步。陵开凿盐井,人得其利,故为立祠。"①晚唐五代,杜光庭《道教灵验记》:"今诸井皆有天师、玉女之像焉。"前蜀开国皇帝王建曾目睹陵井产盐盛况,感叹"若当为吾国土地主,富贵至矣"。并于践祚当年(公元907年)"遣官祭盐井玉女之神",专门组织举行了祭祀盐神十二玉女的活动。《十国春秋》对此有所记载:"是岁,遣官祭盐井玉女之神,其神出半面享之。初,帝见倮体妇于盐井,告曰:'若当为吾国土地主,富贵至矣。'故有是命。"②

北宋欧阳忞所撰《舆地广记》载曰:"皇朝不欲斥天师名,故改陵井为仙井。有天师庙,今为至道观。有玉女祠,今号灵真夫人。"③北宋学者乐史所撰《太平寰宇记》卷八十五载曰:"今井上有玉女庙甚灵。"④

北宋李昉编纂的《太平御览》转引古书曰:

> 陵州仁寿县有陵井,出盐,井有玉女祠。初,玉女无夫,后每年取一少年,人掷置井中,若不送,水即竭。又蜀郡西山有大蟒蛇,吸人,上有祠,号曰西山神。每岁,土人庄严一女置祠旁,以为神妻,蛇辄吸。将不尔,即乱伤人。周氏平蜀,许国公宇文贵为益州总管,乃致书为神媒合婚姻,择日设乐,送玉女像以配西山神。自送之后,无复此害。⑤

这则材料同样可以与廪君传说相比较。廪君射杀了盐水女神之后,盐水

---

① 李吉甫:《元和郡县图志》,贺次君点校,中华书局,1983,第862页。
② 吴任臣:《十国春秋》,徐敏霞、周莹点校,中华书局,1983,第502页。
③ 欧阳忞:《舆地广记》,四川大学出版社,2003,第873页。
④ 乐史:《太平寰宇记》,王文楚等点校,中华书局,2007,第1696页。
⑤ 李昉编纂《太平御览》(第八卷),夏剑钦、王巽斋、王晓天等校点,河北教育出版社,1994,第81页。

女神化为凤凰飞走了,当地百姓为其修筑了神女庙,庙旁有凤凰山、神女石,庙里供奉着盐水女神和廪君。而十二玉女化身盐神,当地百姓将其配祀西山神,合为婚姻。这些都显示出故事传说在民间巨大的影响力,以及当地百姓对十二玉女的礼敬。

南宋地理学家王象之所撰《舆地纪胜》载曰:"在仁寿县,又有天师宅,在郡治之下。有唐元和十五年(公元820年)陵州刺史李正卿撰《仙师庙碑》","玉女祠。祀玉女于井内,即盐井也。《舆地广记》:在仁寿县。今名灵真夫人。"①

南宋学者祝穆在其地理学专著《方舆胜览》中,对陵井及十二玉女传说亦有翔实描述。

> 古名陵井。《寰宇记》:"按《图经》,汉时有山神,号十二玉女,为道人张道陵开盐井,因此名陵州。"今有玉女庙,甚灵。若以火坠井中,即雷吼沸涌,烟气上冲,溅泥漂石,甚可畏也。或云井泉傍通江海,微有败船木浮出。其井煎水为盐,历代因之。唐万岁通天二年(公元697年),右补阙郭文简奏卖水,一日得四十五函半,百姓贪利失业。长安二年(公元702年),停卖水,依旧税盐。先天二年(公元713年),加课利,岁有三千六百二贯。伪蜀井塞。国朝乾德三年(公元965年)平蜀,陵州通判贾琏重开旧井,一昼一夜汲水七十五函,每函煎盐四十斤,日获三千斤。至雍熙元年(公元984年),春冬日收三千八百一十七斤,秋夏日收三千四百四十七斤,盖水源之有长短也。《郡国志》云:"井乃东汉张道陵所开,曰狼毒井。有毒龙藏井中,及盐神玉女十二为祟。天师以道力驱出毒龙,禁玉女于井下,然后人获咸泉之利。"又云:"在仁寿县,纵广三十丈,深八十丈。益部盐井甚多,陵井最大。以大牛皮囊盛水,引出之役作甚苦,以刑徒充役。后废陵井,更开狼毒井,今之煮井是也。又有主井官。有两灶二十八镬,一旦夜收盐四硕。又有营井、蒲井,在籍县;及研井、棱井、律井,在井研县。"②

至明清,学者们在继承前朝史料的基础上,对十二玉女的传说又有所生发

---

① 王象之编著《舆地纪胜》,赵一生点校,浙江古籍出版社,2012,第3197-3198页。
② 祝穆:《方舆胜览》,施和金点校,中华书局,2003,第955-956页。

演绎。如明代诗人学者曹学佺《蜀中广记》载曰:

> 《陵井监图经》云,井有玉女庙,号灵真夫人,乃监司奏立者。若以火投井中,即雷吼沸涌,烟气上冲,溅泥漂石,甚可畏也。或谓井泉傍通江海,微有败船木浮出。……张道陵于此得盐源,因投纸排车,引役人唱《排车乐》祀玉女于井内。俗传玉女无夫,岁取一少年掷井中配之,否则水竭。又云,狼毒井有毒龙藏井中,及盐神玉女十二为祟,天师以道力驱出毒龙,禁玉女于井下,然后人获咸泉之利。及周平蜀,宇文贵为益州总管,闻玉女之事,乃曰:"吾为媒,以嫁玉女可乎?"于是择日张乐迎玉女像,置于西山神祠,云将玉女配山神也。……仙井,阴气袭人。……今玉女祠是其处。①

玉女庙中供奉的十二玉女封号为"灵真夫人",由盐监奏禀朝廷,皇帝下诏敕立。可见,这些故事传说,不仅受到民间百姓虔诚信奉,还得到了官方的重视认可。

如果考察陵州的一些地名,同样可证十二玉女传说影响巨大:"丽甘山。在(仁寿)县东二十里。按《图经》:'昔有十二玉女于此山汲盐泉煎盐,以玉女美丽,其盐味甘为名,今灶迹尚存。'"②"唱车庙……以其山近盐井,闻推车唱歌之声为名。今盐井推辘轳,皆唱为号令。"③如此等等,历史久远,趣味盎然。

---

① 王象之编著《舆地纪胜》,赵一生点校,浙江古籍出版社,2012,第3195页。
② 乐史:《太平寰宇记》,王文楚等点校,中华书局,2007,第1693页。
③ 乐史:《太平寰宇记》,王文楚等点校,中华书局,2007,第1694页。

第十六章　解池战神(上)

学者陈洪曾撰文指出："自十七世纪以来,以一位历史人物为祭祀对象而建庙,且遍布大江南北,无论通都大邑、穷乡僻壤的,只有'关帝庙';时至今日,无论海内外,凡华人经商之所,大多塑像供香以求保佑的,也只有'关圣大帝'一人而已。这实在是一个很奇特的现象。"①追溯这一奇特现象背后的历史文化原因,解州盐池为"不解奇缘"之一端。

关羽,本字长生,后改字云长,河东解县(今山西运城)人。他追随刘备南征北战,立下汗马功劳,位居三国蜀汉"五虎上将"之首,也是古往今来整个中国历史上最著名的武将。后世尊奉其为"武圣""关公""武财神",以及多种行业的保护神。关羽的民间祭祀大约始于公元六世纪的南朝陈至隋。朝廷正式追封其为王、公、帝、圣,则与北宋年间解州盐池的一桩奇事有关。

一、时代英雄

西晋陈寿《三国志·蜀书》中有《关羽传》,全篇约有千字,是目前所见最早的关羽专传。刘宋时代裴松之略有补注,增加了当时社会上流传的一些逸闻传说。经裴松之作注的《关羽传》,仍不足两千字。即使有《三国志》其他篇目散见事迹的辅读,与关羽叱咤风云的传奇一生相比,这些文字依然显得过于简略。为方便后文展开详细讨论,择录《三国志·蜀书·关羽传》原文如下:

---

① 陈洪:《"关帝崇拜"文化现象三题》,《文学与文化》2015年第1期,第4页。

关羽字云长，本字长生，河东解人也。亡命奔涿郡。先主于乡里合徒众，而羽与张飞为之御侮。先主为平原相，以羽、飞为别部司马，分统部曲。先主与二人寝则同床，恩若兄弟。而稠人广坐，侍立终日，随先主周旋，不避艰险。先主之袭杀徐州刺史车胄，使羽守下邳城，行太守事，而身还小沛。

建安五年（公元200年），曹公东征，先主奔袁绍。曹公擒羽以归，拜为偏将军，礼之甚厚。绍遣大将军颜良攻东郡太守刘延于白马，曹公使张辽及羽为先锋击之。羽望见良麾盖，策马刺良于万众之中，斩其首还，绍诸将莫能当者，遂解白马围。曹公即表封羽为汉寿亭侯。初，曹公壮羽为人，而察其心神无久留之意，谓张辽曰："卿试以情问之。"既而辽以问羽，羽叹曰："吾极知曹公待我厚，然吾受刘将军厚恩，誓以共死，不可背之。吾终不留，吾要当立效以报曹公乃去。"辽以羽言报曹公，曹公义之。及羽杀颜良，曹公知其必去，重加赏赐。羽尽封其所赐，拜书告辞，而奔先主于袁军。左右欲追之，曹公曰："彼各为其主，勿追也。"

从先主就刘表。表卒，曹公定荆州，先主自樊将南渡江，别遣羽乘船数百艘会江陵。曹公追至当阳长阪，先主斜趣汉津，适与羽船相值，共至夏口。孙权遣兵佐先主拒曹公，曹公引军退归。先主收江南诸郡，乃封拜元勋，以羽为襄阳太守、荡寇将军，驻江北。先主西定益州，拜羽董督荆州事。羽闻马超来降，旧非故人，羽书与诸葛亮，问超人才可比谁类。亮知羽护前，乃答之曰："孟起兼资文武，雄烈过人，一世之杰，黥、彭之徒，当与益德并驱争先，犹未及髯之绝伦逸群也。"羽美须髯，故亮谓之髯。羽省书大悦，以示宾客。

羽尝为流矢所中，贯其左臂，后创虽愈，每至阴雨，骨常疼痛，医曰："矢镞有毒，毒入于骨，当破臂作创，刮骨去毒，然后此患乃除耳。"羽便伸臂令医劈之。时羽适请诸将饮食相对，臂血流离，盈于盘器，而羽割炙引酒，言笑自若。

二十四年，先主为汉中王，拜羽为前将军，假节钺。是岁，羽率众攻曹仁于樊。曹公遣于禁助仁。秋，大霖雨，汉水泛溢，禁所督七军皆没。禁降羽，羽又斩将军庞德。梁郏、陆浑群盗或遥受羽印号，为之支党，羽威震华夏。曹公议徙许都以避其锐，司马宣王、蒋济以为关羽得志，孙权必不愿也。可遣人劝权蹑其后，许割江南以封权，则樊围自解。曹公从之。先是，权遣使为子索羽女，羽骂辱其使，不许婚，权大怒。又南郡太守麋芳在江陵，将军士仁屯公安，素皆嫌羽轻己。自羽之出军，芳、仁供给军资，不悉相救。羽言"还当治之"，芳、仁咸怀惧不安。于是权阴诱芳、仁，芳、仁使人迎权。而曹公遣徐晃救曹仁，羽不能克，引军退还。权已据江陵，尽虏羽士众妻子，羽军遂散。权遣将逆击羽，斩羽及子平于临沮。

追谥羽曰壮缪侯。子兴嗣。兴字安国，少有令问，丞相诸葛亮深器异之。弱冠为侍中、中监军，数岁卒。子统嗣，尚公主，官至虎贲中郎将。卒，无子，以兴庶子彝续封。①

时光倏忽而过，历史长河的浪花淘尽了无数英雄。这段关于英雄的传奇文字，如怨如慕，如泣如诉，历经近两千年，今天读来依然振聋发聩、荡气回肠。与本篇主旨密切相关者，有以下信息值得注意。

首先，籍贯故里。"关羽字云长，本字长生，河东解人也。亡命奔涿郡。"关羽出生地，河东解县，今山西省运城市盐湖区解州镇常平村。清朝乾隆年间，名吏言如泗任解州知州。他主持修筑盐池堤堰、河渠，组织修撰《解州全志》和《安邑县志》，并于解州镇、常平村各立石碑一通，分别书以"关公故里"和"关公故宅"。"亡命"，前文有述②，指被官府缉拿而潜逃藏匿。关羽身怀绝技，桀骜不驯，早在青少年时代便锋芒毕露。

其次，人物形象。整体上看，《关羽传》中几乎具备了后世一系列关羽故事的雏形：刘关张如兄弟、白马围斩颜良、不受禄辞曹操、诸葛亮赞美髯、刮骨疗毒、水淹七军、败走麦城、惨死临沮等等。这些事迹，既突出了关羽至勇、至猛、至忠、至义，也写出了作为凡夫俗子其性格中难以避免的刚愎、好胜和虚荣。毛宗岗在《读〈三国志〉法》中有极为精彩的评价："吾以为三国有三奇，可称三绝：诸葛孔明一绝也，关云长一绝也，曹操亦一绝也。"③而关羽之"奇绝"在于："历稽载籍，名将如云，而绝伦超群者莫如云长。青史对青灯，则极其儒雅；赤心如赤面，则极其英灵。秉烛达旦，人传其大节；单刀赴会，世服其神威。独行

---

① 陈寿：《三国志》（下），裴松之注，中华书局，2011，第783—786页。
② 参见本书第十一章《淮盐兴盛》详解。
③ 罗贯中：《三国演义》，毛宗岗评，岳麓书社，2015，"读三国志法"第2页。

千里,报主之志坚;义释华容,酬恩之谊重。作事如青云白日,待人如霁月光风。……是古今名将中第一奇人。"①毛氏认为,遍翻史册,关羽身上集合了武将的威勇与儒士的风雅,为人处世磊落坦荡,精神品质彪炳千古。无论置身武将之中,还是放眼儒林之内,关羽都是超群绝伦、难与匹敌的。因此之故,关羽身后成鬼成神,民间祭拜,朝廷追封,由凡入圣,位列仙班,一再被拔高、被神化,才有了可能。

最后,渊源与影响。虽然陈寿在《三国志》中曾指出关羽"善待卒伍而骄于士大夫"②,说他对待文人骄矜傲慢,对待士卒如同己出,但这丝毫并未影响到文人士大夫对关羽其人其事的浓厚兴趣与创作热情。《三国志》以后,历代稗官野史、小说杂谈皆为关羽留有一席之地。而据李乔《中国行业神崇拜》③,关羽既是民间普遍信仰之神,同时又充当了二十多个行业的行业神。其中,解池守护神便是其众多神职身份中的一种。

陈寿《三国志》中,除《三国志·蜀书》中有《关羽传》之外,《三国志·魏书》与《三国志·吴书》亦存有关羽生平事迹的零星记载。

> (乐进)后从平荆州,留屯襄阳,击关羽、苏非等,皆走之……又讨刘备临沮长杜普、旌阳长梁大,皆大破之。④

> (徐晃)从征荆州,别屯樊,讨中庐、临沮、宜城贼。又与满宠讨关羽于汉津……⑤

> (关)羽围(曹)仁于樊,又围将军吕常于襄阳。……太祖复还,遣将军徐商、吕建等诣晃……⑥

> 贼屯偃城。晃到,诡道作都堑,示欲截其后,贼烧屯走。……贼围头有屯,又别屯四冢。晃扬声当攻围头屯,而密攻四冢。羽见四冢欲坏,自将步骑五千出战,晃击之,退走,遂追陷与俱入围,破之,或自投沔水死。⑦

> 刘备与周瑜围曹仁于江陵,别遣关羽绝北道。通率众击之,下马拔鹿

---

① 罗贯中:《三国演义》,岳麓书社,2015,"读三国志法"第2页。
② 陈寿:《三国志》(下),裴松之注,中华书局,2011,第787页。
③ 李乔:《中国行业神崇拜》,中国华侨出版公司,1990。
④ 陈寿:《三国志》(上),裴松之注,中华书局,2011,第434页。
⑤ 陈寿:《三国志》(上),裴松之注,中华书局,2011,第440页。
⑥ 陈寿:《三国志》(上),裴松之注,中华书局,2011,第440页。
⑦ 陈寿:《三国志》(上),裴松之注,中华书局,2011,第440-441页。

角入围,且战且前,以迎仁军……①

(文聘)与乐进讨关羽于寻口,有功……又攻羽辎重于汉津,烧其船于荆城。②

是岁刘备定蜀。权以备已得益州,令诸葛瑾从求荆州诸郡。备不许……(孙权)遂置南三郡长吏,关羽尽逐之。权大怒,乃遣吕蒙督鲜于丹、徐忠、孙规等兵二万取长沙、零陵、桂阳三郡,使鲁肃以万人屯巴丘以御关羽。权住陆口,为诸军节度。蒙到,二郡皆服,惟零陵太守郝普未下。会备到公安,使关羽将三万兵至益阳,权乃召蒙等使还助肃。③

关羽其他资料散见于《三国志·魏书》《三国志·吴书》名将传中。乐进,战功卓著,与张辽、于禁、张郃、徐晃并称"曹魏五子良将",陈寿评其"以骁果显名"。徐晃,治军严谨,连破关羽,战功显赫,被曹操盛赞"有周亚夫之风"。李通,曹魏要将,宋太祖刘裕称其"昔魏武在官渡,汝、兖之士,多怀贰心,唯李通独断大义,古今一也"④。其他又如满宠、曹仁、吕常、文聘、诸葛瑾、吕蒙等,无一不是战功显赫的良将善才。

值得注意的是,三国时期,曹魏和东吴也分别流传有关羽的故事传说,这些作品从不同的角度和立场,丰富了关羽的形象,证实了关羽的勇猛。简列钟繇《贺捷表》和韦昭《关背德》来看:

臣繇言:戎路兼行,履险冒寒。臣以无任,不获扈从。企仰悬情,无有宁舍。即日长史逮充宣大令,命知征南将军运田单之奇,厉愤怒之众,与徐晃同势,并力扑讨,表里俱进,应期克捷,馘灭凶逆。贼帅关羽,已被矢刃。傅方反覆,胡修背恩,天道祸淫,不终厥命。奉闻嘉惠,喜不自胜。望路载笑,踊跃逸豫。臣不胜欣庆,谨拜表因便宜上闻。臣繇诚惶诚恐,顿首顿首,死罪死罪。建安廿四年闰月九日,南蕃东武亭侯臣繇上。⑤

曹魏重臣钟繇的《贺捷表》创作于建安二十四年(公元219年)。这一年

---

① 陈寿:《三国志》(上),裴松之注,中华书局,2011,第444页。
② 陈寿:《三国志》(上),裴松之注,中华书局,2011,第448页。
③ 陈寿:《三国志》(下),裴松之注,中华书局,2011,第933页。
④ 沈约:《宋书》(第八册),中华书局,1974,第2454页。
⑤ 严可均:《全上古三代秦汉三国六朝文》,河北教育出版社,1997,第241页。

关羽与曹军大战樊城,孙权趁机派吕蒙偷袭荆州南郡治所江陵,南郡太守糜芳降吴。当时关羽腹背受敌,进退两难,既不能迅速攻下樊城,又不能退守荆州,率残兵一路退逃。对于曹魏政权来说,无疑是天大的"喜讯"。徐晃还军,曹操亲迎于七里之外。六十八岁的钟繇作此奏表,以示贺捷。表文大意:"行军辛苦,战事胶着,虽年事已高,不能奔赴前线,但心系军情,寝食难安。今日得知曹仁、徐晃诸将大破关羽逆贼,喜不自胜。目之所及,无不欢声笑语,载歌载舞,老臣也将心中欢欣作表上奏,诚惶诚恐,顿首死罪。建安二十四年十月九日,南蕃东武亭侯臣繇。"《贺捷表》又称《戎路表》,全文由楷书书就,最能代表钟繇"云鹤游天,群鸿戏海"的书法特征,故该表被尊称为"正书之祖"。

  关背德,作鸱张。割我邑城,图不祥。称兵北伐,围樊襄阳。嗟臂大于股,将受其殃。巍巍夫圣主,睿德与玄通。与玄通,亲任吕蒙。泛舟洪泛池,溯涉长江。神武一何桓桓,声烈正与风翔。历抚公安城,大据郢邦。虏羽授首,百蛮咸来同,盛哉无比隆。①

吴国重臣韦昭曾作《吴鼓吹曲》十二篇,其中,第七篇为《关背德》。《古今乐录》曰:"《关背德》者,言蜀将关羽背弃吴德,心怀不轨。孙权引师浮江而擒之也。当汉《巫山高》。"②《晋书》所载更为细致:

  是时吴亦使韦昭制十二曲名,以述功德受命。改《朱鹭》为《炎精缺》,言汉室衰,孙坚奋迅猛志,念在匡救,王迹始乎此也。改《思悲翁》为《汉之季》,言坚悼汉之微,痛董卓之乱,兴兵奋击,功盖海内也。改《艾如张》为《摅武师》,言权卒父之业而征伐也。改《上之回》为《乌林》,言魏武既破荆州,顺流东下,欲来争锋,权命将周瑜逆击之于乌林而破走也。改《雍离》为《秋风》,言权悦以使人,人忘其死也。改《战城南》为《克皖城》,言魏武志图并兼,而权亲征,破之于皖也。改《巫山高》为《关背德》,言蜀将关羽背弃吴德,权引师浮江而擒之也。改《上陵曲》为《通荆州》,言权与蜀交好齐盟,中有关羽自失之愆,终复初好也。改《将进酒》为《章洪德》,言权章其大德,而远方来附也。改《有所思》为《顺历数》,言权顺

---

① 彭黎明、彭勃主编《全乐府》,上海交通大学出版社,2011,第227页。
② 彭黎明、彭勃主编《全乐府》,上海交通大学出版社,2011,第227页。

箓图之符,而建大号也。改《芳树》为《承天命》,言其时主圣德践位,道化至盛也。改《上邪曲》为《玄化》,言其时主修文武,则天而行,仁泽流洽,天下喜乐也。其余亦用旧名不改。①

《关背德》全篇写关羽背弃与东吴的联盟,心怀不轨,自不量力。吴主圣德,亲率大军征讨,顺应天时,大获全胜。无论是曹魏欢欣鼓舞的《贺捷表》,还是韦昭一隅之说的《关背德》,这些作品无不更加证实了关羽令敌军闻风丧胆的极度骁勇。

二、乱世猛将

建安二十五年(公元 220 年),关羽于临沮(今湖北省宜昌市远安县)遇害。曹魏将其首级葬于河南洛阳,孙吴将其正身葬于湖北当阳,蜀汉在四川成都为其建造衣冠冢。关羽死后,其形象经历了由"凡"至"圣"至"神"的过程。而研究这一过程,不啻为研究中国民间文学史、中国传统文化史的缩影。

关羽去世以后,直至公元 589 年隋文帝杨坚灭陈,不足四百年间,中国经历了三十多个大小政权的角逐纷争、更替兴亡。大分裂、大混乱的时代呼唤着英雄,造就着英雄,也传播着英雄的传奇故事。早在汉魏之际,颂赞英雄形象、渴望建功立业的作品就已经普遍流行。曹植在《与杨德祖书》中所称的"戮力上国,流惠下民,建永世之业,流金石之功",成为当时有识之士的共同志向。又如其《白马篇》中所歌唱的:

> 白马饰金羁,连翩西北驰。借问谁家子,幽并游侠儿。
> 少小去乡邑,扬声沙漠垂。宿昔秉良弓,楛矢何参差。
> 控弦破左的,右发摧月支。仰手接飞猱,俯身散马蹄。
> 矫捷过猴猿,勇剽若豹螭。边城多警急,虏骑数迁移。
> 羽檄从北来,厉马登高堤。长驱蹈匈奴,左顾凌鲜卑。
> 弃身锋刃端,性命安可怀?父母且不顾,何言子与妻!
> 名编壮士籍,不得中顾私。捐躯赴国难,视死忽如归!

---

① 房玄龄等:《晋书》(第三册),中华书局,1974,第 701—702 页。

疾风知劲草,板荡识诚臣。像关羽这样勇猛无比、有情有义的英雄,正是时代的刚需。因此,不难理解何以三国至六朝时期,关羽的战争故事与英武形象广为流传,尤其在行伍之中。以下诸例皆可说明:

> 薛安都……孝建元年(公元454年),除左军将军。及鲁爽反叛,遣安都及沈庆之济江。安都望见爽,便跃马大呼,直往刺之,应手倒。左右范双斩爽首。爽世枭猛,咸云万人敌,安都单骑直入斩之而反,时人皆云关羽斩颜良不是过也。①

> (长孙子彦)有膂力,以累从父征讨功,封槐里县子。孝武帝与齐神武构隙,加子彦中军大都督、行台仆射,镇恒农,以为心膂。及从帝入关,封高平郡公,位仪同三司。……子彦少常坠马折臂,肘上骨起寸余。乃命开肉锯骨,流血数升,言戏自若。时以为逾于关羽。②

裴松之,生活在东晋、南朝宋之间,他在为《三国志·蜀志·关羽传》作注时,曾引用《蜀记》《典略》《江表传》《傅子》《吴历》《魏书》等典籍所载关羽一些行事言语。

> 《蜀记》曰:曹公与刘备围吕布于下邳,关羽启公,布使秦宜禄行求救,乞娶其妻,公许之。临破,又屡启于公。公疑其有异色,先遣迎看,因自留之,羽心不自安。此与《魏氏春秋》所说无异也。③

> 《魏书》云:以羽领徐州。④

> 《傅子》曰:辽欲白太祖,恐太祖杀羽,不白,非事君之道,乃叹曰:"公,君父也;羽,兄弟耳。"遂白之。太祖曰:"事君不忘其本,天下义士也。度何时能去?"辽曰:"羽受公恩,必立效报公而后去也。"⑤

> 《蜀记》曰:初,刘备在许,与曹公共猎。猎中,众散,羽劝备杀公,备不从。及在夏口,飘飖江渚,羽怒曰:"往日猎中,若从羽言,可无今日之困。"备曰:"是时亦为国家惜之耳;若天道辅正,安知此不为福邪!"⑥

---

① 李延寿:《南史》(第四册),中华书局,1975,第1021-1022页。
② 李延寿:《北史》(第三册),中华书局,1974,第815页。
③ 陈寿:《三国志》(下),裴松之注,中华书局,2011,第783页。
④ 陈寿:《三国志》(下),裴松之注,中华书局,2011,第783页。
⑤ 陈寿:《三国志》(下),裴松之注,中华书局,2011,第784页。
⑥ 陈寿:《三国志》(下),裴松之注,中华书局,2011,第784页。

《典略》曰：羽围樊，权遣使求助之，敕使莫速进，又遣主簿先致命于羽。羽忿其淹迟，又自已得于禁等，乃骂曰："狢子敢尔，如使樊城拔，吾不能灭汝邪！"权闻之，知其轻己，伪手书以谢羽，许以自往。①

《蜀记》曰：羽与晃宿相爱，遥共语，但说平生，不及军事。须臾，晃下马宣令："得关云长头，赏金千斤。"羽惊怖，谓晃曰："大兄，是何言邪！"晃曰："此国之事耳。"②

《蜀记》曰：权遣将军击羽，获羽及子平。权欲活羽以敌刘、曹，左右曰："狼子不可养，后必为害。曹公不即除之，自取大患，乃议徙都。今岂可生！"乃斩之。③

《蜀记》曰：羽初出军围樊，梦猪啮其足，语子平曰："吾今年衰矣，然不得还！"④

《江表传》曰：羽好《左氏传》，讽诵略皆上口。⑤

《蜀记》曰：庞德子会，随钟、邓伐蜀，蜀破，尽灭关氏家。⑥

裴松之所引典籍涉及关羽的生平事迹主要有与曹争妻、报恩辞曹、劝刘杀曹、轻视孙吴、与徐晃之谊、为孙吴所杀、好读《春秋》等。上述事件，亦可见于同时期其他典籍。

东晋常璩《华阳国志》卷六《刘先主志》中涉及关羽的生平事迹，其文曰："(曹公东征擒羽后)初，羽随先主从公围吕布于濮阳，时秦宜禄为布求救于张杨，羽启公：'妻无子，下城，乞纳宜禄妻。'公许之。及至城门，复白。公疑其有色，自纳之。后先主与公猎，羽欲于猎中杀公。先主为天下惜，不听。故羽常怀惧。公察其神不安，使将军张辽以情问之，羽叹曰：'吾极知曹公待我厚。然吾受刘将军恩，誓以共死，不可背之。要当立效以报曹公。'公闻而义之。"⑦这段文字记述关羽与曹操争妻不得、杀之不成、忧惧辞曹的完整过程。字里行间，关羽丝毫没有"神"的形象和气息，完全是普通人喜怒爱憎的欲望和情绪。

---

① 陈寿：《三国志》(下)，裴松之注，中华书局，2011，第785页。
② 陈寿：《三国志》(下)，裴松之注，中华书局，2011，第785页。
③ 陈寿：《三国志》(下)，裴松之注，中华书局，2011，第785-786页。
④ 陈寿：《三国志》(下)，裴松之注，中华书局，2011，第786页。
⑤ 陈寿：《三国志》(下)，裴松之注，中华书局，2011，第786页。
⑥ 陈寿：《三国志》(下)，裴松之注，中华书局，2011，第786页。
⑦ 常璩：《华阳国志》，齐鲁书社，2010，第74页。

《华阳国志》是一部记录远古至东晋年间我国西南地区历史、地理、人物、风俗的地理学著作。常璩创作《华阳国志》的时代距离关羽生活的时代较近，写作或有根据，今已不可得知。但比较确定的是，该时期关羽形象尚未被神化。

关羽与秦宜禄妻子的花边故事，后世代有演绎，如唐代陆龟蒙《小名录》载曰："骁骑将军秦朗，字元明，新兴人。父宜禄为吕布使诣袁术，袁术妻以汉宗室女。其妻杜氏，下邳人。布之围，关羽属请于太祖，求杜氏为妻。太祖疑其色，及城陷，太祖亲见，乃纳之。"①这是后话了。

浏览六朝官修正史，皆有关羽其人其事文字片段。《晋书》《宋书》《陈书》《南史》《北史》等，往往着眼其神武勇猛，多将其与张飞等武将并举。南朝梁沈约所撰《宋书》中，写宋太祖刘义隆曾致书信劝诫文献王刘义恭："西门、安于，矫性齐美；关羽、张飞，任偏同弊。行己举事，深宜鉴此。"②宋太祖以关羽"任偏""骄于士大夫"的性格缺点，劝诫时任荆州刺史的刘义恭，切切当以此为鉴。这些皆可证明，六朝时期，关羽的生平故事已经广为流传，其"猛将"形象深入人心，"仙圣"形象尚未形成。

三、神化转捩

《解州志》卷三《坛庙》中有一段文字较为特别："关圣庙，在城西门外，南面条山，北负硝池，创自陈、隋，宋大中祥符间重建。"③这段文字将关帝庙的创建时间追溯至陈、隋之际，但其他文献并不见载。不乏有这样一种可能：早在陈、隋，解州当地即有民间祭祀关羽的活动，只是规模不大，尚未引起关注。能够确定的是，有唐一代，是关羽由凡入圣，继而被神化的重要转关。

唐玄宗开元十九年（公元731年），朝廷为表彰、祭祀历代名将，专门设置庙宇。以周朝开国军师姜尚为主祭，以汉代留侯张良为配祀，并辅以其他十位历史名将。肃宗上元元年（公元760年），朝廷尊奉太公望为武成王，主庙更名为武成王庙，简称武庙。"以历代良将为十哲象坐侍。秦武安君白起、汉淮阴侯韩信、蜀丞相诸葛亮、唐尚书右仆射卫国公李靖、司空英国公李勣列于左，汉

---

① 陆龟蒙：《小名录》，中华书局，1985，第4-5页。
② 沈约：《宋书》（第六册），中华书局，1974，第1641页。
③ 马丕瑶修，张承熊纂《解州志》，清光绪七年（公元1881年）刻本，第6页。

太子少傅张良、齐大司马田穰苴、吴将军孙武、魏西河守吴起、燕昌国君乐毅列于右，以良为配。"①

唐德宗贞元年间（公元785年—公元805年），颜真卿上书"治武成庙，请如《月令》春、秋释奠。其追封以王，宜用诸侯之数，乐奏轩县"②，并详列古今名将凡六十四人图形，以为配享。六十四名将分别为：

  越相国范蠡，齐将孙膑，赵信平君廉颇，秦将王翦，汉相国平阳侯曹参、左丞相绛侯周勃、前将军北平太守李广、大司马冠军侯霍去病，后汉太傅高密侯邓禹、左将军胶东侯贾复、执金吾雍奴侯寇恂、伏波将军新息侯马援、太尉槐里侯皇甫嵩，魏征东将军晋阳侯张辽，蜀前将军汉寿亭侯关羽，吴偏将军南郡太守周瑜、丞相娄侯陆逊，晋征南大将军南城侯羊祜、抚军大将军襄阳侯王濬，东晋车骑将军康乐公谢玄，前燕太宰录尚书太原王慕容恪，宋司空武陵公檀道济，梁太尉永宁郡公王僧辩，北齐尚书右仆射燕郡公慕容绍宗，周大冢宰齐王宇文宪，隋上柱国新义公韩擒虎、柱国太平公史万岁，唐右武候大将军鄂国公尉迟敬德、右武卫大将军邢国公苏定方、右武卫大将军同中书门下平章事韩国公张仁亶、兵部尚书同中书门下三品中山公王晙、夏官尚书同中书门下三品朔方大总管王孝杰；齐相管仲、安平君田单，赵马服君赵奢、大将军武安君李牧，汉梁王彭越、太尉条侯周亚夫、大将军长平侯卫青、后将军营平侯赵充国，后汉大司马广平侯吴汉、征西大将军夏阳侯冯异、建威大将军好畤侯耿弇、太尉新丰侯段颎，魏太尉邓艾，蜀车骑将军西乡侯张飞，吴武威将军南郡太守孱陵侯吕蒙、大司马荆州牧陆抗，晋镇南大将军当阳侯杜预、太尉长沙公陶侃，前秦丞相王猛，后魏太尉北平王长孙嵩，宋征虏将军王镇恶，陈司空南平公吴明彻，北齐右丞相咸阳王斛律光，周太傅大宗伯燕国公于谨、右仆射郧国公韦孝宽，隋司空尚书令越国公杨素、右武候大将军宋国公贺若弼，唐司空河间郡王孝恭、礼部尚书闻喜公裴行俭、兵部尚书同中书门下三品代国公郭元振、朔方节度使兼御史大夫张齐丘、太尉中书令尚父汾阳郡王郭子

---

① 欧阳修、宋祁：《新唐书》（第二册），中华书局，1975，第377页。
② 欧阳修、宋祁：《新唐书》（第二册），中华书局，1975，第377页。

仪。①

在当时配享的六十四位历代名将之中,关羽地位并不突出,与张辽、周瑜、陆逊等并列而立,亦未被封神。

同样是德宗在位期间的贞元十八年(公元802年),文士董侹撰《荆南节度使江陵尹裴公重修玉泉关庙记》,简称《重修玉泉关庙记》。作者搜集了流传于荆州的一些民间传说,铺陈成文,文章写道:"玉泉寺覆船山,东去当阳县三十里。……寺西北三百步,有蜀将军都督荆州事关公遗庙存焉。"②"先是陈光大中智顗禅师者,至自天台,宴坐乔木之下。夜分忽与神遇,云愿舍此地为僧坊,请师出山,以观其用。指期之夕,前壑震动,风号雷虩;前劈巨岭,下堙澄潭,良材丛木,周匝其上;轮奂之用,则无乏焉。"③文字确证,当地早先即有民间祠庙祭祀关羽。智顗禅师降妖除魔、开山建庙也是关羽神助之下完成的。这也是目前所见最早关羽与佛教发生关联的文字记录。

僖宗年间(公元873年—公元888年),郭筠作《蜀先主庙记》,记录了关羽、张飞等,与蜀主刘备共享祭祀的情形:

……丁巳岁仲春月,因荐奠于蜀主,叹其年代绵远,庙貌荒凉,栋宇欹倾,透风霜于几席,簪缨零落,杂尘坋于珠金。欲再修崇,旷于故实。(先主)崇于故里,甘皇后配享于神座之中,诸妃嫔图形于疏扆之后,孔明、孝直,股肱皆列于东厢;关羽、张飞,爪牙悉标于西庑。威生户牖,武耀庭除。④

这段文字显示,蜀主刘备尊享供祀已久,其神庙年久失修,荒凉零落。当年不离不弃、紧紧追随刘备的孔明、关羽、张飞等肱股之臣,一同享有配祀。

该时期另有诗人、小说家段成式撰有《酉阳杂俎》。在这部专门记录异域珍奇、鬼神志怪的笔记小说中,作者写道:

武宗之元年,戎州水涨,浮木塞江。刺史赵士宗召水军接水,约获百余段。公署卑小地窄不复用,因并修开元寺。后月余日,有夷人逢一人如

---

① 欧阳修、宋祁:《新唐书》(第二册),中华书局,1975,第377-378页。
② 董诰等编《全唐文》(5),孙映逵点校,山西教育出版社,2002,第4132页。
③ 董诰等编《全唐文》(5),孙映逵点校,山西教育出版社,2002,第4132页。
④ 董诰等编《全唐文》(7),孙映逵点校,山西教育出版社,2002,第6717页。

猴,着故青衣,亦不辨何制。云:"关将军遣来采木,被此州接去,不知为计,要须明年却来收。"夷人说于州人。至二年七月,天欲曙,忽暴水至。州城临江枕山,每大水,犹去州五十余丈。其时水高百丈,水头漂二千余人。州基地有陷深十丈处,大石如三间屋者,堆积于州基。水黑而腥,至晚方落,知州官虞藏玘及官吏才及船投岸。旬月后,旧州地方干,除大石外,更无一物。惟开元寺玄宗真容阁去本处十余步,卓立沙上,其他铁石像,无一存者。①

武宗年间(公元840年—公元846年),戎州水患,江上浮木堵塞了河道。刺史赵士宗命水兵将浮木打捞上来,疏通了江流。当地官署因为低矮狭小,弃置不用,另择他址修筑新署。过了一段时间,有人碰见一名穿着青色衣服的猴人。猴人自称受关将军委派来采集木头,木头被州官接了去,明年会再来接收。次年七月某日清晨,忽发大水。戎州靠山临水,每年发大水,水位都远离州城五十多丈,这年,大水竟高达百丈,淹没了州城,冲走了数十人。城里积水十几天才下,积水又黑又腥。大水过境,州署除了石头,别无一物。这则材料特殊之处体现在,已故关将军魂灵不仅具备神力,且俨然成为"超自然""超能力"的存在。他并未直接出现,却能指使猴人于千里之外,甚至不同的空间世界。同时,也意味着关羽与水患之间,建立了某种间接却密切的关联。这便为稍稍其后,宋代解州盐池水患时,关羽大战蚩尤的故事传说埋下了草蛇灰线、伏脉千里的隐笔。

在关羽神化过程中,著名的解州盐池封神事件曾发挥过至关重要的作用。代宗大历十二年(公元777年)秋,天降暴雨,数日不歇,池盐生产受损,后来天光放晴,"红盐自生,盈掬倾筐,或茧或栗,形攒伏虎,色澈丹砂,灵贶休征,古之未有"②。河东租庸盐铁侍御史崔陲认为"池生瑞盐",便将此事上报户部侍郎韩滉。韩滉"虑减常赋,妄言池生瑞盐,王德之美祥。代宗疑不然,命(蒋)镇驰驿按视。镇内欲结滉,故实其事,表置祠房,号池曰'宝应灵庆'云"③。众人一致认为"神赐瑞盐"乃是天降吉兆,启奏代宗李豫封赐池盐神以示嘉赏。于

---

① 段成式:《酉阳杂俎》,方南生点校,中华书局,1981,第874-875页。
② 董诰等编《全唐文》(4),孙映逵点校,山西教育出版社,2002,第2697页。
③ 欧阳修、宋祁:《新唐书》(第二册),中华书局,1975,第6391页。

是,当年十月,代宗诏赐盐池神为"宝应灵庆公"。对此,唐代不少文学、史学作品中都有相关记录,如张濯《唐宝应灵庆池神庙记》、崔敖《大唐河东盐池灵庆公神祠碑》、刘宇《河东盐池灵庆公神祠碑阴记》等等。简举一例来看:

> 天有五星,辰居其一;地有五材,水为之首。既作咸以正味,亦凝质而成盐。则横目之人,生齿之岁,罔不资焉,而后食矣。盐之为用大矣哉!宝应灵庆池者,《山海经》所谓盐贩之泽也,俗称官号,皆曰"盐池",供华夏二十余州,宅黄河千里之曲。北抱原势,南负山阴,涵濡泓澄,漫渍焉卤。外无寸草,内绝纤鳞,水或紫赤,盐皆洁白,有自来矣!顷大历丁巳,秋雨成灾,凡厥井疆,漫为涂潦。今京东和籴使兼知河东租庸盐铁侍御史清河崔公陲,时以监察权领是邦,忧国恤人,吁天有祷。乃征畚锸,集役徒,修堤防,导溪润,积溜鸿涌,白波如山,西迤北泄,散于没女。监斯池町畦不没,庐室获全,系公是赖矣。粤翌日,亦既开霁,红盐自生,盈掬倾筐,或茧或粟,形攒伏虎,色澈丹砂,灵贶休征,古未之有。公乃献状于户部侍郎韩公滉,韩公伏奏于代宗,代宗俾谏议大夫蒋镇覆之,则编于史册,荐于郊庙矣。与夫白麟、赤雁之应,野蚕、穞谷之祥,何以异乎?冬十月,诏赐池名曰"宝应灵庆",兼置祠焉。盖国家祈丰财,旌瑞贶也。其明年,因厥农隙,创兹神寝,卜津涯六十里之半,当安解二大邑之间。救陾陾,拯橐橐,工惟力竞,役若子来。俄结构以时起,俨涂墍而斯毕。然后审象设,焕丹青,睹容穆如,甲士赑屃,则聪明正直之有凭也。夫其洞户南豁,沧波渺然,树以修槐,罗以香草,则风凉会舞之有所也。又来岁己未夏五月九日,天子降中贵人以牲牢祀之。制祝光临,衣冠列位,秩齐四渎,礼视三公,亦为盛矣。其后西自关辅,东逾靖涘,南驰陕服,北走绛台,马屯云,车流水,乞灵报德,可胜纪乎?《易》曰:"圣人以神道设教而天下服。"此之谓也。遂迁公殿中侍御史。京东和籴使逮于斯任,岂惟执宪简,颁盐政?必将秉造化应鼎之和羹,人皆望焉,神所劳矣。濯客自东鄙,观艺而来,美精诚之动天,多筑护之尽力,辄采闻见,题于乐石,庶丕绩不朽,与池始终。时建中二年(公元781年)秋八月记。①

---

① 董诰等编《全唐文》(4),孙映逵点校,山西教育出版社,2002,第2697页。

盐池封神是代宗在位期间颇具影响力的社会奇闻,诸多文人撰有专篇颂赞歌咏。但该时期,关羽与盐池之间尚未建立明确而密切的关联。盐池封神与关羽被神化,这两件看似关联不大的事情,真正被密切交织在一起,充分融合,难以分割,要等到三百年以后了。

第十七章 解池战神(下)

李乔在《行业神崇拜:中国民众造神运动研究》①一书中考证指出,涵盖描金业、皮箱业、皮革业、烟业、酒业、香烛业、绸缎业、成衣业、厨业、盐业、酱园业、豆腐业、屠宰业、肉铺业、糕点业、干果业、理发业、银钱业、典当业、教育业、军人、武师、命相家等等在内,约有数十种行业尊奉关羽为行业神。考察关羽与盐业发生密切关联进而被奉为盐池守护神、解池战神的渊源,始于隋唐,兴于两宋。

一、解池盐神

关羽去世将近千年后,解州盐池的一次偶然事件,为"关公传说"和"关公形象"注入了崭新的生命力。宋代无名氏所撰《大宋宣和遗事》写道:

> 崇宁五年(公元1106年),夏,解州有蛟在盐池作祟,布炁十余里,人畜在炁中者,辄皆嚼啮,伤人甚众。诏命嗣汉三十代天师张继先治之。不旬日间,蛟祟已平。继先入见,帝抚劳再三,且问曰:"卿此翦除,是何妖魅?"继先答曰:"昔轩辕斩蚩尤,后人立祠于池侧以祀焉。今其祠宇顿弊,故变为蛟,以妖是境,欲求祀典。臣赖圣威,幸已除灭。"帝曰:"卿用何神,愿获一见,少劳神庥。"继先曰:"神即当起居圣驾。"忽有二神现于殿庭:一神绛衣金甲,青巾美须髯;一神乃介胄之士。继先指示金甲者曰:"此即

---

① 李乔:《行业神崇拜:中国民众造神运动研究》,中国文联出版社,1999,第603页。

蜀将关羽也。"又指介胄者曰："此乃信上自鸣山神石氏也。"言讫不见。帝遂褒加封赠，仍赐张继先为视秩大夫虚靖真人。①

《正统道藏·汉天师世家》亦保存了对这件事的记录，内容大同小异：

> 崇宁二年，解州奏盐池水溢。上问道士徐神翁，对曰："蛟孽为害，宜宣张天师。"命有司聘之。明年赴阙。召见问曰："卿居龙虎山，曾见龙虎否？"对曰："居山虎则常见，今日方睹龙颜。"上悦，令作符进。……十二月望日召见，上曰："解池水溢，民罹其害，故召卿治之。"命下即书铁符，令弟子祝永佑同中官投解池岸圮处。逾项，雷电昼晦，有蛟孽磔死水裔。上问："卿向治蛟孽，用何将？还可见否？"曰："臣所役者关羽，当召至。"即握剑召于殿左，羽随见。上惊掷崇宁钱与之，曰："以封汝。"世因祀为崇宁真君。明年三月，奏盐课复常。②

崇宁是宋徽宗赵佶的第二个年号。张继先是北宋著名高道宗师。上述两段文字内容相近，大意是盐池妖蛟兴风作浪，宋徽宗诏令张继先天师降妖除魔。张天师在关羽等神将协助下，降服了盐池蛟祟蚩尤。

故事发展至此，关羽成了道教正一派第三十代天师张继先的"役者"和"兵将"。而无论是关羽襄助张天师铲除蛟兽，还是关羽辅助天台宗智𫖮禅师修筑禅寺，两者故事性质其实相近，都包含了宗教弘扬教义、自神本教的宗旨。事实上，随着佛道二教的兴盛，该时期解州盐池周围增添了许多祭祀龙王、山神、池神、风后等各路神灵的祠庙。关羽也顺理成章地成为解州盐池诸多神祇中的一位。

盐池守护神之外，关羽的战神形象有增无减。郭彖《睽车志》、曾敏行《独醒杂志》、徐梦莘《三朝北盟会编》等两宋著名笔记作品中皆有相关故事记载。

> 忠愍李公若水，宣和壬寅尉大名之元城。有村民持书至云："关大王有书。"公甚骇愕，视其缄云："书上元城县尉李尚书，汉前将军关云长押。"诘民何自得之，云："夜梦金甲将军告某曰：'汝来日诣县，由某地逢著铁冠道士，索取关大王书，下与李县尉。'既觉惊异，勉如其言，果遇道士

---

① 《新刊大宋宣和遗事》，中国古典文学社，1954，第15-16页。
② 李一氓：《道藏》第34册，文物出版社，1988，第826-827页。

得书,不敢不持达。"公发书,其间皆预言靖康祸变,以事涉怪,即火其书,遣其人不复问,作诗纪之云:"金甲将军传好梦,铁冠道士寄新书。我与云长隔异代,翻疑此事太荒虚。"公后果贵显,辛踏围城之祸。兆朕之萌,神告之矣。公始名若水,后改赐今名。其子浚淳记其事刻之石。①

李若水,爱国官吏,靖康之变时奉旨出使,壮烈殉国,《宋史》有传。李若水在大名府元城(今河北省邯郸市元城县)作县尉时,关羽托书信告知将会有"靖康祸变"。世人最初以为"荒虚",不料事后一一应验。李若水作诗记录了此事。可见,两宋之际关羽威灵赫赫,成全志士忠义守节,激励官军舍生取义。

两宋三百年间,关羽得到数位皇帝多次加封。宋哲宗绍圣二年(公元1095年),关羽获赐"显烈";徽宗崇宁元年(公元1102年),获封"忠惠公";大观二年(公元1108年),进封"武安王"。宣和五年(公元1123年),加封"义勇武安王";高宗建炎三年(公元1129年),追谥"壮缪义勇";孝宗纯熙十四年(公元1187年),加封"英济王"。

随着多位皇帝的加封,关羽的民间祭祀也兴盛起来。多地出现关羽祠庙、关将军庙、汉寿亭侯祠、义勇武安王庙等。在这些祠庙里,关羽享主祀之位,不再是蜀主刘备或者武成王姜尚等人的配祀,其神化地位上升显著,由此可见。文人们也竞相撰写关羽的赞歌,如宋人黄茂才撰有《武安王赞》,赞曰:

> 气盖世,勇而强。万众中,刺颜良。
> 身归汉,义益彰。位上将,威莫当。
> 吴人诈,失不防。质诸心,吾何伤?
> 严庙貌,爵封王。祚我宋,司雨旸。
> 祷而应,弥灾荒。名与泽,蒙泉长。②

末尾对应的便是关羽死后封王成神,拯救解州盐池之事。南宋豪放词人刘克庄作有七言绝句《灵著祠》,诗曰:"甘宁关羽至今传,名将为神自古然。生不封侯三万户,死犹庙食数千年。"如此等等,不再赘述。

---

① 上海古籍出版社编《宋元笔记小说大观》(四),上海古籍出版社,2001,第4087页。
② 鲁愚:《关帝文献汇编》(第4册),国际文化出版公司,1995,第452-453页。

二、战神关羽

金元时代，国家再次陷入分裂混乱之中，关羽作为昔日猛将和前朝武圣，又重新得到了朝廷一系列的加封，以彰显朝廷之尚武惜才。如元文宗天历元年（公元1328年），关羽获封"显灵义勇武安英济王"。民间祭祀关羽的规模也日渐普及，为求祈福保佑，民间出现了关公塔、关公庙、关公祠等，郡国州县、乡邑闾井尽皆有庙。

> 武安王庙，南北二城约有廿余处，有碑者四。一在故城彰义门内黑楼子街，有碑。自我元奉世祖皇帝诏，每月支与马匹草料，月计若干，至今有怯薛宠敬之甚。国朝常到二月望，作游皇城建佛会，须令王监坛。一在北城羊市角北街西，有碑二，记其灵著。一在太医院前，揭曼硕有记。①

> （端午）南北城人于是日赛关王会，有案，极侈丽。貂鼠局曾以白银鼠染作五色毛，缝砌成关王画一轴，盘一金龙。若鼓乐、行院，相角华丽，一出于散乐所制，宜其精也。②

上述两段文字，前者记载了元世祖忽必烈开朝建元之始，析津的民间关庙祭祀活动，包括游皇城、建佛会等。"关羽"扮演监坛，在上述活动中，充当降妖除魔的重要角色。朝廷例行设有专门的开支条目，以支持这样的民祀活动。后者记录五月端午当地有一年一度的赛关王会，活动期间，女红才艺、音乐杂耍等各种活动十分精彩。

元代学者胡琦慕云长之义勇忠节，病世传之鄙俚怪诞，将前朝关羽事迹悉数纂集，编撰了《关王事迹》。《关王事迹》全书五卷，另附《玉泉志》三卷。正文前两卷为"实录"，记载关羽生平事迹；卷三为"神像图、世系图、年谱图、司马印图、亭侯印图、大王冢图、显烈庙图、追封爵号图"；卷四为"灵异、制命"；卷五为"碑记、题咏"。本书卷四写道：

> 宋大中祥符七年（公元1014年），解州奏言，解之土产盐出于池，岁收

---

① 熊梦祥：《析津志·辑佚》，北京古籍出版社，1983，第57页。
② 转引自李金龙主编《北京民俗文化考·上》，北京邮电大学出版社，2017，第392页。

课利,以佐军国之用,近来水减盐少,亏失常课。此系灾异,不可不察。奏入,上遣使往视之,使还报曰:"臣见一父老,自称城隍神,令臣奏,云为盐池之患者蚩尤也,忽不见。"上怪而疑之,顾问左右曰:"信之有乎?"左右皆以灾害之生有神主之为言。上乃诏近臣吕夷简至解州解池致祭,事讫之夕,夷简梦神人戎衣,怒而言曰:"吾蚩尤也,主此盐池,今者天子立轩辕祠。轩辕,吾仇也。我为此不平,故绝池水也,尔为我以闻,若急毁之,则已,不然则做祸无穷。"夷简还,白其事,上曰:"何为而可?"侍臣王钦若曰:"蚩尤,邪神也,臣知信州龙虎山张天师者,能使鬼神也,若令治之,蚩尤不足虑也。"上以为然,于是召天师赴阙。既至,上与之论蚩尤事,曰:"此必无可忧,自古忠烈之士,没而为神,蜀将军关羽,忠而勇。陛下祷而召之,以讨蚩尤,必有阴助。"上问:"今何神也?"对曰:"庙食荆门之玉泉。"上从其言,天师乃即禁中书符焚之。移时,一美髯人擐甲佩剑,浮空而下,拜于殿庭。天师奏曰:"此关将军也。"天师宣谕上旨曰:"蚩尤为妖如此,今天子欲命将军为民除害,如何?"答曰:"臣不敢不奉诏。容臣会岳渎阴兵至彼,并力为陛下清荡之。"俄失所在。上与天师肃然起敬。左右从官悉见悉闻,莫不赞叹。忽一日,黑云起于池上,大风暴至,雷电晦冥,居人震恐,但闻空中金戈铁马之声。久之,云雾收敛,天日晴朗,池水如故,周匝百里,守臣王忠具表以闻,上大悦,遣使致祭。仍命有司修葺祠宇,岁时奉祀。①

《关王事迹》所载"关羽战蚩尤"发生于真宗大中祥符七年(公元1014年),比起《大宋宣和遗事》所记徽宗崇宁五年(公元1106年),提前了一百年。关羽战蚩尤的细节得到凸显,不再是宋代笔记里的"一言蔽之"。篇幅依然不长,却是生动描摹,层层熏染。有容貌描写,"移时,一美髯人擐甲佩剑,浮空而下,拜于殿庭";有语言描写,"敢不奉诏。容臣会岳渎神兵,为陛下清荡之";有正面情景刻画,"黑云起于池上,大风暴至,雷电晦暝,居人震恐,但闻空中金戈铁马之声";有侧面效果烘托,"云雾收敛,天色晴朗,池水如故,周匝百里,守臣王忠具表以闻,上大悦,遣使致祭"。结合金元特殊的时代背景来看,一位是上古"战神",一位是三国"武圣","武圣"取代"战神"成为"新战神",故事背

---

① 胡琦:《关王事迹》卷四,张宇成化七年(公元1471年)刻本,第8—10页。

该时期还出现了著名的杂剧《破蚩尤》，又名《关云长大破蚩尤》，或是《关大王大破蚩尤》。讲的是关羽生前忠义重义，死后归列仙籍，为玉泉山土地神。北宋寇准巡查山西，发现解州盐池枯竭，周边寸草不生，百姓苦不堪言。调查得知，原来是蚩尤作祟，几千年前蚩尤兵败被杀，尸骨撒于盐池，魂魄千年不散。朝廷派请关云长前去降妖。神威义勇武安王关云长力战蚩尤，将其擒获，解州盐池遂恢复原貌。宋徽宗封其为"崇宁真君"，解州百姓为其造庙祭祀。别的神祇，一年享祭一次，关羽则享祭三次，每年四月八日、五月十三日、九月十三日。

除上述作品以外，该时期还有秦子晋志怪小说《搜神广记·义勇武安王》等演绎"关羽战蚩尤"的传说。翻检史料得知，至迟到元代，解池周边县邑的关帝庙已然群布林立。荣河县（今山西省运城市万荣县）关帝庙，建于宋崇宁三年（公元1104年）；闻喜县（今山西省运城市闻喜县）关圣庙，建于宋大观三年（公元1109年）；太谷县（今山西省晋中市太谷区）关帝庙，建于元至元十一年（公元1274年）；翼城县（今山西省临汾市翼城县）武庙，建于元皇庆元年（公元1312年）；万泉县（今山西省运城市万荣县）关圣庙，建于元皇庆二年（公元1313年）；长治县（今山西省长治市上党区）关帝庙，建于元泰定元年（公元1324年）；平陆县（今山西省运城市平陆县）关圣庙，建于元至正年间（公元1341年—公元1368年）；新绛县（今山西省运城市新绛县）关圣庙，建于元代，具体时间不详。如此等等，不胜枚举。

三、关圣帝君

"明太祖既定天下，夜梦关羽以鄱阳助战论功，明日遂敕工部建庙于鸡鸣山，特赐英灵坊以表之。"①朱元璋开朝建国之初，便追封关羽这么高的地位，这定下了明朝历代帝王对关羽愈演愈炽的尊奉与加封。

关公庙，洪武二十七年（公元1394年）建于鸡笼山之阳，称汉前将军

---

① 转引自刘海燕：《从民间到经典——关羽形象与关羽崇拜的生成演变史论》，上海三联书店，2004，第105页。

寿亭侯。嘉靖十年(公元1531年)订其误,改称汉前将军汉寿亭侯。以四孟岁暮,应天府官祭,五月十三日。南京太常侍官祭。①

汉寿亭侯关公庙,永乐间建,成化十三年(公元1477年),又奉敕建庙宛平县之东,祭以五月十三日,皆太常寺官祭。②

万历四十二年(公元1614年)十月十一日,司礼监太监李恩赍捧九旒冠、玉带、龙袍、金牌,牌书敕封三界伏魔大帝神威远镇天尊关圣帝君,于正阳门祠,建醮三日,颁知天下。然太常祭祀,则仍旧称。……天启四年(公元1624年)七月,礼部覆题得旨,祭始称帝。③

明嘉靖、万历年间名士王世贞曾感慨道:"汉寿亭侯,初不闻为神,后至隋世,于荆州玉泉寺见灵迹,尚未表章;至宋崇宁时,以破蚩尤、复盐池见灵,遂封为崇宁真君。今香火遍天下,儿童妇女皆知崇重,则又久而始见神,不可晓也。"④明清两朝,关羽形象再度升格,由"真君"晋级为"帝君"。而"解池之故",当居诸多要因之首。有明代关圣祠庙祭祀文献为据:

维景泰二年(公元1451年)……惟神义全大节,勇冠三军,生为上将,没为明神,保护盐池,富国利民。⑤

逮于有宋,敕命灵魂,复统阴符之兵,剿灭蚩尤之怪,妖气既绝,旱虐随消,天降甘霖,池水若镜,生民获利,国课充输,公快私忻,惟神是赖。⑥

至宋大中祥符之甲寅,盐池大坏,关壮缪以阴兵,与蚩尤大战而破之,始为之建祠。至崇宁元年(公元1102年)加封关为忠惠公,大观二年(公元1108年),又加武安王。⑦

考察该时期关公崇拜的繁盛,又与晋商崛起以及"开中法"密切相关。明代初年晋商崛起,得益于"开中法"。《明史》记载:"有明盐法,莫善于开中。洪武三年,山西行省言:'大同粮储,自陵县运至太和岭,路远费烦。请令商人

---

① 张廷玉等:《明史》(第五册),中华书局,1974,第1304页。
② 张廷玉等:《明史》(第五册),中华书局,1974,第1305页。
③ 刘侗、于奕正:《帝京景物略》,北京古籍出版社,1980,第97页。
④ 王世贞:《弇州四部稿》卷174,清乾隆文渊阁四库全书钞两江总督采进本。
⑤ 鲁愚:《关帝文献汇编》(第1册),国际文化出版公司,1995,第499页。
⑥ 鲁愚:《关帝文献汇编》(第1册),国际文化出版公司,1995,第499页。
⑦ 沈德符:《万历野获编》(一),山东画报出版社,2004,第290页。

于大同仓入米一石,太原仓入米一石三斗,给淮盐一小引。商人鬻毕,即以原给引目赴所在官司缴之。如此则转运费省而边储充。'帝从之。召商输粮而与之盐,谓之开中。"①明洪武三年(公元1370年),边地急需军粮,政府招募商人运输军粮换取"盐引",商人凭"盐引"领盐运销于指定地区,此即为"开中"。简言之,"开中法"是指以盐等物品为中介,招募商人输纳军粮、马匹等物资的方法。晋商借由此机迅速崛起,势不可挡。而对于晋商来说,关公崇拜,既是家乡习俗,又可以此作为精神纽带,实现以义取利,加强同乡联谊,还能在此过程中提升个人知名度和社会地位。因此,晋商通过筹建会馆、捐建关帝祠庙、捐塑关帝神像等方式和途径,将山西本地的关公崇拜习俗传播到全国乃至世界各地。

自此以后,"惟帝之庙祀则异,于是京师有之,藩省有之,村落有之,其有之又不止于一王公贵人,下及编民之家率揭其遗像,尊礼之多不嫌于泛侈,不以为淫"②。"每岁以夏四月八日,本州运盐使司官各致祭,晋王遣祭,居民远近莫不享赛。"③粗略统计,明代山西境内修建关帝庙,并形成一定祭祀规模、祭祀习俗的县有阳曲、太谷、交城、介休、长治、长子、襄陵、榆社、沁源、阳城、和顺、朔州、广灵、保德、定襄、翼城、临汾、襄垣、吉县、荣河、万泉、绛县、平陆、蒲县、闻喜、文水、寿阳、马邑、天镇、偏关、洪洞、灵石等等,不再一一赘述。

不仅仅民间,朝廷对关羽亦是频频追封。明神宗万历十年(公元1582年),封谥"协天大帝"。万历十八年(公元1590年),封谥"协天护国忠义神"。万历二十三年(公元1595年),晋升为帝,赐庙额"英烈"。万历四十二年(公元1614年),加封"三界伏魔大帝神威远震天尊关圣帝君"。明代中期始,上至朝廷,下至民间,对关羽的祭祀一年之内共有六次,每岁四孟及岁暮,以及关羽诞辰。清康熙四十二年(公元1703年),皇帝亲自拜关帝庙,并赐关羽"义炳乾坤"匾额。雍正三年(公元1725年),追封关公祖孙三代为公爵。乾隆三十三年(公元1768年),追封关公"忠义神武灵佑关圣大帝"。

---

① 张廷玉等:《明史》(第七册),中华书局,1974,第1935页。
② 刘龙:《重修关圣帝庙记》,载凤凰出版社编选《中国地方志集成·山西府县志辑》第31册《乾隆潞安府志(二)》,凤凰出版社,2005,第86页。
③ 李侃修,胡谧纂《山西通志》卷五,民国二十二年(公元1933年)景钞明成化十一年(公元1475年)刻本。

关羽"帝君"的形象,在文学作品中得到进一步补充和丰富。罗贯中在《三国演义》中,为关羽作诗曰:

> 忆昔将军起解良,虎躯九尺有余长。
> 眼如丹凤朝天柱,眉若卧蚕侵鬓傍。
> 髯拂乌云吞晓日,面如重枣轻秋霜。
> 马骑赤兔追电影,刀偃青龙喷雪光。
> 桃园结义过山岳,世同生死共刘、张。
> 开基剿灭黄巾寇,勇烈英名播四方。
> 酒尚温时华雄丧,马恰到处车胄亡。
> 不降曹公只降汉,一宅分为两院墙。
> 曾于官渡施神勇,立诛文丑刺颜良。
> 千里独行世莫比,五关斩将谁敢当?
> 古城重会表忠节,挝鼓之中斩蔡阳。
> 华容道上酬恩德,荆州城内镇边疆。
> 单刀赴会真豪杰,水淹七军妙度量。
> 操欲迁都避锐气,吴欲求亲宁荆、襄。
> 吕蒙一旦施诡计,白衣摇橹渡关防。
> 麦城守困军旅散,临沮父子魂渺茫。
> 玉泉山头夜显圣,解州城内神昭彰。
> 历代加封赠尊号,崇宁年间朝宋皇。
> 生作三分熊虎将,死为义勇武安王。①

全诗十九句,以高度凝练的语言概括了关羽的一生,有感性刻画,有理性评价。前四句详写其籍贯、形貌特征,丹凤眼、卧蚕眉、面如重枣、赤兔马、偃月刀,多用俗语、谚语,令人印象深刻。中间十二句概述生平,每句至少涉及一至两件战事,几乎均为大事件。密集的铺排,使人目不暇接,同时产生急迫感。关羽威猛绝伦的形象由此跃然纸上。最后三句写关羽身后显灵,成为佛教护法、道教真君,受到上至朝廷、下至平民的追念拜祀。

---

① 罗贯中:《三国演义》,黄山书社,1994,第427页。

该时期无名氏创作的《关帝历代显圣志传》，也广为流传。该书记述、收录了三国至明崇祯年间，关羽显圣的事迹大全。其中便有《解州大破蚩尤神》，故事梗概与元代胡琦《关王事迹》多有雷同。此外，著名文人陈继儒作《关将军诗》，诗曰："黄帝杀蚩尤，其血化为卤。里人上冢时，七冢白虹舞。迨宋政和中，作耗解州土。盐池岁圮败，十课不登五。帝问虚静师，何神格此虏。师属关将军，桓桓彪且武。俄奏大风作，霹雳阙而怒。拔木池水清，群鬼斫做脯。帝曰可见乎，披云忽惊睹。大身充其庭，修髯飘颊辅。从此濯厥灵，盐政无所苦。死且灭蚩尤，吴魏安足数。"①简约的语言，勾勒了关羽战蚩尤、护盐池的传奇故事。

明代朱国祯《涌幢小品》中，将前朝传说与历史文献加以融汇，所撰"关羽战蚩尤"别有滋味。其文曰：

> 自古忠义雄勇士，不得志，冤死、兵死者何限，独云长之神最灵最久。思之不得其解，姑妄揣之。圣人继天立极，每每神道设教。圣人不生，则神自设教。云长必明神转世，姑托此幻躯，著姓名，结兄弟，驰骋干戈扰攘之场，耸动人耳目，著之史册中。俄然兵解以去，而神乃愈烈。要知气运薄，故寥寥二千年间，圣人不生，生亦扼于有位，于是有神焉出没隐见其间，以待圣人之生，以补圣化之所不足。我太祖则大圣人出世矣，犹谓佛教暗助王化。而俗传云长为伽蓝神，理诚有之，不可得而拟议也。
> ⋯⋯⋯⋯⋯⋯
> 山西盐池在解州，云长所产处也。相传黄帝执蚩尤于中冀，戮之，肢体身首异处，而名其地曰解。其血化为卤，遂成池。宋崇宁中，池水数溃，张静虚摄云长之神治之，池盐如故。云长见像于廷，于是加封拓祠。祠最伟，神亦最灵。池长百二十里，阔七里，周垣守之。每大雨，辄能败盐，必祷于神而止。蚩尤以其血为万世利，而云长周旋，永此利源，同于煮海，奇矣，奇矣！
> 塞理庵达严事云长，每事必告。居皖，梦侯语之为我公祖已守平阳，解在部中。后起总督蓟辽，税珰高淮张甚，祷更力，阴得济，其请内帑亦然。累世信卜，叩之奇验。尝与联和至百韵，后为一小令来赠。末云："再

---

① 鲁愚：《关帝文献汇编》(第 4 册)，国际文化出版公司，1995，第 452-453 页。

挥戈蓟北,重整旧江山。"果验。①

在朱国祯笔下,"关羽战蚩尤"的意义,不仅仅在于正义战胜邪恶,更是具备关乎国计民生的内核:"永此利源,同于煮海。"由此也不难理解,解州盐池祭祀关羽时,何以"盐"与其他祭品同等重要了(参见"万历中巡抚吕坤酌定祭品:鹿一、兔一、羊猪各一、藁、鱼、豚、肉四色祭。米饼、糁、糗、米粉、粢、榛、栗、菱、芡、果、蔬、韭、菁、芹、笋、酒、盐、香、帛、烛炬、松膏各如仪"②)。

康熙年间,陈梦雷在修纂《古今图书集成》时,将"关羽战蚩尤"收录进《平阳府志》:

> 宋大中祥符七年(公元1014年),解州奏:"解盐出于池,岁收课利以佐国用。近水减盐少,亏失常课,此系灾异,不可不察。"奏入,上遣使往视。使还,报曰:"臣见一父老,自称城隍神,令臣奏云'为盐池之患者,蚩尤也',忽不见。"上怪而疑之,顾问左右,皆以灾异之生,有神主之为言。上乃诏近臣吕夷简至解州池致祭。事讫之夕,夷简梦神人,戎衣怒而言曰:"吾蚩尤也。上帝命我主盐池。今者天子立轩辕祠。轩辕,吾雠也。我为此不平,故绝水。尔若急毁之,则已。不然,祸无穷矣。"夷简还白其事。侍臣王钦若曰:"蚩尤,邪神也。臣知信州龙虎山张天师者,能驱鬼神。若令治之,蚩尤不足虑也。"于是召天师赴阙,上与之论蚩尤事,对曰:"此必无可忧。自古忠烈之士,没而为神。蜀将军关羽,忠而勇。陛下祷而召之,以讨蚩尤,必有阴助。"上问:"今何神也?"对曰:"庙食荆门之玉泉。"上从其言。天师乃即禁中书符焚之。移时,一美髯人,擐甲佩剑,浮空而下,拜于殿廷。天师宣谕上旨曰:"蚩尤为妖如此,今天子欲命将军为民除害,何如?"对曰:"臣敢不奉诏!容臣会岳渎阴兵至彼,并力为陛下清荡之。"俄失所在。上与天师肃然起敬。左右从官悉闻,莫不赞叹。忽一日,黑云起于池上,大风暴至,雷电晦冥。居人震恐,但闻空中金戈铁马之声,久之云雾收敛,天日晴朗,池水如故,周匝百里。守臣王忠具表以闻,

---

① 朱国祯:《涌幢小品》,王根林校点,载上海古籍出版社编《明代笔记小说大观》(四),上海古籍出版社,2005,第3578-3579页。

② 鲁愚:《关帝文献汇编》(第1册),国际文化出版公司,1995,第490页。

上大悦,遣使致祭,仍命有司修葺祠宇,岁时奉祀。①

从建安二十五年(公元 220 年)临沮遇害,到明清之际祠庙遍及天下,从正史列传到稗官野史,再到方志文献,从文人笔记到讲唱说话,再到民间祭祀,关羽的形象经历了将近两千年的变化演绎。两千年里,儒家着意其仁义忠勇,佛家弘扬其护法伽蓝,道家强调其浩然正气,儒、释、道三家从不同角度的发力,使得关羽从一介武将进升成为统辖儒、释、道三教,掌管人、鬼、神三界的"关圣大帝"。

四、小结

综观历史文献与现实生活中的"关圣大帝"崇拜,正如一些学者所言:"讲'春秋大义'的关羽不知何时被中国佛教徒请到他们的众神殿内的,且中国的道教也把这位儒圣请入他们的神殿。三国纷争,人才辈出,独关羽由将而王,由王而帝,由帝而神,且成为儒、佛、道三教共同供奉的神。我不知谁研究过这一'关羽现象'。在这里,我以为可以了解到我们民族心理与文化的许多重要信息。"②在关羽被神化的历史进程中,"解池除蛟""大战蚩尤"的确是至关重要的一步。将前文极度简化,可得关公解池战蚩尤、被神化的历史线索,清晰如下:

宋祥符七年(公元 1014 年),解州盐池水干,蛟龙作祟。皇帝诏龙虎山张天师治之,关羽斩蛟,朝廷为之立庙坚泉山,赐额曰"义勇",封武安王。

大中祥符七年(公元 1014 年)甲寅,蚩尤为患,解州盐池水减盐少,亏失常课。信州龙虎山张天师能使鬼神,蜀将军关羽助其战蚩尤,朝廷遣使致祭,仍命有司修葺祠宇,岁时奉祀。

天圣七年(公元 1029 年),蚩尤作祟,解州盐池渐涸,盐花不生,朝廷诏令龙虎山张真人请关圣讨之,后命有司修葺祠宇,岁时致祭。

崇宁年间(公元 1102 年—公元 1106 年),解州盐池蛟龙作祟,张继先得寿亭侯神助,斩池中恶蛟。

---

① 鲁愚:《关帝文献汇编》(第 1 册),国际文化出版公司,1995,第 487-489 页。
② 曹锦清:《黄河边的中国》,上海文艺出版社,2000,第 12 页。

崇宁年间(公元1102年—公元1106年),解州盐池池水数溃,相传黄帝执蚩尤于中冀,戮之,肢体身首异处而名其地曰解,其血化为卤,遂成池。张静虚摄关云长之神治之,朝廷为云长之神加封拓祠。

崇宁五年(公元1106年),解州有蛟龙在盐池作祟,布氛十余里,人畜在氛中者,辄皆嚼啮,伤人甚众。蜀将关羽、信上自鸣山神石氏,一同襄助张继先治理妖蛟,不旬日间,蛟祟已平。

政和年间(公元1111年—公元1118年),解州土盐池,岁屺败,上十课不登。关将军、张桓侯襄助张天师,大战蚩尤。

在完成了解州盐池大战蚩尤之后,关羽由阴兵鬼将升格为战神、雨神、盐池守护神,并逐渐成为能够降妖伏魔、左右国运,甚至掌管生死、财富、子嗣、医药等具有全方位功能的万能神。

不同时期、不同地域的关帝庙称谓各不相同,常见的有关庙、关帝庙、关圣庙、关王庙、关圣帝君庙、缪侯庙、显烈庙、义烈庙、忠武庙、忠义庙、义勇武安王庙、关圣寺、武德宫、天圣宫等。目前海内外三大关庙指的是河南洛阳关林、湖北当阳关陵、山西运城解州关帝庙。河南洛阳关林,埋葬关羽首级之地,前为祠庙,后为墓冢,是目前国内唯一冢、庙、林三祀合一的古建筑群。湖北当阳关陵,为关羽陵寝,是埋葬关羽身躯之地,又称大王冢、汉义勇武安王祠。山西运城解州关帝庙,北面依盐池,南面中条山,被誉为关庙之祖、武庙之冠。三大关庙均为全国重点文物保护单位。其中,解州关帝庙与常平关公家庙、关帝祖茔并称"三关"。每年六月二十四关帝生辰、四月初八、九月初九等,皆有盛大庙会与民间活动。2006年中国十佳魅力城市颁奖词中对运城的评价是:"关公的诚信就是这座城市源远流长的人文精神。"

最后,以两副楹联作为本章结束:

纲纪重春秋,周有夫子,汉有夫子;
庙堂齐学府,文一圣人,武一圣人。

天地合其德,日月合其明,四时合其序,智者勇者圣者欤,纵之将圣;
富贵不能淫,贫贱不能移,威武不能屈,忠矣清矣仁矣夫,何事于仁。

第十八章 神奇之盐

一、葛洪其人

葛洪,字稚川,自号"抱朴子",丹阳句容(今江苏省句容市)人,两晋之际杰出的道教学者、炼丹家、医药学家。葛洪出身显宦,祖父葛系,有经国之才,在东吴为官,历任吏部侍郎、御史中丞、卢陵太守、吏部尚书、太子少傅、大鸿胪等要职。父亲葛悌,"方册所载,罔不穷览"①,任东吴建城令、南昌令、中书郎、廷尉评、中护军;吴亡入晋后,又任郎中、大中大夫、吴王郎中令、邵陵太守等职。葛洪自幼勤勉好学,十三岁时,父亲去世,时值八王之乱,世道动荡,举家生计维艰,衣不避寒,食不果腹。惠帝太安二年(公元303年),张昌、石冰等发动起义,"或鸱张淮浦,或蚁聚荆衡,招乌合之凶徒,逞豺狼之贪暴,凭陵险隘,倔强江湖"②。时年二十二岁的葛洪参与镇压了这次起义,平定叛乱后,朝廷赐封"关内侯"。葛洪固辞不就,一心修道。

早在青少年时代,葛洪即留心丹道。葛洪从祖葛玄,字孝先,汉末著名高道,灵宝派祖师,人称"葛仙翁""太极仙翁"。葛玄师从东汉末年著名方士左慈,获习《太清丹经》《九鼎丹经》《金液丹经》等。葛玄授道郑隐,郑隐又授道葛洪。葛洪从郑隐习《九丹》《金银液经》《黄白中经》等炼丹术。随后,葛洪四

---

① 葛洪:《抱朴子外篇》(下),张松辉、张景译注,中华书局,2013,第1103页。
② 房玄龄等:《晋书》(第八册),中华书局,1974,第2638页。

方游学,足迹遍布徐州、豫州、荆州、襄州、交州、广州等大江南北,并于广州结识南海太守鲍靓,从鲍靓习"神仙方术",并娶鲍靓之女鲍姑为妻。鲍姑,名潜光,精通医术,尤擅针灸,是中国历史上第一位见于史书的女针灸医家。

《晋书·葛洪传》记载,葛洪博闻深洽,江左绝伦,著述篇章,富于班马。葛洪传述之广丰、记诵之渊博、文笔之茂密,在两晋士林中,堪称无双。可惜大部分已经亡佚,仅有《抱朴子内篇》《抱朴子外篇》《肘后备急方》《神仙传》等作品传世。

《抱朴子内篇》二十卷,记载神仙方药、鬼怪变化、养生延年、攘邪却病等事,是集战国以来神仙家方术的大成之作。其中,《金丹》《仙药》《黄白》等篇目,是总结我国古代炼丹术经验的名篇。《抱朴子外篇》五十卷,记载人间得失、世道好坏,是一部兼涉儒道的政论著作。其中,《钧世》《尚博》《辞义》等篇目,又是古代文论名篇。医药学著作《肘后备急方》,简称《肘后方》,意谓卷帙不多,可以悬于肘后,泛指随身携带的丹方。全书共八卷,广泛收集民间经验,记载了许多具有科学价值的材料。

唐代房玄龄主持编撰的《晋书》,这样记录葛洪的一生:

> 葛洪字稚川,丹杨句容人也。祖系,吴大鸿胪。父悌,吴平后入晋,为邵陵太守。洪少好学,家贫,躬自伐薪以贸纸笔,夜辄写书诵习,遂以儒学知名。性寡欲,无所爱玩,不知棋局几道,摴蒲齿名。为人木讷,不好荣利,闭门却扫,未尝交游。于余杭山见何幼道、郭文举,目击而已,各无所言。时或寻书问义,不远数千里崎岖冒涉,期于必得,遂究览典籍,尤好神仙导养之法。从祖玄,吴时学道得仙,号曰葛仙公,以其炼丹秘术授弟子郑隐。洪就隐学,悉得其法焉。后师事南海太守上党鲍玄。玄亦内学,逆占将来,见洪深重之,以女妻洪。洪传玄业,兼综练医术,凡所著撰,皆精核是非,而才章富赡。

> 太安中,石冰作乱,吴兴太守顾秘为义军都督,与周玘等起兵讨之,秘檄洪为将兵都尉,攻冰别率,破之,迁伏波将军。冰平,洪不论功赏,径至洛阳,欲搜求异书以广其学。

> 洪见天下已乱,欲避地南土,乃参广州刺史嵇含军事。及含遇害,遂停南土多年,征镇檄命一无所就。后还乡里,礼辟皆不赴。元帝为丞相,

辟为掾。以平贼功,赐爵关内侯。咸和初,司徒导召补州主簿,转司徒掾,迁谘议参军。干宝深相亲友,荐洪才堪国史,选为散骑常侍,领大著作,洪固辞不就。以年老,欲炼丹以祈遐寿,闻交阯出丹,求为句漏令。帝以洪资高,不许。洪曰:"非欲为荣,以有丹耳。"帝从之。洪遂将子侄俱行。至广州,刺史邓岳留不听去,洪乃止罗浮山炼丹。岳表补东官太守,又辞不就。岳乃以洪兄子望为记室参军。在山积年,优游闲养,著述不辍。其自序曰:

  洪体乏进趣之才,偶好无为之业。假令奋翅则能陵厉玄霄,骋足则能追风蹑景,犹欲戢劲翮于鹪鹩之群,藏逸迹于跛驴之伍,岂况大块禀我以寻常之短羽,造化假我以至驽之蹇足? 自卜者审,不能者止,又岂敢力苍蝇而慕冲天之举,策跛鳖而追飞兔之轨;饰嫫母之笃陋,求媒阳之美谈;推沙砾之贱质,索千金于和肆哉! 夫僬侥之步而企及夸父之踪,近才所以踬碍也;要离之羸而强赴扛鼎之势,秦人所以断筋也。是以望绝于荣华之途,而志安乎穷圮之域;藜藿有八珍之甘,蓬荜有藻棁之乐也。故权贵之家,虽咫尺弗从也;知道之士,虽艰远必造也。考览奇书,既不少矣,率多隐语,难可卒解,自非至精不能寻究,自非笃勤不能悉见也。

  道士弘博洽闻者寡,而意断妄说者众。至于时有好事者,欲有所修为,仓卒不知所从,而意之所疑又无足谘。今为此书,粗举长生之理。其至妙者不得宣之于翰墨,盖粗言较略以示一隅,冀悱愤之徒省之可以思过半矣。岂谓暗塞必能穷微畅远乎,聊论其所先觉者耳。世儒徒知服膺周孔,莫信神仙之书,不但大而笑之,又将谤毁真正。故予所著子言黄白之事,名曰《内篇》,其余驳难通释,名曰《外篇》。大凡内外一百一十六篇。虽不足藏诸名山,且欲缄之金匮,以示识者。

自号抱朴子,因以名书。其余所著碑诔诗赋百卷,移檄章表三十卷,神仙、良吏、隐逸、集异等传各十卷,又抄《五经》《史》《汉》、百家之言、方技杂事三百一十卷,《金匮药方》一百卷,《肘后要急方》四卷。

洪博闻深洽,江左绝伦。著述篇章富于班马,又精辩玄赜,析理入微。后忽与岳疏云:"当远行寻师,克期便发。"岳得疏,狼狈往别。而洪坐至日中,兀然若睡而卒,岳至,遂不及见。时年八十一。视其颜色如生,体亦柔软,举尸入棺,甚轻,如空衣,世以为尸解得仙云。①

由传文可知,葛洪少年家贫,勤奋好学,通解儒学;天性好道,转益多师,道医兼长;参与平叛,功成不受,还居乡里;固辞侯爵,隐于罗浮,著述炼丹,尸解升仙。葛洪是一位在我国古代科技史和文化史上皆占一席之地的重要学者。他在炼丹过程中和大量著作中,探索出诸多有关盐的功用及用法、用量,记录并保存了诸多关于盐的珍稀文献。这部分文字,很好地填补了盐业史文献的空白。迄今为止,在国内一些盐产区,葛洪被视为盐神,受人祭祀供奉。

二、葛洪著作与盐文献

葛洪现存著作中,以《抱朴子内篇》和《肘后备急方》所存盐文献最为丰富。前者主要探索盐对炼金术、长生术的参与,后者主要讨论盐的疗疾治病功能。从本质上来看,都是在讲盐对于生命的保养与珍视。

(一)《抱朴子》中的盐文献

《抱朴子内篇》中,《金丹》《黄白》两卷主要讲金丹神液的炼制方法,及其长生之效。制作过程复杂,效果神奇,读来有趣。择取片段来看:

> 九丹者,长生之要,非凡人所当见闻也。万兆蠢蠢,唯知贪富贵而已,岂非行尸者乎? 合时又当祭,祭自有图法一卷也。
>
> 第一之丹名曰"丹华"。当先作玄黄,用雄黄水、矾石水、戎盐、卤盐、岩石、牡蛎、赤石脂、滑石、胡粉各数十斤,以为六一泥,火之三十六日,成。服七之日,仙。又以玄膏丸此丹,置猛火上,须臾成黄金。……金成者,药成也。金不成,更封药而火之,日数如前,无不成也。②
>
> 抱朴子曰:其次有《五灵丹经》一卷,有五法也。用丹砂、雄黄、雌黄,石硫黄、曾青、矾石、慈石、戎盐、太乙余粮,亦用六一泥,及神室祭醮合之,

---

① 房玄龄等:《晋书》(第六册),中华书局,1974,第1911—1913页。
② 葛洪:《抱朴子内篇》,张松辉译注,中华书局,2011,第122页。

三十六日成。……①

葛洪在《金丹》中提到九种长生不死、飞升成仙的仙丹，其中，第一种便是上文提到的"丹华"。具体步骤是，先制作玄黄（据《云笈七签》记载，"取水银九斤，铅一斤，置土釜中，猛其火，从旦至日下晡，水银铅精俱出如黄金，名曰玄黄"②。玄黄，即铅与水银的混合物），再用雄黄水、矾石水、戎盐、卤盐、礜石、牡蛎、赤石脂、滑石、胡粉各数十斤，将它们制作成一种叫作"六一泥"的混合物，用火烧炼三天，丹华即成。服用七天，即能成仙。用猛火烤炙玄黄、神丹，就能得到黄金。葛洪十分肯定地强调道，金成，则神药成。金不成，往返炼制如前即可，无不成。葛洪还提到在一卷名为《五灵丹经》的炼丹经文中，也有炼金术的记录，并列举其原料、方法如上。

这些炼丹术中都提到的"戎盐"，是一种产于西部、西北部少数民族地区的食盐。在我国古代，"戎盐"常被医家用来合药治病，或者被道人用于炮制丹丸。约成书于汉代的《神农本草经》中即有戎盐主明目、目痛的记载。

西蜀时江源（今四川省）人梅彪集炼丹书中各种金石药物异名，撰著《石药尔雅》，涉及众多入药之盐，如卤碱、大盐、石盐、黑盐、赤盐、白盐、青盐等。其中，关于戎盐，文中写道："戎盐一名仙人左水，一名西戎上味，一名西戎淳味，一名石盐，一名寒盐，一名冰石，一名光明盐，一名紫女，一名上味，一名石，一名倒行神骨。"③明代李时珍《本草纲目》引张果《玉洞要诀》云："赤戎盐出西戎，禀自然水土之气，结而成质，其地水土之气黄赤，故盐亦随土气而生。味淡于石盐，力能伏阳精。"④历史上众多医书显示，戎盐配合其他药物用于治疗腹痛、胀闷催吐，强健筋骨、补益血气，以及治疗妇科、儿科诸多病症。

在《抱朴子内篇·黄白》中，葛洪又写道：

……《龟甲文》曰："我命在我不在天，还丹成金亿万年。"古人岂欺我哉？

但患知此道者多贫，而药或至贱而生远方，非乱世所得也。若戎盐、

---

① 葛洪：《抱朴子内篇》，张松辉译注，中华书局，2011，第136页。
② 张君房纂辑《云笈七签》，蒋力生等校注，华夏出版社，1996，第396页。
③ 转引自王进玉主编《中国少数民族科学技术史丛书·化学与化工卷》，广西科学技术出版社，2003，第595页。
④ 李时珍：《本草纲目 金陵本5》，中国医药科技出版社，2016，第1087-1088页。

卤咸皆贱物，清平时了不直钱，今时不限价直而买之无也。羌里石胆，千万求一斤，亦不可得。徒知其方，而与不知者正同，可为长叹者也。有其法者，则或饥寒无以合之，而富贵者复不知其法也。就令知之，亦无一信者。假令颇信之，亦已自多金银，岂肯费见财以市其药物，恐有弃系逐飞之悔，故莫肯为也。又计买药之价，以成所得之物，尤有大利，而更当斋戒辛苦，故莫克为也。且夫不得明师口诀，诚不可轻作也。……

……刘向岂顽人哉？直坐不得口诀耳。

今将载其约而效之者，以贻将来之同志焉。当先取武都雄黄，丹色如鸡冠，而光明无夹石者，多少任意，不可令减五斤也。捣之如粉，以牛胆和之，煮之令燥。以赤土釜容一斗者，先以戎盐、石胆末荐釜中，令厚三分，乃内雄黄末，令厚五分，复加戎盐于上。如此，相似至尽。又加碎炭火如枣核者，令厚二寸。以蚓蝼土及戎盐为泥，泥釜外，以一釜覆之，皆泥令厚三寸，勿泄。阴干一月，乃以马粪火煴之，三日三夜，寒，发出，鼓下其铜，铜流如冶铜铁也。乃令铸此铜以为筒，筒成以盛丹砂水。又以马屎火煴之，三十日发炉，鼓之得其金。即以为筒，又以盛丹砂水，又以马通火煴三十日，发取捣治之。取其二分，生丹砂一分，并汞。汞者，水银也。立凝成黄金矣。光明美色，可中钉也。①

上古神书龟甲文记载，"我命在我不在天，还丹成金亿万年"。葛洪感慨，只可惜懂得其中道理的人太少，炼制金丹神液的药物虽价格便宜，却出产偏远，乱世尤其难得。譬如戎盐、卤碱本是便宜之物，如今却高价难求。如要炼制金丹，原料、方法、人才缺一不可。俗话说，巧妇难为无米之炊，于炼金，道理也是一样。炼金术之所以神秘，除过程和方法复杂、难得之外，更在于其具有奇效——金丹神液能使人长生不老。葛洪指出，西汉刘向炼金失败，是因为没有掌握正确的方法。这位"葛仙翁"在书中不厌其烦地逐一列举"科学的"方法和步骤，涉及原料产地、成色、分量、比例、炼制时间、注意事项等等。在"金楼先生所从青林子受作黄金法"中，葛洪补充了其他文献记载的金丹炮制之法，其中，盐是不可或缺之物。

---

① 葛洪：《抱朴子内篇》，张松辉译注，中华书局，2011，第519-525页。

先锻锡,方广六寸,厚一寸二分,以赤盐和灰汁,令如泥,以涂锡上,令通厚一分,累置于赤土釜中。率锡十斤,用赤盐四斤,合封固其际,以马通火煴之,三十日,发火视之,锡中悉如灰状,中有累累如豆者,即黄金也。合治内土瓯中,以炭鼓之,十炼之并成也。率十斤锡,得金二十两。唯长沙、桂阳、豫章、南海土釜可用耳。彼乡土之人,作土釜以炊食,自多也。①

除此之外,《黄白》篇还提及赤盐的制作方法:"治作赤盐法:用寒盐一斤,又作寒水石一斤,又作寒羽涅一斤,又作白矾一斤,合内铁器中,以炭火火之,皆消而色赤,乃出之可用也。"②

抛开炼金术的荒诞不谈,值得肯定的是,葛洪探索炼金术过程中对化学、丹药学等作出的巨大贡献。对此,先贤们已多发高论,不少学者即站在现代科学的角度指出:"这些反应都显得不大科学,除了得不到真金外,配料的比例、操作过程、反应的温度和时间等条件也都是简单和低级的,甚至是粗糙的。但是,它毕竟是人类从定性研究向定量研究迈开的第一步。他是化学史上定量研究化学的开创性的人物,他的这些记载是化学史上定量研究化学的第一个文献。葛洪为化学的发展指出了一个方向,那就是配料之间要有严格的量的关系,操作手续必须准确,反应条件必须具备,只有这样,才能完成一个化学反应。"③

除了《金丹》《黄白》篇,《抱朴子内篇》中讲各种修仙药物,进而提及各种盐的还有《仙药》篇。葛洪将各种药物进行了分类,他指出:"仙药之上者丹砂,次则黄金,次则白银,次则诸芝,次则五玉,次则云母,次则明珠,次则雄黄,次则太乙禹余粮,次则石中黄子,次则石桂,次则石英,次则石脑,次则石硫黄,次则石饴,次则曾青,次则松柏脂、茯苓,地黄、麦门冬、木巨胜、重楼、黄连、石韦、楮实。"④欲入山林中采摘各种仙药之前,盐的祭祀功能首先得到了充分体现。

菌芝,或生深山之中,或生大木之下,或生泉之侧。其状或如宫室,或

---

① 葛洪:《抱朴子内篇》,张松辉译注,中华书局,2011,第 526 页。
② 葛洪:《抱朴子内篇》,张松辉译注,中华书局,2011,第 527 页。
③ 高兴华、马文熙:《试论葛洪对古代化学和医学的贡献》,《四川大学学报(哲学社会科学版)》1979 年第 4 期,第 34-35 页。
④ 葛洪:《抱朴子内篇》,张松辉译注,中华书局,2011,第 340 页。

如车马,或如龙虎,或如人形,或如飞鸟,五色无常,亦百二十种,自有图也。皆当禹步往采取之,刻以骨刀,阴干,末服方寸匕,令人升仙,中者数千岁,下者千岁也。欲求芝草,入名山,必以三月、九月,此山开出神药之月也,勿以山很日,必以天辅时,三奇会尤佳。出三奇吉门到山,须六阴之日,明堂之时,带《灵宝符》,牵白犬,抱白鸡,以白盐一斗,及开山符檄,著大石上,执吴唐草一把以入山,山神喜,必得芝也。又采芝及服芝,欲得王相专和之日,支干上下相生为佳。此诸芝,名山多有之,但凡庸道士,心不专精,行秽德薄,又不晓入山之术,虽得其图,不知其状,亦终不能得也。山无大小,皆有鬼神,其鬼神不以芝与人,人则虽践之,不可见也。①

菌芝作为一种重要的仙药,生于深山,形态各异。采摘时要求天时、地利、人和。其中,特别注意的是,进山采摘之前,应当以白狗、白鸡、白盐一斗,祭祀山神。山神愉悦,定然赐予仙药,否则采药者们只会无功而返。

至于盐的祭祀功能及历史,可以追溯至几千年前的上古时代。《礼记·郊特牲》记载:"醯醢之美而煎盐之尚,贵天产也。"②《周礼·天官冢宰》载曰:"盐人掌盐之政令,以共百事之盐。祭祀共其苦盐、散盐。宾客共其形盐、散盐。王之膳羞共饴盐。后及世子亦如之。凡齐事,煮盬以待戒令。"③苦盐,指的是大颗粒盐;散盐,指的是细粉状盐;形盐,制成虎形,祭祀用盐;饴盐,带有甜味的戎盐。上述文字可证,周代已有以盐祭祀的习俗,且当时已设置了专门负责王室用盐及诸事用盐的专职人员——"盐人"。自周以降,以盐祭祀神灵的传统,历代皆有,前文有说,兹不赘述。

(二)《肘后备急方》中的盐文献

盐,号称"百味王",在人们日常生活中必不可缺。食盐能调整细胞与血液之间的渗透平衡,维持正常的水盐代谢,其中钠成分是维持人体机能正常运转的必要元素。早在先秦,医书中已有以盐入药治病的诸多记载,如《神农本草经》载曰"(戎盐)主明目。目痛,益气,坚肌骨,去毒蛊","卤盐,味苦寒,主大

---

① 葛洪:《抱朴子内篇》,张松辉译注,中华书局,2011,第356页。
② 《礼记》(上),胡平生、张萌译注,中华书局,2017,第495页。
③ 《周礼》(上),徐正英、常佩雨译注,中华书局,2014,第128页。

热,消渴狂烦,除邪及下蛊毒,柔肌肤"。①《黄帝内经·素问》载曰:"鱼者使人热中,盐者胜血。"②"夫盐之味咸者,其气令器津泄。"③"味过于咸,大骨气劳,短肌,心气抑。"④一言以蔽之,"咸伤血"⑤。明代医学名家张景岳在《类经·脏象类》中注释说:"咸从水化,故伤心血,水胜火也。食咸则渴,伤血可知。"⑥就五行来说,盐对应水;就五脏来说,盐入于肾。本着"阴之所生,本在五味,阴之五宫,伤在五味"⑦的原则,亦即所谓五味适度则养五脏,五味偏嗜则伤五脏,适度摄入,能够滋肾水、生肝血、降心火、化脾气、安肺金;过多摄入,则令肌肤短缩、心气抑滞、大骨气劳、多发痈疡。

至南朝梁陶弘景作《本草经集注》,盐的各种药用、产地、特性等,被补充得更加详细。如"玉石下品"有"卤碱""大盐""戎盐"三条,文曰:

卤碱,味苦、咸,寒,无毒。主治大热,消渴,狂烦,除邪,及吐下蛊毒,柔肌肤。去五脏肠胃留热,结气,心下坚,食已呕逆,喘满,明目,目痛。生河东盐池。

大盐,令人吐。生邯郸及河东池泽。味甘、咸,寒,无毒。主肠胃结热,喘逆,吐胸中病。

戎盐,主明目、目痛,益气,坚肌骨,去毒虫。味咸,寒,无毒。疗心腹痛,溺血,吐血,齿舌血出。一名胡盐。生胡盐山,及西羌北地,及酒泉福禄城东南角。北海青,南海赤。十月采。⑧

唐代苏敬等奉敕编撰《新修本草》,就上述文字进行整理,并注释诸盐功能,其文曰:

今俗中不复见卤咸,唯魏国所献虏盐,即是河东大盐,形如结冰圆强,味咸、苦,夏月小润液。虏中盐乃有九种:白盐,食盐,常食者;黑盐,疗腹

---

① 吴普等述《神农本草经》,孙星衍、孙冯翼辑,山西科学技术出版社,1991,第93页。
② 《黄帝内经》(上),姚春鹏译注,中华书局,2010,第115页。
③ 《黄帝内经》(上),姚春鹏译注,中华书局,2010,第230页。
④ 《黄帝内经》(上),姚春鹏译注,中华书局,2010,第42页。
⑤ 《黄帝内经》(上),姚春鹏译注,中华书局,2010,第62页。
⑥ 张景岳:《类经》,范志霞校注,中国医药科技出版社,2011,第23页。
⑦ 《黄帝内经》(上),姚春鹏译注,中华书局,2010,第42页。
⑧ 转引自苏敬等:《唐·新修本草(辑复本)》,尚志钧辑校,安徽科学技术出版社,1981,第134页。

胀气满;胡盐,疗耳聋目痛;柔盐,疗马脊疮;又有赤盐、驳盐、臭盐、马齿盐四种,并不入食。马齿即大盐,黑盐疑是卤咸,柔盐疑是戎盐,而此戎盐又名胡盐,兼治眼痛,二、三相乱。今戎盐虏中甚有,从凉州来,芮芮河南使及北部胡客从敦煌来,亦得之,自是希少尔。其形作块片,或如鸡鸭卵,或如菱米,色紫白,味不甚咸,口尝气臭,正如鰕鸡子臭者言是真。又河南盐池泥中,自有凝盐如石片,打破皆方,青黑色,善疗马脊疮,又疑此或是。盐虽多种,而戎盐、卤咸最为要用。又巴东朐䏰县北岸有盐井,盐水自凝生粥子盐,方一、二寸,中央突张如伞形,亦有方如石膏、博棋者。李云戎盐味苦、臭,是海潮水浇山石,经久盐凝著石取之。北海者青,南海者紫赤。又云卤咸即是人煮盐釜底凝强盐滓,如此二说并未详。①

作者解释了盐分不同品类,各有不同功用。如河东大盐细分有九种,白盐属于日常食盐;黑盐,可治疗腹胀气满;胡盐,可治疗耳聋目痛;柔盐,治疗马脊疮痈;其他还有赤盐、驳盐、臭盐、马齿盐等。又仔细说明了戎盐的产地、形味等特性,河南盐池凝盐的外形、色泽、药用等。上述文字可知,至迟到了南朝、唐代,医家关于盐的药效与功用,已经有了精深的探索和了解。仅仅是种类与药效,便可条分缕析,分作几大品类、数十种之多。而在上古到唐代之间,密切关注盐的药用、功效,并取得显著成绩者,当属葛洪。葛洪的《肘后备急方》中,所收关于食盐治病的药方,数目之众、用法之多,令人称叹。简摘数例来看:

> 鬼击之病,得之无渐,卒着如人力刺状,胸胁腹内,绞急切痛,不可抑按,或即吐血,或鼻中出血,或下血,一名鬼排。治之方。……又方,盐一升,水二升,和搅饮之,并以冷水噀之,勿令即得吐,须臾吐,即瘥。②

鬼击之病,又叫鬼排,突如其来,来势凶猛,患病之人如被刀刺,胸胁腹部绞痛难耐,不可触碰,并常伴有口吐鲜血,或鼻内出血,或大便带血的症状。药方之一,一升盐,两升水,搅拌溶化,让患者饮下,稍后吐出,即可痊愈。这里所谓盐水治疗鬼击、鬼排,一方面是利用盐水以催吐,另一方面也利用了盐水祛污除秽的清洁消炎功能。

---

① 苏敬等:《唐·新修本草(辑复本)》,尚志钧辑校,安徽科学技术出版社,1981,第134-135页。
② 葛洪:《肘后备急方》,汪剑、邹运国、罗思航整理,中国中医药出版社,2016,第6页。

现代医药学已经证明,盐在预防治疗消化科疾病方面,效果显著。无论是中暑引起的胸闷,还是脾胃虚弱引起的嗝逆、腹泻,或是中毒引起的腹胀、消化不良,甚至便秘、胃溃疡、十二指肠溃疡等,服盐水或者盐灸,往往有着意想不到的疗效。

> 治卒心痛。……又方,败布裹盐如弹丸。烧令赤,末,以酒一盏服之。又方,煮三沸汤一升,以盐一合搅,饮之。若无火作汤,亦可用水。又方,闭气忍之数十度,并以手大指按心下宛宛中,取愈。……附方《药性论》主心痛、中恶或连腰脐者。盐如鸡子大。青布裹烧赤,纳酒中,顿服,当吐恶物。①

治疗心痛的方子,其中一方为:破旧布包裹食盐,如弹丸大小,烧赤红色,捣碎成粉末,用一杯酒服下。……又方,将水烧沸三次,取一升左右,用盐一合搅拌溶化,服下。如果没有沸水,凉水也可。……附方:《药性论》记载治疗心痛、恶病或痛连腰脐等,取鸡蛋大小的食盐,青布包裹,烧成赤红,置于酒中,一次服下,有催吐之效。

《肘后备急方》中,以盐(汤)催吐的用法十分普遍,不再一一举例。需要特别指出的是,葛洪《肘后备急方》保存了目前所见中医文献中关于盐灸、隔盐灸的最早记录。隔盐灸,是将盐置于艾炷与皮肤之间,作为衬垫间隔物的艾灸方法,属于隔物灸的一种,具有温中散寒、回阳救逆的功效,是临床上常用的隔物灸之一。用纯净干燥的食盐填平脐窝,上置大艾炷施灸的方法,只用于脐部,故又称神阙灸。最早载于《肘后备急方》,用以治疗霍乱等急症。唐代孙思邈《备急千金要方》《千金翼方》,元代危亦林《世医得效方》等著名医籍中皆有介绍。

《肘后备急方》中有两处关于隔盐灸的记录,其一曰:

> 凡所以得霍乱者,多起饮食,或饮食生冷杂物。以肥腻酒鲙,而当风履湿、薄衣露坐或夜卧失覆所致。……若烦闷凑满者,灸心厌下三寸,七壮,名胃管。又方,以盐纳脐中,上灸二七壮。若绕脐痛急者,灸脐下三

---

① 葛洪:《肘后备急方》,汪剑、邹运国、罗思航整理,中国中医药出版社,2016,第12-15页。

寸,三七壮,名关元,良。①

这段文字意思是说,霍乱多为饮食无节制,或者多食生冷,或者大鱼大肉,然后邪风湿气入侵所致。……一种药方是,将食盐纳入肚脐之中,在盐上灸十四壮。如果绕脐急痛,灸脐下三寸二十一壮,此处为关元穴,疗效甚佳。《肘后备急方》所载以盐灸疗疾之法,后世沿用千年之久,如明代著名医学家张景岳在其《类经图翼》中写道:"干霍乱,即俗名搅肠痧也,急用盐汤探吐,并以细白干盐填满脐中,以艾灸二七壮,则可立苏。"②

《肘后备急方》中的另一处隔盐灸见于"治卒青蛙蝮虺众蛇所螫方第五十三",其方曰:

> 嚼盐唾上讫,灸三壮。复嚼盐,唾之疮上。③

治疗毒虫咬伤时,并非直接敷盐施灸,而是先将盐嚼化、溶于唾液、唾于疮口,而后施灸,以增强其疗效。

随着后世医家的不懈探索,将盐粒炒热直接敷脐,或是加热装袋外熨脐部,并辅以艾灸的隔盐灸,适用于神阙、关元、中脘、气海、阿是、曲泉、肩髃、腰阳关、足三里、三阴交等人体三十多个穴位。该疗法也广泛参与到呼吸系统、消化系统、神经系统、泌尿系统、骨骼肌肉系统等多科疾病的治疗。临床实践证明,隔盐灸以其方法简单、疗效明显、不良反应少等优点,得到医家和患者的广泛接纳。

除了灸法,《肘后备急方》显示盐还被广泛应用于治疗毒虫叮咬、痈疽毒疮、眼病、耳病等疾患,简摘如下。

> 手脚心,风毒肿。生椒末、盐等分,以醋和敷,立瘥。④

治疗手心、脚心风毒肿症,将生花椒末、盐末用醋拌均匀,外敷,即可见效。

> 又方,以盐缄疮上,即愈。……又方,盐热,渍之。……又方,治蚯蚓咬。浓作盐汤,浸身数遍,瘥。浙西军将张韶,为此虫所咬,其形如大风,

---

① 葛洪:《肘后备急方》,汪剑、邹运国、罗思航整理,中国中医药出版社,2016,第21—22页。
② 高树中:《中医脐疗大全》,济南出版社,1992,第410页。
③ 葛洪:《肘后备急方》,汪剑、邹运国、罗思航整理,中国中医药出版社,2016,第157页。
④ 葛洪:《肘后备急方》,汪剑、邹运国、罗思航整理,中国中医药出版社,2016,第110页。

眉须皆落,每夕蚯蚓鸣于体,有僧教于此方,愈。①

治蜈蚣蜘蛛所螫方:取食盐涂于疮口处,即可见效。或用热盐敷在疮口。治蚯蚓咬伤,取食盐煎煮浓汤,浸泡清洗伤口数遍。浙西军队将领张韶曾被咬伤,症状如同患了麻风病,眉毛、胡须都脱落,经常听到蚯蚓在体内鸣叫。有僧人传授此方,得以疗愈。

若下部生疮,已决洞者,秫米一升,盐五升,水一石,煮作糜,坐中,即瘥。②

如下部生疮,溃烂成洞,用秫米一升,食盐五升,加水一石,煎煮作成米粥,使病人坐其中,即可显效。

范注方,主目中泪出,不得开,即刺痛方。以盐如大豆许,纳目中,习习去盐,以冷水数洗目,瘥。……《药性论》云。空心用盐揩齿,少时吐水中,洗眼,夜见小字,良。③

范注方,主治眼睛流泪,眼睛不能睁开,睁开刺痛。取大豆粒大小的盐粒,置入眼中,慢慢去掉盐,用凉水冲洗数次,即可痊愈。……《药性论》记载,空腹用食盐擦拭牙齿,将其吐至水中,再用此水擦洗眼睛,可以明目,深夜能看到小字。

若卒得风,觉耳中恍恍者。急取盐七升,甑蒸使热,以耳枕盐上,冷复易。亦疗耳卒疼痛,蒸熨。……耳卒痛。蒸盐熨之。④

如果急患风邪,觉得耳内恍惚不清,可取食盐七升,蒸热,将耳朵枕在热盐上,待冷却后,再次加热,如此反复。此方还可以治疗急性耳痛。

蜈蚣入耳。以树叶裹盐灰令热,以掩耳,冷复易,立出。⑤

治疗蜈蚣入耳,用树叶包裹盐粒,将盐粒加热,敷于耳道边缘,即出;如不出,待冷却后,再次加热,如此反复。

---

① 葛洪:《肘后备急方》,汪剑、邹运国、罗思航整理,中国中医药出版社,2016,第160-162页。
② 葛洪:《肘后备急方》,汪剑、邹运国、罗思航整理,中国中医药出版社,2016,第169页。
③ 葛洪:《肘后备急方》,汪剑、邹运国、罗思航整理,中国中医药出版社,2016,第131-134页。
④ 葛洪:《肘后备急方》,汪剑、邹运国、罗思航整理,中国中医药出版社,2016,第135-136页。
⑤ 葛洪:《肘后备急方》,汪剑、邹运国、罗思航整理,中国中医药出版社,2016,第137页。

在《肘后备急方》最后一卷,"治百病备急丸散膏诸要方第七十二"条目中,葛洪将盐的药用功效作了较为全面的概括:

> 有诸疮,先以盐汤洗,乃敷上,无不瘥者。……服盐方,疗暴得热病,头痛目眩,并卒心腹痛,及欲霍乱,痰饮宿食及气满喘息,久下赤白,及积聚吐逆,乏气少力,颜色痿黄,瘴疟,诸风,其服法。取上好盐,先以大豆许,口中含勿咽,须臾水当满口,水近齿,更用方寸匕抄盐纳口中,与水一时咽,不尔,或令消尽。喉若久病,长服者,至二三月,每旦先服,或吐,或安系卒病,可服三方寸匕。取即吐痢,不吐病痢,更加服。新患疟者,即瘥。心腹痛,及满,得吐下,亦佳。久病,每上以心中热为善,三五日亦服,佳。加服,取吐痢,痢不损人。久服大补,补豚肾气五石,无不瘥之病。但恨人不服,不能久取。此疗方不一,《小品》云,卒心痛鬼气,宿食不消,霍乱气满,中毒,咸作汤,服一二升,刺便吐之,良。①

服食盐方,对于治疗暴得热病、头痛目眩、心腹急痛、霍乱将起、痰饮宿食、气满喘息、久下赤白、积聚吐逆、乏气少力、面萎黄、瘴疟以及各种邪风入侵等病症,效果良好。服用方法:取质量上好的食盐,约一粒豆子大小,含在口中,不要咽下,随后,等口水充满口腔,再取一匙左右食盐,置于口中,与口水一同咽下,或者将盐水慢慢咽下。对于久患咽喉病者,常常服用此方,二三月可痊愈。新患疟疾的病人,服后即愈。心腹疼痛及胀满者,吐下即可好转。患病久者,每次服药以心中发热为好。三五日一服,亦有效。加量服用,即可吐痢。久服此方,可补肾气,各种疑难杂病皆可治愈,但人们或不愿服用,或不能坚持久服。本方在不同书籍中皆有记载,《小品》医药方中记载:急心痛、鬼气、宿食不消、霍乱气满、中毒,取盐煎汤,服一二升,刺激肠胃即吐,有良效。

除上述诸多珍贵药方外,《肘后备急方》中,还有多处专门强调"少盐""断盐""勿食盐"以配合药物治疗的药方。如:

> 葶苈一升,熬捣之于臼上,割生雄鸭鸡,合血共头,共捣万杵,服如梧子五丸,稍加至十九,勿食盐,常食小豆饭,饮小豆汁,鲤鱼佳也。……又

---

① 葛洪:《肘后备急方》,汪剑、邹运国、罗思航整理,中国中医药出版社,2016,第183-186页。

方,治水肿小便涩。黄牛尿,饮一升,日至夜,小便利,瘥,勿食盐。①

又方,乌雌鸡一头,治如食法,以生地黄一斤,切,饴糖二升,纳腹内,急缚,铜器贮,甑中蒸五升米久,须臾取出,食肉饮汁,勿啖盐,三月三度作之。姚云神良。并止盗汗。②

《外台秘要》,治恶风疾。松脂,炼投冷水中二十次,蜜丸服二两,饥即服之,日三。鼻柱断离者,三百日瘥。断盐及房室。③

现代医学研究表明,食盐虽为人类日常生活之必需,但过量摄入会危害到身体机能的正常运转,造成机体缺钾,成为引发咽炎、溃疡、低血糖、尿潴留、高血压、皮肤老化、焦躁不安、肌肉瘫痪等一系列疾病的诱因。上述诸方说明,葛洪确然已经注意到"味过于咸,大骨气劳,短肌,心气抑"④的医学原理,并将其切实而积极地应用到医学实践方面。

在生产力落后、医疗卫生条件不足的古代,较之其他药材的难得与昂贵,盐属于日常易得之物。疗法之易学,世人可得;疗效之显著,有目共睹。在治疗一些急病和慢病方面,有些盐疗偏方往往具有奇效,甚至"无出乎其上者"。故而,盐疗法受到医家患者的青睐。这也符合葛洪在《肘后备急方》序中所说的"使有病者得之,虽无韩伯休,家自有药;虽无封君达,人可为医,其以备急固宜"⑤的编书初衷。明代李时珍编纂《本草纲目》时写道,盐,"助水脏,及霍乱心痛,金疮,明目,止风泪邪气,一切虫伤疮肿火灼疮,长肉补皮肤,通大小便,疗疝气,滋五味"⑥。总结出这些被奉若神明的珍贵经验,距离葛洪最早编著《肘后备急方》的相关记载,已经过去一千多年了。

附录:

陶弘景及《本草经集注》中的盐文献

陶弘景,字通明,丹阳秣陵(今江苏省南京市)人,生于宋孝武帝孝建三年

---

① 葛洪:《肘后备急方》,汪剑、邹运国、罗思航整理,中国中医药出版社,第74-77页。
② 葛洪:《肘后备急方》,汪剑、邹运国、罗思航整理,中国中医药出版社,第97页。
③ 葛洪:《肘后备急方》,汪剑、邹运国、罗思航整理,中国中医药出版社,第123页。
④ 《黄帝内经》(上),姚春鹏译注,中华书局,2010,第42页。
⑤ 葛洪:《肘后备急方》,汪剑、邹运国、罗思航整理,中国中医药出版社,2016,序第1页。
⑥ 李时珍:《本草纲目 金陵本5》,中国医药科技出版社,2016,第1081页。

(公元456年)，卒于梁武帝大同二年(公元536年)。陶弘景父贞宝，字国重，多才多艺。母亲东海郝氏，名讳智湛，笃信佛教。陶弘景幼有异操，五六岁，爱学书，八九岁，读书千余卷，遍读《礼记》《尚书》《周易》《春秋》，善属文。十岁时，得葛洪《神仙传》，昼夜研读，有养生之志。曾追随高道孙游岳受符图经法，遍历名山，寻访仙药。后寻访上清杨羲、许谧手书真迹，并隐居茅山修道炼丹约四十年，创立了道教最著名的派别之一——茅山宗。

关于陶弘景的传记有很多，《梁书》卷五十一《处士·陶弘景》，《南史》卷七十六《隐逸·陶弘景》，《云笈七签》卷五《真系·梁茅山贞白陶先生》、卷一百零七《陶先生小传》《华阳隐居先生本起录》，《太平广记》卷十五《神仙感遇传》中《真白先生》，《道藏》中《玄品录》卷三《华阳陶隐居内传》、《茅山志》卷十《上清品》，《文苑英华》卷八百七十三《隐居贞白先生陶君碑》，《艺文类聚》卷三十七《华阳陶先生墓志》。这些传记或繁或简，对陶弘景的一生作了较为全面的概括。

陶弘景一生著述甚丰，南朝梁陶翊在《华阳隐居先生本起录》中详列如下：

> 《学苑》十秩百卷。此一书，先生常云：群书舛杂，欲探一事，不可遍检。乃钞撰古今要用，以类相从，为一百五十条，名为《学苑》，比于《皇览》，十倍该备。近赐翊语：吾无复此暇，汝可踵成之。此书若毕，于学问手笔家，无复他寻之劳矣。《孝经》《论语》集注并自立意共一秩，十二卷。《三礼序》共一卷。并自注。注《尚书》《毛诗序》共一卷。《左传》已有刘实、贺道养注。《易略例》即是《易序》，不假复注。《老子内外集注》四卷。并自立意。《三国志赞述》一卷。《抱朴子注》二十卷。《世语阙字》二卷。依陆文更以意造《世语》所阙者。《续临川康王世说》二卷。《太公孙吴书略注》二卷。《古今州郡记》三卷。并造《西域图》一张。《帝王年历》五卷。起三皇至汲冢竹书为正，检五十家书历异同共撰之也。《员仪集》三卷。《玉匮记》三卷。说名山福地事。《七曜新旧术》二卷。《占筮略要》一卷。有十三法。《风雨水旱饥疫占要》一卷。有十法。《算数艺术杂事》一卷。《举百事吉凶历》一卷。《本草经注》七卷。《肘后百一方》三卷。增补葛氏。《效验施用药方》五卷。此二十四种并世用所撰目书，又作《相书序》《述异记序》，如此等并在集中。《登真隐诀》三秩。二十四

卷,此一诀皆是修行上真道经要妙秘事,不以出世。《真诰》一秩七卷。此一诰并是晋兴宁中众真降授杨、许手书遗迹。顾居士已撰,多有漏谬,更诠次叙注之尔,不出外闻。《梦记》一卷。此一记先生自记所梦征想事,不以示人。《合丹药诸法式节度》一卷。《集金丹药白要方》一卷。《服云母诸石药消化三十六水法》一卷。《服草木杂药法》一卷。《断谷秘方》一卷。《灵方秘奥》一卷。《消除三尸诸要法》一卷。撰集《服气导引法》一卷。集《人间诸却灾患法》一卷。此九种,所撰集道书,自先生凡所撰集,皆卷多细书大卷,贪易提录,若大书皆得数四,又有图象杂记甚多,未得一二尽知尽见也。①

明代张溥编有《陶隐居集》,将陶弘景作品分为赋、表、启、书、序、论、志、颂、铭、碑、文、诗共计文体 12 种。

陶弘景汇辑前人成果,并结合自己的医学实践,作《本草经集注》,收录药物七百三十余种,对后世影响深远。书中收录有珍贵的盐药文献,简摘如下:

　　蜘蛛毒,用蓝青、盐、麝香。……野葛毒,用鸡子粪汁、葛根汁、甘草汁、鸭头热血、温猪膏并解之。……斑猫、芫青毒,用猪膏、大豆汁、戎盐、蓝汁及盐汤煮猪膏及巴豆并解之。(《序录·解毒》)

　　寻万物之性,皆有离合,虎啸风生,龙吟云起,慈石引针,琥珀拾芥,漆得蟹而散,麻得漆而踊,桂得葱而软,树得桂而枯,戎盐累卵,獭胆分杯。其气爽有相关感,多如此类。(《序录·药不宜入汤酒者》)

　　青琅玕,得水银良,畏乌鸡骨,杀锡毒。礜石,得火良,棘针为之使,恶毒公、虎掌、鹜屎、细辛,畏水。方解石,恶巴豆。代赭,畏天雄。大盐,漏芦为之使。(《序录·玉石下品》)

　　味辛、苦,大寒。主治五藏积聚,久热、胃闭,除邪气,破留血,腹中痰实结搏,通经脉,利大小便及月水,破五淋,推陈致新。生于朴消。(石韦为之使,畏麦句姜。)案:《神农本经》无芒消,只有消石,名芒消尔。后名医别载此说,其治与消石正同,疑此即是消石。……色全白,粒细,而味不甚烈。此云生于朴消,则作者亦好。又皇甫士安解散消石大凡说云:"无

---

① 钟国发:《陶弘景评传》,南京大学出版社,2005,第 222 页。

朴消可用消石,生山之阴,盐之胆也。取石脾与消石,以水煮之,一斛得三斗,正白如雪,以水投中即消,故名消石。其味苦,无毒。主消渴热中,止烦满,三月采于赤山。朴消者,亦生山之阴,有盐咸苦之水,则朴消生于其阳。其味苦无毒,其色黄白,主治热、腹中饱胀,养胃消谷,去邪气,亦得水而消,其疗与消石小异。"按如此说,是取芒消合煮,更成为真消石,但不知石脾复是何物?本草乃有石脾、石肺,人无识者,皇甫既是安定人,又明医药,或当详。练之以朴消作芒消者,但以暖汤淋朴消,取汁清澄煮之减半,出着木盆中,经宿即成,状如白英石,皆六道也,作之忌杂人临视。今益州人复炼矾石作消石,绝柔白,而味犹是矾石尔。孔氏解散方又云:熬炼消石令沸定汁尽。如此,消石犹是有汁也。今仙家须之,能化他石,乃用于理第一。(《玉石三品·上品·芒消》)

味辛、甘、寒、大寒,无毒。主治身热,腹中积聚邪气,皮中如火烧烂,烦满,水饮之。除时气热盛,五藏伏热,胃中热,烦满,口渴,水肿,少腹痹。久服不饥。一名白水石,一名寒水石,一名凌水石,色如云母,可折者良,盐之精也。生常山山谷,又中水县及邯郸。(《玉石三品·中品·凝水石》)

味辛、甘,大热,生温、熟寒,有毒。主治寒热,鼠瘘,蚀疮,死肌,风痹,腹中坚癖,邪气,除热。明目,下气,除膈中热,止消渴,益肝气,破积聚,痼冷腹痛,去鼻中息肉。久服令人筋挛。火炼百日,服一刀圭。不炼服,则杀人及百兽。一名青分石,一名立制石,一名固羊石,一名白礜石,一名大白石,一名泽乳,一名食盐。生汉中山谷及少室,采无时。(得火良,棘针为之使,恶毒公、鹜屎、虎掌、细辛,畏水也。)(《玉石三品·下品·礜石》)

味苦、咸,寒,无毒。主治大热,消渴,狂烦,除邪及吐下蛊毒,柔肌肤。去五藏肠胃留热,结气,心下坚,食已呕逆,喘满,明目,目痛。生河东盐池。(《玉石三品·下品·卤咸》)

主明目,目痛,益气,坚肌骨,去毒虫。味咸,寒,无毒。治心腹痛,溺血,吐血,齿舌血出。一名胡盐。生胡盐山,及西羌北地,及酒泉福禄城东南角,北海青,南海赤。十月采。今世中不复见卤咸,唯魏国所献房盐,即是河东大盐,形如结冰圆强,味咸、苦,夏月小润液。房中盐乃有九种:白盐,食盐,常食者;黑盐,治腹胀气满;胡盐,治耳聋目痛;柔盐,治马脊疮;

又有赤盐、驳盐、臭盐、马齿盐四种,并不入食。马齿即大盐,黑盐疑是卤咸,柔盐疑是戎盐,而此戎盐又名胡盐,兼治眼痛,二、三相乱。今戎盐虏中甚有,从凉州来,芮芮河南使及北部胡客从敦煌来,亦得之,自是稀少尔。其形作块片,或如鸡鸭卵,或如菱米,色紫白,味不甚咸,口尝气臭,正如𦠆鸡子臭者言是真。又河南盐池泥中,自有凝盐如石片,打破皆方,青黑色,善治马脊疮,又疑此或者。盐虽多种,而戎盐、卤咸最为要用。又巴东朐忍县北岸大有盐井,盐水自凝生䊭子盐,方一、二寸,中央突张如伞形,亦有方如石膏、博棋者。李云戎盐味苦、臭,是海潮水浇山石,经久盐凝著石取之。北海者青,南海者紫赤。又云卤咸即是人煮盐釜底凝强盐滓,如此二说并未详。(《玉石三品·下品·戎盐》)

味辛、臭,温,无毒。主治坠堕,腿蹶,踠折,瘀血、血痹在四肢不散者,女子崩中血不止。勿令中咸。所谓鲍鱼之肆,言其臭也,世人呼为鲍鱼,字似鲍,又言盐鲍之以成故也。作药当用少盐臭者,不知正何种鱼尔?乃言穿贯者亦入药,方家自少用之。今此鲍鱼乃是䱜鱼,长尺许。(《虫兽三品·上品·鲍鱼》)

味辛,温,有毒。主治鬼疰,蛊毒,啖诸蛇虫鱼毒,杀鬼物老精,温疟,去三虫。治心腹寒热结聚,堕胎,去恶血。生大吴川谷江南。赤头足者良。今赤足者多出京口,长山、高丽山、茅山亦甚有,于腐烂积草处得之,勿令伤,曝干之。黄足者甚多,而不堪用,人多火炙令赤以当之,非真也。一名蝍蛆。庄周云蝍蛆甘带。《淮南子》云:腾蛇游雾,而殆于蝍蛆。其性能制蛇,忽见大蛇,便缘而啖其脑。蜈蚣亦啮人,以桑汁白盐涂之即愈。(《虫兽三品·下品·蜈蚣》)

味咸,寒、大寒,无毒。主治蛇瘕,去三虫,伏尸,鬼疰,蛊毒,杀长虫,仍自化作水。治伤寒伏热,狂谬,大腹,黄疸。一名土龙。生平土,三月取,阴干。白颈是其老者尔,取破去土,盐之,日曝,须臾成水,道术多用之。温病大热狂言,饮其汁皆瘥,与黄龙汤治同也。其屎,呼为蚓蝼,食细土无沙石,入合丹泥釜用。若服此干蚓,应熬作屑,去蛔虫甚有验也。(《虫兽三品·下品·白颈蚯蚓》)

味咸,温,无毒。主杀鬼蛊,邪注,毒气,下部䘌疮,伤寒寒热,吐胸中痰澼,止心腹卒痛,坚肌骨。多食伤肺,喜咳。五味之中,惟此不可缺。今有东海、北海供京都及西川南江用。中原有河东盐池,梁、益有盐井,交、广有南海盐,西羌有山盐,胡中有树盐,而色类各不同,以河东最为胜。此间东海盐、官盐白,草粒细。北海盐黄,草粒大。以作鱼鲊及咸菹,乃言北海胜。而藏茧必用盐官者,蜀中盐小淡,广州盐咸苦。不知其为治体复有优劣否?西方、北方人,食不耐咸,而多寿少病;东方、南方人,食绝欲咸,少寿多病,便是损人,则伤肺之效矣。(《果菜米谷有名无实·米食部药物·下品·盐》)①

---

① 陶弘景编《本草经集注》,尚志钧、尚元胜辑校,人民卫生出版社,1994,第 81-83、93-94、100、139-140、157、168、172、173、408、442、445-446、515 页。

第十九章　盐史文献

作为一部地理学专著,郦道元的《水经注》中保存了大量公元六世纪以前有关盐业的史料文献。学人有所留意,但并未给予重视。笔者将结合具体文本,援引文献、时代背景等,系统考察该书所存与盐业相关的文献与典籍、产地与分布、种类与特征、盐官设置,以及神话传说等。

一、郦道元其人

郦道元,字善长,范阳郡涿县(今河北省涿州市)人,北魏著名的地理学家、文学家。在北齐魏收所撰《魏书》、唐人李延寿等所撰《北史》中,皆有郦传留存。同为官修正史,两部史书关于郦道元的记录与评价,差异较大。为便于展开讨论,附《魏书》《北史》"郦道元传"如下:

> 郦道元,字善长,范阳人也。青州刺史范之子。太和中,为尚书主客郎。御史中尉李彪以道元秉法清勤,引为治书侍御史。累迁辅国将军、东荆州刺史。威猛为治,蛮民诣阙讼其刻峻,坐免官。久之,行河南尹,寻即真。肃宗以沃野、怀朔、薄骨律、武川、抚冥、柔玄、怀荒、御夷诸镇并改为州,其郡县戍名令准古城邑。诏道元持节兼黄门侍郎,与都督李崇筹宜置立,裁减去留,储兵积粟,以为边备。未几,除安南将军、御史中尉。
>
> 道元素有严猛之称。司州牧、汝南王悦嬖近左右丘念,常与卧起。及选州官,多由于念。念匿于悦第,时还其家,道元收念付狱。悦启灵太后

请全之,敕赦之。道元遂尽其命,因以劾悦。是时雍州刺史萧宝夤反状稍露,悦等讽朝廷遣为关右大使,遂为宝夤所害,死于阴盘驿亭。

道元好学,历览奇书。撰注《水经》四十卷、《本志》十三篇,又为《七聘》及诸文,皆行于世。然兄弟不能笃穆,又多嫌忌,时论薄之。①

魏收所著《魏书》中,郦道元和于洛侯、胡泥、李洪之、张赦提、羊祉等,一同被列入《酷吏传》。这里所列之人,无一不是刑罚酷滥、受纳货贿的贪官污吏。在这篇《酷吏传》的结尾,还有魏收的一段议论:"史臣曰:士之立名,其途不一,或以循良进,或以严酷显。故宽猛相资,德刑互设,然不严而化,君子所先。于洛侯等为恶不同,同归于酷。肆其毒螫,多行残忍。贱人肌肤,同诸木石;轻人性命,甚于刍狗。长恶不悛,鲜有不及。故或身婴罪戮,或忧恚颠陨。异途皆毙,各其宜焉。凡百君子,以为有天道矣。"②

(郦)道元字善长。初袭爵永宁侯,例降为伯。御史中尉李彪以道元执法清刻,自太傅掾引为书侍御史。彪为仆射李冲所奏,道元以属官坐免。景明中,为冀州镇东府长史。刺史于劲,顺皇后父也,西讨关中,亦不至州,道元行事三年。为政严酷,吏人畏之,奸盗逃于他境。后试守鲁阳郡,道元表立黉序,崇劝学教。诏曰:"鲁阳本以蛮人,不立大学。今可听之,以成良守文翁之化。"道元在郡,山蛮伏其威名,不敢为寇。延昌中,为东荆州刺史,威猛为政,如在冀州。蛮人诣阙讼其刻峻,请前刺史寇祖礼。及以遣戍兵七十人送道元还京,二人并坐免官。

后为河南尹。明帝以沃野、怀朔、薄骨律、武川、抚冥、柔玄、怀荒、御夷诸镇并改为州,其郡、县、戍名,令准古城邑。诏道元持节兼黄门侍郎,驰驿与大都督李崇筹宜置立,裁减去留。会诸镇叛,不果而还。

孝昌初,梁遣将攻扬州,刺史元法僧又于彭城反叛。诏道元持节、兼侍中、摄行台尚书,节度诸军,依仆射李平故事。梁军至涡阳,败退。道元追讨,多有斩获。

后除御史中尉。道元素有严猛之称,权豪始颇惮之。而不能有所纠正,声望更损。司州牧、汝南王悦嬖近左右丘念,常与卧起。及选州官,多

---

① 魏收:《魏书》(第六册),中华书局,1974,第1925-1926页。
② 魏收:《魏书》(第六册),中华书局,1974,第1926页。

由于念。念常匿悦第,时还其家,道元密访知,收念付狱。悦启灵太后,请全念身,有敕赦之。道元遂尽其命,因以劾悦。

时雍州刺史萧宝夤反状稍露,侍中、城阳王徽素忌道元,因讽朝廷,遣为关右大使。宝夤虑道元图已,遣其行台郎中郭子恢围道元于阴盘驿亭。亭在冈上,常食冈下之井。既被围,穿井十余丈不得水。水尽力屈,贼遂逾墙而入。道元与其弟道(阙)二子俱被害。道元瞋目叱贼,厉声而死。宝夤犹遣敛其父子,殡于长安城东。事平,丧还,赠吏部尚书、冀州刺史、安定县男。

道元好学,历览奇书,撰注《水经》四十卷,《本志》十三篇。又为《七聘》及诸文皆行于世。然兄弟不能笃睦,又多嫌忌,时论薄之。①

评传结尾,李延寿也有一段点评:"论曰:屈遵学知机。恒乃局量受委。张蒲、谷浑,文武为用,人世仍显,不亦善乎?公孙表初则一介见知,终以轻薄致戾。轨始受探金之赏,末陷财利之嫌,鲜克有终,固不虚也。张济使于四方,有延誉之美。李先学术嘉谋,荷遇三世。贾彝早播时誉。秀则不畏强御。窦瑾、李䜣,时曰良干。瑾以片言疑似,䜣以夙故猜嫌,而婴合门之戮,良可悲也。韩延之忠于所事,有国士之烈。袁式取遇崔公,以博雅而重。脩之晚著诚款。唐和万里慕义。寇赞诚信见嘉。郦范智器而达。道元遭命,有衔须之风。韩秀议边,得驭远之算。尧暄聪察致位,礼加存没。柳崇素业有资,器行仍世。盛矣乎!"②其中,点评郦道元,作者用了九个字:"道元遭命,有衔须之风。"遭命,行善事而遭遇不幸。衔须之风,口含胡须,以示愤怒,代指临危不惧、大义凛然。作者对郦道元的不幸遭遇表示同情,对其气节品质表示称道。

仔细研读传文可知,认为郦道元"清刻""严猛"的,皆是些"奸盗""吏人";对于普通百姓,郦道元必令"劝学教","伏其威名",并未曾有苛刻暴虐之举。更何况,郦道元坚持依法处置的汝南王元悦是一位骄奢淫逸、尸位素餐的无耻之徒。故而,将郦道元列入《酷吏列传》,历来学者多有异议。较之《魏书》,李延寿《北史》对郦道元的评价要公允、友好得多。

综合《魏书》和《北史》,大致可勾勒出郦道元一生仕宦经历:青少年时期,

---

① 李延寿:《北史》(第四册),中华书局,1974,第994-996页。
② 李延寿:《北史》(第四册),中华书局,1974,第1001页。

随父赴任青州;北魏孝文帝太和十八年(公元494年),"从高祖北巡"①长城、阴山,始入仕途;郦父去世,承袭爵位,获封永宁伯;随后,先后担任太傅掾、治书侍御史、冀州镇东府长史、颍川太守、鲁阳太守、东荆州刺史、河南尹、黄门侍郎、侍中兼摄行台尚书、御史中尉等职;孝明帝孝昌三年(公元527年),于阴盘驿亭(在今陕西省西安市临潼区)遇害;朝廷追赠其为吏部尚书、冀州刺史。

郦道元一生著述颇丰,《魏书》《北史》记载大致相同,称其撰注《水经》四十卷、《本志》十三篇、《七聘》及诸文等。可惜除《水经注》以外,其他著作皆已不存。但这部仅存《水经注》为郦道元在地理学、历史学、文献学、文学等诸多领域,皆争取到了不容小觑的一席之地。尤其值得注意的是,早在清代,学界围绕郦道元及其《水经注》便已形成了一门专门的学问——郦学。清代郦学大家有全祖望、赵一清、戴震、杨守敬等,今人学者陈桥驿亦为郦学研究之大家。

二、《水经注》其书

众所周知,《水经注》是郦道元为古书《水经》所作的注文。《水经》是我国首部记述水系河道的专著,其"追法贡体,录为新经,罗并四际,总勒一典,凡所引天下之水,百三十有七"②。关于《水经》的作者和成书年代,历来争议颇多。《隋书·经籍志》载有"《水经》三卷郭璞注"③。《旧唐书·经籍志》载曰:"《水经》二卷郭璞撰"④。宋代欧阳修主持编纂的《新唐书》中,将《水经》的作者改为"桑钦","桑钦《水经》三卷一作郭璞撰"⑤。纪昀《四库全书提要》中称:"自晋以来,注《水经》者凡二家:郭璞注三卷,杜佑作《通典》时犹见之。"⑥因此,后世惯以郭璞、桑钦、三国时人三种说法以称《水经》作者。

至北魏,郦道元有感于《水经》"粗缀津绪,又阙旁通"⑦,于是,以《水经》

---

① 郦道元:《水经注校证》,陈桥驿校证,中华书局,2013,第75页。
② 桑钦:《水经注》序,郦道元注,明嘉靖十三年(公元1534年)黄省曾刻本。
③ 魏徵、令狐德棻:《隋书》(第四册),中华书局,1973,第982页。
④ 刘昫等:《旧唐书》(第六册),中华书局,1975,第2014页。
⑤ 欧阳修、宋祁:《新唐书》(第五册),中华书局,1975,第1504页。
⑥ 《四库全书》出版工作委员会编《文津阁四库全书提要汇编》(史部),商务印书馆,2006,第319页。
⑦ 郦道元:《水经注校证》,陈桥驿校证,中华书局,2007,原序第1页。

所记水道为纲,寻图访迹,穷原竟委,钩采群书,弘铺抒述,新益见闻,将原书的137 条水道增补为 1252 条。有学者统计,如将《水经注》全书所记湖、波、泉、池、渠、淀、泽、渎等纳入计算,实际当为 2596 条。涉及的地域范围,除基本上以西汉王朝的疆域作为其撰写对象外,还有不少域外地区,包括今印度、中南半岛和朝鲜半岛若干地区,覆盖面积实属空前。所记述的时间跨度上起先秦,下至南北朝当代,上下约 2000 多年。而在内容上,《水经注》包括了河道沿岸地区的政治、经济、军事、历史、地理、文化、风俗、古迹等,内容宏丰,造诣卓著。

郦道元凭借严谨的学术态度和高超的文学造诣,使得这部学术专著"订以志乘,纬以掌故,刻画标致,奇幽诡胜,搜剔无遗,后来作者罕复能继"①。在这部被誉为中国六世纪山水画卷的伟大作品中,蕴藏着关于古代盐业丰富的地理学、历史学、文献学、民俗学等珍贵史料,其难以估量的价值尚未被充分认识和挖掘。

三、《水经注》与盐史文献

仔细爬梳《水经注》一书,可发现其涉及上古至公元六世纪中国古代盐业的产地、分布、类别、特征、功效、运输、贸易、民俗、传说等等诸多方面。

(一)产地与分布

中国地大物博,盐产区众多。粗略统计,《水经注》一书提到了上古至南北朝时期祖国西南部、西北部、华北北部、东部沿海等盐产区,具体涵盖今天的内蒙古、新疆、青海、四川、甘肃、山西、陕西、浙江、江苏、天津、山东等多省地市。

1. 新疆盐产区

(龙城)地广千里,皆为盐而刚坚也。行人所渉,畜产皆布毡卧之,掘发其下,有大盐,方如巨枕,以次相累,类雾起云浮,寡见星日,少禽,多鬼怪。西接鄯善,东连三沙,为海之北隩矣。故蒲昌亦有盐泽之称也。②

这段话所述重点,是说新疆地区原盐资源十分丰富。鄯善,位于天山东部

---

① 孙梅辑《四六丛话》卷 31,商务印书馆,1937,第 565 页。
② 郦道元:《水经注校证》,陈桥驿校证,中华书局,2007,第 40 页。

南麓、吐鲁番盆地东侧,今隶属新疆吐鲁番。蒲昌,古地名,临蒲昌海而得名,唐代贞元后废置,即今之鄯善。龙城,王昌龄一句"但使龙城飞将在,不教胡马度阴山"使得天下遍争"龙城"。此处当指古罗布泊地区。古罗布泊雅丹(地形术语。雅丹地貌是新疆罗布泊地区的一种特殊地貌形态,是一种典型的风蚀性地貌。在维吾尔语中,雅丹的意思是"具有陡壁的小山包")地貌遍布,其状似龙像城,由此得名。除此之外,还有古之高昌国、楼兰国等。史料皆可印证,上述地区盛产池盐和土盐。如《北史·西域传》载曰:"(高昌)出赤盐,其味甚美。复有白盐,其形如玉,高昌人取以为枕,贡之中国。"①

2. 山西盐产区

> 谷口岭上,有巫咸祠。其水又迳安邑故城南,又西流注于盐池。《地理志》曰:盐池在安邑西南。许慎谓之盬。长五十一里,广六里,周百一十六里,从盐省古声。吕忱曰:夙沙初作煮海盐,河东盐池谓之盬。今池水东西七十里,南北十七里,紫色澄渟,潭而不流。水出石盐,自然印成,朝取夕复,终无减损。惟山水暴至,雨潦潢潦奔洒,则盐池用耗。故公私共堨水径,防其淫滥,谓之盐水,亦谓之为堨水。《山海经》谓之盐贩之泽也。泽南面层山,天岩云秀,地谷渊深,左右壁立,间不容轨,谓之石门,路出其中,名之曰径,南通上阳,北暨盐泽。②

安邑,夏县古城,今隶属山西运城。文字详细描述了河东盐池的方方面面。勾勒其地理形貌:"东西七十里,南北十七里。"概述其天然特质:"自然印成,朝取夕复,终无减损。"指明其破坏因素:"山水暴至,雨潦潢潦奔洒。"描绘其周边环境:"南面层山,天岩云秀,地谷渊深。"记录其交通运输:"石门""白径""路出其中""南通上阳"。

3. 长芦盐产区

> 清河又东迳漂榆邑故城南,俗谓之角飞城。《赵记》云:石勒使王述煮盐于角飞。即城异名矣。《魏土地记》曰:高城县东北百里,北尽漂榆,东临巨海,民咸煮海水,藉盐为业。即此城也。清河自是入于海。③

---

① 李延寿:《北史》(第十册),中华书局,1974,第3212页。
② 郦道元:《水经注校证》,陈桥驿校证,中华书局,2007,第169-170页。
③ 郦道元:《水经注校证》,陈桥驿校证,中华书局,2007,第243页。

漂榆邑、角飞城,位于天津南部、河北盐山,即今之长芦盐区。长芦盐区是我国最大的海盐产区之一。虽然长芦盐场影响力与日俱增是北宋以后的事,而"河间长芦都转运盐使司",到了明代洪武二年(公元1369年)才有设置。《水经注》中的记录,比宋、明时期的繁盛早了将近一千年。

4. 巴蜀盐产区

> 江水又迳临邛县,王莽之监邛也。县有火井、盐水,昏夜之时,光兴上照。①

> 王隐《晋书·地道记》曰:入汤口四十三里,有石煮以为盐,石大者如升,小者如拳,煮之水竭盐成。盖蜀火井之伦,水火相得,乃佳矣。②

临邛,巴蜀古城,井盐资源丰富,汉代即设盐铁官。这则材料不仅反映了巴蜀盐产区丰富的井盐资源,还涉及该地区非常特别的制盐技术——火井煮盐。不可思议的是,早在两千多年前,智慧的先民已经学会了开采使用天然气煮制卤水,制取井盐。

5. 内蒙古盐产区

> 其水又东合一水,水出县东南六十里山下,北俗谓之灾豆浑水。西北流,注于沃水。沃水又东北流,注盐池。《地理志》曰:盐泽在东北者也。今盐池西南去沃阳县故城六十五里。③

内蒙古自治区亦为我国重要的盐产区,具体又以今鄂尔多斯、锡林郭勒、阿拉善等地为主。据《汉书·地理志》显示,早在汉代,今内蒙古自治区范围内便设置有三处盐官,分别为沃懋县(治所约在今巴彦淖尔市磴口县)、广牧县(治所约在今巴彦淖尔市五原县西土城)和五原郡成宜县(治所约在今巴彦淖尔市乌拉特前旗)。上文所称"沃阳",西汉时置县,属雁门郡,治所在今内蒙古自治区凉城县西南。值得一提的是,目前学界关于内蒙古盐产地的研究,整体相对薄弱,而《水经注》位居"北地三书"之首,二者之间的相关研究,具有可以建立纽带的密切关联。

---

① 郦道元:《水经注校证》,陈桥驿校证,中华书局,2007,第767页。
② 郦道元:《水经注校证》,陈桥驿校证,中华书局,2007,第775-776页。
③ 郦道元:《水经注校证》,陈桥驿校证,中华书局,2007,第81页。

6. 其他盐产区

《水经注》中关于盐产区的记载远不止上述几处,其他又如陕西三水县(今宁夏回族自治区同心县)"东有温泉,温泉东有盐池"①,甘肃天水西县(今甘肃省礼县)"水北有盐官,在嶓冢西五十许里,相承营煮不辍,味与海盐同"②,又,"湟水又东南迳卑禾羌海北,有盐池。阚骃曰:县西有卑禾羌海者也。世谓之青海"③。卑禾羌海,古称西海、青海。如此等等,不胜枚举,兹不逐一赘述。

7. 域外盐产区

《水经注》中不仅有关于中国境内盐产区的记录,还有关于中外临境、国外盐区的文献记载。这对于丰富全世界的盐业史研究、贸易史研究等,皆有补益,亦当重视。

> 郭义恭《广志》曰:甘水也,在西域之东,名曰新陶水,山在天竺国西,水甘,故曰甘水。有石盐,白如水精,大段则破而用之。康泰曰:安息、月支、天竺至伽那调御,皆仰此盐。④

西晋史学家郭义恭的《广志》,今存残篇。康泰,三国时期东吴人,曾出使南海诸多国家,著《吴时外国志》,一名《扶南记》。文中提到的天竺、安息、月支、伽那调洲,分别对应古之印度、伊朗、缅甸等广大西南亚地区和国家。这里虽未详细展开说明,但实际上已经涉及魏晋南北朝时期我国西部邻国的盐业资源、生产和贸易情况。

(二) 种类与特征

众所周知,盐可分为海盐、池盐(鹽盐)、井盐、岩盐等。早在《隋书·食货志》中,便有所记载。"掌盐掌四盐之政令。一曰散盐,煮海以成之;二曰鹽盐,引池以化之;三曰形盐,物地以出之;四曰饴盐,于戎以取之。"⑤鹽盐,指的是大颗粒盐;散盐,指的是细粉状盐;形盐,制成虎形、专供祭祀用的盐;饴盐,带

---

① 郦道元:《水经注校证》,陈桥驿校证,中华书局,2007,第 54 页。
② 郦道元:《水经注校证》,陈桥驿校证,中华书局,2007,第 479 页。
③ 郦道元:《水经注校证》,陈桥驿校证,中华书局,2007,第 48 页。
④ 郦道元:《水经注校证》,陈桥驿校证,中华书局,2007,第 3 页。
⑤ 魏徵、令狐德棻:《隋书》(第三册),中华书局,1973,第 679 页。

有甜味的戎盐。这些不同种类的盐,在《水经注》中得到了清晰的记录。

1. 岩盐

> 汉元朔二年,大将军卫青取河南地为朔方郡,使校尉苏建筑朔方城,即此城也。王莽以为武符者也。按《地理志》云:金连盐泽、青盐泽并在县南矣。又按《魏土地记》曰:县有大盐池,其盐大而青白,名曰青盐,又名戎盐,入药分。①

武帝元朔二年(公元前127年),西汉朝廷设置朔方郡。朔方城南有丰富的天然盐泽资源。其中盛产颗粒较大的青盐,又名戎盐、岩盐、饴盐等。史载其咸鲜美味,是"王之膳馐",还可入药,用于治病。

2. 井盐

> 江水又东迳瞿巫滩……南流历县,翼带盐井一百所,巴、川资以自给。粒大者方寸,中央隆起,形如张伞,故因名之曰伞子盐。有不成者,形亦必方,异于常盐矣。②

> 谷道南出巴獠,有盐井,食之令人瘿疾。③

结合《天工开物》中关于"井盐"的记录,可能会更加清楚上述两段文字。距离郦道元一千年后,明代宋应星在其科学巨著《天工开物》中写道:"凡滇、蜀两省远离海滨,舟车艰通,形势高上,其咸脉即蕴藏地中。凡蜀中石山去河不远者,多可造井取盐。"④受自身地质特征影响,自古及今,井盐成为巴蜀地区得天独厚的特产和优质资源。

上述两则材料,前者点明井盐特征,颗粒较大,形如伞状;后者点明经常食用这种未经提纯的大粒盐,会导致"瘿疾"之症。查阅隋代名医巢元方所著《诸病源候论》,其"瘿候"条明确指出:"瘿者,由忧恚气结所生,亦曰饮沙水,沙随气入于脉,搏颈下而成之。……诸山水黑土中出泉流者,不可久居,常食令人作瘿病,动气增患。"⑤这位名医指出,瘿疾的病因或是情志内伤,或是水

---

① 郦道元:《水经注校证》,陈桥驿校证,中华书局,2007,第76页。
② 郦道元:《水经注校证》,陈桥驿校证,中华书局,2007,第775页。
③ 郦道元:《水经注校证》,陈桥驿校证,中华书局,2007,第649页。
④ 潘吉星:《天工开物校注及研究》,巴蜀书社,1989,第274页。
⑤ 丁光迪主编《诸病源候论校注(下)》,人民卫生出版社,1991,第856-857页。

土所致。盐井之水未经加工，矿物质含量失调，长期饮用，容易导致瘿疾。早在先秦时期，《吕氏春秋·尽数》亦有记载："轻水所多秃与瘿人，重水所多尰与躄人……"①明确指出水质与疾患之间密切相关。上述记载皆可与《水经注》互为印证。这也再次证明，《水经注》具有让人信服的学术价值和历史文献价值。

3. 池盐

池盐，又称"鹽盐"。靠自然天光晒制卤水而成，是一种大颗粒粗盐，味道略微苦涩。"鹽"即包含"苦"之意。汉代许慎《说文解字》释"鹽"曰："鹽，河东盐池也。袤五十一里，广七里，周百十六里。"②河东，今山西运城，自古便是全国最大、最重要的池盐产地。

> 涑水西南迳监盐县故城，城南有盐池，上承盐水。水出东南薄山，西北流迳巫咸山北。……《春秋·成公六年》，晋谋去故绛，大夫曰：郇、瑕，地沃饶近鹽。服虔曰：土平有溉曰沃，鹽，盐池也。土俗裂水沃麻，分灌川野，畦水耗竭，土自成盐，即所谓咸鹾也，而味苦，号曰盐田，盐鹽之名，始资是矣。③

《天工开物》中也描述过山西池盐的盛貌，可作补充。其文曰："凡池盐宇内有二，一出宁夏，供食边镇；一出山西解池，供晋豫诸郡县。解池界安邑、猗氏、临晋之间，其池外有城堞，周遭禁御。池水深聚处，其色绿沉。土人种盐者池傍耕地为畦陇，引清水入所耕畦中，忌浊水，参入即淤淀盐脉。凡引水种盐，春间即为之，久则水成赤色。待夏秋之交，南风大起，则一宵结成，名曰颗盐，即古志所谓大盐也。"④

4. 海盐

> 清河又东迳漂榆邑故城南，俗谓之角飞城。《赵记》云：石勒使王述煮盐于角飞。即城异名矣。《魏土地记》曰：高城县东北百里，北尽漂榆，东临巨海，民咸煮海水，藉盐为业。即此城也。清河自是入于海。⑤

---

① 吕不韦：《吕氏春秋校释》，陈奇猷校释，上海古籍出版社，2002，第139页。
② 许慎：《说文解字注》，段玉裁注，许惟贤整理，凤凰出版社，2007，第1018页。
③ 郦道元：《水经注校证》，陈桥驿校证，中华书局，2007，第169~170页。
④ 潘吉星：《天工开物校注及研究》，巴蜀书社，1989，第272页。
⑤ 郦道元：《水经注校证》，陈桥驿校证，中华书局，2007，第243页。

在先秦重要史籍《世本》中,存有"夙沙氏煮海为盐"的记录。对此,汉末魏国大儒宋衷注曰:"夙沙氏炎帝之诸侯,今安邑东南十里有盐宗庙。"①北宋文学家、地理学家乐史所著的《太平寰宇记》中亦载曰:"(安邑县)盐宗庙,在县东南十里。按吕忱云:'宿沙氏煮海,谓之盐宗,尊之也。以其滋润生人,可得置祠。'"②上文这则材料,郦道元援引《赵记》《魏土地记》解释今天津渤海沿岸百姓煮海制盐的情形,足见天津长芦盐区历史之悠久。

其他又如西北和西南的石盐,"白如水精,大段则破而用之。康泰曰:安息、月支、天竺至伽那调御,皆仰此盐"③等等,不胜枚举。

(三) 盐官的设置

《周礼·天官冢宰》记载曰:"盐人掌盐之政令,以共百事之盐。"④早在三千年前的周代,已经出现了专门执掌食盐的"盐官"。但将盐业的生产、运输和贸易逐渐纳入政府管理,始于齐相管仲;设置专门的官署以作管理,则是秦、汉才有的事。

有学者曾撰文指出,汉代设置盐官的郡县,不止《汉书·地理志》所记载的三十五个,而应该为四十三个之多,诸如:河东郡安邑县,太原郡晋阳县,南郡巫县,巨鹿郡堂阳县,渤海郡章武县,千乘郡,北海郡都昌县、寿光县,东莱郡曲城县、东牟县、㽖县、当利县、昌阳县,琅邪郡海曲县、计斤县、长广县,会稽郡海盐县,蜀郡临邛县,益州郡连然县,犍为郡南安县,巴郡朐忍县,陇西郡,安定郡三水县,北地郡弋居县,上郡独乐县、龟兹县,西河郡富昌县,朔方郡沃壄县,五原郡成宜县,雁门郡楼烦县,渔阳郡泉州县,辽西郡海阳县,辽东郡平郭县,南海郡番禺县,苍梧郡高要县,以及朔方郡朔方县,越巂郡青蛉县,巴郡临江县,陇西郡西县,朔方郡广牧县,犍为郡南广县,渔阳郡,广陵郡。⑤(各郡县与本书内容无关者,不一一注明今名)

令人惊喜的是,《水经注》对于全国各地郡县的盐官设置,亦多有记载。

---

① 《世本八种》,宋衷注,秦嘉谟等辑,中华书局,2008,王谟辑本第37页。
② 转引自高有鹏:《中国民间文学发展史》(第四卷),线装书局,2015,第1276页。
③ 郦道元:《水经注校证》,陈桥驿校证,中华书局,2007,第3-4页。
④ 《周礼》(上),徐正英、常佩雨译注,中华书局,2014,第128页。
⑤ 罗庆康、罗威:《汉代盐制研究》,《盐业史研究》1995年第1期。

县东有温泉,温泉东有盐池。故《地理志》曰:县有盐官。今于城之东北有故城,城北有三泉,疑即县之盐官也。①

汉元朔二年(公元前127年),大将军卫青取河南地为朔方郡,使校尉苏建筑朔方城,即此城也。……汉置典盐官。②

《晋书·地道记》曰:天水,始昌县故城西也,亦曰清崖峡。西汉水又西南迳严备戍南,左则严备水自东南、西北注之,右则盐官水南入焉。水北有盐官……故《地理志》云:西县有盐官是也。③

东出五十里有武原乡,故越地也。秦于其地置海盐县。④

《地理志》曰:莒子起于此。后徙莒,有盐官,故世谓之南莒也。⑤

《华阳记》曰:县西枳东四百里,东接朐忍县,有盐官。⑥

上古时代,食盐及其技术皆为难得,食盐可用于交易货物。在漫长的一段历史时期内,利润巨大的盐业由商人把持,出现了诸如猗顿之类因盐而兴的巨贾豪富。春秋战国时,齐国率先实行"官山海"政策,将盐的生产、运输和销售统统纳入政府统一管理。秦国商鞅变法,"颛川泽之利,管山林之饶"⑦与齐之"官山海"异曲同工。到了秦、汉,朝廷于全国各地郡县设置盐官,管理盐业事务,将盐业的生产、运输和销售纳入政府统一管理。魏晋南北朝将近四百年间,国家长期处于战争分裂状态,朝政缺乏持续性和有效性,许多盐官名存实亡,有些甚至不复存在。

(四) 史书与典籍

郦道元撰写《水经注》旁征博引,援引各种方志、史传文献典籍近五百种,正是借助丰富的史料支撑,原本不足万字的《水经》被扩充成为三十余万言的鸿篇巨制。而许多亡佚于历史长河之中的古书,正是由于《水经注》的征引,得到吉光片羽的留存。其中,关于盐的文献,便有不少。简摘数例,以作管窥:

---

① 郦道元:《水经注校证》,陈桥驿校证,中华书局,2007,第54页。
② 郦道元:《水经注校证》,陈桥驿校证,中华书局,2007,第76页。
③ 郦道元:《水经注校证》,陈桥驿校证,中华书局,2007,第479页。
④ 郦道元:《水经注校证》,陈桥驿校证,中华书局,2007,第687页。
⑤ 郦道元:《水经注校证》,陈桥驿校证,中华书局,2007,第715页。
⑥ 郦道元:《水经注校证》,陈桥驿校证,中华书局,2007,第774页。
⑦ 班固:《汉书》,中华书局,2007,第162页。

郭义恭，西晋人，史学家，博物学家。《广志》是一部兼具历史学和博物学的著作，今存残篇。郭义恭在《广志》中记录了西域石盐的情况："白如水精，大段则破而用之。"①《水经注》卷一"河水"引用。

康泰，三国东吴人，航海家、外交家。北航辽东，南通南海，出使东南亚、南亚诸多国家，从事外交活动。他曾将见闻著成《吴时外国传》，又名《扶南记》。该书亡佚，今不见存。书中提及东南亚、南亚各国盐业生产和贸易情况："安息、月支、天竺至伽那调御，皆仰此盐。"②《水经注》卷一"河水"引用。

吕忱，西晋人，文字学家。曾仿许慎《说文解字》著《字林》，后此书散佚。吕忱在《字林》中解释了海盐与池盐的区别，即"夙沙初作煮海盐，河东盐池谓之鹽"③。《水经注》卷六"涑水"引用。

乐资，西晋人，史学家。著《九州志》，又名《九州要记》，记录山川地理、古迹民俗等。惜散佚不存，清人王谟《汉唐地理书钞》据《水经注》等，汇辑残本一卷。书中写到吴王刘濞煮海为盐之地："谷水之右有马皋城，故司盐都尉城，吴王濞煮海为盐于此县也。"④《水经注》卷二十九"沔水下"引用。

王隐，东晋人，史学家。撰有《晋书》九十三卷，是唐代房玄龄等编撰《晋书》的重要辅书，惜已亡佚。王隐《晋书·地道记》曾记录了巴蜀地区盐井的概貌和井盐的特征，以及独特的利用火井制作井盐的技术："石大者如升，小者如拳，煮之水竭盐成。盖蜀火井之伦，水火相得，乃佳矣。"⑤《水经注》卷三十三"江水"引用。

阚骃，北魏敦煌人，经学家、地理学家。著有《十三州志》，是一部重要的地理学典籍，惜已散佚。清代学者张澍、王谟等辑录有残篇。《十三州志》中，记载了今内蒙古自治区盐产情况："湟水又东南迳卑禾羌海北，有盐池。阚骃曰：县西有卑禾羌海者也。"⑥《水经注》卷二"河水"（二）引用。

《魏土地记》，北魏总志，作者不详，全书散佚。书中记载了北地戎盐的生产和盐官的设置情况。"《魏土地记》曰：县有大盐池，其盐大而青白，名曰青

---

① 郦道元：《水经注校证》，陈桥驿校证，中华书局，2007，第3页。
② 郦道元：《水经注校证》，陈桥驿校证，中华书局，2007，第4页。
③ 郦道元：《水经注校证》，陈桥驿校证，中华书局，2007，第169页。
④ 郦道元：《水经注校证》，陈桥驿校证，中华书局，2007，第687页。
⑤ 郦道元：《水经注校证》，陈桥驿校证，中华书局，2007，第776页。
⑥ 郦道元：《水经注校证》，陈桥驿校证，中华书局，2007，第48页。

盐,又名戎盐,入药分,汉置典盐官。池去平城宫千二百里,在新秦之中。"①《水经注》卷三"河水"(三)引用。

实际上,《水经注》有关盐的文献典籍远远不止上述所列。许多已经散佚的文献记载正是由于本书的援引而得以保存。

(五) 神话传说

《水经注》保存了不少与盐相关的神话传说和民间故事。如《水经注》曾援引《战国策》讲述过伯乐与千里马的故事。文曰:"《战国策》曰:昔骐骥驾盐车上于虞坂,迁延负辕而不能进。"②考察《战国策》原文:"夫骥之齿至矣,服盐车而上太行。蹄申膝折,尾湛胕溃,漉汁洒地,白汗交流,中坂迁延,负辕不能上。伯乐遭之,下车攀而哭之,解紵衣以幂之。"③文字内容是记载晋商以马车运送池盐之事。良马"骥"生长至能运输货驾之际,晋人即以其拖运盐车,攀登太行。山路险难,骥马因为拉着沉重的盐车,故而在山路上蹒跚不前。恰在此时,秦国伯乐从此经过,他慧眼识马,惋惜痛哭。这里的"太行"即《水经注》所谓的"虞坂"。《太平寰宇记》云:"中条山。在(安邑)县南二十里。其山西连华岳,东接太行。山有路,名曰'虞坂'。"④虞坂在吴山上,吴山是中条山的支脉,中条山又与太行山相连,骥马实际攀登的就是虞坂。至今山西当地民间仍有关于"盐坂道"的传说,口耳相传。

再如著名的"廪君与盐水女神"故事:

> 夷水自沙渠县入,水流浅狭,裁得通船。……昔巴蛮有五姓,未有君长,俱事鬼神,乃共掷剑于石穴,约能中者,奉以为君。巴氏子务相乃中之,又令各乘土舟,约浮者,当以为君,惟务相独浮,因共立之,是为廪君。乃乘土舟,从夷水下至盐阳。盐水有神女,谓廪君曰:此地广大,鱼盐所出,愿留共居。廪君不许,盐神暮辄来宿,旦化为虫,群飞蔽日,天地晦暝,积十余日。廪君因伺便射杀之,天乃开明。廪君乘土舟,下及夷城,夷城石岸险曲,其水亦曲。廪君望之而叹,山崖为崩。廪君登之,上有平石方

---

① 郦道元:《水经注校证》,陈桥驿校证,中华书局,2007,第76页。
② 郦道元:《水经注校证》,陈桥驿校证,中华书局,2007,第116页。
③ 《战国策》(上),缪文远、缪伟、罗永莲译注,中华书局,2012,第476页。
④ 转引自高有鹏:《中国民间文学发展史》(第四卷),线装书局,2015,第1276页。

二丈五尺,因立城其傍而居之。四姓臣之。死,精魂化而为白虎,故巴氏以虎饮人血,遂以人祀。①

武落钟离山居住着五个部落,分别以巴、樊、瞫、相、郑为姓。其中,巴姓部落生活在赤穴,其他四姓部落生活在黑穴。五姓部落都信奉鬼神,没有统一的领袖。于是部族之间商议,谁能抛掷佩剑投中石穴,又能乘坐土船浮于水中、逆流而上,便推举其为首领。巴氏部落中,一位名叫务相的青年,不仅掷剑中石,又雕画于土船之上,乘船逆流而上,通过了全部考验。于是众人纷纷惊叹,并推举巴务相为五个部落的首领,他便是廪君。廪君率领着部落民众,自夷水至盐水之南,这里生活着盐水部落,其部落首领为盐水神女。盐水神女对廪君说:"这里土地辽阔,盛产鱼、盐,希望你能留下来,我们共同管理。"廪君射杀了盐水女神,成为夷城之王,其余部落皆表臣服。廪君率领部落民众到达夷城,夷城地势峭拔,石岸高危险峻,河水走势与沿线也都十分危险。廪君看到十分感慨,忍不住叹息,结果,险峻的山崖顷刻间崩塌,摧毁为平地。廪君登上一座高台,高台上有巨型平石,即在石旁建城安居。其他部落民众皆来臣服。这里实际上包含着浓郁的君权天授、天之骄子、天人感应思想。廪君死后,精魂化为白虎。巴人以人祀虎的传统即源于此。

这些神话传说与民间故事,脍炙人口,广为流传。如果追溯其源头,未必始于《水经注》,但郦道元在《水经注》中援引这些故事,一方面使得学术著作的文学性与可读性沛然增色,另一方面也助推了相关文献的探讨研究和接受传播。

学界围绕《水经注》的研究,历来多着眼于其地理学、训诂学、文学等价值,而就其中蕴含的丰富的盐业文化价值,关注较少。由上文可知,《水经注》中蕴含丰富的盐文献,涉及盐业产地与分布、种类与特征、盐官设置、神话传说等等,学术价值不容小觑。认真审视挖掘这部分文献,对于丰富盐业史的研究、推进盐文化史的构建,有着重要的现实意义。

---

① 郦道元:《水经注校证》,陈桥驿校证,中华书局,2007,第863页。

第二十章　盐业文学

自公元前202年刘邦于氾水之阳称帝,至公元589年隋文帝杨坚南下灭陈,统一中国,前后八百年间,文坛诞生了一批又一批的文豪巨匠,与盐业相关的美篇佳作更是灿若星辰。据张银河《中国盐业诗歌》①、张荣生《中国历代盐文学作品选注》②等不完全统计,该时期有影响力的文人几乎都创作过与盐相关的作品,并留传于世。汉代贾谊、郑玄、桓宽,西晋傅玄、杜预、张华、左思,东晋郭璞、干宝、常璩、谢道韫,南朝刘义庆、鲍照、张融、陶弘景,北朝郦道元、颜之推,等等,不胜枚举。更不用说那些身处朝代更迭之中的史书编撰者,如司马迁、班固、陈寿、裴松之、范晔、沈约、魏收。他们或具八斗之才,或凭董狐之笔,将生平所见关于盐的博闻趣事,付诸笔端,共同构成了盐史文化中光彩熠熠的篇章。本文拣择数例,以期对该时期盐文学史之一隅略作管窥。

一、西汉扬雄《河东赋》

扬雄,字子云,蜀郡(今四川省成都市)人。西汉杰出的思想家、文学家。少时好学,博览多识,口吃,不善言谈,酷好辞赋。早年游历京师,曾任大司马王音门客。汉成帝时,入朝献赋,作《甘泉赋》《河东赋》等,获授黄门侍郎。一生历仕成帝、哀帝、平帝,均未获重用。王莽称帝(公元9年)后,扬雄校书天禄

---

① 张银河编著《中国盐业诗歌》,中国文史出版社,2004。
② 张荣生编著《中国历代盐文学作品选注》,凤凰出版社,2012。

阁,悉心著述。新朝天凤五年(公元18年)卒,享年七十一岁。

扬雄一生著述颇丰,早年崇羡司马相如,仿其《子虚赋》《上林赋》而作《甘泉赋》《羽猎赋》《长杨赋》《河东赋》,极尽铺排夸饰之能,甚至流于炫技之嫌。后来扬雄对于文学、哲学有了新的思考和认识,撰写《法言·吾子》指出文赋不过是"童子雕虫篆刻","壮夫不为",转而投身哲思,钻研学术。他仿《论语》作《法言》,仿《易经》作《太玄》。《隋书·经籍志》有《扬雄集》五卷,已散佚。明代张溥辑有《扬侍郎集》,收入《汉魏六朝百三家集》。

班固在《汉书》中为扬雄单独列传,且毫不吝惜溢美之词,将传文分为上、下两篇。摘录关于扬雄生平、著述部分来看:

> 雄少而好学,不为章句,训诂通而已,博览无所不见。为人简易佚荡,口吃不能剧谈,默而好深湛之思,清静亡为,少耆欲,不汲汲于富贵,不戚戚于贫贱,不修廉隅以徼名当世。家产不过十金,乏无儋石之储,晏如也。自有大度,非圣哲之书不好也;非其意,虽富贵不事也。顾尝好辞赋。先是时,蜀有司马相如,作赋甚弘丽温雅,雄心壮之,每作赋,常拟之以为式。又怪屈原文过相如,至不容,作《离骚》,自投江而死,悲其文,读之未尝不流涕也。以为君子得时则大行,不得时则龙蛇,遇不遇命也,何必湛身哉!乃作书,往往摭《离骚》文而反之,自岷山投诸江流以吊屈原,名曰《反离骚》;又旁《离骚》作重一篇,名曰《广骚》;又旁《惜诵》以下至《怀沙》一卷,名曰《畔牢愁》。①

扬雄自幼好学,博览群书,为人单纯率性。因为口吃,他不善言谈,而长于思考。对于名利身外物,也比较淡然。读圣贤书,作赋喜欢仿拟司马相如,但认为屈原文采更在司马相如之上。他还仿写过许多骚体文章,诸如《反离骚》《广骚》《畔牢愁》等,表达对屈原遭遇的同情和慨叹。他认为,君子得意时应当顺势作为,失意时应当就势蛰伏,而不必像屈原那样沉江自戕。

> 赞曰:雄之自序云尔。初,雄年四十余,自蜀来至游京师,大司马车骑将军王音奇其文雅,召以为门下史,荐雄待诏,岁余,奏《羽猎赋》,除为郎,给事黄门,与王莽、刘歆并。哀帝之初,又与董贤同官。当成、哀、平间,

---

① 班固:《汉书》,中华书局,2007,第859页。

莽、贤皆为三公,权倾人主,所荐莫不拔擢,而雄三世不徙官。及莽篡位,谈说之士用符命称功德获封爵者甚众,雄复不侯,以耆老久次转为大夫,恬于势利乃如是。实好古而乐道,其意欲求文章成名于后世,以为经莫大于《易》,故作《太玄》;传莫大于《论语》,作《法言》;史篇莫善于《仓颉》,作《训纂》;箴莫善于《虞箴》,作《州箴》;赋莫深于《离骚》,反而广之;辞莫丽于相如,作四赋;皆斟酌其本,相与放依而驰骋云。用心于内,不求于外,于时人皆曶之;唯刘歆及范逡敬焉,而桓谭以为绝伦。①

扬雄一生仕途并不顺达。他四十多岁到京师游学,获得大司马车骑将军王音的赏识,又因《羽猎赋》获拜官任命。与扬雄同时为官的有王莽、刘歆、董贤,他们个个处尊居显、举足轻重,后来王莽篡汉称帝,只有扬雄始终淡泊自处,历成帝、哀帝、平帝三朝始终不获用。扬雄一生致力于以文章名世,故而其仿《周易》作《太玄》,仿《论语》作《法言》,仿《仓颉》作《训纂》,仿《虞箴》作《州箴》,仿《离骚》作《反离骚》等,仿司马相如作"四大赋"。这些作品无一不佳,显示出其致敬先贤的态度和高超卓著的才华。刘歆、范逡、桓谭等大学者们都十分敬重推崇扬雄。

扬雄既有如此绝世才华,那么,他在撰写《河东赋》时,又是如何展示河东盐池的钟灵毓秀的呢?

> 其三月,将祭后土,上乃帅群臣横大河,凑汾阴。既祭,行游介山,回安邑,顾龙门,览盐池,登历观。陟西岳以望八荒,迹殷周之虚,眇然以思唐虞之风。雄以为临川羡鱼,不如归而结罔,还,上《河东赋》以劝。②

成帝元延二年(公元前11年),皇帝率领群臣渡过黄河、奔赴汾阴,祭祀皇天后土。祭祀完毕,游历了介山,途经安邑,瞻望龙门,游览盐池,登上历山,一路上追寻殷周遗址,追思尧舜遗风。但俗话说,"临渊羡鱼不如退而结网",与其羡慕古风,不如有所建树。于是扬雄进献《河东赋》以表规劝。

> 其辞曰:伊年暮春,将瘗后土,礼灵祇,谒汾阴于东郊,因兹以勒崇垂鸿,发祥隤祉,饮若神明者,盛哉铄乎,越不可载已。于是命群臣,齐法服,

---

① 班固:《汉书》,中华书局,2007,第872页。
② 《全汉赋校注》,费振刚、仇仲谦、刘南平校注,广东教育出版社,2005,第247页。

整灵舆,乃抚翠凤之驾,六先景之乘,掉奔星之流旍,彏天狼之威弧。张耀日之玄旄,扬左纛,被云旓。奋电鞭,骖雷辎,鸣洪钟,建五旗。羲和司日,颜伦奉舆。风发飙拂,神腾鬼趡。千乘霆乱,万骑屈桥,嘻嘻旭旭,天地稠𪑾。籓丘跳峦,涌渭跃泾。秦神下詟,跖魂负沴;河灵矍踢,爪华蹈衰。遂臻阴宫。穆穆肃肃,蹲蹲如也。灵祇既乡,五位时叙,絪缊玄黄,将绍厥后。于是灵舆安步,周流容与,以览乎介山。嗟文公而愍推兮,勤大禹于龙门,洒沈菑于豁渎兮,播九河于东濒。登历观而遥望兮,聊浮游以经营。乐往昔之遗风兮,喜虞氏之所耕。瞰帝唐之嵩高兮,眱隆周之大宁。汩低回而不能去兮,行睨垓下与彭城。濊南巢之坎坷兮,易幽岐之夷平。乘翠龙而超河兮,陟西岳之峣崝。云霏霏而来迎兮,泽渗漓而下降,郁萧条其幽蔼兮,滃泛沛以丰隆。叱风伯于南北兮,呵雨师于西东,参天地而独立兮,廓荡荡其亡双。遵逝乎归来,以函夏之大汉兮,彼曾何足与比功。建乾坤之贞兆兮,将悉总之以群龙。丽钩芒与骖蓐收兮,服玄冥及祝融。敦众神使式道兮,奋六经以摅颂。隃于穆之緝熙兮,过《清庙》之雍雍;轶五帝之遐迹兮,蹑三皇之高踪。既发轫于平盈兮,谁谓路远而不能从。①

作为西汉最杰出的辞赋家之一,扬雄赋作以《河东赋》《甘泉赋》《羽猎赋》《长杨赋》著称,而《河东赋》又居"四大赋"之首。这篇赋文铺陈了汉成帝祭祀地神、观览盐池、追思先圣,希冀以唐尧虞舜为榜样,奋发有为,开创治世等内容。扬雄以文学家、思想家的实力,游刃有余地把玩语言文字,生动还原历史典故,逼真再现了当时的场景。

此赋创作于汉成帝刘骜执政时期。刘骜,西汉第十二位皇帝,元帝刘奭之子。自高祖刘邦开国建朝,文帝刘恒、景帝刘启轻徭薄赋,休养生息。武帝刘彻开疆拓土,奋扬威怒。昭帝刘弗陵、宣帝刘询振贷招抚,励精图治。皇位传至刘骜,此时的西汉,立朝将近二百年。前有文景之治,后有昭宣中兴,国家的经济在恢复中发展、受挫,在受挫中恢复、发展。而成帝刘骜,身为帝王,行事荒唐,为人不堪,历史评价极低。史书记载,成帝在位二十五年(公元前33年—公元前7年),荒于酒色,荒淫无道,导致外戚擅权,为王莽篡汉埋下祸端。

扬雄撰写《河东赋》的意图,在序言中写得分明。成帝率群臣祭祀后土,横

---

① 《全汉赋校注》,费振刚、仇仲谦、刘南平校注,广东教育出版社,2005,第248页。

渡黄河,行游介山,观览盐池,寻访殷周遗址,追思尧舜遗风。扬雄认为,徒然追思先贤,不如以实际行动造福百姓,所谓"临渊羡鱼不如退而结网"。与常见的汉大赋写作手法相近,全篇极尽铺排,辅以藻饰,难逃"劝百讽一""曲终奏雅"之弊,收尾处强调了作者的劝谏之意。正如班固《汉书》本传所称:"雄以为赋者,将以风也,必推类而言,极丽靡之辞,闳侈巨衍,竞于使人不能加也,既乃归之于正,然览者已过矣。"①借助这篇赋,我们得以了解两千年前封建帝王观盐的盛大场面。这也同上古舜帝观盐而咏《南风歌》的场面,形成了异代共鸣。

二、魏晋傅玄《白杨行》

傅玄,字休奕,北地郡泥阳(今陕西省铜川市)人。魏晋之际文学家、思想家。少时孤贫,勤勉读书,潜心经学,博学多识。曾任温县县令、弘农太守、典农校尉、散骑常侍等职。晋武帝咸宁四年(公元278年),傅玄卒,享年六十二岁,谥号为"刚",朝廷追封"清泉侯"。唐代房玄龄主持编纂的《晋书》中保存有这位"清泉侯"的传文:

> 傅玄字休奕,北地泥阳人也。祖燮,汉汉阳太守。父干,魏扶风太守。玄少孤贫,博学善属文,解钟律。性刚劲亮直,不能容人之短。郡上计吏再举孝廉,太尉辟,皆不就。州举秀才,除郎中,与东海缪施俱以时誉选入著作,撰集《魏书》。后参安东、卫军军事,转温令,再迁弘农太守,领典农校尉。所居称职,数上书陈便宜,多所匡正。五等建,封鹑觚男。武帝为晋王,以玄为散骑常侍。及受禅,进爵为子,加驸马都尉。②

傅玄出身官宦世家,祖父、父亲都做过太守,他本人亦有杰出的政治才华。傅玄生活的时代,西晋朝廷正面临一系列内忧外患的问题。司马氏过于仰赖世族,用人制度唯亲唯势。傅玄提出,应当选贤举能,考察官员政绩,削减冗繁机构。针对当时农业凋敝、商人豪横、世风侈靡等社会问题,傅玄提出尊儒尚学,重农抑商。泰始四年(公元268年),傅玄任御史中丞,提出著名的"五条

---

① 班固:《汉书》,中华书局,2007,第870页。
② 房玄龄等:《晋书》(第五册),中华书局,1974,第1317页。

政见",指出治国当以农为贵。

其一曰,耕夫务多种而耕暵不熟,徒丧功力而无收。又旧兵持官牛者,官得六分,士得四分;自持私牛者,与官中分,施行来久,众心安之。今一朝减持官牛者,官得八分,士得二分;持私牛及无牛者,官得七分,士得三分,人失其所,必不欢乐。臣愚以为宜佃兵持官牛者与四分,持私牛与官中分,则天下兵作欢然悦乐,爱惜成谷,无有损弃之忧。

其二曰,以二千石虽奉务农之诏,犹不勤心以尽地利。昔汉氏以垦田不实,征杀二千石以十数。臣愚以为宜申汉氏旧典,以警戒天下郡县,皆以死刑督之。

其三曰,以魏初未留意于水事,先帝统百揆,分河堤为四部,并本凡五谒者,以水功至大,与农事并兴,非一人所周故也。今谒者一人之力,行天下诸水,无时得遍。伏见河堤谒者车谊不知水势,转为他职,更选知水者代之。可分为五部,使各精其方宜。

其四曰,古以步百为亩,今以二百四十步为一亩,所觉过倍。近魏初课田,不务多其顷亩,但务修其功力,故白田收至十余斛,水田收数十斛。自顷以来,日增田顷亩之课,而田兵益甚,功不能修理,至亩数斛已还,或不足以偿种。非与曩时异天地,横遇灾害也,其病正在于务多顷亩而功不修耳。窃见河堤谒者石恢甚精练水事及田事,知其利害,乞中书召恢,委曲问其得失,必有所补益。

其五曰,臣以为胡夷兽心,不与华同,鲜卑最甚。本邓艾苟欲取一时之利,不虑后患,使鲜卑数万散居人间,此必为害之势也。秦州刺史胡烈素有恩信于西方,今烈往,诸胡虽已无恶,必且消弭,然兽心难保,不必其可久安也。若后有动衅,烈计能制之。惟恐胡虏适困于讨击,便能东入安定,西赴武威,外名为降,可动复动。此二郡非烈所制,则恶胡东西有窟穴浮游之地,故复为患,无以禁之也。宜更置一郡于高平川,因安定西州都尉募乐徙民,重其复除以充之,以通北道,渐以实边。详议此二郡及新置郡,皆使并属秦州,令烈得专御边之宜。①

---

① 房玄龄等:《晋书》(第五册),中华书局,1974,第 1321-1322 页。

土地贫瘠,天气干旱,是制约农业生产的要素,百姓赋税繁重,获利稀薄,朝廷应当有所关注。农业相关律法的制定应当谨慎严肃,必要时可以以死刑督促,以儆效尤。水利工程事关重大,朝廷应当重视,择令专人负责。朝廷应当减轻赋税劳役,休养生息,归利于民,以鼓励农事生产。最后,还应当注意充实边য়、稳定边境,这关系到朝廷的长治久安。这五条建议的核心内容是,重视农业,改革税制,严明刑法,不与民争利。

这些建议显示出傅玄关注民瘼的拳拳之心。史书记载,傅玄上书以后,晋武帝司马炎即下诏曰:"得所陈便宜,言农事得失及水官兴废,又安边御胡政事宽猛之宜,申省周备,一二具之,此诚为国大本,当今急务也。如所论皆善,深知乃心,广思诸宜,动静以闻也。"①予以支持。

> 玄少时避难于河内,专心诵学,后虽显贵,而著述不废。撰论经国九流及三史故事,评断得失,各为区例,名为《傅子》,为内、外、中篇,凡有四部、六录,合百四十首,数十万言,并文集百余卷行于世。玄初作内篇成,子咸以示司空王沈。沈与玄书曰:"省足下所著书,言富理济,经纶政体,存重儒教,足以塞杨墨之流遁,齐孙孟于往代。每开卷,未尝不叹息也。'不见贾生,自以过之,乃今不及',信矣。"②

傅玄一生著述不废,诗赋、散文、史传、政论无不擅长,皆有文采。他早年被选拔为著作郎,奉命撰写《魏书》,诗赋文章数目可观,编订成集,名为《傅子》,数十万言,流传于世。与傅玄同时代的文学家王沈对《傅子》盛赞有加,称其足以与杨子、墨子、孙子、孟子等人齐名并举。

> 史臣曰:武帝览观四方,平章百姓,永言启沃,任切争臣。傅玄体强直之姿,怀匪躬之操,抗辞正色,补阙弼违,谔谔当朝,不忝其职者矣。及乎位居三独,弹击是司,遂能使台阁生风,贵戚敛手。虽前代鲍葛,何以加之! 然而惟此褊心,乏弘雅之度,骤闻竞爽,为物议所讥,惜哉!③

《晋书》对傅玄的评价较为客观公允,一方面肯定其刚正不阿、直言敢谏、清洁自矢,另一方面也指出其性格急躁,偏狭难容,易为戚贵小人诽谤。了解

---

① 房玄龄等:《晋书》(第五册),中华书局,1974,第1322页。
② 房玄龄等:《晋书》(第五册),中华书局,1974,第1323页。
③ 房玄龄等:《晋书》(第五册),中华书局,1974,第1333页。

过傅玄的生平和品格之后,再来品读《白杨行》,会别有一番滋味:

青云固非青,当云奈白云。
骥从西北驰来,吾何意。
骥来对我悲鸣,举头气凌青云。
当奈此骥正龙形。踠足蹉跎长坡下。
蹇驴慷忾,敢与我争驰。
踯躅盐车之中,流汗两耳尽下垂。
虽怀千里之逸志,当时一得施。
白云飘飘,舍我高翔。
青云徘徊,戢我愁啼。
上眺增崖,下临清池。
日欲西移,既来归君。
君不一顾,仰天太息。
当用生为青云乎,飞时悲。
当奈何耶?青云飞乎!

《白杨行》以青云和白云、骥马和蹇驴之间的对比,抒写有志之士徒有青云之志,却生不逢时、有志难伸的悲愤情绪。"骥马服盐车"典故的援引,使得全诗读来尤为慷慨悲壮。

骥马服盐车遇伯乐的故事最早见于《战国策·楚策》。《战国策·楚策·汗明见春申君》中记载,汗明曰:"君亦闻骥乎?夫骥之齿至矣,服盐车而上太行。蹄申膝折,尾湛胕溃,漉汁洒地,白汗交流,中坂迁延,负辕不能上。伯乐遭之,下车攀而哭之,解纻衣以幂之。骥于是俯而喷,仰而鸣,声达于天,若出金石声者,何也?彼见伯乐之知己也。今仆之不肖,厄于州部,堀穴穷巷,沉污鄙俗之日久矣,君独无意湔拔仆也,使得为君高鸣屈于梁乎?"[①]汗明为春申君黄歇讲述了千里马得遇伯乐的故事,将春申君喻为伯乐,将自己喻为千里马,感激春申君对自己的知遇之恩。晋商以马车运送池盐,良马拖运盐车,攀登太行;山路险难,马蹒跚不前。伯乐从此经过,他慧眼识马,惋惜痛哭。后世文人

---

① 《战国策》(上),缪文远、缪伟、罗永莲译注,中华书局,2012,第 476—477 页。

多用此典故表达怀才不遇的愤懑,或是得遇明主的欢欣。傅玄这首《白杨行》意象鲜明,对比强烈,情感激荡,在同题材诗作中既属开山,亦为翘楚,极具代表性。

三、两晋郭璞《盐池赋》

郭璞,字景纯,闻喜(今山西省运城市闻喜县)人。《晋书·郭璞传》文曰:

> 郭璞字景纯,河东闻喜人也。父瑗,尚书都令史。时尚书杜预有所增损,瑗多驳正之,以公方著称。终于建平太守。璞好经术,博学有高才,而讷于言论,词赋为中兴之冠。好古文奇字,妙于阴阳算历。有郭公者,客居河东,精于卜筮,璞从之受业。公以《青囊中书》九卷与之,由是遂洞五行、天文、卜筮之术,攘灾转祸,通致无方,虽京房、管辂不能过也。[①]
>
> 璞撰前后筮验六十余事,名为《洞林》。又抄京、费诸家要最,更撰《新林》十篇、《卜韵》一篇。注释《尔雅》,别为《音义》《图谱》。又注《三苍》《方言》《穆天子传》《山海经》及《楚辞》《子虚》《上林赋》数十万言,皆传于世。所作诗赋诔颂亦数万言。[②]

郭璞是两晋之际著名的文学家、训诂学家和风水学家。他年少便博闻强记,好古文奇字。他师从河东郭公习卜筮之术,获授《青囊中书》九卷,遂精天文历法、阴阳五行、卜筮术数。后遇永嘉之乱(公元307年—公元317年),避乱南下,被宣城太守殷祐征辟为参军。晋元帝时,拜著作佐郎,与史官王隐共同修撰《晋史》。任大将军王敦记室参军时,以"卜筮不吉"为由,力阻谋反而遇害。王敦之乱平定后,郭璞被追赠为弘农太守。

郭璞一生著述甚丰,曾为《尔雅》《方言》《葬经》《山海经》《穆天子传》等史书典籍作注,又长于诗辞文赋,《游仙诗》十九首,颇具造诣。钟嵘《诗品》称其:"宪章潘岳,文体相辉,彪炳可玩,始变永嘉平淡之体,故称中兴第一。"[③]刘勰《文心雕龙》赞曰:"景纯艳逸,足冠中兴,《郊赋》既穆穆以大观,《仙诗》亦飘

[①] 房玄龄等:《晋书》(第六册),中华书局,1974,第1899页。
[②] 房玄龄等:《晋书》(第六册),中华书局,1974,第1910页。
[③] 钟嵘:《诗品》,陈延杰注,人民文学出版社,1961,第23页。

飘而凌云矣。"明人辑有《郭弘农集》。

郭璞所作《盐池赋》,是中国古代文学史上首篇关于河东盐池的专咏之作。赋文曰:

> 水润下以作咸,莫斯盐之最灵;傍峻岳以发源,池茫尔而海淳;嗟玄液之潜洞,羌莫知其所生。状委蛇其若汉,流漫漫以潫潫,吁嚣嚣以粲粲,色皓然而雪朗,扬赤波之焕烂,光旰旰以晃晃,隆阳映而不焦,洪滂沃而不长。磊崔巀碓,锷剢棋方;玉润膏津,雪白凌冈;粲如散玺,焕若布璋。烂然汉明,晃尔霞赤;望之绛承,即之雪积;翠涂内映,颓液外幂;动而愈生,损而滋益。若乃煎海铄泉,或冻或漉,所赡不过一乡,所营不过钟斛;饴戎见珍于西邻,火井擅奇乎巴濮。岂若兹池之所产,带神邑之名岳,吸灵润于河汾,总膏液乎涍涑。①

《盐池赋》文采斐然,华丽富赡。全篇铺排大量叠音词、对偶和排比,紧扣"灵"字展开。"水润下以作咸",《尚书·洪范》曰:"水曰润下,火曰炎上,木曰曲直,金曰从革,土爰稼穑。润下作咸,炎上作苦,曲直作酸,从革作辛,稼穑作甘。"②"傍峻岳以发源"诸句,概述盐池之"灵"。地下卤水,莫之其源,然取之不尽,用之不竭。阳光照耀下,盐池生成池盐,只在瞬间便成。"状委蛇其若汉"诸句,采用整齐的对偶句式,极写盐池概貌。远观其外形,蜿曲如同银河,水面广阔浩大。近察其卤水,无比明亮,极其皎洁,光彩照人。而无论是烈日照耀,还是大雨滂沱,盐池既不枯竭,亦并不漫溢。"磊崔巀碓"诸句,写盐田整齐排列、遍布山岗、光彩照人,令人目眩神迷。"煎海铄泉"诸句,将池盐与海盐、戎盐、井盐相比,突出优势。河东盐池,自然天成,造物恩赐,其灵如此。郭璞用极具画面感的语言,描摹池盐之洁白无瑕,如雪似玉,并结合神话传说、历史渊源和地理典故,通过和西北戎盐、巴蜀井盐、滨海海盐的对比,归根结底突出河东之钟灵毓秀,盐池"性灵"之质。

同样是以河东盐池为描摹对象,扬雄《河东赋》与郭璞《盐池赋》相比,手法多有不同。前者像广角镜头,后者更似工笔花鸟。此外,郭璞曾为《水经》作注,成为北魏郦道元撰写《水经注》的重要参考。《水经注》中亦蕴含了极其丰

---

① 郭璞:《郭弘农集校注》,聂恩亥校注,山西人民出版社,1991,第33页。
② 《尚书》,王世舜、王翠叶译注,中华书局,2012,第146页。

富的盐业知识和文献史料,详参本书《盐史文献》一章。

四、东晋谢道韫《咏雪》

谢道韫,字令姜,陈郡阳夏(今河南省周口市太康县)人,东晋女诗人。其父为安西将军谢奕,伯父为尚书仆射谢尚,叔父为"江左风流第一"宰相谢安,丈夫为"书圣"王羲之的次子王凝之。晋安帝隆安三年(公元 399 年),因不满东晋朝廷荒政乱政,民间相继爆发起义叛乱,以孙恩、卢循诸部影响最大。王凝之时任会稽内史,守城陷落,惨遭杀害。谢道韫与众家眷亦被俘虏,但面对敌人,她举动自若,浩然慷慨。孙恩有感于才女气节风度,不杀谢道韫,并赦免其家眷众人。

《世说新语·贤媛》中,记载有谢道韫几件小事,皆可见才女风神一二:

> 王凝之谢夫人既往王氏,大薄凝之。既还谢家,意大不说。太傅慰释之曰:"王郎,逸少之子,人材亦不恶,汝何以恨乃尔?"答曰:"一门叔父,则有阿大、中郎。群从兄弟,则有封、胡、遏、末。不意天壤之中,乃有王郎!"①

> 谢遏绝重其姊,张玄常称其妹,欲以敌之。有济尼者,并游张、谢二家。人问其优劣,答曰:"王夫人神情散朗,故有林下风气。顾家妇清心玉映,自是闺房之秀。"②

上述两则小文,前者是说,谢道韫嫁给王凝之后,轻视凝之。归省回家,心中不悦。太傅谢安安慰开导她说:"作为王羲之的儿子,凝之人品、才学都很不错,你为何如此不满?"谢夫人回答说:"同一家的叔父里头,就有阿大、中郎这样的人物;本家兄弟,就有封、胡、遏、末这样的人物。没想到天地之间,竟有王郎这种人!"封、胡、遏、末四人都是谢家有才学的人。

后一则是说谢玄(谢玄,小名称作遏、遏儿)推重姐姐谢道韫,张玄称赞自己的妹妹。法号为"济"的尼姑与张、谢两家有交,有人请她评判二人高下,答曰:"王夫人(指谢道韫)潇洒爽朗,有隐士风度;顾家媳妇(指张玄之妹)清纯

---

① 刘义庆:《世说新语笺疏》(中册),刘孝标注,余嘉锡笺疏,中华书局,2007,第 820 页。
② 刘义庆:《世说新语笺疏》(中册),刘孝标注,余嘉锡笺疏,中华书局,2007,第 822 页。

温和,闺中之秀。"关于这段文字,著名学者余嘉锡有一段精彩阐释:"嘉锡案:林下,谓竹林名士也。《赏誉篇》曰:'林下诸贤,各有俊才子'是其证。此言王夫人虽巾帼,而有名士之风,言顾不如王。《晋书·列女传》所载道韫事迹,如施青绫步障为小郎解围,縻居后见刘柳与之谈议,皆足见其神情之散朗,非复寻常闺房中人举动。类聚八十八引其拟嵇中散诗曰:'遥望山上松,隆冬不能雕。愿想游下憩,瞻彼万仞条。腾跃不能升,顿足俟王乔。时哉不我与,大运所飘飖。'居然有论养生服石髓之意,此亦林下风气之一端也。道韫以一女子而有林下风气,足见其为女中名士。至称顾家妇为闺房之秀,不过妇人中之秀出者而已。不言其优劣,而高下自见,此晋人措词妙处。"①女神风华,可见一斑。

房玄龄在《晋书·列女传》中为谢道韫立传,文曰:

> 王凝之妻谢氏,字道韫,安西将军奕之女也。聪识有才辩。叔父安尝问:"《毛诗》何句最佳?"道韫称:"吉甫作颂,穆如清风。仲山甫永怀,以慰其心。"安谓有雅人深致。又尝内集,俄而雪骤下,安曰:"何所似也?"安兄子朗曰:"散盐空中差可拟。"道韫曰:"未若柳絮因风起。"安大悦。
>
> ……………
>
> 及遭孙恩之难,举厝自若,既闻夫及诸子已为贼所害,方命婢肩舆抽刃出门,乱兵稍至,手杀数人,乃被房。其外孙刘涛时年数岁,贼又欲害之,道韫曰:"事在王门,何关他族!必其如此,宁先见杀。"恩虽毒虐,为之改容,乃不害涛。自尔縻居会稽,家中莫不严肃。太守刘柳闻其名,请与谈议。道韫素知柳名,亦不自阻,乃簪髻素褥坐于帐中,柳束脩整带造于别榻。道韫风韵高迈,叙致清雅,先及家事,慷慨流连,徐酬问旨,词理无滞。柳退而叹曰:"实顷所未见,瞻察言气,使人心形俱服。"道韫亦云:"亲从凋亡,始遇此士,听其所问,殊开人胸府。"②

文献记载:"谢道韫有文才,所著诗、赋、诔、讼,传于世。"可惜皆已亡佚。作为中国历史上著名的才女,谢道韫与班昭、蔡琰等并称。而关于谢道韫逸闻故事,流传最广的莫过于《咏雪》联句。

---

① 刘义庆:《世说新语笺疏》(中册),刘孝标注,余嘉锡笺疏,中华书局,2007,第823页。
② 房玄龄等:《晋书》(第八册),中华书局,1974,第2516—2517页。

谢　安：白雪纷纷何所似？
　　谢　朗：撒盐空中差可拟。
　　谢道韫：未若柳絮因风起。

谢安，字安石，阳夏（今河南省周口市太康县）人。东晋政治家、名士，被誉为"江左风流第一"。少以清谈知名，隐居会稽山，与王羲之等游赏山水，教育族内子弟。后东山再起，淝水之战中，运筹帷幄，取得巨大胜利。谢朗，字长度，小名胡儿，谢安之侄。少有文名，长于玄理，文义艳发。

在众多的盐文学作品中，这首并不完整的联句看似不起眼，却被收录进多部经典。如《世说新语·言语》载曰：谢太傅寒雪日内集，与儿女讲论文义。俄而雪骤，公欣然曰："白雪纷纷何所似？"兄子胡儿曰："撒盐空中差可拟。"兄女曰："未若柳絮因风起。"公大笑乐。即公大兄无奕女，左将军王凝之妻也。又如，《三字经》文曰："蔡文姬，能辨琴。谢道韫，能咏吟。"更是家喻户晓、妇孺皆知的美谈佳话。后世以"咏絮之才"作为颂赞才女的专称。而由此"以盐咏雪"也成为后世文人竞相模拟和援引的经典典故。唐代诗人诗作援引此典故者，数不胜数，又可作专篇去书写了。简摘数例如下：

　　撒盐如可拟，愿糁和羹梅。（孟浩然《和张丞相春朝对雪》）
　　拟盐吟旧句，授简慕前规。（韩愈《喜雪献裴尚书》）
　　闲招好客斟香蚁，闷对琼花咏散盐。（韦庄《冬日长安感志寄献虢州崔郎中二十韵》）
　　麻引诗人兴，盐牵谢女才。（李绅《登禹庙回降雪》）
　　联辞虽许谢，和曲本惭巴。（李商隐《喜雪》）

五、南朝鲍照《芜城赋》

鲍照，字明远，东海（山东省临沂市郯城县）人。鲍照历仕诸王，沉沦下僚，仕途失意。曾任临川王刘义庆侍郎，先后入衡阳王刘义季、始兴王刘濬幕府，还担任过历阳王刘子顼前军参军，故而世称"鲍参军"。泰始二年（公元466年），刘子顼起兵谋反，鲍照于乱军中遇害。

鲍照是南朝文坛成就最杰出的诗人之一，与颜延之、谢灵运并称"元嘉三大家"。丁福保编《全汉三国晋南北朝诗》所收文人诗六百零三首中，鲍诗二百零四首，独占三分之一。鲍照诗作不仅数量可观，在游仙、赠别、咏史、拟古等题材上，皆有佳作传世，尤善五言、乐府，风格峭拔险峻、奇谲艳丽。在我国第一部诗论专著《诗品》中，钟嵘将自汉至南朝的一百二十二位诗人分成上、中、下三品，列鲍照入中品。钟嵘赞其诗文曰："宋参军鲍照其原出于二张。善制形状写物之词，得景阳之谀诡，含茂先之靡嫚；骨节强于谢混，驱迈疾于颜延；总四家而擅美，跨两代而孤出。嗟其才秀人微，故取湮当代。然贵尚巧似，不避危仄，颇伤清雅之调。故言险俗者，多以附照。"①钟嵘指出，鲍照诗歌风格源自晋黄门侍郎张协和晋司空张华，文辞艳丽，恣肆奔放，不拘流俗。他积极学习民歌，形成了雄奇秀美、刚柔并济的独特风格。

史书中未有关于鲍照的独传，南朝沈约《宋书·宗室列传》和唐代李延寿《南史·宋宗室及诸王列传》中，有寥寥数语：

> 鲍照字明远，东海人，文辞赡逸。尝为古乐府，文甚遒丽。元嘉中，河济俱清，当时以为美瑞。照为《河清颂》，其序甚工。照始尝谒义庆未见知，欲贡诗言志，人止之曰："卿位尚卑，不可轻忤大王。"照勃然曰："千载上有英才异士沉没而不闻者，安可数哉。大丈夫岂可遂蕴智能，使兰艾不辨，终日碌碌，与燕雀相随乎。"于是奏诗，义庆奇之。赐帛二十匹，寻擢为国侍郎，甚见知赏。迁秣陵令。文帝以为中书舍人。上好为文章，自谓人莫能及，照悟其旨，为文章多鄙言累句。咸谓照才尽，实不然也。临海王子顼为荆州，照为前军参军，掌书记之任。子顼败，为乱兵所杀。②

南朝宋文帝元嘉二十七年（公元 450 年），北魏太武帝拓跋焘举兵南下，广陵太守刘怀之弃城逃亡。孝武帝大明三年（公元 459 年），竟陵王刘诞据广陵谋反，沈庆之率兵讨伐，攻城之后，大肆烧杀。广陵（今江苏省扬州市）十年之间，连遭兵祸，城池颓败，满目疮痍。鲍照登临有感，创作了这篇著名的《芜城赋》。

> 泞迤平原，南驰苍梧涨海，北走紫塞雁门。柂以漕渠，轴以昆岗。重

---

① 钟嵘：《诗品》，陈延杰注，人民文学出版社，1961，第 27 页。
② 李延寿：《南史》（第二册），中华书局，1975，第 360 页。

江复关之隩,四会五达之庄。当昔全盛之时,车挂辖,人驾肩,廛闬扑地,歌吹沸天。孳货盐田,铲利铜山。才力雄富,士马精妍。故能侈秦法,佚周令,划崇墉,刳浚洫,图修世以休命。是以板筑雉堞之殷,井干烽橹之勤,格高五岳,袤广三坟,崒若断岸,矗似长云。制磁石以御冲,糊赪壤以飞文。观基扃之固护,将万祀而一君。出入三代,五百余载,竟瓜剖而豆分。

泽葵依井,荒葛罥涂。坛罗虺蜮,阶斗麏鼯。木魅山鬼,野鼠城狐,风嗥雨啸,昏见晨趋。饥鹰厉吻,寒鸱吓雏。伏虣藏虎,乳血飧肤。崩榛塞路,峥嵘古馗。白杨早落,塞草前衰。棱棱霜气,蔌蔌风威。孤蓬自振,惊沙坐飞。灌莽杳而无际,丛薄纷其相依。通池既已夷,峻隅又以颓。直视千里外,唯见起黄埃。凝思寂听,心伤已摧。若夫藻扃黼帐,歌堂舞阁之基,璇渊碧树,弋林钓渚之馆,吴蔡齐秦之声,鱼龙爵马之玩,皆薰歇烬灭,光沉响绝。东都妙姬,南国佳人,蕙心纨质,玉貌绛唇,莫不埋魂幽石,委骨穷尘,岂忆同舆之愉乐,离宫之苦辛哉?

天道如何,吞恨者多,抽琴命操,为芜城之歌。歌曰:"边风急兮城上寒,井径灭兮丘陇残。千龄兮万代,共尽兮何言!"①

《芜城赋》是南朝抒情小赋名篇,描写广陵城昔日之繁华,并与战后破败相比照,在强烈鲜明的今昔对比中,抒发作者的历史兴亡之感。全篇语言峭拔,格调沉郁。其中,"孳货盐田,铲利铜山。才力雄富,士马精妍。故能侈秦法,佚周令,划崇墉,刳浚洫,图修世以休命",这些精彩、巧妙的文字,为我们再现了吴王刘濞煮海为盐、巨富天下的那段历史。

---

① 上海辞书出版社文学鉴赏辞典编纂中心编《古文鉴赏辞典·魏晋南北朝》,上海辞书出版社,2021,第628页。

后 记

2022年7月,我结束了厦门大学哲学系博士后科研流动站和中国盐业集团金坛分公司博士后科研工作站联合培养、为期两年半的博士后学习,撰写完成了30万字的出站报告《唐前盐业人物研究》。2022年11月,在出站报告基础上修改而成的《唐前盐业文化史研究》荣幸获批"河南省高校哲学社会科学优秀著作资助(二十大专项)"立项。

如果说,撰写书稿是在盐业的国度里漫溯寻梦;那么,修改书稿则是在星辉斑斓里放歌。这些文字让我回想起申请进站的艰辛,确定选题的欢喜,搜集调研的焦灼,答辩现场的热烈,以及一千个在站日夜的百般滋味。感谢四川大学詹石窗老师、厦门大学黄永锋老师、中盐集团金坛分公司管总和钟总、河南省盐业集团张银河老师等给予的帮助。

在修改书稿的过程中,我常常震惊于自己当年引用文献时的不加节制。河南大学出版社马博、时二凤、何新、韩如玉老师负责对拙文进行编辑加工,他们耐心审慎地复核引文、匡正失误。每一章节,每一段落,每一引文,甚至标点符号、脚注文献,都幸运地化身成一条条水草,流经编辑老师温柔又凛冽的眼波。我曾无数次翻阅时老师寄来的纸质书稿,又无数次感动于字里行间亲手书写的修改笔迹。

盐业是神奇的国度,文字是造梦的工厂。当盐业与文字交织,便步入了神话传说的宝库、华夏文化的殿堂和人类文明的长廊。寻梦,放歌,向青草更青处徜徉……

刘育霞
甲辰清明匆匆书于牧野